Sahra Wagenknecht

Kapitalismus, was tun?
Schriften zur Krise

Das Neue Berlin

Kapitalismus im Koma
Erstausgabe 2003, edition ost

Wahnsinn mit Methode
Erstausgabe 2008, Das Neue Berlin

ISBN 978-3-360-02159-5

© 2013 Verlag Das Neue Berlin, Berlin

Umschlaggestaltung: Buchgut, Berlin,
unter Verwendung eines Fotos von Bernd Kuhnert
Druck und Bindung: Multiprint, Bulgarien

Ein Verlagsverzeichnis schicken wir Ihnen gern:
Das Neue Berlin Verlagsgesellschaft mbH
Neue Grünstraße 18, 10179 Berlin
Tel. 01805 / 309999 (0,14 €/Min., Mobil max. 0,42 €/Min.)

Die Bücher des Verlags Das Neue Berlin
erscheinen in der Eulenspiegel Verlagsgruppe.

www.eulenspiegel-verlagsgruppe.de

Inhalt

Kapitalismus im Koma
Eine sozialistische Diagnose

Wahnsinn mit Methode
Finanzcrash und Weltwirtschaft

Kapitalismus im Koma

Eine sozialistische Diagnose

Wirtschaftskolumnen

Auf Schrumpfkurs

Schrumpft sie oder schrumpft sie nicht – diese in der Ökonomenzunft rege diskutierte Frage ist seit einer Woche amtlich entschieden: Sie schrumpft. Nach einer sogenannten »Roten Null« im zweiten Quartal 2001 ist die deutsche Wirtschaftsleistung im dritten Quartal um 0,1 Prozent zurückgegangen. Otto Normalverbraucher wird diese Nachricht weniger intensiv bewegen. Seine Bezüge schrumpfen zumeist schon länger und um weit erheblichere Beträge. Wer beispielsweise unter die noch in Zeiten sonniger Konjunktur im produktiven Arbeitsbündnis zwischen Hundt und Schröder (Gewerkschafter waren als Unterhaltungseinlage zugelassen) ausgekungelten Metall- und Chemietarifverträge fiel, verlor in diesem Frühjahr mindestens ein Prozent seines Einkommens. Um etwa diese Quote nämlich überstieg die Inflation das festgelegte Plus bei den Löhnen. Von der Gehaltskurve all jener, deren Einkommen längst kein Tarifvertrag mehr regelt, nicht zu reden. Auch die Zahl der Firmenpleiten ist in den zurückliegenden Jahren ohne nennenswerte konjunkturelle Schwankungen von einem Rekord zum nächsten geklettert.

Freilich: Was sind einige zehntausend insolvente Klitschenbesitzer gegen die aktuellen Nöte von Deutsche Bank Vorstand Breuer, der seinen Aktionären erklären muss, weshalb das noble Haus in den ersten drei Quartalen 2001 einen mickrigen Gewinn von gerade 5,3 Milliarden Mark eingefahren hat. Im gleichen Vorjahreszeitraum waren es immerhin noch 8,7 Milliarden. Ähnliche Sorgen, wenngleich weniger drastischen Ausmaßes, plagen das Topmanagement von Daimler und BMW mit Quartalsgewinnen von etwas über fünf- beziehungsweise sechshundert Millionen Märkern. Ein Jahr zuvor lag die Bilanz um ein- bis zweihundert Millionen darüber. Ja, es gibt jetzt sogar handfeste Verluste außerhalb des notorisch schwindsüchtigen Mittelstands: bei Siemens etwa oder der Deutschen Telekom. (Die unter Linken heftig umstrittene Frage, ob Enteignungen von Aktionären zulässig seien, wurde von Herrn Sommer übrigens inzwischen praxisorientiert beantwortet. Zu bedauern ist nur, dass es irgendwie doch wieder nicht die richtigen Aktionäre traf.)

Nun erhalten Wirtschaftsinstitute ihr Geld bekanntlich nicht nur dafür, falsche Konjunkturprognosen abzugeben, sondern auch dafür, ihre Fehler rückwirkend zu erklären. Also wird inzwischen emsig über die Ursachen des Dilemmas debattiert. Da die gutdotierten Ökonomen lange begriffen haben, was die PDS auf Geheiß vermeintlicher Vordenker gerade lernen soll: dass nämlich Unternehmertum und Gewinninteresse Effizienz und Innovation bewirken und jedenfalls nicht Verfall und Vergeudung, bleibt der Kapitalismus als Krisenursache außer Betracht. Es werden andere Gründe gesucht und Schröder hat seine inzwischen in den Ring geworfen: Die dümpelnde US-Wirtschaft, teilte er mit, schmälere den deutschen Export. Auch das *Handelsblatt* empört sich und titelt: »US-Verbraucher enttäuschen Erwartungen der Märkte.« Womit der gerügte US-Verbraucher, der im Schnitt heute mehr Schulden als Jahreseinkommen hat und, sofern von der laufenden Entlassungswelle betroffen, schon nach kurzer Zeit keine Aussicht auf einen müden Dollar staatliche Unterstützung mehr, – womit er seine Verbrauchslust bezahlen soll, wird nicht erläutert. (Gleiche Kritik an den bundesdeutschen Verbraucher zu richten, unterlässt man wohlweislich; es könnte immerhin den ein oder anderen Gewerkschafter auf die Idee bringen, den für verlangte Konsumfreude nötigen Zuschlag beim Einkommen zu fordern.) Die Verweisung nach Übersee hat für Schröder zudem den Vorteil, dass die Wurzel der Misere damit jenseits des Handlungsradius' der Bundesregierung liegt und keine Schlüsse für die eigene politischen Linie sich aufdrängen.

Doch so einfach lässt man den Kanzler nicht entkommen. Prompt meldet sich diese Woche einer jener Konzernlobbyisten, die ihre Ratschläge unter dem Pseudonym »Wirtschaftsweise« zu veröffentlichen pflegen, mit der These zu Wort, die Krise sei gar nicht nachfrage-, sondern angebotsseitig verursacht. Es folgt der bekannte Maßnahmenkatalog renditeträchtiger Umverteilung – von der Amerikanisierung des Arbeitsmarktes bis zum Einschmelzen sämtlicher Sozialleistungen auf Mindeststandards –, der der SPD-Regierung, sofern noch nicht erledigt, nachdrücklich aufgetragen wird. Der Mann wird sich vielleicht noch bis nächsten Herbst gedulden müssen, aber die Chancen stehen gut, dass er dann bekommt, was er verlangt. Schröder hat Hinweise aus dieser Richtung schon immer verstanden. Und dies wird so bleiben, solange jene, denen solches Verständnis aus gutem Grund fehlt, nicht endlich unüberhörbar auf sich aufmerksam machen. Dieses gilt in der Krise eher mehr denn weniger. Sonst wird auch der nächste Aufschwung, falls er kommt, sich wieder nur in den Gewinnbilanzen der Konzerne bemerkbar machen. *8. Dezember 2001*

Pharma bei bester Gesundheit

Ulla Schmidt hat es schwer. Während die Kollegen Riester und Eichel ihre Hausaufgaben in Sachen Förderung der Profitrate längst erledigt haben, avanciert das Gesundheitswesen zum Sinnbild von Reformstau und Mutlosigkeit. Die Kassen schreiben rote Zahlen, die Beiträge steigen und steigen, die Wirtschaft plärrt, die Parmakonzerne mauern sowieso. Da der vielgeforderte Mut freilich immer der ist, der SPD-Wählerklientel möglichst rücksichtslos ins Gesicht zu schlagen, wird uns wohl zumindest im Wahljahr eine mutlose Ministerin erhalten bleiben.

Immerhin wird Vorfeldarbeit geleistet. Diese besteht erstens in der Verbreitung des Irrglaubens, dass das Dilemma nichts mit Interessen zu tun habe, sondern Folge objektiver Entwicklungen sei, und zweitens in der Popularisierung der Lüge, dass es ohne Leistungskürzungen nicht überwunden werden könne. Funktioniert hat das Muster schon bei der Rentenreform. Irgendwann waren sogar die Gewerkschaftsspitzen überzeugt, dass man der hartnäckig steigenden Lebenserwartung nachhaltig nur durch drastische Absenkung der Alterssicherung begegnen kann. Wer in Zukunft noch alt werden will, soll es sich gefälligst leisten können. Das edle Reformwerk, inzwischen Gesetz, hat freilich den Nachteil, dass es nur sehr langsam wirkt. Denn es ist vor allem die Generation der heute unter Fünfzigjährigen, der das Riester-Projekt eine Perspektive als Sozialhilferentner eröffnet. Also altert die Bevölkerung vorerst friedlich weiter, was wiederum – neben angeblich ausufernden Leistungskatalogen und mangelnder Effizienz – gute Vorwände hergibt, die »Kostenexplosion« im Gesundheitswesen zu erklären.

Es ist ein Verdienst des jüngsten Gutachtens des Deutschen Instituts für Wirtschaftsforschung, mit derartigen Legenden aufzuräumen. Wie das Gutachten belegt, ist der Anteil der Gesundheitsausgaben am Volkseinkommen (BIP) in den zurückliegenden dreißig Jahren weitgehend konstant geblieben. 1970 lag er bei 13,08 Prozent, 1998 bei 13,46 Prozent. Gleiche Konstanz zeigt der BIP-Anteil der Beiträge, der um sechs Prozent pendelt: von »Explosion« keine Spur. Steil angestiegen freilich sind die anteilig zum Bruttoeinkommen abhängig Beschäftigter berechneten Beitragssätze, die 1970 noch bei 8,2 Prozent lagen und 1998 13,6 Prozent erreichten. Das eigentliche Problem erschließt sich somit als Ergebnis simpler Prozentrechnung. Wenn ich eine konstante Größe auf eine immer kleinere Basis beziehe, wächst deren anteilig ermittelter Wert: Zehn Äpfel von einhundert Äpfeln entsprechen zehn Prozent, zehn Äpfel von nur achtzig Äpfeln entsprechen 12,5 Prozent, – der Anteil ist um 2,5 Prozentpunkte gestiegen, obwohl zehn Äpfel natürlich zehn Äpfel bleiben. Auf die Ökonomie übertragen: Wenn diejenigen, die den gesellschaftlichen Reichtum erarbeiten, immer weniger Anteil an ihm haben, stellt dieser Trend das lohnbezogene Sozialversicherungssystem in all seinen Elementen auf tönerne Füße. Um das Defizitproblem der Kassen zu lösen, könnte die IG Metall also ruhigen Gewissens statt fünf auch 15 Prozent Lohnzuwachs verlangen; ohne Kampf wird ohnehin weder das eine noch das andere zu haben sein. Beistand durch die SPD-Gesundheitsministerin oder gar durch den bei Präsentation des neuen VW-Luxuswagens werbewirksam posierenden Kanzler ist dabei allerdings nicht zu erwarten.

Andererseits trifft zu, dass Gesundheit tatsächlich billiger zu haben wäre: als Gut, nicht als Ware. Wer wissen will, in welchem Winkel der Volkswirtschaft sein persönliches Beitragssoll als »Haben« auftaucht, findet unter der Rubrik Anlage-Empfehlung im *Handelsblatt* folgende Denkhilfe: »Als Gewinn- und Cash-Generatoren werden die großen Pharmakonzerne derzeit wohl nur noch von der Ölindustrie übertroffen. Die führenden 20 Arzneimittelhersteller erwirtschafteten im vergangenen Jahr einen Betriebsgewinn von zusammen fast 70 Mrd. Dollar ... Davon wurde ... mehr als die Hälfte in Form von Dividenden und Aktienrückkäufen an die Aktionäre ausgeschüttet.« Allein die letztjährigen Preissteigerungen für Arzneimittel haben hierzulande etwa eine Milliarde DM zusätzliche Kassenmittel verschlungen. Folgerichtig legt das *Handelsblatt* seiner vermögenden Klientel den Kauf von Pharmawerten ans Herz, wissend, dass weder die geplante Aut-item-Regelung noch Schröders steuerlich absetzbarer »Solidarbeitrag« von gerade vierhundert Millionen Mark an Preistreiberei und horrenden Gewinnen etwas ändern werden. Die Gefahr ist eher, dass die neue Regelung die Konzentration in der Pharmabranche weiter verstärkt und die Spielräume für Preisdiktate und rege Lobbyarbeit dadurch sogar wachsen. Dazu gibt es eigentlich nur eine ernstzunehmende Alternative. Sie läge in einem System, in dem Kranke nicht länger dazu dienen, als »Cash-Generatoren« das Portefeuille wohlhabender Aktionäre anzureichern, sondern Gesundheit als schützenswertes Gut und Recht jedes Menschen anerkannt ist. Das wäre eine Gesundheitsreform, die diesen Namen wirklich verdient. Genau besehen wäre es natürlich mehr als eine Reform, denn private Pharmakonzerne nebst ihrer Shareholder werden sich mit einem solchen Projekt kaum anfreunden können. *22. Dezember 2001*

Tödlicher Schaum

Es geht offenbar erst, wenn nichts mehr geht. Drei Tage nach dem Rücktritt des argentinischen Präsidenten hat der neue Interimspräsident Saá ein Schuldenmoratorium angekündigt: Die Zins- und Tilgungsleistungen auf Auslandsanleihen werden ausgesetzt; Verhandlungen mit den Gläubigern über Abschläge bei Zinsen und Nominalwert der argentinischen Staatsschuld sollen in Kürze beginnen. Alles in allem also ein Hoffnungsschimmer für die von Rezession und IWF-diktierten Sparprogrammen ausgeblutete argentinische Bevölkerung? Kaum.

Denn wie die »Verhandlungen« ausgehen werden, lässt sich leider auch ohne Gabe zur Prophetie ahnen: Man gönnt dem Land gerade so viel Luft, dass es nicht erstickt. Derselbe Leidensweg wurde schon anderen sogenannten Schwellenländern aufgezwungen. Auch Argentinien selbst befindet sich keineswegs zum ersten Mal im Zustand faktischen Staatsbankrotts. Der Ausweg, den die internationalen Finanzhaie in solcher Situation offerieren, erwächst aus der einfachen Logik, dass ein toter Sklave kein ausbeutbarer Sklave mehr ist. Aber Wiederbelebungsversuche an einem bis zur Bewusstlosigkeit geschundenen Knecht haben selbstredend nicht den Zweck, ihn in einen freien Mann zu verwandeln.

Die argentinische Regierung steckt in dem Dilemma, eigentlich nur zwischen Übeln wählen zu können. Wird der Peso abgewertet, explodiert die großenteils auf Dollar lautende Staatsschuld Argentiniens, und gleiches gilt für die Dollarschulden der Privaten. Hauptprofiteur wäre die Exportwirtschaft, insbesondere also amerikanische und internationale Konzerne, für die Argentinien als Billiglohnstandort wieder attraktiver würde. Zigtausende mittlere Unternehmen dagegen würden eine derartige Verteuerung ihrer Schulden nicht überleben. Zumal die Mittelschichten von ihren Ersparnissen so oder so kaum etwas wiedersehen dürften. Umgekehrt: Soll die Dollarbindung des Peso aufrechterhalten werden – oder wenigstens die Abwertung einigermaßen kontrolliert verlaufen – ist das Land auf neue Kreditspritzen des IWF angewiesen. Dessen Entscheidung vom 6. Dezember, den zugesagten Kredit von 1,3 Mrd. Dollar wegen angeblich mangelnden Schuldenmanagements auszusetzen, war indes just der Auslöser der Krise. Dass Cavallos drakonisches Sparprogramm, das immerhin Tag für Tag etwa 2000 Argentinier unter die Armutsgrenze in Hunger und Elend presste und von Rentenkürzungen bis zu Steuererhöhungen vor keiner unsozialen Maßnahme zurückschreckte, dem Fond noch nicht hinreichend schien, lässt vermuten, welche Forderungen mit neuem Geldsegen verbunden wären. Einem Geldsegen, der wiederum ausschließlich in den Schuldendienst flösse.

Die Ursprünge dieser fatalen Lage reichen in die Siebziger zurück, als nach Zusammenbruch des Bretton-Woods-Systems die internationalen Banken Abnehmer für Milliarden vagabundierender Dollar suchten und diese über den schnell expandierenden Offshore-Markt billig verliehen. Nicht zuletzt an Entwicklungsländer. Bereits Anfang der achtziger Jahre, als die Zinsen wieder stiegen und der Dollar aufwertete, wurden die meisten dieser Länder zu Nettozahlern, die einen Großteil ihrer Exporterlöse direkt auf die Konten westlicher Großbanken zu überweisen hatten. Da dies zudem oft nicht ausreichte, begann jene verhängnisvolle Spirale, in der aus alten Zinsen immer neue Schulden wurden, diese wiederum neue und höhere Zinsen verursachten, die sich dann wieder als zusätzliche Schuld akkumulierten ... Faktisch fand und findet dieser ganze Vorgang ausschließlich in der Virtual Reality der Bankcomputer statt. Er produziert einen riesigen Schaumbau fiktiver Vermögen und Schulden, von dem kein Dollar je für einen realen Kauf ausgegeben wurde noch ausgegeben werden könnte. Doch gerade weil die irrwitzigen Computervermögen keinen realen Gegenwert haben, begründen sie immense Macht auf Seiten derer, die darüber entscheiden, wann und wo ein bestimmter Betrag im Computer von A nach B wandert. In Südostasien löste der Abzug solcher fiktiven Werte 1997/98 einen wirtschaftlichen Zusammenbruch aus. Argentinien hat die Unterwerfung unter die Logik der Schaumdompteure bereits Jahrzehnte niedrigen Wachstums, zunehmender Armut sowie vier akute Rezessionsjahre mit inzwischen 18 Prozent Arbeitslosigkeit eingebracht.

In den Industrieländern mögen die Folgen weniger drastisch sein; schlimm genug sind sie auch dort. Die Frage, warum das Land Berlin kein Geld für Kindergärten, aber täglich elf Millionen Mark für Zinszahlungen übrig hat, gehört zum Thema. So virtuell das Kapital, so real sind die Einkommen, die mittels seiner erpresst und aus dem Kreislauf der Volkswirtschaften dieser Welt abgezweigt werden. Einen Ausweg gäbe es wohl: den Schaum durch Schuldenstreichung und Währungsreform auf das zurückzuführen, was er real wert ist: nichts.   *5. Januar 2002*

Zweckoptimisten

Was schreibt man auf ein Wahlplakat, wenn man auf möglichst unverbindliche Weise gute Laune verbreiten will? Eine der Antworten, die SPD-Strategen auf diese Frage fanden, lautet: »Der Aufschwung kommt.« In weißen Lettern auf blauem Grund, untersetzt durch vier nach oben zeigende rote Pfeile, wurde diese Nachricht auf zigtausend Blatt unschuldigen Papiers gedruckt. Damit nicht genug. Für einen zweistelligen Millionenbetrag orderte das Kanzleramt im April bei anerkannten Hofgutachtern aus sechs Instituten ein Dossier, das ebendiese Nachricht mit allerlei Zahlen illustrieren und ihr durch möglichst unverständliche Fachtermini eine Aura von Seriosität und Wissenschaftlichkeit verleihen sollte. Die Gutachter attestierten folgsam: Ja, der Aufschwung habe bereits begonnen. Insbesondere die »kräftige Erholung« in den USA ziehe auch den deutschen Karren aus dem Dreck. Nur die Arbeitslosen müssten sich noch ein wenig gedulden. Im nächsten Jahr – aber dann ganz gewiss! – werde auch ihre Lage besser.

Nicht, dass Schröders Konjunktur-Sehnsüchte nicht verständlich wären. 1994 immerhin hatte die wiederkehrende wirtschaftliche Betriebsamkeit seinem Vorgänger eine weitere Legislatur beschert. Das Dumme ist nur, dass vom gegenwärtigen »Aufschwung« aber auch gar niemand etwas merkt. Am selben Tag, als die SPD ihre Plakatserie mit der frohen Botschaft präsentierte, veröffentlichte das Ifo-Institut seinen monatlichen Geschäftsklima-Index, der erneut nach unten zeigte. Nahe 50 000 Pleiten werden für dieses Jahr erwartet. Der Groß- und Einzelhandel kämpft unverändert mit sinkenden Umsätzen. Ifo rügt denn auch die »generelle Kaufunlust der deutschen Verbraucher«. Von einer Solidaritätsadresse an die IG Metall, die derzeit vorführt, auf welchem Wege solcher Lustlosigkeit begegnet werden kann, wurde nichts bekannt.

Statt dessen richten die Mainstream-Ökonomen ihre erwartungsvollen Augen auf die Landstriche jenseits des Atlantik. Die Legende von der überwundenen Rezession in den Vereinigten Staaten stützt sich insbesondere auf Daten des »Bureau of the Census« des US-Wirtschaftsministeriums, das im Februar den dritten aufeinander folgenden monatlichen Anstieg der Auftragseingänge für langlebige Wirtschaftsgüter meldete. Allerdings lohnt es sich, genauer hinzusehen, was da so kraftvoll aufwärts strebt. Hinter dem ausgewiesenen Anstieg um 1,5 Prozent verbargen sich nämlich zwei sprunghafte Erhöhungen besonderer Art: Die Zahl der Flugzeugaufträge hatte sich um 41 Prozent erhöht und die der Rüstungsaufträge um 78 Prozent. Jenseits dessen herrscht unvermindert Trostlosigkeit, die noch größer wäre, würde der amerikanische Verbraucher seinen Schuldenberg nicht immer höher auftürmen. Im letzten Quartal 2001, als das durchschnittliche Einkommen stagnierte, gab selbiger immerhin 610 Milliarden rein kreditfinanzierte Dollar zusätzlich aus. Allerdings hat diese Entwicklung natürliche Grenzen, denn bereits heute verbraten US-Bürger im Schnitt 14 Prozent ihres Einkommens für Zins und Tilgung. Und zum Kummer von Bush & Co wurden die steigenden Konsumausgaben durch sinkende Ausgaben der Unternehmen, insbesondere für Anlageinvestitionen, weitgehend ausgeglichen. Den Ausschlag für den Wiederanstieg des Sozialprodukts im ersten Quartal 2002 gab allein der starke Anstieg der Staatsausgaben um 39,8 Mrd. Dollar.

Sicher, auch eine rechts-keynesianische Rüstungskonjunktur schimpft sich »Aufschwung«. Unter Reagan funktionierte dieses Programm aber auch deshalb so gut, weil die exorbitante Waffenproduktion über das berühmte Doppel-Defizit in Staatshaushalt und Leistungsbilanz letztlich vom Ausland finanziert wurde. Das Problem seiner Nacheiferer heute besteht darin, dass die amerikanische Leistungsbilanz bereits ein Riesenloch von vier Prozent des US-Bruttosozialprodukts aufweist. Trotz Rezession. Um diese Kluft zu schließen, müssen die USA täglich gewaltige Mengen Kapital ins Land holen – und genau das wird zusehends schwieriger. Während 1999 und 2000 das nötige Geld noch vorwiegend über Direktinvestitionen und Aktienkäufe floss, musste das Defizit 2001 zu 95 Prozent über die wesentlich teurere Variante von Anleihen finanziert werden. Wenig spricht dafür, dass die USA weiterhin in wachsendem Umfang auf internationale Liquidität zurückgreifen können. Dann aber gibt es im Grunde nur zwei Auswege: eine deutliche Steigerung der Auslandsnachfrage nach US-Produkten (die allenfalls, wenn man in Krisenregionen weiter fleißig zündelt, im Waffensektor in Sicht ist) oder eine massive Dollarabwertung. In Erwartung der letzteren haben große Investmentfonds und Banken längst begonnen, »marktschonend« – will heißen: still und leise – einen Teil ihres Dollar-Portfolios in Euro-Anlagen umzuwandeln. Ein sinkender Dollar freilich würde Exporte in die USA nicht etwa fördern, sondern zusätzlich erschweren.

Es spricht also viel dafür, dass der »machtvolle« US-Aufschwung als Rohrkrepierer endet. Überschuldete Konsumenten, gigantische Leistungsbilanzdefizite, Pleiten und Bilanzlügen der Unternehmen, absehbarer Währungsverfall, das ist nicht eben der Kraftstoff, der eine Binnen-, geschweige die Lokomotive einer Weltkonjunktur antreibt. Vielleicht greift BDI-Chef Rogowski Schröder im Wahljahr noch unter die Arme. Der »Aufschwung« jedenfalls wird ihn wohl im Stich lassen.   *11. Mai 2002*

Lohnpulle leer

Auf die Aktienmärkte ist Verlass. Wer Antworten auf die gute alte »Wem nützt's?«-Frage sucht, den lassen die Ups and Downs der großen Indexe selten im Stich. Kaum war der Baden-Württembergische Tarifabschluss unter Dach und Fach, drehte der Dax leicht ins Plus, getragen von den großen Automobilwerten, die deutlich zulegten. »Tarifpolitik kann zuweilen richtig Freude machen, zumindest dann, wenn am Ende erfolgreiche Abschlüsse vorausschauende Überzeugungsarbeit und ausdauerndes Verhandlungsgeschick honorieren.« Die deutsche Gewerkschaftsbewegung habe sich erfreulicherweise »... weiter von Besitzstandswahrung, Verteilungsdenken und alten Klassenkampfideologien entfernt«. Mit dieser Eloge hatte »Arbeitgeber«-Chef Hundt den Vorläufer des jetzigen Metall-Abschlusses, den Tarifertrag vom Frühjahr 2000, gefeiert. Er hätte sie letzte Woche wiederholen können. Offenbar aber hatten die Kollegen vom IG Metall-Vorstand ihn eindringlich gebeten, sich mit derartigen Äußerungen wenigstens bis zum Ende der Urabstimmung zurückzuhalten und stattdessen den Empörten und Geprellten zu geben. Wie immer: der »kräftige Schluck aus der Lohnpulle«, der zu Jahresbeginn in deftigem Deutsch angedroht worden war, hat sich als spärliches Rinnsal erwiesen. Bei etwa 3,46 Prozent liegen die tatsächlichen Zusatzkosten der Unternehmen in diesem Jahr, rechnet Südwest-Metall Präsident Zwiebelhofer vor. Im nächsten Jahr sind es 3 Prozent. Wieder einmal reichen die Abschlüsse kaum, auch nur den bereits erkämpfen Lebensstandard zu halten.

Sicher, es gibt in diesem Land genügend Leute, die selbst von 3 Prozent Lohnzuwachs nur träumen können. Outgesourcte, Billigjobber, Leiharbeiter …, die anschwellende Legion derer, für deren monatliche Bezüge Tarifverträge keine Rolle mehr spielen. Aus ihr rekrutiert sich im Westen knapp ein Drittel, im Osten inzwischen gar die Mehrheit der Beschäftigten. Manch einer mag daraus folgern, dass Zwickels Posse den Gallensaft gar nicht lohnt, den der Groll über sie produziert. Aber ein solcher Schluss wäre voreilig. Denn erstens setzen Tarifabschlüsse eine Art Zielmarke, die indirekt auch den unregulierten Lohnsektor beeinflusst. Und zweitens trägt genau diese Art Tarifpolitik dazu bei, die Leute ins organisatorische Niemandsland zu treiben und dadurch Lohndumping noch mehr zu erleichtern.

So oder so: Der Abschied von »alten Klassenkampfideologien« trägt Früchte. Die Lohnquote, also der Anteil der abhängig Beschäftigten am Volkseinkommen, ist, seit Deutschland wieder einig, groß und kriegerisch ist, um annähernd zehn Prozent gefallen und dümpelt gegenwärtig auf dem Niveau der westdeutschen fünfziger Jahre. (Sicherheitshalber wurde vor einigen Jahren die Berechnungsmethode verändert, damit das Ausmaß der Umverteilung nicht mehr so krass ins Auge fällt.) Allein zwischen 1994 und 1999 haben die großen Kapitalgesellschaften ihr Jahresergebnis vor Steuern nahezu verdoppelt. Und »vor Steuer« ist heutzutage – Eichel sei Dank! – für viele gleich »nach Steuer«. Selbst im Krisenjahr 2001 waren nicht wenige Konzernbilanzen goldgerändert. VW und Porsche protzten mit erneutem Rekordgewinn. An Dividenden wurde nicht gespart.

Da sich vom hohen Ross aus allerdings schlecht Tarifverträge schließen lassen, entdecken die Bosse, kaum dass sie eines Gewerkschafters ansichtig werden, ihr Herz für den Mittelstand. Wahr ist: Hier sprudelt nur noch selten üppiger Gewinn;

eher kreist der Pleitegeier. Gefüttert wird er freilich nicht durch Arbeitskämpfe, sondern ziemlich lautlos durch Briefe wie den folgenden: »Wir empfehlen Ihnen, möglichst kurzfristig Gespräche mit anderen Banken über eine Ablösung zu führen.« Die Kreditkündigung stammt in diesem Fall von der BW-Bank, Empfänger ist ein schwäbischer Handwerksbetrieb, der nun auch bald die Insolvenzstatistik bereichern dürfte. Einer von vielen. »Es ist erschreckend, dass unsere Firmen bei den Banken abgewiesen werden, nur weil sie einen Kredit von 15 Millionen wünschen und nicht von 500 Millionen«, beschwert sich ein Maschinenbauer beim *Handelsblatt*. Falls eine Bank ihr Füllhorn überhaupt noch öffne, dann zu saftigen Zinsen. Basel II bietet den Vorwand. Die dadurch verursachten Zusatzkosten liegen in der Regel deutlich über jenen Beträgen, die ordentliche Tarifabschlüsse mit sich bringen würden. Und nicht nur die Banken verschicken Briefe. »Für das laufende Geschäftsjahr ersuchen wir Sie um eine Rückerstattung auf den getätigten Jahresumsatz in Höhe von drei Prozent.« Mit diesem Weihnachtsgruß erfreute die Karstadt-Quelle Tochter Neckermann 2001 ihre Zulieferer. »Nur größtmögliche Anstrengungen beiderseits ermöglichen uns gemeinsames Wachstum«, wurde der vertragswidrige Rabatt-Begehr erläutert. Natürlich läuft die Abzocke auf freiwilliger Basis. Nur, welcher kleinere Betrieb kann es sich leisten, einen Großabnehmer wie Karstadt zu verprellen?

Lohnforderungen mit Verweis auf die schwere Lage des Mittelstands zu kontern, ist also blanke Heuchelei. Es gäbe genügend Möglichkeiten, dieser »Lage« abzuhelfen. Lohnverzicht gehört nicht zu ihnen, denn das Minus in den Geldbeuteln der Beschäftigten ist hier eh nur ein durchlaufendes Plus, das auf vielen verschlungenen Wegen nach oben weitergereicht wird.

25. Mai 2002

Teuro-Gefühle

Der Euro hat geschafft, was Henkel Zeit seiner Amtsperiode als BDI-Chef erfolglos forderte: das Sozialhilfeniveau um zehn bis zwanzig Prozent abzusenken. Etwa diese Größenordnung dürfte der Schnitt ins Fleisch der Ärmsten infolge verteuerter Lebensmittel im letzten halben Jahr erreicht haben. Es trifft jene besonders hart, die ohnehin schon darben, aber es trifft natürlich nicht nur sie. Möge die Konsequenz für den einen der definitive Umstieg auf Konservengemüse, für andere dagegen »nur« der Verzicht auf einen Restaurantbesuch oder eine bescheidenere Urlaubsplanung sein, Otto Normalverdiener spürt, dass die Teuerung an seinem Lebensstandard zehrt, und ist sauer. Und da wir uns im Wahljahr befinden, hat die Schröder-Koalition beschlossen, diese Säuernis zu teilen. So offenbart Eichel der entsetzten Nation, dass er sich seine Eiskugel in Reichstagsnähe bald nicht mehr leisten kann, Schröder ruft dazu auf, Preistreiber mit Kaufverachtung zu strafen, und Frau Künast nimmt sich mitten im Nitrofen-Stress die Zeit, einen »Anti-Teuro-Gipfel« zu veranstalten.

Scheinbar viel Trara um nichts, denn die offizielle Inflation lag im Mai bei 1,2 Prozent und damit so niedrig, wie lange nicht mehr. Allerdings haben auch die Ökonomen begriffen, dass eine derartige Kluft zwischen Alltagserfahrung und Statistik die Gefahr birgt, dass ihr Zahlenwerk und ihre Rechenspiele bald von niemandem mehr ernst genommen werden. (Die herrschende Wirtschaftslehre besteht zwar zu wesentlichen Teilen darin, den Leuten ein X für ein U zu verkaufen; aber es ist nie ratsam, Mehrheitsmeinungen einfach für verrückt zu erklären.) Also wurde flugs ein neuer Begriff erfunden und ist seither in aller Munde: der Begriff der »gefühlten Inflation«. Die Grundidee stammt aus der Wetterforschung. Dort wird seit einigen Jahren neben der realen auch die »Fühltemperatur« ermittelt. Es gibt wissenschaftlich nachvollziehbare Gründe, weshalb die Leute 5°C unter gewissen Umständen wärmer und unter anderen kälter finden. Gefühlte Inflation soll in Analogie dazu heißen: Wir, die Ökonomen, verstehen, warum ihr alle den Eindruck habt, die Preise würden steigen. Wir können sogar messen, wie stark dieser Eindruck ist. Aber so, wie die reale Temperatur selbstverständlich von der »gefühlten« unabhängig ist – 5°C sind genau 5°C, nicht mehr und nicht weniger –, so entspricht die reale Preisentwicklung der offiziell ermittelten Rate und nicht etwa den »Fühlwerten«.

Die Frage ist von Belang, denn die Inflationsrate ist nicht irgendeine statistische Zahl, sondern ein einflussreicher Parameter, an dem verteilungspolitische Entscheidungen hängen. Fürs erste Quartal 2002 wurde eine »gefühlte Inflation« von 4,8 Prozent ermittelt. So sehr man sich hüten mag, den heutigen Gewerkschaftsoberen etwas nicht zuzutrauen: Erstreikte Tarifabschlüsse mit einer 3 vor dem Komma wären bei einer offiziellen Inflationsrate von 4,8 Prozent schwer vorstellbar. Normalerweise entstünde bei derartiger Teuerung auch ein Druck, soziale Leistungen und Renten wenigstens partiell anzupassen. »Gefühlte« Werte dagegen sind irrelevant.

Nun soll nicht behauptet werden, dass genau die 4,8 Prozent die reale Preisentwicklung widerspiegeln. Das Problem ist vielmehr, dass – anders als bei der Lufttemperatur, zu deren Messung man einfach ein Thermometer in den Wind hält – für die Preisentwicklung einer Volkswirtschaft kein wirklich objektives Maß existiert. Darin besteht die Lüge der Wetter-Analogie. Die bundesdeutsche Inflationsstatistik etwa nimmt einen Warenkorb zum Ausgangspunkt, der 750 Güter und Dienstleistungen in unterschiedlicher Gewichtung enthält und alle fünf Jahre angepasst wird. Er soll in seiner Zusammensetzung den durchschnittlichen Konsum eines Durchschnittshaushalts repräsentieren.

Aber einen solchen Durchschnittshaushalt gibt es nicht. Der Konsumkorb eines Langzeitarbeitslosen und der eines renommierten Wirtschaftsanwalts haben kaum etwas gemein. Nicht wenige der 750 Güter, die in die Inflationsrechnung eingehen, finden sich im Einkaufsbeutel des unteren Bevölkerungsfünftels überhaupt nie. Wenn, wie derzeit, die Preise für Grundbedarfsgüter kräftig anziehen, die langlebiger Gebrauchsgüter und Markentextilien dagegen teilweise sogar sinken, dann bluten eben die am meisten, deren Einkommen nur den Grundbedarf deckt. Wird Brot um 20 Prozent teurer und werden Spülmaschinen um 20 Prozent billiger, ergibt das, bei gleicher Gewichtung, eine Inflationsrate von Null. Nur was nützt das dem, der keine Spülmaschine kauft, sei es, weil er sie sich eh nicht leisten kann, sei es, weil er gerade wegen der höheren Brotpreise auf größere Anschaffungen verzichtet? Für ihn liegt die Teuerung bei 20 Prozent und keinen Deut drunter.

Die Inflationsrate – und zwar die reale, keineswegs bloß eine »gefühlte« – differiert somit erheblich mit der Einkommensklasse, zu der jemand zählt. Auch solche Differenzen ließen sich wissenschaftlich abschätzen. Das freilich war auf Künasts »Teuro-Gipfel« ebenso wenig Thema wie die Ursachen steigender Preise, die keineswegs in der neuen Währung als solcher liegen.   *8. Juni 2002*

Der große Bluff

Manchmal haben auch Leitartikler im *Handelsblatt* lichte Momente. »War der amerikanische Boom in den neunziger Jahren nur ein großer Bluff?« – mit dieser Frage rang einer von ihnen kürzlich eine Drittel Zeitungsseite lang, ehe er die bejahende Antwort wagte. Über zehn Jahre galten die USA als das Erfolgsmodell schlechthin: Jährliche Wachstumsraten nahe fünf Prozent, Preisstabilität, sinkende Arbeitslosigkeit – alles Wünschenswerte schien beisammen. Die letzten zwei Jahre haben das Bild getrübt, inzwischen wird es fleißig aufpoliert. Ifo prognostiziert für 2002 ein Wachstum von 2,3 Prozent; der US-Finanzminister protzt gar mit möglichen 3,5 Prozent. Wie realistisch solche Prognosen sind, sei dahingestellt. Interessanter ist die Frage, die auch den Handelsblättler umtrieb: was die Statistiker mit Kennziffern wie der Wachstumsrate heute tatsächlich messen.

Die Einsicht, dass die Zahlen der Volkswirtschaftlichen Gesamtrechnung (VGR) nur bedingt als Wohlstandsindikator taugen, ist nicht neu. Eine bekannte Kritik hebt hervor, dass die VGR rein quantitative Größen erfasst: Eine Wirtschaft, die jährlich zehn Millionen Regenschirme erzeugt, deren Stoff sich nach dem zweiten Regen von den Speichen löst, erscheint nach VGR-Maßstab wohlhabender als eine, deren Schirme über Jahre halten und die gerade deshalb weniger von ihnen produziert. Oder: Das Bruttosozialprodukt wächst, wenn die Zahl der pillenschluckenden Kranken zunimmt oder Raubbau an der Umwelt den Aufwand zur Beseitigung der Schäden erhöht.

So berechtigt allerdings diese Kritik ist, sie thematisiert nur einen Teil der Seltsamkeiten. Quantitäten sind immerhin eine empirisch noch irgendwie relevante Größe. Heutzutage von den Statistikern gezählt und gemessen wird dagegen zu weiten Teilen einfach – nichts. Nach dem Platzen der Internet-Blase hat es sich für diesen Bereich herumgesprochen: Anstelle mancher Dotcom-Firma hätte man ebenso gut Nießbrauchsrechte an den globalen Endlagern für Atommüll oder Anteile an den Wasserreservoiren des Monds verkaufen können. Solange Anleger bereit sind, ihr Geld für derartige Papiere zu verschleudern, gelten die daraus resultierenden Einnahmen von Banken und Brokerhäusern als Wertschöpfung. Auch in der inzwischen wieder hochgeschätzten Old Economy entstammt ein Teil der Gewinne reinen Luftbuchungen. Teils unbewussten, sofern die Konzerne, statt dröge Güter zu produzieren, die die Leute mit ihren niedrigen Löhnen eh nicht kaufen können, mit ihrem Kapital in Aktien, Devisen und Derivaten herumspielen und daraus resultierende Erlöse als Gewinn verbuchen. Teils sehr bewussten, sofern nämlich Konzernbilanzen den wirklichen Unternehmenszustand in etwa so lebensnah widerspiegeln wie Vorabendserien die reale Welt. Dass sich Enron auf kreative Buchhaltung verstand, ist inzwischen ein Gemeinplatz. Man sollte allerdings davon ausgehen, dass der Unterschied zwischen Enron und anderen Großunternehmen in erster Linie darin liegt, dass Herr Lay Pech hatte und sich verspekulierte. Im Normalfall läuft die Sache unauffällig und einträglich: für das Unternehmen, für die mitverdienenden »Wirtschaftsprüfer«, oft genug auch für Behörden. Nach der Enron-Pleite waren auch IBM und General Electric wegen Verdachts auf Bilanzfälschung ins Visier der Fahnder geraten. Kurze Zeit später wurden die Ermittlungen »wegen Mangel an Beweisen« eingestellt. Lediglich der Konzern CMS Energy musste zugeben, dass etwa drei Viertel (!) seines Handelsvolumens Scheingeschäften entstammten.

Dabei werden Bilanzen nicht in jedem Fall geschönt. Ist der Adressat das Finanzamt, kann auch Armut vorgegaukelt werden. Ein beliebtes, in beide Richtungen einsetzbares Täuschungsmanöver besteht im »Parken« von Gewinnen und Verlusten bei nichtkonsolidierten Tochtergesellschaften. Enron hatte 900 davon. Zur Bilanzkosmetik gehören ferner die Auf- oder Abwertung von Vorräten und Variationen bei den Abschreibungen. Weit verbreitet und durchaus nicht illegal sind Pro-Forma-Ergebnisse: Ertragszahlen, die um »außergewöhnliche Einflüsse« bereinigt sind. Was außergewöhnlich ist, entscheidet das Unternehmen. Der Internetdienst SmartStockInvestor.com hat errechnet, dass die im Nasdaq notierten Unternehmen in ihren Pressemitteilungen für die ersten drei Quartale 2001 einen Pro-Forma-Gewinn von insgesamt 19,1 Mrd. Dollar auswiesen, während sie an die amerikanische Finanzaufsicht SEC für den gleichen Zeitraum einen Verlust von 82,3 Mrd. Dollar meldeten.

Man glaube nicht, Bilanzmanipulation sei eine amerikanische Spezialität. Eine Studie der Universität des Saarlandes, die 342 Geschäftsberichte von Nemax-Titeln unter die Lupe nahm, kam zu dem Schluss, dass Wirtschaftsprüfer in der Regel eklatante Verstöße gegen einschlägige Bilanzierungsvorschriften akzeptieren. Auch bei Dax-Unternehmen wäre man gewiss fündig geworden.

Die Unternehmensdaten aber sind die wesentliche Basis, auf der makroökonomische Größen wie Volkseinkommen oder Wachstumsrate errechnet werden. Der Prunkbau steht auf wackligen Füßen. Zumal in den oberen Etagen fröhlich weiter geschummelt wird. Eichel überlegt seit einiger Zeit, ob er durch eine neue Methode der Inflationsrechnung dem ausbleibenden Aufschwung wenigstens statistisch auf die Sprünge hilft. »Mehr Wachstum durch neue Preismessung« fasst das *Handelsblatt* diese Idee zusammen. Ob da auch ein Leitartikler über Bluff nachdenkt?   *22. Juni 2002*

Schurkenparabel

Die Welt ist ungerecht. Telekom-Chef Sommer hat gemacht, was alle machen: Er hat die Wachstumschancen der Telekombranche rosig geredet, um den Ausgabepreis der Aktien nach oben zu treiben, er hat sich redlich bemüht, den privatisierten Staatskonzern auf Shareholder-Value zu trimmen, er hat die internationale Expansion vorangetrieben, hat mit UMTS Milliarden in eine vermeintliche Zukunftstechnologie investiert, und er hat bei all dem der Aufforderung Rechnung getragen, dass Leistung sich wieder lohnen müsse, was er selbstredend auf die eigene bezog. Statt Dank und Lob erhält er nun die unehrenhafte Entlassung, steht am Pranger als Personifizierung von Gier und Bereicherungswut, als Schädiger von drei Millionen Kleinaktionären, die er durch eine verfehlte Unternehmensstrategie um ihr mühsam Erspartes betrogen habe.

Dabei hatte alles so schön angefangen. Im November 1996, Sommer war gerade ein Jahr im Amt, brachte die Telekom ihre erste Aktientranche zum Ausgabepreis von 14,32 Euro an die Börse. Eine Erfolgsgeschichte begann. Die T-Aktie stieg und stieg, erst allmählich, dann immer schneller. Der zweite Börsengang folgte im Juni 1999, der Ausgabepreis lag jetzt bereits bei 39,50 Euro. Gezielt wurden Kleinsparer umworben und zum Einstieg ermutigt, den zunächst niemand bereuen musste. Innerhalb weniger Monate verdoppelte sich der Kurs und erreichte im Frühjahr 2000 seinen Spitzenwert von 100 Euro. Wer ein Jahr zuvor T-Aktien gekauft hatte, hatte faktisch im Schlaf sein ursprüngliches Vermögen noch einmal hinzuverdient. Ähnlich der Telekom boomten damals alle Papiere aus dem Kommunikations-, Medien- und Internetbereich. Dass aus 10 000 Mark innerhalb kürzester Zeit 20 000 oder 30 000 werden, schien eher Regel denn Ausnahme zu sein. Kapitalismus macht reich, lautete die Generalnachricht, man müsse nur mitmachen. Ob *BILD,* SPD-Grundsatzdebatte oder RTL-Vorabendprogramm: Auf allen Kanälen florierte jenes Verblödungspalaver, das die Verwandlung von Briefträgern und Aldi-Kassiererinnen in nachfeierabendliche Aktienzocker als den endlich gefundenen Ausweg aus sozialen Nöten und gesellschaftlichen Einkommenskontrasten verkündete. Strahlemann Sommer wurde zur Inkarnation dieses wohlstandgenerierenden Volkskapitalismus und erfüllte damit eine wichtige politische Funktion. Die Zerschlagung und Teilprivatisierung der gesetzlichen Rente etwa, auf die Allianz-Chef Schulte-Noelle erst kürzlich wieder Lobeshymnen sang, wäre ohne die Kapitalmarkt-Euphorie jener Tage kaum durchsetzbar gewesen. Der Kanzler höchstselbst legte sich ins Zeug, um die Konten unbedarfter Kleinsparer zugunsten überbewerteter Anteile an der Deutschland AG zu leeren.

Deshalb hängt für Schröder an der T-Aktie noch mehr als der Frust von drei Millionen potentiellen Wählern. Ihr Absturz hat den Mythos der kapitalistischen Teilhaber-Gesellschaft beschädigt und damit auch eine Politik, die unter Reformfähigkeit die Förderung des Shareholder-Value-Kapitalismus amerikanischer Prägung versteht. Jetzt muss Sommer als Buhmann herhalten, um Verallgemeinerung zu vermeiden. Sein Hinauswurf ist Teil eines inszenierten Lehrstücks mit zwei Botschaften: Der unfähige Manager ist schuld! Und: Abzocke wird bestraft!

Natürlich ist diese Schurkenparabel so verlogen wie die ursprüngliche Erfolgsstory. Sommers Aktienoptionsspielereien lagen, verglichen mit denen anderer Konzerne, im mittleren bis unteren Bereich des Üblichen und das Auf- und Ab der T-Aktie ist einfach Ergebnis kapitalistischer Krisendynamik. Dabei wirkt die billionenschwere Liquidität, die heutzutage, global mobil und von wenigen dirigiert, von Anlage zu Anlage rast, als extremer Verstärker, der die Ausschläge bis zum Exzess treibt. Dank Privatisierungspolitik zum Anlageobjekt geworden, galt die Telekommunikation Ende der Neunziger als hochprofitabler Wachstumsmarkt. Es herrschte Gründerstimmung, Hunderte neue Unternehmen starteten, die Preise für Telefongespräche sanken um bis zu siebzig Prozent. Finanzierbar war dieses Dumping, weil Eigen- wie Fremdkapital spottbillig zur Verfügung standen. Bloße Branchenzugehörigkeit garantierte sprudelnde Geldquellen, deren Eigner zunächst kaum nach Gewinnen fragten. In diesem Umfeld gingen die europäischen Ex-Monopolisten international auf Einkaufstour und verbrannten Milliarden beim Ersteigern voraussichtlich wertloser UMTS-Lizenzen.

Spätestens Anfang 2000 war eigentlich klar, dass der Aktienboom im Telekombereich jede Basis verloren hatte. Während professionelle Fonds den sachten Ausstieg einleiteten, fing der Werbefeldzug gegenüber dem Kleinanleger erst richtig an. Nach der 12-Milliarden-Pleite von Global Crossing geschah, was irgendwann geschehen musste: ein abrupter Kapitalabzug aus dem gesamten Telekom-Bereich setzte ein. Kleinere Anbieter, vorher Alibi gelungener Liberalisierung, gehen seither reihenweise Konkurs. Die großen Konzerne überleben, auch dank unverändert überragender Marktmacht im heimatlichen

Terrain, allerdings mit geschmolzener Eigenkapitaldecke und hohen Schulden. Die Telekom traf dieses Schicksal nicht härter als France Telecom oder die britische BT Group, von Worldcom in den USA zu schweigen. Neue Allianzen sind absehbar. Die US-Aufsichtsbehörde hat bereits angekündigt, künftig auch Zusammenschlüsse zu genehmigen, durch die einzelne Anbieter erneut große Teile des Marktes kontrollieren. Der Begriff »Re-Monopolisierung« macht die Runde. Dann freilich dürften die Preise für Telefondienste aller Art bald wieder kräftig steigen und ihnen folgend auch Gewinne und Aktienkurse. Nur mag bis dahin manchem Kleinanleger die Puste ausgegangen sein; vielleicht, weil er als gleichzeitiger Telekombeschäftigter dem radikalen Sparprogramm der Sommer-Nachfolger zum Opfer fiel. *20. Juli 2002*

Professionell geschmiert

Apple: Gewinn-/Umsatzeinbruch, BNP Paribas: Prognosen verfehlt, Caterpillar: Erwartungen verfehlt, Ericsson: Siebter Verlust in Folge, IBM: Gewinneinbruch, Prognosen verfehlt, Intel: Prognosen verfehlt, J. P. Morgan: Prognosen verfehlt, Motorola: Rekordverlust, Philip Morris: Hoher Verlust wegen Abschreibungen ..., irgendwie hatte man sich unter »Aufschwung« etwas anderes vorgestellt als die derzeit eintrudelnden Quartalsbilanzen der Unternehmen. Gut, dass es inmitten all der Trostlosigkeit wenigstens eine Branche gibt, die kräftig expandiert, obschon eine moralinsaure Öffentlichkeit ihr derzeit das Leben schwer macht.

Die Rede ist vom professionellen »Gibst-du-mir-geb-ich-dir«, laut *Handelsblatt* der »Wachstumsmotor« in der ansonsten eher gebeutelten Kommunikationsbranche. Schon jetzt erwirtschaften Lobbyisten zwischen fünfzehn und zwanzig Prozent der Honorarumsätze großer PR-Agenturen; Tendenz steigend. Etwa 15 000 Interessenvertreter in Brüssel verdienen ihre Brötchen damit, rund 20 000 EU-Beamte zu bearbeiten, und auch in Berlin bauen große Anwaltskanzleien ihre Lobbyarbeit aus. 1726 Gruppen sind allein in der offiziellen Lobbyliste des Bundestages registriert. Selbstverständlich gehe es beim Geschäft der honorigen Public-Affairs-Berater »nicht darum, zu mauscheln«, betont selbige Wirtschaftszeitung, sondern lediglich, »die Themen gegenseitig transparent zu machen«.

Die derzeitige öffentliche Diskussion wird daher als konjunkturschädigend – und im Übrigen als pure Heuchelei – missbilligt. Als ob mit Scharping und Özdemir irgend etwas bekannt geworden wäre, was nicht längst jeder wüsste! Lobbyisten gehörten schließlich »zum Abgeordnetenalltag – wie Ausschusssitzungen«.

Wo das *Handelsblatt* recht hat, hat es recht. Bereits im März 1999 hatte die *Frankfurter Allgemeine Zeitung* ihrer Klientel in aller Öffentlichkeit einige Tips verabreicht, wie Politikerkauf auf elegante Weise zu bewerkstelligen sei. Überschrift: »Auf Abbau der Arbeitslosigkeit berufen / Die Opposition nicht vergessen / Lobbying als strategische Aufgabe« (FAZ 8. 3. 99) Zunächst wurden damals mögliche Verunsicherungen ob des Regierungswechsels ausgeräumt: »Mit guten Argumenten … konnten Lobbyisten auch beim kleineren Regierungspartner durchaus Einfluss ausüben«, wusste die *FAZ*, und meinte gewiss nicht nur Herrn Özdemir. Zudem finde man in den Bundesbehörden »zumindest auf der fachlichen Ebene, manchmal auch noch im Leitungsbereich … die gewohnten Ansprechpartner«. Dann folgt das nötige Knowhow: Es gelte »beim Gegenüber einen Informationsvorsprung zu schaffen«. Lobbyisten müssten »immer präsent sein. Ihre Forderungen seien maßvoll, sie seien glaubwürdig«. Empfohlen werden insbesondere Kontakte zu Ausschussvorsitzenden im Bundestag, Fachsprechern der Fraktionen, einzelnen Abgeordneten im Europäischen Parlament und deutschen Kommissaren in der Europäischen Kommission.

»In den Abgeordnetenbüros, in den Cafeterien, in den Brüsseler Restaurants rund um den Glaskasten des Parlaments in der Rue Wirtz, überall treffen sich diskrete Gesandte von Konzernen und Verbänden mit EU-Parlamentariern«, erläuterte dieser Tage das *Handelsblatt* (26. 7. 02) die Funktionsweise unserer zivilisatorischen Errungenschaft »Demokratie«. Als Prototyp erfolgreicher Praxis könne folgender Fall aus Deutschland gelten: »So wollte eine große amerikanische Hamburger-Kette« – Dezenz ist angesagt; auch das *Handelsblatt* will keine potentiellen Werbekunden verprellen! – »Mitte der achtziger Jahre auch an Autobahnen verkaufen. Doch die Raststätten waren fest in staatlicher Hand. Ein Fall für einen ausgebufften Lobbyisten. Ein paar Anrufe bei bekannten *Stern*-Reportern, so erzählt der PR-Experte, schon erschien 1985 eine vierseitige Story in dem Magazin. Thema: Die miserablen deutschen Autobahn-Raststätten – Besserung nur durch Privatisierung zu erwarten. Das Interesse der Öffentlichkeit war geweckt. So konnte der Lobbyist zwei befreundete Abgeordnete überzeugen, eine Anfrage zur Privatisierung der Raststätten zu starten. 1990 schließlich eröffnete die Fastfood-Kette ihr erstes Restaurant an der Autobahn.«

Was freilich die wirklich Großen von den wirtschaftlichen Mittelfeldspielern unterscheide, sei, dass sie des Umwegs über die Agenturen gar nicht bedürfen. »Wenn etwa Daimler-Chef Jürgen Schrempp ein politisches Anliegen hat, spricht er oft direkt mit dem Bundeskanzler oder den Ministern. Die Mitarbeiter im Berliner Daimler-Büro verfolgen die Sache dann weiter.« Einer, der ebenfalls »politische Anliegen« und den direkten Draht hat, ist Allianz-Chef Schulte-Noelle. In einem am 22. Juli im *Handelsblatt* erschienen Interview zeigt er sich überzeugt, dass die Nach-Wahl-Regierung »… das mit Volldampf in Angriff nimmt, was in kleineren Gesprächsrunden längst unumstritten ist«. Das betreffe insbesondere »kraftvolle und zukunftsweisende Entscheidungen« auf dem »strangulierten Arbeitsmarkt« sowie in der Gesundheitspolitik. Dabei hält sich Schulte-Noelle nicht damit auf, zwischen Schröder und Stoiber zu differenzieren, sondern konstatiert, er könne »in persönlichen Gesprächen mit den Politikern der einen oder andern Seite … gar keine so großen Unterschiede feststellen«.

Nachzutragen wäre, dass professionelle PR-Pflege natürlich nicht die einzige im konjunkturellen Jammertal fröhlich prosperierende Branche ist. Auch der europäische Luftfahrt- und Rüstungskonzern EADS erfreute die Wirtschaftswelt kürzlich mit der optimistischen Prognose, sein Umsatz im Militärgeschäft werde von derzeit sechs Mrd. Euro bis 2004 um mindestens die Hälfte auf neun Mrd. Euro ansteigen. Und noch eine kleine Meldung purzelte weithin unbemerkt ins Sommerloch:

»Rüstungsexport kommt auf den Prüfstand. SPD- und CDU-Politiker fordern Aufweichung der strengen Ausfuhrrichtlinien.« (*Handelsblatt* 12. 7. 02) Um die Rentabilität von PR-Investments muss man sich also keine Sorgen machen.   *3. August 2002*

Abwärtssog

War es vor Jahresfrist in der einschlägigen Wirtschaftspresse noch verpönt, auch nur den Begriff »Rezession« zur Beschreibung der aktuellen Lage zu verwenden, haben sich inzwischen viel bösere Worte eingeschlichen. Statt über kapitalistische Effizienz und kreatives Unternehmertum sinnieren stockkonservative Leitartikler über ein möglicherweise Jahrzehnte anhaltendes Siechtum der westlichen Ökonomien. Das Schicksal Japans, über das in den letzten Jahren kaum einer nachdenken mochte, ist plötzlich allgegenwärtig, von einer drohenden Deflationsspirale, ja von Weltwirtschaftskrise ist die Rede. »Nimmt man die Daten der US-Wirtschaft unter die Lupe, packt einen der Schreck. Und ... in Asien und Europa sieht es nicht besser aus«, bangt das *Handelsblatt*. In düsteren Kommentaren werden Parallelen zwischen 1929 und 2002 gesucht und gefunden. Und jeder neuen Börsenmeldung folgt das gleiche Klagelied: Es gäbe keine »sicheren Häfen« mehr; alle »sinnvoll herleitbaren Unterstützungsniveaus« seien durchbrochen, es gehe haltlos bergab und bergab und bergab, und keiner wisse, wie weit noch und wie lange.

Bushs Konjunkturreden der letzten Wochen mit ihrer billigen Aufschwungpropaganda wurden von der Wall Street regelmäßig mit dreistelligen Verlusten quittiert. Offenbar um seine Glaubwürdigkeit besorgt, rudert jetzt auch Alan Greenspan zurück. Hatte er in seiner Juli-Rede noch versucht, Optimismus zu verbreiten und der US-Ökonomie 3,5 Prozent Wachstum für dieses Jahr angedichtet, gesteht die amerikanische Zentralbank Fed jetzt »für die überschaubare Zukunft« das »Risiko einer weiteren wirtschaftlichen Abschwächung« ein. Die Zinsen wurden nach allgemeiner Auffassung in dieser Woche nur deshalb nicht erneut gesenkt, damit, wenn alles noch viel schlimmer gekommen ist, der mindeste Spielraum bleibt. In Wahrheit glaubt wohl auch niemand mehr daran, dass eine erneute Zinssenkung die Talfahrt stoppen könnte. Immerhin befinden sich die US-Leitzinsen mit 1,75 Prozent bereits heute auf dem niedrigsten Stand seit vierzig Jahren. Und das Beispiel Japan zeigt, dass handfeste kapitalistische Krisen auch mit Zinsen nahe Null nicht zu besiegen sind.

In dem allgemeinen Tohuwabohu melden sich auch immer mal wieder Optimisten zu Wort, die darauf beharren, dass die Kurse bald wieder steigen müssten, da es sich beim statthabenden Börsencrash lediglich um die Bereinigung einer spekulativen Blase handele. Irgendwann befänden sich Unternehmensgewinne und Kurswert wieder in einem vernünftigen Verhältnis, und dann wäre der ganze Albtraum vorüber. Nur: Niemand weiß, wann jenes »vernünftige Verhältnis« erreicht ist. Im Dezember 1996, als Alan Greenspan das erste Mal vor einem »irrationalen Überschwang« an den Börsen warnte, bewegte sich der Dow Jones knapp 20 Prozent unter heutigem Niveau.

Die marxistische These, dass es sich beim Aktienkurs um die zum herrschenden Zinsfuß – zuzüglich eines gewissen Risikoaufschlags – kapitalisierten Unternehmensprofite handelt, gilt zwar über längere Frist auch heute noch. Aber zum einen handelt es sich bei den kursrelevanten Profiten nicht um die vergangenen, sondern um die zukünftigen, die keiner genau kennt und von denen im Abwärtssog alle annehmen, dass sie jedenfalls unter den heutigen liegen. (Zumal auch die vielfach nicht rosig sind, weshalb das Kurs-Gewinn-Verhältnis amerikanischer Aktien mit Werten von rund 35 heute beinahe so hoch ist wie auf dem Gipfel des Booms.) Zum anderen – reale Profitentwicklung hin oder her – genügt es zur Fortschreibung der Kursstürze völlig, wenn alle erwarten, dass alle erwarten, dass es vorerst weiter bergab geht. Denn es ist dieses seltsam zirkuläre Kalkül, das die reale Kursdynamik regelt. In einem durch vorwiegend spekulative Kapitalbewegungen beherrschten Markt kann die »längere Frist«, in der sich die Fundamentaldaten durchsetzen, nämlich ziemlich lang werden und beschreibt ohnehin nur einen Trend. Ansehen und Erfolg von Analysten, Brokern und Hedgefondsmanagern aber hängen nicht von der korrekten Voraussicht langfristiger Trends, sondern vom Ausnutzen der kurzfristigen Schwankungen ab. So wie in Boomphasen – egal, ob einzelner Branchen oder der Gesamtökonomie – lange mit Erfolg darauf spekuliert werden kann, dass der Aktienkurs die realistisch erwartbare Profitsteigerung weit überzeichnet, kehrt sich das Kalkül im Krisenprozess um.

Zumal man bei richtiger Voraussicht (oder verlässlichen Informanten) auch an fallenden Kursen glänzend verdienen kann. Nicht nur durch rechtzeitiges Abstoßen der eigenen Aktien, sondern auch, indem man den Kursverfall selbst in klingende Münze verwandelt. Leerverkäufer etwa, sogenannte Short Seller, leihen sich bei einem Händler, einer Bank oder einem Fond Aktien gegen Gebühr, die sie an der Börse verkaufen. Sinkt dann tatsächlich der Kurs, kaufen sie die Aktien zu dem niedrigeren Preis und geben sie dem Leihgeber zurück. Die Differenz ist ihr Gewinn. Leerverkäufe in großem Stil können den Kursverfall einer Aktie erheblich beschleunigen, da sie einerseits das Angebot zusätzlich erhöhen, andererseits vorhandene Leerpositionen in Aktien zumindest in den USA veröffentlicht werden. Ein hohes Potenzial gilt als Abwertungsindiz und kann die Verkäufe, auf die die Short Seller spekulieren, tatsächlich auslösen. Nachweislich hatten Leerverkäufer etwa beim Absturz der Telekomaktie oder auch der von SAP ihre Hände im Spiel. Dennoch: Spekulanten sind für das Auf und Ab der Börse in letzter Konsequenz ebenso wenig verantwortlich wie deregulierte Finanzmärkte für kapitalistische Krisen. Beide sind nichts als Katalysatoren und Verstärker. Sie haben den US-Boom durch Vorspiegelung gewaltiger Vermögenszuwächse des amerikanischen Mittelstands weit über die eigentliche Kaufkraftgrenze hinaus verlängert und rächen sich jetzt, indem sie die Abwärtsdynamik potenzieren. *17. August 2002*

Profitable Fluten

»Auftragsflut in Sicht«, titelte dieser Tage das *Handelsblatt*. Gegenstand des Artikels ist nicht eine der üblichen Schönwettermeldungen eines um Schröders Wahlsieg besorgten Hofökonomen – so dick lügen angesichts der realen Lage selbst die nicht mehr – sondern die nüchterne Empfehlung, Aktien der Baubranche zu ordern. Auch Baumärkte, Einrichtungshäuser, Möbelläden und Teppichausstatter zählten zu den Firmen, die »am Großreinemachen verdienen«. Die Rede ist von den Folgen der Hochwasserkatastrophe. Analysten werden zitiert, Rechnungen aufgemacht, Profitchancen durchkalkuliert. Es ist eben alles eine Frage der Sichtweise. Was für viele ein Albtraum und der Ruin von Zukunft und Hoffnung, ist für andere eine nützliche Belebung der seit Jahren lahmenden Baukonjunktur.

Es hat keinen Sinn, sich über Zynismus zu beklagen. Zeit seiner Existenz lebt Kapital in dem Widerspruch, sich nur um den Preis strangulierter Massenkaufkraft optimal zu verwerten und sich andererseits nicht verwerten zu können, wenn keiner da ist, der ihm den produzierten Kram abnimmt. Kriege und Naturkatastrophen, deren Zerstörungskraft Nachfrage erzwingt, sind in diesem Zusammenhang ausgesprochen hilfreich. Allerdings existiert auch hier das Problem, dass irgendwer seinen Geldbeutel öffnen und zahlen muss. Dies war nach den marktwirtschaftlichen »Befreiungskriegen« in Bosnien und im Kosovo der Fall, als US- und EU-Steuergelder als Kredite flossen, ebenso in Kuweit nach dem ersten Golfkrieg. In Afghanistan rinnt das Geld schon spärlicher, wohl weil der Krieg zwar inzwischen weniger beachtet, aber noch lange nicht beendet ist. Und in vielen hunger- und bürgerkriegsgeschüttelten Dauerkatastrophengebieten dieses Planeten ist schlicht gar nichts zu holen. Die in regelmäßigen Abständen wiederkehrenden Fluten in Bangladesch mit Zigtausenden Toten interessieren keinen Bauunternehmer und keinen Aktienanalysten. Anders in Dresden. Obschon auch die öffentliche Hand in Deutschland sich in den letzten Jahren erfolgreich arm reformiert hat, stand von Beginn an fest, dass die zerstörte Infrastruktur wiederaufgebaut und den Betroffenen wenigstens eine minimale Entschädigung gezahlt werden muss. Offen war einzig, wessen Portemonnaie dafür herhalten sollte. Und der Zank darüber begann, noch während das Wasser durch die Dämme schwappte. Wäre nicht gerade Wahlkampf, hätte die Lösung vermutlich in einem Flutopfersondersolidaritätszuschlag bestanden, oder – sozial noch ein bisschen grausamer –

in einer neuen Verbrauchssteuer auf irgendein schwer vermeidbares Konsumgut. Vielleicht würden wir dann künftig nicht nur für die Rente tanken und für Schilys Polizeistaat rauchen, sondern auch für Sachsens Straßen trinken. Solche Ideen verboten sich allerdings vier Wochen vor dem Urnengang. Schließlich hat Stoiber in diesem Wahlkampf schon mehrfach bewiesen, dass er sich auch aufs Ziehen der populistischen »Mein-Herz-gehört-dem-kleinen-Mann«-Karte versteht. Inzwischen ist beschlossen: Es gibt keine Steuererhöhungen, aber die zweite Stufe der Steuerreform wird um (mindestens?) ein Jahr verschoben und geschätzte 6,3 Milliarden Zusatzeinnahmen, die daraus resultieren, fließen in die Elbregionen.

Nun ist Schröders Steuerreform zu Recht alles andere als ein Objekt linker Sympathie, und die seinerzeitige Zustimmung der PDS im Bundesrat gehört zu jenen unverzeihlichen Sündenfällen, deren Summe sich heute in mageren Umfragewerten rächt. Dennoch: Was da um ein Jahr verschoben wurde, ist in erster Linie jener einzige kleine Teil des unsäglichen Projekts, den man guten Gewissens noch rechtfertigen konnte. Aufgeschoben ist zwar auch die weitere Senkung des Spitzensteuersatzes um 1,5 Prozent, der übergroße Teil der geplanten Einnahmen aber rührt daher, dass die versprochene Senkung des Eingangssteuersatzes um knapp 3 Prozent nicht stattfindet und die Freibeträge nicht, wie beabsichtigt, angehoben werden. Beides trifft vor allem Gering- und Mittelverdiener. Die bereits in Kraft getretene Senkung der Spitzensteuern um insgesamt 4,5 Prozent wird dagegen ebenso wenig zurückgenommen wie das milliardenschwere Geschenkpaket an die deutsche Wirtschaftselite, das seit 2001 dem Fiskus in bestimmten Bereichen die Hände bindet.

Um welche Beträge es bei letzterem geht, zeigt die Entwicklung der Körperschaftssteuer. Hatte diese Steuer dem Staat im Jahr 2000 noch 23 Milliarden Euro Einnahmen gebracht, wies sie 2001 erstmals in der bundesdeutschen Geschichte ein negatives Ergebnis aus: Während jedem Kleinverdiener Monat für Monat sein Obolus vom Gehaltszettel abgezogen wird, überwiesen die Finanzämter der Dax-Aristokratie per Saldo 425 Millionen Euro. Aus der Steuer war eine versteckte Subvention geworden, und das keineswegs als einmaliger Ausrutscher. Für die ersten sechs Monaten diesen Jahres liegt der Negativsaldo bereits bei 1,3 Milliarden Euro. Im Juli kamen weitere 563 Millionen dazu. Ursache dieser seltsamen Verkehrung im Steuergeldfluss sind spezielle Regelungen in Eichels Meisterwerk, die es den Kapitalgesellschaften gestatten, sich in den Jahren vor der Reform zu den alten Sätzen gezahlte Steuern zurückzuholen. Nach offizieller Schätzung beträgt das Polster, das sich auf diese Weise versilbern lässt, etwa 30 Milliarden Euro. Vielleicht sind es auch mehr, keiner weiß es genau, und keiner will es genau wissen. In jedem Fall gehen viele Steuerschätzer inzwischen davon aus, dass die öffentliche Hand aus edlen Konzernzentralen auf absehbare Zeit kaum einen müden Euro mehr bekommt. Weder für die Flutopfer, noch für sonst irgendwas. Der 1,5-prozentige Zuschlag zur Körperschaftssteuer, den Schröder – witzigerweise auf Druck der Union – am Ende noch in das Wiederaufbau-Finanzierungspaket aufgenommen hat, wirkt in diesem Kontext wie ein trüber Scherz, und das Theater der Wirtschaftsverbände riecht nach Inszenierung. Es ist wie immer: Otto Normalverbraucher zahlt die Zeche; und damit zum Schaden auch der Spott nicht fehlt, wird er sich demnächst im *Handelsblatt* wieder für seine Konsumunlust getadelt finden. *31. August 2002*

Der Boss und sein Kanzler

»Der Boss und sein Kanzler«, hatte das *Handelsblatt* am 6. Juli die Klassenverhältnisse in einer Bildunterschrift auf den Punkt gebracht. Die Photomontage, unter der der zitierte Satz steht, zeigt einen selbstbewussten Eon-Chef Hartmann; neben ihm, klein und in Demutshaltung, Gerhard Schröder. Tags zuvor hatte Staatssekretär Tacke die Übernahme der Ruhrgas AG durch Eon per Ministererlaubnis bewilligt. Ausgekungelt hatten Hartmann und Schröder den Deal spätestens im Oktober 2001. Was folgte, war eine halbjährige Aufführung absurden Theaters. Das Bundeskartellamt lehnte die Fusion, die fast zwei Drittel des deutschen Gasmarktes einem einzigen Unternehmen übereignen wird, erwartungsgemäß ab. Es hätte die mit dem Sachverhalt befassten Ökonomen aber ebenso gut zum Golfspiel auf die grüne Wiese schicken können; noch während sie prüften, wurde die Ministererlaubnis in Aussicht gestellt. Die in diesem Verfahren zu hörende Monopolkommission teilte gleichfalls mit, sie sähe keinen einzigen Grund, weshalb Eons Übermacht dem Allgemeinwohl dienen sollte, – die Bedingung einer Ministererlaubnis. Am 29. Mai wurde dem Gesetz Genüge getan, das Für und Wider in öffentlicher Anhörung abzuwägen. Der mit der Ministererlaubnis betraute Tacke war gar nicht erst erschienen, Hartmann verschwand, nachdem er sein Statement verlesen hatte. Unterdessen verhandelten beide ungestört von Öffentlichkeit über Auflagen, die Eon nicht schmerzen und Tackes Gesicht wahren würden. Der einzig ernstzunehmende Konkurrent RWE wurde durch versprochenen Zugriff auf die noch in Eon-Besitz befindliche Gelsenwasser AG in den Handel eingebunden.

Ergebnis der Kungelrunden war eine Aufteilung des deutschen Energiemarktes, wie sie perfekter nicht sein konnte: An Eon fällt das faktische Gasmonopol, an RWE das nicht minder renditeträchtige der Wassersparte; das Ölgeschäft überlassen beide den in diesem Bereich ohnehin überlegenen Konzernen Shell und BP; im Strommarkt, den Eon und RWE gemeinsam zu annähernd drei Vierteln kontrollieren, müssen sie weiterhin miteinander auskommen. Die Intensität ihrer Konkurrenz lässt sich anhand ihrer Bilanz ermessen: RWE hat sein Betriebsergebnis im Stromgeschäft im ersten Halbjahr 2002 um 46 Prozent gesteigert, Eon um 62 Prozent.

Der Deal war lange festgezurrt, als eine Unbill auftrat, mit der offenbar keiner gerechnet hatte: Ein Richter am OLG Düsseldorf hatte noch nicht ganz vergessen, dass ihm im Oberseminar einst gelehrt wurde: Liberalisierung – und sinnigerweise läuft die Schieberei ja unter diesem Namen – habe etwas mit Wettbewerb zu tun. Er gab der Klage der Fusionsgegner – vor allem Energiehändler und kleine Stadtwerke – per einstweiliger Verfügung statt; Verfahrensmängel der allzu selbstsicheren Dealer machten die Begründung leicht. Seither folgt des absurden Stückes zweiter Teil. Donnerstag letzter Woche wurde zu einer neuen öffentlichen Anhörung geladen. Die gleiche Gesellschaft lauschte zum zweiten Mal den gleichen Argumenten. Im Unterschied zum Mai harrte Hartmann diesmal höflich bis zum

Ende aus, und Tacke war nicht nur anwesend, sondern soll sich sogar Notizen gemacht haben.

In Wahrheit wird nur an der Ausbügelung formaler Fehler und einigen neuen Auflagen gefeilt. Es geht um viel zu viel, als dass man sich die Suppe von einem Richter versalzen ließe. Objekt der Begierde sind nämlich nicht nur die Milliarden, die sich am bundesdeutschen Markt verdienen lassen. »Wenn der angestrebte Spitzenplatz in der Europaliga der Energieversorger erobert werden soll«, erläutert das *Handelsblatt* die Ziellinie, »muss jetzt dynamisch gehandelt werden. ... Die Felder in Russland oder Norwegen als der langfristig wichtigsten [Gas-]Lieferanten Deutschlands werden jetzt verteilt. Mit der reichlich gefüllten Eon-Kasse könnte Deutschlands größte Ferngasgesellschaft ihr internationales Engagement deutlich ausbauen.« Der Monopolprofit im Heimatraum ist Mittel, internationale Expansion und Vorherrschaft der Zweck. Eon stiege mit Ruhrgas zum größten kombinierten Gas- und Stromunternehmen Europas auf. Mit dem heimischen Wassermonopol im Rücken kann RWE den Großen im Wassergeschäft, Vivendi und Suez, Paroli bieten. Sehr bewusst ging Deutschland von Beginn an bei der Privatisierung seiner Energiemärkte einen Sonderweg: Nicht eine Regulierungsbehörde, sondern die Giganten selbst wachen hier über »wettbewerbkonformes Verhalten«.

Dennoch: Wer private Monopole am Energiemarkt kritisiert, sollte die Betonung auf privat und nicht auf Monopol legen. In Ländern, die das neoliberale Credo wörtlicher nahmen, sind die Ergebnisse um nichts erfreulicher. Die früh privatisierte britische Energiebranche etwa hat viele ausländische Wettbewerber angelockt; die Großhandelspreise für Strom sind um 30 Prozent gefallen. Rege mit im Geschäft auch dort: RWE und Eon. Letzterer sponsert Verluste seiner britischen Tochter aus der heimischen Kriegskasse: Mithalten, bis anderen die Luft ausgeht, lautet das Credo. Der größte britische Stromerzeuger, British Energy, musste dieser Tage von der Regierung Finanzhilfe in Höhe von mehreren hundert Millionen Pfund erbitten. Andernfalls drohe die Pleite des 1996 in die effizienten Hände privaten Unternehmertums übergebenen Konzerns. Der erste Steuergeld-Scheck zur Subventionierung des Privatisierungsdesasters ist auf dem Weg. Der letzte wird es nicht gewesen sein. Brisant ist das Ganze nicht nur, weil der Pleite-Konzern rund ein Viertel aller britischen Haushalte mit Strom beliefert, sondern vor allem, weil er zu dessen Erzeugung fünfzehn Atomkraftwerke betreibt, acht davon in Großbritannien.

Auf der Nachbarinsel ist das Vertrauen in die Sicherheit dieser Mailer so groß, dass die Iren im Sommer ungewohnte Post von ihrer Regierung erhielten: eine Packung Jodtabletten ging an jeden Haushalt der gänzlich atomfreien Insel. Man könne nie wissen, lautete der knappe öffentliche Kommentar. Auch in Kontinentaleuropa weiß man nicht, doch wer selbst im Glashaus sitzt, wirft besser nicht mit Steinen. *14. September 2002*

Hundts Erwartungen

Der Dax fiel, wie seit Monaten, auch am Montag nach der Wahl. Nicht heftiger und nicht weniger heftig. Dass desolate US-Wirtschaft, drohende Weltwirtschaftskrise und Kriegsvorbereitung am Golf die börsentäglich agilen Renditejäger weit mehr interessieren als eine Bundestagswahl, die bei allen denkbaren Konstellationen in eine wenig unterscheidbare Politik einmündet, darauf hatten Händler lange vor dem zum Schicksalstag hochstilisierten Urnengang hingewiesen. »Die beiden Kanzlerkandidaten haben sich zuletzt ohnehin kaum unterschieden«, erklärt Thomas Straubhaar, Präsident des Hamburger Forschungsinstituts HWWA. Auch sein Kollege Joachim Scheide vom Kieler Institut für Weltwirtschaft betont, der Wahlausgang bedeute »nichts Gravierendes«. Wollte das Großkapital Rosa-Grün oder Schwarz-Gelb oder Rosa-Schwarz? Die schlichte Antwort ist wohl: Es war ihm fast schnuppe.

Allerdings nur fast. Das *Handelsblatt* etwa hat in den letzten Monaten mehrfach pro Schröder agitiert, während Sympathiebekundungen an den schwarzen Herausforderer – spätestens seit dessen eigentümlicher Idee, die »soziale Schieflage« der Steuerreform öffentlich anzuprangern – rar geworden waren. Westerwelle wurde als das behandelt, was er ist, ein Clown. Wahlwerbung für die »Steuersenkungspartei« FDP suchte man

vergeblich. Den Grund für diese Parteinahme erläutert Arbeit-
geberchef Dieter Hundt in der Mittwochausgabe der *Leipziger
Volkszeitung:* Ein Kanzler Schröder, führt er aus, komme der
Wirtschaft durchaus zugute, da »anders als bei einer unionsge-
führten Regierung ... die Kanzler-Partei gute Kontakte zu den
Gewerkschaften« habe und dies »wichtige Einigungen« erst
möglich mache. Er mag Blüms Scheitern an der Rentenfront
im Sinn gehabt haben und den Umstand, dass er den gleichen
Privatisierungsdurchbruch jetzt im Gesundheitswesen wünscht.
Auch Zwangsleiharbeit und Ich-AG sind gegen kämpfende Gewerkschaften schwerer durchsetzbar. Entscheidend, erklärt
Hundt, sei, »welche Reformsignale in Richtung Arbeitsmarkt
und Sozialversicherungssysteme von der neuen Regierung ausgehen«. Und hier gäbe es Grund zur Zuversicht. Das Wahler-
gebnis könne daher keineswegs »die Stimmung bei den Wirt-
schaftstreibenden trüben«.

Bar jeder eingetrübten Stimmung tut denn auch Werner
Wenning, Vorstandsvorsitzender der Bayer-AG, dem *Handelsblatt* seine Erwartung kund, »dass die Bestätigung der rot-grü-
nen Bundesregierung im Amt dazu führt, dass Kanzler Gerhard
Schröder und seine Mannschaft mit dem gleichen Elan wie vor
vier Jahren starten und die notwendigen Reformen angehen«.
Der Mann weiß, wovon er redet; der von ihm geführte Konzern verdankt Schröders »Elan« immerhin die Möglichkeit,
trotz beträchtlicher Gewinne keinen Cent Gewerbesteuer mehr
zahlen zu müssen. Selbst BDI-Chef Rogowski geht inzwischen
davon aus, »dass man das Kriegsbeil begräbt«, und präsentiert
seine Forderungsliste: »Das Kartell der Tarif-Verträge muss ge-
knackt werden, wir müssen einen Niedriglohnsektor schaffen,
wir müssen Arbeit statt Arbeitslosigkeit unterstützen.«

Meinungsverschiedenheiten in der Wirtschaftslobby gibt
es allenfalls in der Frage, ob zur Realisierung dieser schönen
Ziele eine Große Koalition oder die Weiterführung des Ro-
sa-Grünen-Bunds ratsamer wäre. Für letzteren spricht, dass
die Grünen ihre Rolle als Nachlassverwalter der FDP bereits in
der ersten Legislatur mit Bravour ausfüllten und dank hinzu-
gewonnener Stärke die Umsetzung profitfördernder Gruselka-
taloge jetzt erheblich beschleunigen könnten. Nicht nur Davon

Walton, Chefvolkswirt für Europa bei Goldman Sachs, lobt die Grünen für »ambitionierte Reformziele« und »größeren Reformhunger«. Würde sich insbesondere Fischer, erläutert er, »mehr auf die Innenpolitik konzentrieren als in den vergangenen vier Jahren, könnte die Regierung es deutlich leichter haben, den Boden für strukturelle Reformen zu bereiten«. Brav haben die Grünen bereits gefordert, die »Ökosteuer« genannte Mogelpackung zur Schröpfung von Otto Normalverbraucher bei gleichzeitiger Schonung der großen industriellen Energieverschwender, deren erneute Anhebung zum 1. 1. 2003 ansteht, in Zukunft noch stärker auszubauen. Selbstredend sollen mit dem Geld auch künftig nicht Bus- oder Bahntickets subventioniert, sondern Unternehmer von Sozialabgaben befreit werden.

Andere Wirtschaftsfürsten allerdings befürchten, dass die Fortführung von SPD-Grün (mangels Chance, sich wirtschafts- und sozialpolitisch rechts von dieser Regierung zu profilieren!) die Union aus purem Selbsterhaltungstrieb dazu bringen könnte, es »links« zu versuchen und Schröder mit der ein oder anderen sozialpopulistischen Attacke zu ärgern. Mit einer Fraktionsvorsitzenden Merkel dürfte dies leichter fallen als mit Merz, zumal die Union das Feld jetzt nahezu allein beackern kann. Denn die Strategie, die linke Opposition in der Umarmung zu zerquetschen und am Ende parlamentarisch zu entsorgen, ist ja vorerst leider aufgegangen. Was die Konzernchefs an einem Wildern der CDU auf Sozialterrain beunruhigt, ist nicht die Sorge, dass Merkels Mannen es ernst meinen könnten, sondern die Hemmschwellen, die solche Aktivitäten Schröder unvermeidlich auferlegen. Dass auf diese Weise »die starke Opposition nun Reformvorhaben der Sozialdemokraten« blockieren könnte, befürchtet etwa Rolf Elgeti von Commerzbank Securities in London. Und wen solche Ängste umtreiben, der ruft nach Großer Koalition.

Was des einen Angst, sollte freilich längst nicht automatisch des anderen Hoffnung sein. Wirkliche Hemmschwellen sind nur durch den Druck einer spürbaren gesellschaftlichen Widerstandsbewegung aufzubauen. Als deren Teil könnte die PDS verlorenes Vertrauen und verlorene Glaubwürdigkeit wiedergewinnen. Das setzt allerdings nicht zuletzt voraus, soziale Verbrechen künftig wieder soziale Verbrechen und nicht »Gerechtigkeitsdefizite« zu nennen und Kriegstreibern à la Bush nicht länger so zu begegnen, als handele es sich bloß um Andersdenkende in Fragen Terrorbekämpfung.   *28. September 2002*

Umverteilung via Börse

Sie haben die »Der-Markt-hat-immer-recht«-Melodie gepfiffen, bis sie ihnen im Hals steckenblieb. Die hilflosen Kommentare der einst so selbstsicheren Leitartikler zum steilen Bergab von Kursen und Wirtschaft, der Anblick verzweifelter Börsenyuppies, deren smart-überlegenes Dauerlächeln von gestern grauen Sorgenfalten gewichen ist, all das mag bei manchem in einem unbeaufsichtigten Winkel seines Gemüts eine gewisse Genugtuung auslösen. Immerhin: Wenn, wie in Deutschland, ein Prozent der Haushalte siebzig Prozent des privat gehaltenen Aktienbestandes in ihren Depots versammeln, trifft der Börsencrash, scheint's, in der Hauptsache doch nicht die Falschen. Von den 240 Mrd. Euro, die Bundesbürger in den Jahren 2000 und 2001 in diversen Anlageformen investierten, waren laut Zählung der Bundesbank Ende 2001 noch ganze 80 Milliarden übrig. Wer aber so üppig sparen konnte (und verlor), gehörte, möchte man meinen, mitnichten zu den Ärmsten.

Aber eben auch nicht zu den Reichsten, wie uns der jüngste World Wealth Report von Merrill Lynch belehrt. Das Finanzhaus untersucht darin die Vermögensentwicklung der sogenannten High Networth Individuals (HNWI), eine Spezies, von der es weltweit etwa 7,1 Millionen Exemplare gibt – davon in der Bundesrepublik rund 730 000 –, und die sich dadurch kenntlich macht, dass sie pro Kopf über ein liquides Vermögen von mehr als 1 Million US-Dollar verfügt. (Die Betonung liegt auf liquide; die Summe berechnet sich also abzüglich Betriebs-, Immobilien- und sonstigem festangelegten Vermögen.) HNWI sind Leute, vor denen jedes Bankhaus den roten Teppich ausrollt und für die sich jeder Vermögensverwalter in den Staub beziehungsweise mit Ehrgeiz ins Zeug legt.

Letzteres offensichtlich mit Erfolg. Denn während der DAX seit März 2000 von über 8000 auf unter 3000 Punkte schrumpfte und der Sturz des Dow Jones das Vermögen der US-Bürger um 5000 Milliarden Dollar dezimierte, erfreuten sich die HNWI bisher in jedem Jahr eines Zugewinns. Zwar fiel dieser 2001 mit 0,1 Prozent relativ bescheiden aus; aber auch das ist bei einem Gesamtvermögen allein der superreichen Europäer, das Merrill Lynch mit 8,4 Billionen US-Dollar beziffert, keine kleine Summe. Zumal in einem Marktumfeld, in dem der Kleinaktionär, der auf Anraten von Schröder und Krug vor zwei Jahren in die vermeintliche Volksaktie investierte, heute gerade noch ein Zehntel seiner Spargroschen besitzt; ganz zu schweigen von denen, die sich bei EM.TV oder Mobilcom versuchten.

Dem geprellten Kleinsparer wird nun gern erzählt, sein Vermögen sei infolge des Crashs »vernichtet« worden. Als die Deutsche Börse das 1997 geschaffene Segment Neuer Markt kürzlich ad acta legte, hieß es, in diesem seien seit Frühjahr 2000 insgesamt 211 Milliarden Euro »verbrannt« worden. Verbrannt – das klingt nach: weg und in Rauch aufgelöst. Genau das stimmt aber nur teilweise. Wirklich verschwunden ist nämlich nur Vermögen, das real nie existierte. Beispiel Telekom: Wer 1996 100 Telekomaktien aus der ersten Tranche zum Ausgabepreis von 28 DM kaufte, konnte sich vier Jahre später in dem wohligen Gefühl wiegen, dass aus 2800 DM über 20 000 DM geworden waren. Wer es beim Gefühl nicht beließ, sondern seine Aktien verkaufte, war tatsächlich siebenmal reicher geworden. Alle anderen dagegen mussten miterleben, wie das unverhofft Gewonnene wieder zerrann und am Ende kaum die Anfangssumme übrig blieb. Dieser virtuelle Reichtum, den die Aktionäre niemals eingezahlt hatten, sondern lediglich auf dem Gipfel des Booms ihr eigen glaubten, ist tatsächlich einfach verschwunden. Verschwunden ist aber keine einzige DM und kein einziger Euro, der je wirklich auf den Aktienmarkt getragen wurde. Wer sich etwa im Frühjahr 2000 von der geschürten Aktieneuphorie dazu hinreißen ließ, 20 000 DM zu investieren, zahlte damit genau jenen aus, der sich in weiser Voraussicht von seinen Aktien trennte. Dass letzterer um ein Vielfaches reicher werden konnte, dankt er ausschließlich dem, der ihm – in Hoffnung auf weitere Kursgewinne – seine Ersparnisse überließ. Selbst wer Telekom- oder sonstige Aktien unmittelbar bei der Emission erstand, hat keineswegs nur ins Unternehmen investiert. Eine halbe Milliarde verdienten allein die beteiligten Konsortialbanken am ersten Börsengang des Telefonriesen; am zweiten und dritten noch wesentlich mehr.

Der schöne Spruch »Geld verschwindet nicht, es wechselt nur den Besitzer« gilt auch auf den modernen Finanzmärkten. Noch bewegen sich Dax und Dow Jones weit über ihrem Stand Anfang der neunziger Jahre. Massiv verloren haben bis jetzt vor allem diejenigen, die sich im zurückliegenden Jahrfünft neu aufs Aktienparkett locken ließen, meist Verdiener im Mittelfeld und darunter. Nach einem Jahrzehnt rühriger Aktienwerbung und dank eines Rentensystems, das den Einzelnen, so er irgend kann, zu privater Vorsorge zwingt, besitzt in den USA heute jeder zweite Haushalt Aktien. Vor zehn Jahren waren es nicht annähernd so viele. In der Bundesrepublik ist die Anzahl der Leute, die Aktien oder Fondsanteile halten, von 5,6 Millionen 1997 auf 13,5 Millionen 2001 angestiegen. Die Zahl direkter Aktieninhaber hat sich mehr als vervierfacht. Die meisten von ihnen sind zu einer Zeit eingestiegen, als die Kurse ihre Spitzen erklommen und honorige Vermögensverwalter, die sich um das Klientel der HNWI kümmern, überteuerte Aktien speziell im Telekom-, Internet- und Medienbereich abzustoßen begannen. Schlecht beraten, mit blutiger Nase und geschrumpften Ersparnissen haben inzwischen zwei Millionen dieser Neueinsteiger dem Kapitalmarkt wieder den Rücken gekehrt. Die Börse vernichtet also nicht nur Vermögen, sie verteilt es vor allem auch um; in der Regel auf die dem Kapitalismus so nachhaltig eigene Weise: von unten nach oben. Dass trotz Kursverfall und Rezession Porsche in den ersten drei Quartalen dieses Jahres den Absatz ausgerechnet seines teuersten Modells um zwanzig Prozent steigern konnte, verblüfft daher nur auf den ersten Blick.   *12. Oktober 2002*

Gruselkatalog

Die Wirtschaftsverbände schäumen, Gewerkschafter brabbeln Lobendes, von einem »Todesstoß für die Aktienkultur« und »sozial gerechter Modernisierung« ist die Rede, – wollte man den neuen Koalitionsvertrag von SPD und Grünen anhand der Reaktionen bewerten, die er ausgelöst hat, käme man zu dem Schluss, es handele sich um ein ausgesprochen fortschrittliches Dokument. Tatsächlich beweist das Geschimpfe leider nur, dass öffentliche Verbände-Verlautbarungen längst zu Ritualen geworden sind, die bei jeder passenden oder eben auch unpassenden Gelegenheit gleichsam prophylaktisch abgespult werden, auf dass niemandem ernsthaft die Idee komme, Oberschicht und Konzernelite an den nach wie vor gut gefüllten Geldsack zu gehen.

Ähnlicher Theaterdonner begleitete Schröder bereits in seine erste Legislatur, wobei der Koalitionsvertrag von 1998 wenigstens noch das ein oder andere Stichwort dafür hergab. Zur Erinnerung: Es ging um volle Lohnfortzahlung im Krankheitsfall, um die Ausweitung des Kündigungsschutzes, um die Rücknahme Blümscher Rentenkürzungen, um das Zurückdrängen von ungesicherter Beschäftigung und Scheinselbständigkeit. Die sozialen Verbrechen Sparpaket, Steuer- und Rentenreform folgten später und waren (zumindest in ihrer realen Zielrichtung) im Koalitionsvertrag nicht angekündigt.

Das ist diesmal anders: Die soziale Rhetorik hat bereits am Wahltag ausgedient. Nüchtern gibt die Koalitionsvereinbarung zu Protokoll, was wir sonst bei den Herren Hundt und Rogowski lesen: »Hohe Sozialabgaben hemmen Wachstum und Beschäftigung.« Auch die folgenden Passagen lesen sich wie Abschriften aus bekannten BDI-Papieren. In schlechtem Deutsch werden die Psalme neoliberaler Marktanbetung repetiert – »Konsolidierung erlaubt das konjunkturgerechte Wirkenlassen der automatischen Stabilisatoren im Abschwung …« – und das nach einem Jahr Rezession, in dem die angeblichen »Stabilisatoren« entfesselter Real- und Finanzmärkte die Abwärtsspirale selbstverstärkend vorangetrieben haben! Die Förderung von ungesicherter Beschäftigung und Scheinselbständigkeit steht diesmal ausdrücklich auf der Agenda. Die »Geringfügigkeitsgrenze« für haushaltsnahe Dienstleistungen – sprich: Putzen, Kochen, Babysitten für jene, die sich solche Dienste leisten können – steigt auf 500 Euro, bei abgesenkter Sozialpauschale. Die Ausweitung dieser Regelung auf andere Bereiche wird »unverzüglich geprüft«.

Wer sich nicht in einem 500-Euro-Job vergnügen will, mag sein Glück als Ich-AG oder Zwangsleiharbeiter suchen. »Schnellstmöglich Punkt um Punkt« soll das Hartz-Konzept umgesetzt werden – ergänzt offenbar noch um die eine oder andere Finesse. So hatte Schröder den Gewerkschaften im Wahlkampf zugestanden, Kürzungen bei Arbeitslosengeld und -hilfe aus dem Konzept wieder herauszunehmen. Pech, am 22. September hat der Deal seine Schuldigkeit getan ... 2,3 Mrd. Euro Einsparungen sind allein im nächsten Jahr bei der Arbeitslosenhilfe geplant – der dickste Sparposten im ganzen Paket. Auch die Sozialhilfe, auf deren Niveau Arbeitslosenhilfebezieher künftig sinken werden, wird weiter nach unten gedrückt. Etwa durch »stärkere Pauschalierungen«.

Der Verdacht, dass dieser finstere Katalog jedenfalls die Arbeitslosigkeit im Lande nicht verringert, scheint indes auch die Koalitionäre beschlichen zu haben. Als ergänzende Maßnahme wird daher angekündigt: »... eine international vergleichbare Arbeitsmarktstatistik zu schaffen, in der nur Personen, die auch tatsächlich dem Arbeitsmarkt zur Verfügung stehen, erfasst werden.« Vorbild ist vermutlich die US-Statistik, die im September diesen Jahres zu der erstaunlichen Leistung fähig war, eine sinkende Arbeitslosenquote auszuweisen, obwohl die Zahl der Beschäftigten (die auf anderem Wege erfasst wird) sich im gleichen Monat deutlich verringerte.

Und die vielgerügte »Giftliste« im Koalitionsvertrag? Teils ist sie – wie die höhere Besteuerung von privat genutzten Dienstwagen – inzwischen schon wieder vom Tisch. Teils bleibt sie – wie die Öko-Besteuerung energieintensiver Unternehmen – so sehr im Vagen, dass selbst das *Handelsblatt* inzwischen davon ausgeht, dass sich kaum etwas ändern wird. Und teils ist sie nichts als die unumgänglichste Notbremse, um den völligen Ruin der Staatsfinanzen zu verhindern. Dank Steuerreform ist das Aufkommen der Körperschaftssteuer jetzt bereits im zweiten Jahr negativ.

Dennoch: Zurückgenommen wird weder die drastische Senkung der Steuersätze noch die Steuerbefreiung für Veräußerungsgewinne von Kapitalgesellschaften; auch die Möglichkeit, vor 2001 gezahlte Körperschaftssteuern mit der heutigen

Steuerschuld zu verrechnen, bleibt bestehen. Sie wird lediglich über einen längeren Zeitraum gestreckt, da die Konzerne sich jetzt nur noch um maximal die Hälfte ihrer jährlichen Zahlungen drücken können. Das gleiche gilt für die Anrechnung von Verlusten. Verlustvorträge – die das deutsche Steuerrecht weit üppiger als international üblich gewährt – werden außerdem auf sieben Jahre begrenzt. Das ganze Paket soll 2003 1,4 Mrd. Euro zusätzlicher Einnahmen bringen, also im Maßstab eines 500-Milliarden-Steueraufkommens insgesamt fast nichts. Eine Rücknahme der milliardenschweren Steuergeschenke an die Dax-Elite bedeutet es in keiner Weise. Auch die Steuer auf realisierte Aktienkursgewinne, die künftig bei natürlichen Personen erhoben werden soll, ist nicht mehr als internationaler Standard. In den USA beträgt sie zwanzig Prozent, ohne dass je ein Regierender der Einführung des Sozialismus verdächtigt wurde. Schröder plant gerade mal 7,5 Prozent.

Hauptleidtragende der Koalitionsvereinbarung sind also wieder die Schwächsten; getroffen werden allerdings auch beträchtliche Teile der Mittelschichten. Alles dagegen, was die tatsächlich Reichen irgendwie behelligen könnte (Vermögenssteuer, erhöhte Erbschaftssteuer, progressive Steigerung des Spitzensteuersatzes bei Jahreseinkommen über 150 000 Euro), bleibt sorgsam ausgespart. In der Regel sind Koalitionsvereinbarungen besser als die nachfolgende Regierungspraxis. Was folgen mag, wenn schon der Vertragstext das kalte Grauen auslöst, lässt sich nur düster ahnen.   *26. Oktober 2002*

Steuerdrama, x-ter Akt

Rot, röter, am rötesten … – nein, wahrlich nicht die Politik der Schröder-SPD, soll die schöne Farbe noch irgendeinen politischen Gehalt symbolisieren. Gemeint sind Eichels Haushaltszahlen, deren offizielle Neuabschätzung in der folgenden Woche ansteht. Gegeben wird dann des Steuerdramas x-ter Akt, eine Inszenierung des Bundesministeriums für Finanzen, Regie: BDI, BDA und sonstige Lobbyistenclubs des Großkapitals. Erneut werden Steuerschätzer mit wichtiger Miene ihre Schätzungen für falsch erklären und die Zahlen kräftig nach unten korrigieren, so, wie sie es in den vergangenen anderthalb Jahren immer wieder getan haben. Hatte die brave Schätzgemeinde im Mai 2001 Bund, Ländern und Gemeinden für 2002 noch ein Aufkommen von 474 Mrd. Euro vorausgesagt, sind jetzt noch Einnahmen von maximal 440 Mrd. Euro im Gespräch. Im Steuersäckel allein des Bundes fehlen 13 bis 14 Mrd. Euro gegenüber den im Haushalt veranschlagten Zahlen. Dass ein Nachtragshaushalt nötig wird, ist inzwischen amtlich. Anstelle der bisher kalkulierten 21,1 Mrd. Euro Neuverschuldung wird das Defizit des Bundes bei 33 bis 36 Mrd. Euro liegen. Waigels alte Defizitrekorde von umgerechnet 40 Milliarden sind zum Greifen nahe.

Da die Investitionen des Bundes lediglich 25 Mrd. Euro betragen, ist dieser Haushalt strenggenommen verfassungswidrig. Gleiches gilt für die Haushalte nicht weniger Bundesländer. Bereits bis August hatten deren Kassenwarte mit einem Defizit von 24 Mrd. Euro den für das Gesamtjahr 2002 kalkulierten Rahmen von 19,9 Mrd. ohne Zaudern hinter sich gelassen. Den Kommunen steht das Wasser eh bis zum Hals.

Ursache des Einnahmedesasters auf allen Ebenen ist neben der gesamtwirtschaftlichen Ebbe (offiziell erwartet: 0,4 Prozent BIP-»Wachstum« in diesem Jahr) die im Sommer 2000 beschlossene Steuerreform. Die Körperschaftssteuer etwa, die einst zweistellige Milliardenbeträge in die öffentlichen Kassen spülte, schreibt dank der Neuregelungen bereits im zweiten Jahr rote Zahlen. Zumindest ein Aufkommen von 7,9 Mrd. Euro hatten ihr die Steuerschätzer irrtümlich für dieses Jahr prophezeit. Auch die Gewerbesteuer bricht weiter ein, 2001 lag das Minus bei zwölf Prozent, in diesem Jahr wird der Vorjahreswert nochmals um etwa elf Prozent unterboten. Großunternehmen wie Eon, RWE, Bayer, BASF oder Bertelsmann zahlen längst nichts mehr.

Abhängige Beschäftigte haben diese Wahl zwar nicht; aber wo wenig ist, kann auch der ungemütlichste Fiskus nicht immer mehr holen. So blieb auch das Lohnsteueraufkommen mit einem Plus von 0,5 Prozent (September 2002 im Vergleich zum Vorjahresmonat) deutlich unter den offiziell erwarteten Werten. Verantwortlich dafür ist nicht nur die wieder ansteigende

Arbeitslosigkeit. Der minimale Zuwachs belegt auch, dass trotz Tarifsteigerungen von durchschnittlich drei Prozent die Einkommen abhängig Beschäftigter 2002 im Schnitt erneut unterhalb der Preissteigerung verharrten. Gründe sind die wachsende Zahl nicht tarifgebundener Arbeitsverhältnisse (im Osten betrifft dies inzwischen die Mehrzahl der Beschäftigten) oder auch die Verrechnung der neuen Tarife mit ehemals übertariflichen Leistungen, wie sie in Großunternehmen dieses Jahr gängige Praxis war. Die Umsatzsteuer wird im Jahresvergleich um schätzungsweise 2,5 Prozent steigen, ein Wachstum nur wenig über der Inflationsrate. Auch dies ein Ergebnis strangulierter Binnenkaufkraft und der schon seit Jahren anhaltenden Krise im Einzelhandel. Insgesamt liegen die Steuereinnahmen von Januar bis September 2002 um 3,5 Prozent unter den Vorjahreswerten. Noch im Mai 2002 hatten sich die werten Steuerschätzer auf ein Einnahmeplus von 2,1 Prozent für das Gesamtjahr festgelegt. Angesichts der nahezu vollständigen Steuerbefreiung profitabler Großunternehmen, stagnierender bis sinkender Masseneinkommen, rückläufiger Beschäftigung und Pleiterekorden im Mittelstand sind die realen Zahlen allerdings nicht erstaunlich. Alle Schuldenlöcher gemeinsam ergeben laut EU-Berechnung in diesem Jahr ein deutsches Etatdefizit von 3,7 Prozent des BIP.

Dass ausgerechnet die Bundesrepublik, die für Maastricht-Vertrag und Stabilitätspakt – drakonische Schuldenkriterien und die Zielvorgabe eines ausgeglichenen Haushalts bis 2004 eingeschlossen – an vorderster Front gekämpft hat, bereits im zweiten Jahr die hausgemachten Vorgaben verfehlt, entbehrt nicht einer gewissen Komik. Aber so sehr Maastricht nebst Folgeverträgen einem reaktionären Geist entsprang, so falsch wäre es, Schuldenmacherei gleich für fortschrittlich zu halten. Keynesianische Konjunktursteuerung, die inzwischen selbst in der deutschsprachigen Wirtschaftswissenschaft ein zaghaftes Akzeptanz-Comeback erlebt (in der amerikanischen hatte sie immer ihren Platz) mag sympathischer sein als das Abwürgen jeder konjunkturellen Regung durch dumpfbackene Austeritätspolitik. Wahr ist aber auch: Staatliches deficit spending ist die profitkonformste Antwort auf das kapitalistische Nachfrageproblem: Es ist einer der wenigen Wege, Nachfrage zu schaffen, die im Prozess der Kapitalverwertung nicht zugleich als Kostenfaktor in Erscheinung tritt. Anders als aktive Lohnpolitik oder steuergelenkte Umverteilung von oben nach unten schmälert sie die Renditen nicht, sondern schafft, im Gegenteil, auf Steuerzahlers Kosten eine zusätzliche rentable Anlagesphäre für das private Kapital.

Natürlich wären schuldenfinanzierte Sozialleistungen immer noch besser als gar keine. Wenn die Schulden allerdings in erster Linie daher stammen, Konzerne und Vermögende aus jeder Steuerpflicht zu entlassen – und wenn sie mit radikalem Sozialabbau einhergehen –, ist an solcher Politik kein Hauch mehr progressiv. Man sollte nicht vergessen: Auch Bush, der einen mehr als ausgeglichenen Haushalt übernommen hat und dank massiver Steuersenkungen für Wohlverdienende und forcierter Kriegs- und Rüstungspolitik heute tiefrote Zahlen schreibt, könnte sich mit Recht ein Keynes-Schüler nennen. Dessen Lehren sind daher, selbst wenn die Politik ihnen folgt, längst kein Ersatz für reale Verteilungskämpfe.   *9. November 2002*

Kommissionsunwesen

»Wenn du nicht mehr weiter weißt, gründe einen Arbeitskreis ...« Aus diesem schönen Spruch, in der Regel auf Situationen ehrlicher Hilflosigkeit angewandt, hat Schröder eine Strategie gemacht. Sie soll eines seiner Grundprobleme lösen, das da lautet: Wie nutze ich die parteinahen Milieus als Ausführungsorgane meiner Politik, ohne Gefahr zu laufen, ihnen als Gegenleistung irgendeine Form inhaltlicher Mitsprache zugestehen zu müssen?

Auch wenn es öffentlich nur selten auffällt: Es gibt natürlich in der SPD noch das ein oder andere Mitglied, dessen Parteibuch nicht daher rührt, dass eine CDU-Ortsgruppe gerade nicht verfügbar war oder man just mit deren Ortsvorsitzenden eine der beliebten Nachbarschaftsfehden ausfocht. Es gibt die Alten, die früher noch viel von Freund und Feind, von Kapitalismus und Solidarität gelernt und bis heute nicht vergessen haben. Es gibt die unzähligen engagierten Gewerkschaftsfunktionäre, von denen zumindest die auf unterer und mittlerer Ebene Tätigen die Folgen der Schröder-Politik tagtäglich hart zu spüren bekommen; und auch die in der persönlichen Karriereplanung Strebsameren in den höheren Rängen wissen zumindest eines: dass alle paar Jahre der Tag kommt, an dem sie wiedergewählt werden müssen. Und es gibt offenbar bis in höchste SPD-Gremien hinein Leute, die nicht begreifen wollen, weshalb die Konzernchefs aus Schröders Rotwein-Runde SPD-Gesetzesvorschläge inzwischen so unmittelbar diktieren, dass selbst Frau Merkel kein anderes Gegenargument mehr einfällt als auf »gebrochene Wahlversprechen« und »soziale Schieflagen« zu verweisen.

Schröder kann diese Milieus nicht frontal brüskieren, da die Durchsetzungskraft seiner Politik – und damit seine Überlegenheit gegenüber der CDU in den Augen von Hundt & Co – gerade darauf beruht, dass sie seinen Kurs, mit dem für Akzeptanz nötigen Stallgeruch versehen, nach unten übermitteln. Aber Schröder muss zugleich darauf achten, dass sie seine Vorhaben nicht durch Transmissionsversuche in umgekehrter Richtung stören.

Zur Beseitigung dieses Störfaktors hat er ein Rezept entwickelt, das seinem Ahnen Brüning – bei aller sonstigen Ähnlichkeit – mangels moderner Medien noch nicht zur Verfügung stand. Es besteht in folgendem Dreischritt: 1. Suche einen Sachverständigen, der vor allem von einer Sache – den Interessen und Wünschen der Konzernlobby – etwas verstehen muss und setze dem zuständigen SPD-Minister eine Kommission vor die Nase, die dieser Fachlobbyist leitet; 2. beauftrage ihn, ein Exzerpt aus BDI-Papieren und der persönlichen Wunschliste honoriger Dax-Vorstände anzufertigen, lass ihn drei, vier spezielle Grausamkeiten hinzufügen, die nach allgemeiner Aufregung wieder zurückgenommen werden können; 3. sorge dafür, dass die Medien die Vorschläge als Ausdruck höchster Kompetenz, als kreativ und unsagbar neu abfeiern, und organisiere dadurch einen Druck, der die Umsetzung zu einer Frage des öffentlichen Ansehens der Partei und des Kanzlers höchstpersönlich macht: Wir können dahinter nicht zurück, Genossen, das müsst Ihr doch einsehen!

Dieses Rezept hatte seine erste Bewährungsprobe, als Riester nach Abschuss der gesetzlichen Rente keine Neigung zeigte, auch noch als Wegbereiter eines amerikanisierten Arbeitsmarktes in die Geschichte einzugehen. Der Sachverständige hieß damals Hartz, und das vielbelobte Ergebnis ist eine Arbeitsmarktreform, die Hire-and-Fire bei Niedrigstlöhnen auch hierzulande zum Alltag machen wird. Der nächste Delinquent, den es mundtot zu machen gilt, heißt Ulla Schmidt. Auch Frau Schmidt gehört zweifelsfrei nicht zur Parteilinken. Aber immerhin hat sie eine Absage an Zwei-Klassen-Medizin sowie das Wörtchen Solidarität gleich mehrfach in den Koalitionsvertrag hineingeschrieben und, was schwerer wiegt, sie neigt dazu, die Pharmabranche von Zeit zu Zeit mit profitschädigenden Einfällen wie der Positivliste oder Preisabschlägen zu verstören. Auch ihre Idee, künftig Selbständige wie Beamte für die gesetzliche Rente löhnen zu lassen und womöglich alle Einkommensarten zur Berechnung heranzuziehen, kam nicht gut an.

Spätestens an diesem Punkt war die Gründung einer neuen Kommission überfällig. Offiziell hat sie unter anderem den Auftrag, zu prüfen, ob die soziale Sicherung durch eine Verbreiterung der Finanzierungsbasis im genannten Sinn verbessert werden könnte. Aber Bert Rürup, der von Schröder bestellte Vorsitzende, wäre nicht der Wirtschaftsweise, der er sich nennen darf, würde er sich mit derlei abartigen Fragestellungen befassen. Schmidts Ideen führten nur zu einer »Ausdehnung der demographieanfälligen Umlagefinanzierung«, beschied er knapp und erläuterte anschließend das von ihm präferierte Modell: Die Krankheitskosten sollten von den Löhnen abgekoppelt werden, und jeder Versicherte soll künftig eine einheitliche Kopfprämie von 200 Euro zahlen. Die »Arbeitgeber« seien von der Zumutung, die Krankenversicherung ihrer Angestellten mitfinanzieren zu müssen, ganz zu befreien. Tusch bei den Verbänden!

Man muss keine hohe Mathematik betreiben, um zu wissen: Von 200 Euro pro Frau bzw. Mann lässt sich ein einigermaßen zureichendes Niveau gesundheitlicher Versorgung nicht finanzieren. Auch bei den privaten Versicherern liegt der Schnitt – durch alle Altersgruppen – deutlich höher. Und denen steht immerhin frei, was die gesetzlichen Kassen wohl auch nach dem

Geschmack des Herrn Rürup nicht dürfen sollten: potentiell teure, weil nicht kerngesunde Leute erst gar nicht aufzunehmen. Wie sich der Rürupsche Amoklauf gegen das Solidarsystem mit Wahlversprechen und Koalitionsvertrag vereinbaren lässt? Frau Schmidt hüllt sich in Schweigen und überlässt den Kommentar einer Sprecherin des Sozialministeriums: »Wir haben große Hochachtung vor der Kompetenz des Herrn Rürup.« Punkt. Aus. *23. November 2002*

Rentenklau

»Es geht nicht um den Prozentwert eines aus dem fernen Dunst des Jahres 2030 herausscheinenden Rentenniveaus, es geht um einen tiefen Schnitt in das gewohnte Paradigma der Sozialpolitik …«, höhnte die *FAZ* im Herbst 2000, als Riester sich gerade anschickte, die Gewerkschaften mit dem Versprechen eines Rentenniveaus von 67 Prozent zu ködern und diese – Schröder-treu, wie sie leider immer wieder sind – dem fatalen Renten-Deal am Ende tatsächlich zustimmten. Dabei verbargen sich hinter den 67 Prozent bei korrekter Berechnung 64 Prozent, und auch diese hätte nur der statistische »Eckrentner« nach 45 vollbeschäftigten Beitragsjahren erhalten – also niemand. Aber nicht allein das wird die *FAZ* beruhigt haben. Sie wusste vor allem, dass Riester den Scheinkompromiss mit den Gewerkschaften umso leichter schließen konnte, weil er Gewissheit hatte, dass ihn dafür in zehn, geschweige denn dreißig Jahren keine Menschenseele mehr haftbar machen würde. »Nach der Rentenreform wird mit Sicherheit vor der Rentenreform sein«, bekundete damals auch Ludwig Georg Braun, Präsident des Deutschen Industrie und Handelstages, seine Zuversicht. Dass Riesters Versprechen allerdings noch nicht einmal zwei Jahre halten würde, hätten vermutlich weder Braun noch die *FAZ* zu hoffen gewagt.

Zwar hat SPD-Fraktionsvize Stiegler den allzu rührigen Herrn Rürup inzwischen mit einiger Grobheit zurückgepfiffen und Schröder, kaum freundlicher, die unbekümmert in FDP-Gefilden wildernden Grünen getadelt; immerhin stehen im ersten Quartal 2003 wichtige Landtagswahlen an, und die

SPD-Umfragewerte geben Anlass zur Sorge. Dennoch kann man sich getrost darauf einstellen: Die nächste Rentenreform kommt noch vor 2006, und das von Rürup zu präsentierende Konzept dafür wird nicht allzu weit von jenen Ideen entfernt sein, mit denen er derzeit die Öffentlichkeit beglückt. Zudem gehört die SPD-Entrüstung über selbige weitgehend in die Rubrik Volksveralberung, denn als man sich Rürup ins Nest setzte, waren dessen Ansichten nicht unbekannt.

Also wird wohl das Rentenalter weiter angehoben, die gesetzliche Rente noch weiter abgesenkt und die Vorruhestandsregelungen werden drastisch verschlechtert; wer im Alter noch halbwegs menschenwürdig leben will, muss tüchtig privat ansparen – so er es kann und sich außerdem nicht den falschen Fonds von seiner Bank aufschwatzen lässt.

Selbstverständlich wird sich diese wie jede Untat mit guten Gründen wappnen: Nicht politischer Wille, ausschließlich die desaströse Einnahmesituation der Rentenkassen erzwinge solche Änderungen, wird es heißen. Schuld ist, wir wissen es seit Blüm, die demographische Entwicklung. Lothar Späth hat das Einmaleins des Rentenklaus vor wenigen Tagen im *Handelsblatt* erneut durchbuchstabiert: Die Leute fingen halt immer später an zu arbeiten, gingen immer früher in den Ruhestand und lebten dann zu allem Überfluss auch noch immer länger. Unter solchen Bedingungen könne »die jetzige kollektive Rentensystematik für die nächste Generation nicht aufrechterhalten werden«.

Leider funktioniert es immer wieder, dass ein absurder Fehlschluss nur oft genug wiederholt werden muss, bis er allgemein für logisch zwingend gilt. In Wahrheit besteht das Fundament der demographischen Renten-Lüge aus einer Ansammlung falscher Annahmen. Beispielsweise gibt es durchaus keinen Grund, weshalb in einem System, wo jeder privat vorsorgt, am Ende insgesamt mehr Geld zur Verfügung stehen sollte als in einem umlagefinanzierten. Die Rentner jeder Generation leben von dem, was die zu dieser Zeit Erwerbstätigen erwirtschaften; wenn das nicht ausreicht, wird die schönste Rendite privater Dividendenpapiere in dem Augenblick inflationär entwertet, in dem ihre Eigner sie ausgeben möchten. Wer ohne Umlage am Ende mehr hat, sind nicht alle, sondern einige: diejenigen nämlich, die dank hoher Einkommen viel ansparen können. Je breiter die private Säule, desto niedriger die Umverteilungskomponente, d.h. desto weniger müssen sie an jene abgeben, die wegen Niedriglöhnen, Arbeitslosigkeit, Kindererziehung, Krankheit oder was auch immer keine ausreichende Vorsorge betreiben können und dann eben ins Leere gucken. Kräftig profitieren natürlich auch die Unternehmen, denn zur privaten Vorsorge gibt es keinen »Arbeitgeberanteil«.

Bewusst ausgeblendet in der »Uns-gehen-die-Jungen-aus«-Debatte wird außerdem, dass wir schon sehr viel weiter wären, wenn wenigstens jeder, der erwerbsfähig ist, auch erwerbstätig sein könnte und dies nicht als Billigjobber, sondern in sozialversicherter Beschäftigung mit ordentlichem Einkommen. Weit über sechs Millionen Menschen in diesem Land wären vermutlich heilfroh, wenn sie Gelegenheit erhielten, auf diese Weise die Renten der Rentner mitzuerarbeiten. Der Verband deutscher Rentenversicherer hat mit Recht auf die zusätzlichen Gefahren hingewiesen, die der Rentenversicherung durch Umsetzung des Hartz-Konzepts drohen. Denn Niedriglohn und Leiharbeit bedeuten eben auch weiter sinkende Beitragszahlungen. Ignoriert wird schließlich, dass die von den Erwerbstätigen geleistete Arbeit von Jahr zu Jahr produktiver wird. In den Neunzigern ist die Produktivität in der Bundesrepublik um durchschnittlich 2 bis 2,5 Prozent pro Jahr angestiegen. Die Zahl der Rentner wird zwischen 2000 und 2040 um etwa 0,75 Prozent jährlich zunehmen. Selbst wenn das Produktivitätswachstum sich halbieren würde, wäre somit die demographische Veränderung durch die Produktivitätsentwicklung mehr als ausgeglichen.

Wie bei im Grunde allem, was sich heutzutage Reform schimpft, geht es also auch bei Riester-Rürup II nicht um die Lösung realer Probleme, sondern um Interessenpolitik. Nach Angaben des Statistischen Bundesamtes kann sich über ein Drittel der Bevölkerung wegen zu geringer Einkommen ohnehin keine private Altersvorsorge leisten. Diese Zahl einer Bundesbehörde dürfte auch Schröder kennen. Ohne Skrupel werden also Verarmung und soziale Not in Kauf genommen, mit Folgen, die man längst auf den Straßen von Los Angeles oder London besichtigen kann.   *7. Dezember 2002*

Weihnachtsgabe

Niedersachsens und NRWs Regierungschefs Gabriel und Stein-brück gäben sich »ganz unideologisch«, befand dieser Tage das *Handelsblatt.* »Unideologisch« ist natürlich im Sprachgebrauch dieser Zeitung – wie in gewissen linken Kreisen – positiv be-setzt und lobend gemeint. Während unter Linken mit diesem Attribut zumeist einer bezeichnet wird, in dessen Weltsicht die klassen- und interessenlose Gesellschaft bereits existiert (und der sich seltsamerweise meist dennoch in der realen klassenge-teilten ganz gut einzurichten weiß), begreift das *Handelsblatt* unter »unideologisch« offenbar eine noch eigentümlichere Ver-zerrung des Gesichtsfeldes: Denn hier ist die Rede von Leuten, die zwischen Einnahme und Ausgabe, zwischen Steuererhö-hung und Steuersenkung nicht zu unterscheiden wissen.

Immerhin hatten unter anderem besagte zwei Landeschefs Schröder in den letzten Wochen durch Anheizen der Debatte über die Wiedererhebung der Vermögenssteuer auf Trab ge-halten und auf diese Weise für Verstimmung gesorgt. Mancher meint auch, die Verstimmung sei nur gespielt gewesen und die Kakophonie zu weiten Teilen inszeniert, da Schröder die Wahl hinter sich, Gabriel sie aber noch vor sich hat. Das mag stimmen oder nicht, in jedem Fall ist die Forderung nach Reaktivierung dieser Steuer in SPD-Kreisen nicht neu – sie stand noch 1998 im SPD-Wahlprogramm –, und es gab und gibt eine Reihe von Gründen, die selbst aus SPD-Sicht dafür sprechen könnten, ihr nachzugeben.

Einer dieser Gründe ist, dass die Vermögenssteuer nur re-lativ wenige Leute wirklich träfe und zudem in erster Linie solche, die die SPD ohnehin nicht wählen. Das zeigen die Ein-nahmestatistiken aus der Zeit, in der es die Vermögenssteuer noch gab, also der Jahre vor 1997. Ein Drittel des damaligen Vermögenssteueraufkommens wurde von den dreißig reichs-ten Familien dieses Landes gezahlt, den Albrechts, Quants und Klattens, den Ottos, Mohns, Flicks und wie die Damen und Herren mit den überwiegend gut- und altbekannten Namen alle heißen. Allein diese noble Gesellschaft der dreißig reichsten Clans verfügt offiziell über ein Vermögen von 180 Milliarden

Euro. Der tatsächliche Wert ihrer Besitztümer mag noch weit darüber liegen. Nun hätten diese Leute zwar vielleicht manchen Grund, Schröder zu wählen – jedenfalls mehr als abhängig Beschäftigte oder Arbeitslose –, aber Fakt ist, dass sie es zum überwiegenden Teil nicht tun.

Die Steuer würde die SPD also kaum Stimmen kosten, eröffnete aber die Chance, welche einzubringen. Denn angesichts der brachialen Einschnitte bei Arbeitslosen, der unerträglichen Zusatzbelastungen für sozial Schwache und des Totschlags tariflicher Standards, die Schröder gerade verbricht, bräuchte die SPD dringend wenigstens ein populäres Projekt, das sich als Gerechtigkeits-Nummer verkaufen ließe. Die geplante Steuer auf Aktienkursgewinne, die de facto eine Steuerentlastung für Spekulanten darstellt und allzu offensichtlich den Verwaltungsaufwand nicht einspielen wird, den sie kostet, sollte zwar genau diesem Zweck auch schon dienen, wurde und wird aber mit Recht von niemandem ernst genommen. Die Wiedereinführung der Vermögenssteuer ließe sich verärgerten Ex-Wählen weit eher als revolutionäre Tat vermitteln – was sie nicht wäre. Denn ähnliche Steuern gibt es in den meisten OECD-Ländern, einschließlich USA, Japan und Großbritannien. Sie sorgen dafür, dass die öffentlichen Haushalte wenigstens einige Milliarden auch von denen bekommen, die genug von ihnen haben, was sehr für diese Art Steuern spricht. Aber selbstverständlich unterminieren sie nirgends die Kapitalakkumulation, und es gäbe sie nicht, wenn sie es täten.

Ohnehin: Ob und wie viel Geld eine Vermögenssteuer tatsächlich einspielt, hängt von ihrer Ausgestaltung ab. Die Memorandum-Gruppe hat für die Bundesrepublik vorgerechnet, dass diese Steuer bei einem Satz von nur einem Prozent und der Freistellung von 350 000 Euro pro Haushalt (zuzüglich 75 000 Euro pro Kind) gut 16 Milliarden jährlich in die öffentlichen Kassen spülen könnte. Das DIW kalkuliert mit etwas höheren Freibeträgen, aber ähnlichen Aufkommenswerten. Die Gewerkschaft Verdi errechnet für einen Satz von 1,5 Prozent mit hohen Freibeträgen ein mögliches Aufkommen von 23 Mrd. Euro im Jahr. Von SPD-Seite dagegen war in der Regel nur von 9 Milliarden die Rede. Tatsächlich hat die Steuer, als es sie noch gab, nie mehr als 4,5 Milliarden Euro jährlich eingebracht. Einer der Gründe lag in einer massiven Unterbewertung von Immobilien- und Produktiveigentum. Diese Ungleichbehandlung war letztlich auch der Grund, den das Bundesverfassungsgericht rügte und der zur Aussetzung der Steuer führte. Selbst bei Wiedererhebung bestünde also die Gefahr, dass die Sätze hinreichend niedrig, die Freibeträge hinreichend hoch und die wohlwollend geduldete Steuervermeidung so umfassend wäre, dass das Projekt im Nichts verpufft. Dass die SPD es dennoch nicht wagt, trotz der offenbaren wahltaktischen Vorteile und des scheinbar nur geringfügigen Schadens einiger hundert vergrätzter Multimillionäre, zeigt einmal mehr, wer in dieser bundesdeutschen Parlamentsdemokratie die Zügel in der Hand hält.

Denn dass sie im *Handelsblatt* als »Unideologen« firmieren durften, haben die zwei SPD-Ministerpräsidenten just durch ihre Ankündigung erreicht, anstelle des Ärgernisses Vermögenssteuer künftig das Alternativprojekt »Zinsabgeltungssteuer« betreiben zu wollen. »Sehe die Bilanz im Vergleich beider Steuern positiv für die neue Abgeltungssteuer aus, wollen sie ihren Vorschlag [den, die Vermögenssteuer wiedereinzuführen] zurückziehen«, ließen sich beide in selbiger Zeitung zitieren.

Tatsächlich spricht alles für eine »positive Bilanz«. Die Abgeltungssteuer träfe zum überwiegenden Teil den gleichen Personenkreis wie die Vermögenssteuer, nämlich die reiche Oberschicht, sie hätte aber den immensen Vorteil, dass alle bekannten Lobbyclubs dafür sind: die CDU, der BDI, die Verbände der Kreditwirtschaft, auch Bundesbankpräsident Weltecke hat sich positiv geäußert. Das Projekt Zinsabgeltungssteuer hat gegenüber einer Wiedererhebung der Vermögenssteuer eigentlich nur einen einzigen kleinen Nachteil: Es handelt sich um eine Steuersenkung, nicht um eine Erhöhung. Während Zinseinkünfte oberhalb der Freibeträge bisher zum individuellen Einkommenssteuersatz versteuert werden mussten, in der Spitze also derzeit zu 48,5 Prozent, würde der Fiskus künftig generell nur noch 25 Prozent mitverdienen. Die Steuerschätzer vom Institut für Wirtschaftsforschung rechnen, vorsichtig kalkuliert, mit Mindereinnahmen von etwa drei Milliarden Euro. Aber welches politische Projekt hat schon keinen Haken? Immerhin erspart die neue Idee viel Ärger. Und die drei Milliarden kann man sich im Notfall ja auch wieder bei den Arbeitslosen holen. *21. Dezember 2002*

Kampf ums Öl

Unsicher war nicht, ob die Bundesregierung umfallen würde. Unsicher war, wann und mit welcher Begründung sie dies tut. Fischers unfriedliche Weihnachts-Botschaft, eine deutsche Zustimmung im UN-Sicherheitsrat zum Krieg gegen den Irak zu erwägen, kam insofern nicht wirklich überraschend. Allenfalls, dass der grüne Kriegsfreund es nicht einmal der Mühe wert erachtete, eine Lüge zur Begründung der hundertachtzig-Grad-Wendung mitzuliefern, mag verblüffen. Aber auch das liegt im Trend, denn selbst die US-Propagandamaschine ist faul geworden. Kein CIA-Kollege, der den im afghanischen Bergland seltsam abgetauchten Erzfeind in Bagdad sichtet, kein unvermutet gefundenes Video, das bin Laden in trautem Gespräch mit Saddam zeigt ... Wenn Bush seinen Landsleuten erzählt, ein irakischer Überfall bedrohe die Vereinigten Staaten, ist das so elend dumm gelogen, dass der Schluss naheliegt: Es ist ihm egal, ob ihm noch irgend jemand glaubt. »Es geht im Grunde nur noch darum, eine Art UNO-Legitimation für einen Angriff zum schaffen«, ließ sich ein »hochrangiger Mitarbeiter« des Pentagon im *Handelsblatt* zitieren. Nicht erst jetzt, sondern bereits am 16. September 2002.

Einen knappen Monat später folgte die von Washington diktierte UNO-Resolution 1441, die den Irak für jedes Versäumnis und jede Falschangabe mit Krieg bedroht. Seither versendet Saddam Berge von Akten und führt Inspektoren durch jeden rattenbewohnten Abwasserkanal, während die USA, demonstrativ uninteressiert an den Ergebnissen solcher Nachforschung, Kriegsschiff auf Kriegsschiff in die Golfregion verlegen. Analysten, Ökonomen und Leitartikler streiten in den Spalten der internationalen Wirtschaftspresse und – ehrlicher – in internen Papieren diverser Research-Abteilungen und Strategie-Klüngelrunden über den Zeitpunkt des Kriegsbeginns, über mögliche Verlaufszenarien sowie über Kosten und Rendite des Projekts. Über das Ob streitet kaum noch einer.

Eine überzeugende Rentabilitäts-Rechnung lieferte der Wirtschaftsberater des Weißen Hauses Lawrence Lindsey. Zwar setzt er die Kriegskosten bei 100 bis 200 Mrd. Dollar an, also deutlich höher als das Pentagon, das offiziell mit 61 Milliarden kalkuliert. Aber die Investition lohne, so Lindsey, denn: »Bei einem Regimewechsel im Irak können wir mit einer Erhöhung der Weltversorgung [mit Öl] um drei bis fünf Millionen Barrel rechnen.«

Zur Zeit produziert der Irak 2,4 Millionen Barrel pro Tag, in besseren Zeiten waren es 3,5 Millionen, die Reserven liegen bei 112,5 Milliarden. Nach Saudi-Arabien, das über ein Viertel der globalen Ölreserven verfügt, ist der Irak die Nummer zwei in Mittelost. Die Förderkosten am Golf liegen niedriger als in jeder anderen Region, nämlich bei ein bis fünf Dollar pro Barrel; verkauft wird die schwarze Brühe gegenwärtig für über dreißig Dollar. Allein mit einer Machtübernahme in Bagdad würden amerikanische und britische Ölkonzerne, die gegenwärtig am Golf nicht wunschgemäß zum Zuge kommen, elf Prozent der globalen Erdölkapazitäten direkt kontrollieren – zusätzlich zu ihrem bisherigen Reservoire.

Außerdem böte die Besetzung Iraks den Vereinigten Staaten eine militärische und politische Basis, von der aus US-hörige Regimes ebenfalls in Iran, Syrien und Jordanien installiert werden könnten. Profitieren würde davon nicht nur die US-Ölindustrie; Folgeaufträge und Extraprofite durch billigeres Öl winkten dem amerikanischen Großkapital fast aller Branchen. In einer Zeit, in der Wirtschaft und Gewinne stagnieren, ein Riesenloch in der US-Leistungsbilanz klafft und neuerdings auch noch der Dollar schwächelt, ist das ein Ausblick, für den ein von der Öl- und Rüstungsmafia an die Macht geputschter Präsident gern den Weltfrieden riskiert. »Eine erfolgreiche Kriegsführung«, schließt Lindsey, »wäre gut für die Wirtschaft.« Auch der Chairman der Beratungsgesellschaft Cambridge Energy Research Associates, Daniel Yergin, schwärmt: »Ein anderes Regime im Irak würde das Kräfteverhältnis in der ganzen Region verändern.«

Das amerikanische Interesse daran ist umso dringender, seit der alte Verbündete Saudi-Arabien, den Kissinger einst selbstsicher zum 52. Bundesstaat der USA gekürt hatte, bedingungslose Folgsamkeit aufgekündigt hat. Eine Reaktion auf wachsende Reibungen am Golf war bereits Cheneys »Neues Energieprogramm« vom Sommer 2001, das die Öl- und Gasreserven des Kaspischen Meeres ins Zentrum rückte. Am Hindukusch hat Bush seine Hausaufgaben zwar noch nicht ganz erledigt, aber immerhin: Amerikanische Soldaten stehen mit deutscher Unterstützung im Land, militärische Airbasen wurden errichtet. Mit dieser Bastion im Rücken lässt sich jetzt auch das Problem Golf neu angehen. Die hohe Kostenschätzung begründet Lindsey übrigens damit, dass die US-Truppen – anders als beim letzten Mal – nach dem Sieg stationiert bleiben müssten, damit die »Demokratisierung« des Irak sich auch wirklich für die Richtigen auszahlt.

Immerhin gibt es noch andere Interessenten. Schon 1997 hatte die russische Firma Lukoil einen Vertrag über die Exploration des größten Ölfeldes im Irak, West Querna 2 im Südirak, abgeschlossen und bereits vier Milliarden Dollar investiert. Die mittelgroße Firma Tatneft aus der russischen Teilrepublik Tatarstan hat 33 irakische Ölquellen unter Vertrag und schon über eine Milliarde Dollar verausgabt. Verträge mit russischen Ölgesellschaften über weitere 60 Quellen sollen unterschriftsreif sein. Der französische Konzern TotalFinaElf will 3,5 Milliarden Dollar in das Ölfeld Maynoon an der iranischen Grenze stecken und hat sich den Zugriff vertraglich gesichert. Gut vertreten sind außerdem die nationale chinesische Ölgesellschaft und die italienische Agip. Sobald die UNO ihre Sanktionen aufhebt, soll hier das große Geschäft beginnen.

Auch außerhalb des Ölsektors ist die Konkurrenz rührig. Der deutsche Export in den Irak stieg allein in den ersten drei Monaten 2002 um 46,6 Prozent. Frankreich ist nicht weniger aktiv. Russland bestätigte im August Informationen über ein fast unterschriftsreifes Kooperationsabkommen im Volumen von 40 Milliarden Dollar.

Ohne Krieg droht den USA nachhaltiger Einflussverlust in der Region. Daher Bushs forciertes Engagement und die europäische Unlust. Wer den Fuß bereits in der Tür hat, der freut sich nicht, wenn ein anderer Kanonen in Stellung bringt, um das Schloss zu zerschießen. Speziell für deutsche Konzerne gibt es zudem im Ölsektor wenig zu holen. Eon und RWE haben ihr Ölgeschäft in den letzten Jahren an BP und Shell abgegeben und sich stattdessen auf Strom, Gas und Wasser konzentriert. Nicht Pazifismus, sondern schlichtes Profitkalkül wird Schröder davon abhalten, deutsche Truppen vom Hindukusch weg an den Golf zu verlegen. Aber Einfluss in der strategisch hochwichtigen Golf-Region einfach aufgeben mag wiederum auch nicht, wer Weltmacht-Ambitionen hegt. Denn klar ist: Die USA werden die Beute teilen müssen, wollen sie den Krieg ohne allzu großen Krach mit den Europäern oder gar mit UNO-Mandat führen. Aber sie werden nur mit denen teilen, die mitziehen. Fischer hält sich bereit.   *4. Januar 2003*

Flaute überall

Ein Umsatzwachstum von 5,5 Prozent hatte Metro-Chef Körber seinem Unternehmen für 2002 vorausgesagt. Erreicht allerdings wurden, wie der Handelskonzern jetzt bekanntgab, nur vier Prozent, und auch die nur dank des Auslandsgeschäfts. Jenseits deutscher Grenzen konnte die Metro ihren Verkauf um immerhin acht Prozent auf 23,8 Milliarden Euro steigern; bundesdeutsche Verbraucher dagegen schoben mit Waren im Wert von 27 Milliarden Euro gerade so viel in ihren Wagen an die Metro-Kasse wie ein Jahr zuvor. Ähnlich erging es dem Hagener Douglas-Konzern. Der Kosmetikanbieter für den »gehobenen Bedarf« konnte seinen Umsatz im letzten Jahr um zwei Prozent erhöhen, auch das aber nur dank Aquisitionen und Neueröffnungen im Ausland. Auf dem bundesdeutschen Markt schrumpfte der Erlös um 0,7 Prozent.

Die Analysten waren enttäuscht, die Aktien beider Unternehmen wurden in den Keller geschickt. Und dabei stehen Metro AG – als Konsummeile der Selbständigen, die im Schnitt immer noch mehr verdienen als der Rest des Volks – und Douglas Holding – deren Kundschaft ebenfalls kaum dem Milieu der Arbeitslosen und Billigjobber entstammt – im Vergleich des deutschen Einzelhandels noch recht gut da. Denn dieser kämpfte schon zu Zeiten mit stagnierenden Umsatzzahlen, als Metro und Douglas sich noch in goldenen Bilanzen sonnten. Inzwischen ist aus der Stagnation eine tiefe Krise geworden.

Im ersten Halbjahr 2002 – als die SPD gerade ihr schönes Plakat »Der Aufschwung kommt« präsentierte (das aus Pietätsgründen dann aber doch nicht geklebt, sondern in voller Auflage einer Firma für Altpapier-Recycling übergeben wurde, der es vielleicht zu einem kleinen Aufschwung verhalf) – lag das Minus im deutschen Einzelhandel bei fünf Prozent. Für das gesamte Jahr soll der Rückgang mindestens drei Prozent betragen. Die einzigen, die ihren Absatz vergrößern konnten, sind Billig-Discounter wie Aldi und Lidl – und zwar dank jener Kunden, die ihr Frühstücksei im Vorjahr noch bei Kaiser's und Rewe gekauft hatten. Wenig von der Krise spüren außerdem bisher nur die teuersten Luxus-Marken und Nobelanbieter, deren Kundenkreis über die Oberen Zehntausend kaum hinausreicht.

Ansonsten herrscht Katzenjammer über Konsumunlust und über »zurückhaltende« Verbraucher, die nicht mal vor Weihnachten ordentlich ihre Geldbeutel zücken und so den Aktionären die Dividende vermiesen. Dass die Leere in ersteren etwas mit der Höhe der letzteren während der vergangenen Jahre zu tun haben könnte, bleibt tunlichst unerwähnt. (Dabei ließe sich Interessantes über den Kausalzusammenhang zwischen wachsender Mehrwertrate und wachsenden Schwierigkeiten der Mehrwertrealisierung bei einem Ökonomen namens Karl Marx nachlesen. Selbiger Wissenschaftler hat auch das scheinbare Paradox erörtert, dass forcierte Ausbeutung sich unter Umständen gar nicht auszahlt und auch deren Antreiber und Nutznießer am Ende weniger haben. Obwohl mittlerweile fast 150 Jahre alt, wirken seine Schriften irgendwie aktueller als die vor drei/vier Jahren modernen Elaborate der New-Economy-Propheten, die – nicht zum ersten Mal – die Umwertung aller Werte und die Aufhebung aller bis dato geltenden kapitalistischen Entwicklungsgesetze beschworen und auch im linken Spektrum emsige Nachbeter fanden. Aber das nur nebenbei.)

Inzwischen haben sämtliche Wirtschaftsinstitute ihre Prognose für 2003 nach unten revidiert. Selbst die Bundesregierung erwartet – nach einem kabarettauglichen Streit zwischen Eichel und Clement, in dem letzterer mit dem Argument »Wir müssen Optimismus verbreiten« an der irrealen Wachstumsprognose von 1,5 Prozent für 2003 festzuhalten verlangte – jetzt nur noch ein »Wachstum« von einem Prozent. Offiziell. Im Ernst glaubt wohl auch daran keiner mehr. Denn woher soll's kommen? Die inländische Nachfrage nach Konsum und Investitionen ist 2002 um insgesamt 1,3 Prozent geschrumpft. Ausschließlich dem um 2,9 Prozent gestiegenen Export ist zu verdanken, dass das Bruttoinlandsprodukt (BIP) mit einem Plus von insgesamt 0,2 Prozent ausgewiesen werden konnte. Diese Zahl macht übrigens auch die Mühe begreiflich, die die Statistiker darauf verwandten, die Inflationsrate trotz spürbarer Teuerung bei Grundnahrungsmitteln und Dienstleistungen in Höhe von 1,3 Prozent einzufrieren. Denn da das reale BIP aus dem nominalen abzüglich Inflationsrate errechnet wird, vermindert jeder zusätzliche Prozentpunkt Inflation die dokumentierte Wirtschaftsleistung. Im Klartext: Bei einer Inflationsrate oberhalb 1,5 Prozent hätte zugestanden werden müssen, was aller Schönwetter-Propaganda zum Trotz ohnehin jeder spürt: dass eine Rezession der deutschen Wirtschaft nicht nur droht, sondern seit einem Jahr Realität ist.

Und nichts spricht für baldige Erholung. Der private Verbrauch wird 2003 dank Schröders neuer Runde an Sozialkürzungen und sonstigen Zusatzbelastungen, außerdem durch steigende Arbeitslosigkeit, dürre Tarifabschlüsse und be-Hartztes Lohndumping voraussichtlich noch tiefer gedrückt. Die öffentlichen Ausgaben werden zusammengestrichen, wo keine starke Lobby Beibehaltung erzwingt. Das alles stimuliert keine neuen Investitionen, zumal mittlere Unternehmen mit geringer Eigenkapitaldecke immer größere Probleme haben, überhaupt noch Kredit zu bekommen. Und das Ausland? Die Beschäftigten anderer europäischer Länder haben zwar, sofern mit kämpferischeren Gewerkschaften gewappnet, in den vergangenen Jahren höhere Lohnabschlüsse durchgesetzt als hierzulande üblich. Inzwischen aber rollt auch da die Entlassungswelle. Der durchschnittliche US-Verbraucher ist hochverschuldet und bangt ebenfalls um seinen Job. Ein einziges Szenario fällt dem

Handelsblatt ein, das Aufschwung verheißen könnte: »Wenn die USA einen Krieg rasch für sich entscheiden, könnte der Öl-preis wie ein Stein zu Boden fallen und die Börsen boomen. Die Weltwirtschaft würde durchstarten, selbst Deutschland könnte sich dann einer Erholung nicht mehr entziehen.« Nun ja, bis zur nächsten Krise und zum nächsten Krieg?   *18. Januar 2003*

Voodoo-Ökonomie

»Voodoo-Ökonomie« sei das, was Eichel betreibe, donnerte der wahlkampfgestresste niedersächsische Noch-Ministerprä-sident Gabriel dieser Tage gegen seinen Parteikollegen im Fi-nanzministerium. Auf Eichels Pfaden sei das Ziel, bis 2006 einen ausgeglichenen Haushalt vorzulegen, nimmer erreichbar, erläuterte er dem *Tagesspiegel*. Wo der Mann recht hat, hat er recht. Ob allerdings die von Gabriel angeregte Abschaffung des Branntweinmonopols – Einsparbetrag maximal 100 Millionen Euro – Eichel seinem Ziel wesentlich näher brächte, darf be-zweifelt werden. Allein die Wiedereinführung der Vermögens-steuer würde das mehr als Hundertfache bringen. Aber da diese Steuer seit des Kanzlers Rüffel auch für Gabriel tabu ist, quält er in Wiederwahlnot seinen und seiner Mitarbeiter Köpfe mit dem Aufspüren von »ungenutzten sinnvollen Einsparpotenzia-len« (Gabriel), die Konzernbossen und Geldadel nicht wehtun, ihm, Gabriel, aber auch nicht noch den letzten Arbeitslosen als Wähler verprellen. Der Branntwein-Vorschlag zeigt, was bei derlei Gedankenakrobatik herauskommt.

Eichel wird die Pöbelei von der halblinken Flanke mit Fas-sung ertragen haben, denn es kann ausgeschlossen werden, dass er selbst noch ernsthaft an die Ziellinie 2006 glaubt. Weshalb auch? Ursprünglich – formuliert im sogenannten europäischen Stabilitätspakt – hatte sich die Auflage, die öffentlichen Neuver-schuldung auf Null zu senken, auf das Jahr 2002 bezogen. Als klar wurde, dass dies an der Realität der europäischen Länder vorbeiging, wurde auf 2004 verschoben.

Im Herbst 2002 sprach sich erneut bis Brüssel herum, dass Deutschland, Frankreich, Italien und Portugal unverändert tief in den Miesen stecken. Also beschloss die EU-Kommission, die Frist bis 2006 zu verlängern. Es gab ein bisschen Gezänk, aber die Entscheidung stand nie wirklich in Frage. Alles spricht dafür, dass die gleiche Kommission im Herbst 2004 wieder tagen und wieder verlängern wird – so es den Pakt bis dahin überhaupt noch gibt.

Es wäre allerdings ein Fehler, diese Taktik als Schwäche des Neoliberalismus zu werten. Bezogen auf das Konsolidierungsdogma gilt ausnahmsweise der alte Bernstein wirklich: Der Weg ist das Ziel. Es interessiert das Kapital herzlich wenig, ob die öffentlichen Haushalte dieser Welt hoch oder niedrig verschuldet sind. Der einzig interessierende Punkt ist, ob sie ihren Zins- und Tilgungspflichten nachkommen können. Ob dies bei Fortsetzung der alten Schuldenpolitik für einige europäische Länder mit Einführung des Euro (der die Möglichkeit, Zahlungen notfalls durch Ingangsetzen der nationalen Notenpresse zu leisten, ausschließt) hätte schwierig werden können, mag strittig sein. Inzwischen steht es für kein Land im Euroraum mehr infrage.

Noch mehr als die allgemeine Zahlungsfähigkeit interessierte das europäische Kapital zu Beginn der Neunziger, als die Gemeinschaftswährung ausgeheckt wurde, allerdings ein anderer Punkt: Die Verbesserung seiner Verwertungsbedingungen. Denn in seinen Augen hatten die westeuropäischen Staaten zu Kalten Kriegszeiten erheblichen Sozialspeck angesetzt – also Dinge wie Kündigungsschutzbestimmungen, Mindestlöhne, kostenlose Bildung und Gesundheitsversorgung, Zahlungen an Arbeitslose, Sozialhilfe usw. – und dieser »Speck« war nach dem Ende der Systemkonkurrenz unter Profitgesichtspunkten überflüssig geworden.

Eine Politik indes, die sich der Ausrottung all dessen verschrieb, war aus naheliegenden Gründen unpopulär und daher nicht leicht durchsetzbar. Der tiefere Sinn von Maastricht-Kriterien und Stabilitätspakt bestand also darin, den europäischen Regierungen, die ja alle immer irgendwann wiedergewählt werden wollen, die Umsetzung zu erleichtern. Dank der Verträge von Maastricht und Amsterdam konnten sie bei jeder sozialen Brutalität auf einen Buhmann in Brüssel verweisen, der sie – womöglich gegen ihren Willen – zu derartigen Missetaten zwang. Auch wenn es mit der Wiederwahl in vielen Fällen dennoch nicht geklappt hat, hinsichtlich der Missetaten war der Stabilitätspakt europaweit außerordentlich erfolgreich. Wenn er morgen aufgekündigt wird, dann, weil sein eigentliches Ziel in den meisten Ländern erreicht ist.

In einer rezessiven Lage wie der jetzigen ist die Wahl zwischen der Weiterführung prozyklischer Rotstiftpolitik, die den Unternehmen die letzten Absatzmöglichkeiten ruinieren könnte, und laxerer Handhabe des Verschuldungsdogmas, was dann allerdings auch drakonische Sozialkürzungen nicht mehr gut begründbar macht, aus Sicht der Renditejäger ohnehin eine Wahl zwischen Pest und Cholera. Es ist keine Frage des sozialen Gewissens, sondern eine des Profitkalküls, auf welche Seite man sich dabei schlägt.

So hofft etwa Jürgen Michels von der Citygroup sogar (zumindest für Deutschland) auf eine Verschärfung der Wirtschaftskrise, da alles andere »die unumgänglichen Strukturreformen« nur wieder vertagen würde: »Die kommen nur, wenn es richtig weh tut«, ließ er sich im *Handelsblatt* zitieren. Auch der Europa-Chefvolkswirt von Morgan Stanley, Joachim Fels, plädiert ausdrücklich gegen eine konjunkturfördernde Zinssenkung der Europäischen Zentralbank, weil, wie er meint, »zur Disziplinierung der Gewerkschaften eine Rezession nötig« sei. Wenig von solcher Position hält dagegen Daval Joshi, globaler Aktienstratege von Société Générale, der feststellt, dass Absatzprobleme die Kostensenkungen in vielen Unternehmen längst überkompensiert haben. Denn: »In Kontinentaleuropa ist das Beschäftigungs- und Lohnwachstum die Haupttriebkraft für den privaten Konsum.« Aus dieser Ecke kommen offenbar auch die Berater des französischen Finanzministers Francis Mer, der den kürzlich angezeigten blauen Brief aus Brüssel mit der höflichen Bemerkung abtat, sein Land habe eben »beim Sparen einen anderen Rhythmus«. Das war die diplomatische Umschreibung dafür, dass er keineswegs – wie von Brüssel angemahnt – das Haushaltsdefizit in diesem Jahr um 0,5 Prozent zu senken beabsichtigt und auch für 2006 ein Defizit im französischen Staatshaushalt erwartet.

EU-Wirtschaftskommissar Solbes reagierte darauf, wie er es

seit Jahren gelernt hat, nämlich mit Verweis auf Frankreichs nötigen Beitrag, »damit das Vertrauen in den Euro erhalten bleibt
und gestärkt wird«. Das Problem ist nur: Seit der Euro unaufhaltsam aufwertet, hätte die europäische Exportindustrie gar
nichts mehr dagegen, wenn das »Vertrauen« wieder ein wenig
schwächer würde. Es könnte daher passieren, dass Eichels und
Schröders »Vodoo-Ökonomie« bald von seinen konservativen
Kollegen im Nachbarland ausgebremst wird. *1. Februar 2002*

Kurzzeitgedächtnis

Wenn die Konjunktur boomt und mit ihr die Rendite, wird
die ökonomische Theorie zum Tummelplatz jener besonders
dumpfen Sorte von Marktapologeten, die sich durch ein wissen-
schaftliches Alzheimer-Syndrom, will heißen: die Abwesenheit
von Erinnerungsvermögen auszeichnen. In der Krise dagegen,
in die die entfesselten Marktkräfte verlässlich nach gewisser
Zeit führen, erhalten wieder jene Rückenwind, die den Kapi-
tal-Gesandten im politischen Geschäft genau das vorwerfen,
was ihnen zuvor abverlangt wurde: Verzicht auf die Steuerung
des betriebswirtschaftlichen Profitkalküls zwecks Erhalt der
gesamtwirtschaftlichen Stabilität.

Dieselbe Debatte findet derzeit in den USA auf der Ebene
einer Auseinandersetzung über Ziele und Methoden von Zen-
tralbankpolitik statt. Mit der Spekulationsblase an den Aktienbörsen ist auch jener Mythos geplatzt, der den Namen Alan
Greenspan trug. Der umjubelte Held der »Goldenen Neunziger«, auf dessen »glückliche Hand« mancher Wall-Street-Yup-
pie nicht nur eine Flasche Champagner gelehrt haben dürfte, damals, als die Kurse stiegen und stiegen und man mit etwas Glück
in Tagen, ja Stunden Millionen verdienen konnte – Greenspan
sieht sich inzwischen mit dem Vorwurf attackiert, er habe die
Exzesse an den Finanzmärkten zu lange hingenommen, ohne
angemessen zu reagieren. Vorgetragen wird dieser Vorwurf
nicht von irgendwem, sondern von namhaften amerikanischen
Ökonomen, und auch nicht irgendwo, sondern in den Top-Spal-
ten der renommierten amerikanischen Wirtschaftspresse.

Zwar wird eingeräumt, dass der amerikanische Zentralbanker immerhin bereits im Dezember 1996 vor einem »irrationalen Überschwang« gewarnt hatte; der Warnung aber – so die Kritiker – seien keine Taten gefolgt. Im Gegenteil, nach der minimalen Zinserhöhung im März 1997 habe Greenspan nur ein Jahr später, als die Aktienmärkte infolge von Asien- und Russlandkrise und nach dem Beinahezusammenbruch des amerikanischen LTCM-Hedge-Fonds das erste Mal ins Taumeln gerieten, sein Liquiditätsfüllhorn wieder generös geöffnet. So konnte die Börsenparty weitergehen und von ihr gesponsert lebte die Reichtums-Illusion der amerikanischen Mittelklasse fort, die sich unverzagt in Konsum und Schulden stürzte, was neben den börseninduzierten virtuellen auch die realen Gewinne von Unternehmen und Banken auf lichte Höhen trieb. Im Januar 2000 erreichte der Dow Jones seinen Gipfel mit einem Wert von 11 722 Punkten. Seitdem geht es abwärts: in der virtual reality der Börsen wie in der realen Wirtschaft und mit Greenspans Ansehen.

Es ist durchaus wahrscheinlich, dass eine kräftige Zinserhöhung der Fed im Sommer 1998 den ganzen Spuk bereits zwei Jahre früher beendet hätte. Unwahrscheinlich ist, dass die folgende Weltwirtschaftskrise milder ausgefallen wäre als sie jetzt droht. Und noch unwahrscheinlicher ist, dass ein Zentralbanker eine solche Entscheidung im Amt überlebt hätte. Nicht nur eine gewisse Sorte Ökonomen, der ganze Kapitalismus lebt vom Kurzzeitgedächtnis. Jeder nur etwas anhaltende Aufschwung wird zur »New Era« erklärt, die nie wieder endet, weil diesmal alles ganz anders ist. Und wehe dem, der diese Scheinwelt stört, solange sich in ihr gut Geld verdienen lässt. Jeder Crash wird folgerichtig mit dem gleichen verblüfften Entsetzen quittiert, das bald darauf in die wütende Suche nach Schuldigen umschlägt.

Die Vorwürfe gegen Greenspan gehören ebenso in diese Rubrik wie der öffentliche Pranger für frühere »Star-Analysten« großer amerikanischer Investmentbanken, der die unangenehme Bekanntschaft mit US-Staatsanwälten inzwischen einschließt. Natürlich haben diese Analysten gelogen, natürlich haben sie, in vielen Fällen wissentlich, Tausenden Kleinsparern

Aktien von Beinahe-Pleite-Unternehmen als hochlukrative Anlage aufgeschwatzt. Aber das war der Job, für den sie bezahlt wurden. Die öffentlich agierende Analystenzunft an der Wall Street war nie etwas anderes als die Werbekolonne der bankinternen Investment-Abteilung, und ein Blick auf die Hierarchie der Geschäftsbereiche hätte genügt, um bereits vor drei Jahren zu wissen, dass es so war.

Aber nicht jene Analysten und nicht Greenspan haben die Amerikaner um ihre Spargelder und ihre Alterssicherung gebracht, sondern diejenigen, die die öffentlichen Sicherungssysteme auf jenes armselige Niveau herunterdrückten, das private Vorsorge unerbittlich erzwingt. Und der Keim für die jetzige Krise liegt nicht in falscher Zinspolitik, sondern in jenen Hundelöhnen, die während des gesamten angeblichen »Booms« am unteren Ende gezahlt werden konnten, weil eine nach fünf Jahren auslaufende Sozialhilfe immer mehr Menschen zwang, den Job trotzdem anzunehmen. Verwunderlich ist nicht der jetzige Zustand der US-Wirtschaft, sondern allenfalls die lange Zeitspanne, in der trotz massivster Einkommensumverteilung von unten nach oben das Desaster hinausgeschoben werden konnte.

Bush schreibt mit dem geplanten Steuersenkungspaket im Volumen von 674 Milliarden Dollar, deren Nutznießer nahezu ausschließlich der reichen Oberschicht angehören, diesen Trend fort. Außerdem bewirkt ein Wegfall öffentlicher Einnahmen in dieser Größenordnung bei gleichzeitig exorbitant steigenden Militärausgaben naturgemäß tiefrote Zahlen im öffentlichen Haushalt, also steigenden staatlichen Kapitalbedarf, der die Renditen am privaten Kapitalmarkt wieder nach oben treiben wird. Ein schwacher Dollar und ein täglich mit mehreren Milliarden zu finanzierendes Leistungsbilanzdefizit wirken ebenfalls in diese Richtung. Mögliche kriegsbedingte Inflation und ein hoher Ölpreis dürften das ihre dazu beitragen, die Fed unter Druck zu setzen, auch die offizielle Zinsschraube wieder nach oben zu drehen, was angesichts des riesigen Schuldenbergs amerikanischer Verbraucher und Unternehmen den verbliebenen Resten ziviler Wirtschaftsaktivität in den Vereinigten Staaten den Todesstoß versetzen kann. Vielleicht, um dann nicht wieder der Buhmann zu sein, hat Greenspan Bushs Pläne dieser Tage öffentlich kritisiert und auf die Folgen hingewiesen. Helfen wird es ihm wenig. Der Kapitalismus hat halt ein Kurzzeitgedächtnis.   *15. Februar 2003*

Wirtschaftskrieg

Die Demütigung sitzt tief; man schweigt verstimmt. Die Rating-Agentur Standard & Poor's hat die Kreditwürdigkeit des Stahlkonzerns Thyssen-Krupp auf Junk-Bond-Niveau herabgestuft. Junk Bonds – zu deutsch: Schrott- bzw. Ramsch-Anleihen – begeben in der Regel Firmen mit zweifelhaftem Finanzgebaren, schwer durchschaubarem Geschäftsmodell und überbordenden Schulden, auf deren Fortexistenz man besser nichts verwetten sollte; auch einige Dritte-Welt-Staaten (insbesondere solche mit der sympathischen Eigenheit, Zinszahlungen auf ihre Schulden zuweilen auszusetzen) finden sich in dieser Rating-Rubrik. Gekauft werden derartige Papiere in der Regel von Hedgefonds und anderen Spekulations-Liebhabern, die versuchen, ihr Auf und Ab in schnelle Gewinne umzumünzen. Wer eher langfristige Kuponabschneiderei im Sinn hat, lässt die Finger davon; Versicherungen und Pensionsfonds ist es in vielen Ländern gesetzlich untersagt, das Geld ihrer Anleger für derlei Zeug zu verausgaben. In dieser Gesellschaft befindet sich also jetzt der vor wenigen Jahren fusionierte Traditionskonzern Thyssen-Krupp, Mitte des letzten Jahrhunderts eine der Machtbasen des deutschen Imperialismus, rühriger Hitler-Finanzier, Antreiber wie Profiteur des Weltkriegs-Kurses – und jetzt ein Schrott-Bond, welche Erniedrigung!

Sicher, Herabstufungen der Kreditwürdigkeit sind in Krisenzeiten nicht selten. Allein 2002 verloren 25 Unternehmen ihren »Investitionsstatus«, darunter elf europäische. Die Folgen für die Beschäftigten sind in der Regel fatal, denn ein Unternehmen, über das das Rating Duopol aus Moddy's und S & P den Daumen senkt, gerät in einen Kreislauf rigider Sparprogramme, rüder Entlassungswellen und oft genug dennoch weiter wachsender Schulden. Am Ende steht nicht selten die Insolvenz. »Gefallene Engel« – so heißen die Ramsch-Unternehmen in der zartfühlenden Sprache der Börsenhaie – werden meist innerhalb eines Jahres noch einmal herabgestuft. Beispiele, in denen der ursprüngliche Status zurückerobert werden konnte, gibt es kaum. Der Grund liegt einfach darin, dass kapitalistische Märkte immer nach dem Prinzip »Wer hat, dem wird gegeben« funktionieren. Ein guter Rating-Status ist bares Geld wert; sein Verlust bedeutet steigende Zinskosten. Für Thyssen-Krupp liegt die künftige Mehrbelastung nach eigenen Angaben bei zwanzig Millionen Euro jährlich. Um sich ein Bild zu machen: Die Zinsaufschläge von Junk-Bonds mit Ratingnoten Doppel-B (dies ist der Wert, der Thyssen-Krupp jetzt verpasst wurde) lagen Ende Oktober 2002 in den USA bei gut 10,4 Prozent; Firmen am unteren Rand der sogenannten »Investitionsklasse« müssen dagegen nur 7,4 Prozent berappen; »erstklassige Schuldner«, zu denen derzeit vor allem US-Rüstungsschmieden und Ölkonzerne gehören, zahlen unter fünf Prozent.

Die Herabstufung von Thyssen-Krupp durch S & P passt freilich in einem Punkt nicht ganz ins übliche Bild. Der Stahlriese hat seine Schulden in den letzten Jahren nicht aus-, sondern abgebaut. Stand der Konzern unmittelbar nach der Fusion mit 8,3 Milliarden Euro in der Kreide, sind davon heute nur noch 4,9 Milliarden übrig. Auch die Profite können sich sehen lassen. Der letzte Quartalsgewinn lag bei 141 Millionen Euro; die interne Kapitalverzinsung beträgt sieben Prozent. Konzernchef Schulz entrüstet sich denn auch: »Angesichts der Tatsache, dass wir unsere Verschuldung innerhalb von zwei Jahren um fast vier Milliarden Euro abgebaut haben, verstehen wir den Schritt überhaupt nicht.« Aufhänger für die Herabstufung ist eine mögliche Unterdeckung bei den Pensionsverpflichtungen von Thyssen-Krupp. Anders als bei seinem letzten Rating vor zwei Jahren behandelte S & P die Pensionsverpflichtungen des Konzerns diesmal wie normales Fremdkapital. Die künftigen Rentenansprüche der Mitarbeiter in Höhe von 7,1 Milliarden Euro wurden somit den Finanzschulden einfach hinzugerechnet, was die Relation zwischen Schulden und Eigenkapital drastisch verschlechterte. Nun muss man wissen, dass ein Spezifikum des deutschen Betriebsrentensystems gegenüber dem amerikanischen gerade darin liegt, dass viele Firmen Einzahlungen ihrer Mitarbeiter bis zur

Fälligkeit als billiges Quasi-Eigenkapital nutzen und die Pensionen anschließend aus den laufenden Zahlungsüberschüssen begleichen. Im Gegensatz dazu ist auch die betriebliche Altersvorsorge in den USA in Pensionsfonds ausgelagert, die das Geld in Aktien – bevorzugt natürlich des eigenen Unternehmens – investieren. In letzterem Fall schlägt es auch formal als Eigenkapital zu Buche. In beiden Fällen hängt die Alterssicherung der Mitarbeiter am Zukunfts-Profit des Konzerns; der Unterschied ist, dass die betrieblichen Zahlungsüberschüsse in der Regel weniger heftig schwanken als der Aktienkurs, das hiesige System deshalb nicht ganz so krisenanfällig (und krisenverstärkend!) ist. Die US-Pensionsfonds weisen dank Börsencrash derzeit eine Deckungslücke von zwanzig Prozent aus.

Die Entscheidung im Falle Thyssen-Krupp ist somit keineswegs nur eine Entscheidung im Fall Thyssen-Krupp. Die 24 Industrie- und Dienstleistungsunternehmen im Dax haben Pensionsverpflichtungen im Wert von insgesamt 150 Milliarden Euro. Erfasst man diese künftig einfach als Schulden, verschlechtert sich die für den Rating-Status entscheidende Relation von Netto-Schulden zu Eigenkapital im Schnitt von eins auf 1.3. Besonders stark betroffen wären RWE, Lufthansa, Deutsche Post und MAN, von denen einige in der Tat bereits auf der S & P-Beobachtungsliste stehen.

Betriebswirtschaftlich spricht für die neue Sichtweise wenig. Dass Rating-Agenturen sich allerdings durchaus nicht nur in den höheren Sphären der Wirtschaftswissenschaft bewegen, sondern zuweilen sehr irdischen Interessen folgen, zeigte schon die Rücknahme der Bonitätsbewertung einer iranischen Staatsanleihe durch Moody's im Frühsommer letzten Jahres, nachdem das Weiße Haus gegen die Bewertung interveniert hatte. Die vor wenigen Jahren unter Linken verbreitete These, die Globalisierung schaffe ein universell vereintes und jedenfalls nicht mehr national bzw. regional spezifische Interessen verfolgendes Weltkapital wird angesichts der aktuellen Auseinandersetzungen um den Irak-Krieg wohl Anhänger verloren haben. Der alte Lenin gilt aber nicht nur am Golf: In der Krise wird Kapital besonders kriegshungrig; und auch Wirtschaftskrieg ist eine Form von Krieg. *1. März 2003*

Thatcher soft

Zu einem Betrug gehören immer mindestens zwei: einer, der die Idee hat, und einer, der darauf reinfällt. Ein Betrüger wiederum, dem es gelingt, mit ein und derselben Masche ein und dieselbe Person immer wieder aufs Neue zu leimen, hat gute Aussichten, als Angeklagter in einem Strafprozess mildernde Umstände zugebilligt zu bekommen. Immerhin hat's der Betrogene ihm dann ausgesprochen leicht gemacht. So gesehen ist Schröder ein Betrüger von der minderschweren Sorte. Die Masche ist immer wieder die gleiche, die Adressaten überwiegend auch, und sie spielen das Spiel trotzdem unverdrossen mit.

Die Zustimmung zum Einstieg in den Ausstieg aus der paritätisch beitragsfinanzierten Rente ließen sich die Gewerkschaften 2001 abkaufen: mit Riesters Versprechen eines dubiosen »Eckrentenniveaus« von 67 Prozent im Jahr 2030. Abgesehen davon, dass die Zahl von Beginn an auf einem Rechenfehler beruhte – mit Rürup hat sie sich nun ganz erledigt und kein Mensch redet mehr davon. Der leise Tod der Umlagerente aber ist eingeläutet und kaum mehr zu stoppen. Dumm gelaufen, möchte man meinen, – aber offenbar noch längst nicht dumm genug, als dass Wiederholung ausgeschlossen wäre.

Kurz nach den Wahlen 2002 passierte das Hartz-Konzept den Bundestag, gleichfalls mit dem stolzen Segen der Gewerkschaftsspitzen, diesmal erkauft mit dem Versprechen, die Arbeitslosenhilfe nicht abzusenken und die soziale Stellung der Leiharbeiter zu verbessern. Von letzterem ist längst keine Rede mehr, und inzwischen kann auch die Zusammenlegung von Arbeitslosen- und Sozialhilfe zum sogenannten Arbeitslosengeld II als beschlossene Sache gelten. Selbiges Arbeitslosengeld II wird allenfalls noch zehn Prozent über Sozialhilfeniveau liegen und sich ausschließlich an sogenannter »Bedürftigkeit« orientieren. Für mindestens ein Drittel der heute 1,66 Millionen Arbeitslosenhilfebezieher steht in Zukunft in jedem Fall Sozialhilfe pur an. Denn wer länger als vier Jahre arbeitslos ist, hat offenbar nach Meinung führender Sozialdemokraten seine Unverwertbarkeit im kapitalistischen Reproduktionsprozess so hinreichend unter Beweis gestellt, dass er den Arbeitsämtern nicht länger auf die Nerven gehen sollte und deshalb aufs Sozialamt abgeschoben wird. Die Zahlen zur Einsparsumme, die dieser neue brachiale Schnitt ins soziale Netz bringt, schwanken. Als Schätzung am unteren Rand kursiert ein Betrag von drei Milliarden Euro jährlich. Rechnen wir durch: Eine Kürzung um drei Milliarden ergibt bei 1,66 Millionen Betroffenen nach den kalten Regeln der Mathematik ein durchschnittliches Minus je Frau oder Mann von 1807 Euro pro Jahr. Die grausamen individuellen Folgen dieser Maßnahme lassen sich ahnen, wenn man bedenkt, dass es hier um Menschen geht, die im Schnitt kaum mehr als 600 Euro im Monat erhalten. Also wieder: dumm gelaufen.

Und es läuft immer dümmer. Inzwischen plant Schröder, die Bezugsdauer von Arbeitslosengeld auf 18 oder gar 12 Monate zu reduzieren. Dies würde den Kreis der Menschen, die künftig auf besagtes Arbeitslosengeld II oder Sozialhilfe angewiesen sind, auf einen Schlag drastisch erhöhen und zugleich den sozialen Abstieg bei jener enorm beschleunigen, die als sogenannte »Nichtbedürftige« – weil beispielsweise der Ehepartner noch eine mittelmäßig bezahlte Arbeit hat – fürs erste überhaupt nichts mehr bekämen. Dass all diese Menschen sich dann noch viel verzweifelter als heute schon um neue Jobs bemühen werden, selbst um schlechtbezahlte und unsichere, ist nicht ein Nebeneffekt, sondern der eigentliche Sinn des Ganzen. Hans-Werner Sinn, der unermüdliche Lobbyist der Profithaie und in dieser Eigenschaft Präsident des Ifo-Instituts, nahm kein Blatt vor den Mund, als er Schröder vorab das Gerüst zur gestrigen Regierungserklärung lieferte: »Ich erwarte Vorschläge für Reformen, die den Marktkräften zum Durchbruch verhelfen. Am wichtigsten ist die Reform von Arbeitslosen- und Sozialhilfe … Die effektive Lohnuntergrenze, die in diesen Hilfen angelegt ist, muss fallen.«

Dass die Konzernlobby immer tiefere und brutalere soziale Einschnitte mit derartigem Nachdruck fordert, rührt also mitnichten aus ihrer Sorge um die Staatsfinanzen, zu denen sie als Steuerzahler eh kaum noch beiträgt. Es rührt zum einen aus ihrem Interesse, die Beitragssätze zur Sozialversicherung, die wie die Nettolöhne auf der Sollseite der Unternehmensbilanz zu

Buche schlagen, nach unten zu drücken. Vor allem aber rühren die Forderungen aus ihrem Wunsch nach genereller Absenkung des Lohnniveaus und Etablierung billigster Hire-and-Fire-Jobs in beliebiger Zahl. Tarifverträge muss man dann nicht mehr infrage stellen. Sie erledigen sich.

Schröders diesbezügliche Pläne, verbunden mit der Aufweichung des Kündigungsschutzes und der geplanten Privatisierung von Leistungen im Gesundheitssystem, stellen einen derart rigiden Schnitt in das bisherige Gefüge des bundesdeutschen Sozialsystems dar, das sämtliche Kürzungen der Ära Kohl daneben als Marginalie verblassen. Gewerkschaften, die ihren Sinn und Anspruch ernst nähmen, müssten zur größtmöglichen Gegenwehr mobilisieren, ehe ihnen der Boden ganz unter den Füßen weggezogen wird. Doch was passiert?

Guido Westerwelle hat wiedermal nichts begriffen. Die bundesdeutsche Kapitallobby braucht keine Lady Thatcher. Schröder und Sommer im Verbund tun's auch. *15. März 2003*

Deflationsgefahren

Wer gerade seine Wochenendeinkäufe erledigt, eine Tankstelle aufgesucht oder in einem Restaurant die DM-kompatible Preisliste studiert hat, mag Ökonomen, die – und zwar zunehmend lauter – vor Deflationsgefahren warnen, einfach nur für weltfremde Idioten halten. Aber so berechtigt dieses Verdikt für viele Bereiche der Mainstream-Ökonomie sein mag, in dieser Frage stimmt es nicht.

Tatsächlich galt Deflation jahrzehntelang als für die Entwicklung kapitalistischer Wirtschaften obsolet gewordenes Phänomen. Während vor dem Zweiten Weltkrieg nahezu jede Krise von fallenden Preise begleitet wurde, die sie ihrerseits verstärkten – eine Rückkopplung, die in der Weltwirtschaftskrise nach 1929 ihre bisher zerstörerischste, aber auch für lange Zeit letztmalige Dynamik entfaltete, stiegen die Preise in den Krisen der Nachkriegszeit in der Regel unverdrossen weiter, am krassesten in den siebziger Jahren. Damals wurde der Begriff der Stagflation geboren. Theoretische Erklärungen dieser neuen Erscheinung wurden gesucht und von unterschiedlicher ökonomischer Warte aus angeboten. Tatsächlich gab es Gründe für die Annahme, dass das Preisniveau im Spätkapitalismus nur noch eine Richtung – die nach oben – kennt. Dafür sprach vor allem die enorme wirtschaftliche Konzentration in den Kernbereichen der westlichen Ökonomien. Konzerne, die über hinreichende Marktmacht verfügen, um auf Nachfragerückgänge statt durch Preisnachlässe durch Verknappung des Angebots reagieren zu können, werden vermutlich diesen Weg wählen. Seit Aufhebung des Goldstandards gibt es zudem keinen im Wertgesetz verankerten Zusammenhang zwischen volkswirtschaftlicher Produktivität und Preisniveau mehr.

All das gilt heute wie vor dreißig Jahren. Die sogenannte Globalisierung – die ja in erster Linie darin bestand, Konzerne über Megafusionen in riesige Global Player zu verwandeln, fit zur Ausbeutung aller ausbeutbaren Ressourcen dieser Welt – hat die Macht über Märkte und Staaten eher noch verstärkt. Wenn der Chef des weltgrößten Stahlproduzenten Arcelor, Guy Dollé, dem *Handelsblatt* die Strategie seines Konzerns mit den Worten erläutert: »Was mir aber Sorge macht, sind die schwache Nachfrage und die starke Aufwertung des Euros ... Deshalb fahren wir schon jetzt unsere Produktion um fünf Prozent im Flachstahl zurück, mit dem Ziel, die Preise besser zu kontrollieren«, spricht er für viele und erübrigt einen Kommentar.

Dass Deflation dennoch alles andere als ein Gespenst aus alten Tagen ist, zeigt das Beispiel Japan. Seitdem Ende der Achtziger jene gewaltige Spekulationsblase, die sich in den Jahren des japanischen »Wirtschaftswunders« auf dem Aktien- wie Immobilienmarkt aufgeblasen hatte, geplatzt ist, lebt das Land im Würgegriff einer Dauerdepression, die durch anhaltende Preisniveausenkungen verstärkt und verschlimmert wird. Die Arbeitslosigkeit, die Japans Wirtschaft vorher kaum kannte, ist erheblich angestiegen, die Einkommen sinken – und zwar überwiegend schneller als die Preise. Die Banken wälzen Abermilliarden fauler Kredite vor sich her; ohne Sozialisierung eines erheblichen Teils der Verluste wäre das japanische Finanzsystem längst kollabiert.

Marktmacht und Preisverfall schließen sich offenkundig

doch nicht aus. Ein Grund dürfte sein: Marktbeherrschende Konzerne besitzen nicht nur als Anbieter, sondern auch als Nachfrager gegenüber ihren Zulieferern erhebliches Druckpotenzial, und letzteres wächst noch in der Krise. Hinzu kommt: In den USA und Europa haben zwei Jahrzehnte gewerkschaftsfeindlicher Deregulierungs- und Umverteilungspolitik dazu geführt, dass die von den Neoliberalen wortreich beklagte »Lohnrigidität nach unten« – gemeint ist, dass Nominallöhne normalerweise schwer zu senken sind – in weiten Bereichen nicht mehr existiert. Billigjobs, Outsourcing und Überstunden machen's möglich. All das befähigt insbesondere Großunternehmen, ihre Kosten erheblich zu reduzieren, was ohne Profiteinbuße Spielräume für Preissenkungen eröffnet. Diese Situation, bei gleichzeitig extrem hoher Verschuldung von Unternehmen und Verbrauchern, enthält alle Potenziale einer Deflationsspirale.

Das Spezielle an der heutigen Lage besteht darin, dass fallenden Preisen in einigen Branchen steigende in anderen gegenüberstehen, weshalb die offizielle Inflationsrate weder das eine noch das andere ausweist. In Bereichen, in denen die Nachfrage relativ unelastisch reagiert, etwa bei Nahrungsmitteln, können unverändert hohe Preise durchgesetzt werden. Auch Öl wird zumindest solange teuer bleiben, wie der Irak den Aggressoren Widerstand entgegenzusetzen vermag. All das (wie auch die steigenden Kriegskosten, die überwiegend der US-Steuerzahler trägt) beschleunigt den Wegbruch der Nachfrage in anderen Bereichen. Auch in Europa ist zusätzlich zu allen sonstigen Problemen mit einer Aufrüstungswelle – Stichwort: Gemeinsame Europäische Außen- und Sicherheitspolitik – zu rechnen, die irgendwer bezahlen muss.

In der ökonomischen Debatte gelten Deflationen in der Regel als schwerer beherrschbar denn Inflationen. Während sich Preissteigerungen durch Hochzinspolitik und Sparprogramme in der Regel erfolgreich abwürgen lassen – wenn auch um den Preis Millionen Arbeitsloser und wachsender Armut –, kann Deflationsbekämpfung mittels einer Politik des billigen Geldes leicht verpuffen, wenn die Banken sie zur Sanierung ihrer Margen nutzen und zugleich Kredite knapp und teuer halten. Sinkende Preise erhöhen den Realzins wie auch die Last der Schulden zusätzlich – der privaten wie der öffentlichen – und schränken damit fiskalpolitische Spielräume weiter ein. Dennoch: Kaum ein anderes ökonomisches Phänomen zeigt den Irrwitz der kapitalistischen Verwertungsmaschinerie und das Klasseninteresse, das die herrschende Politik lenkt, so deutlich wie deren Machtlosigkeit gegenüber Deflationen. Ein einziges zinsfrei notenbankfinanziertes Milliardenprogramm, eingesetzt zur drastischen Erhöhung von Kindergeld, Arbeitslosenunterstützung und Renten – und schon wäre jede Deflationsgefahr gebannt. Schröder freilich versucht sich lieber mit dem Gegenteil. Das Ergebnis wird nicht auf sich warten lassen.   *29. März 2003*

Produktivitätslegenden

»Sozialdemokraten verraten ihre Ideale« grollte vor kurzem eine Tageszeitung in ihrer Titelzeile. Nun ist dieser Sachverhalt nicht ganz neu und hat sich auch leidlich herumgesprochen – seit Schröders letzter Kanzlerrede offenbar sogar bis in die Spitzen der Gewerkschaften. Auch ist der Ausspruch eigentlich ein wenig beschönigend, denn von jemandem, der bereits vor Jahrzehnten seine Großmutter erschlagen hat, in der Folgezeit seine Eltern, Onkel, Tanten und Cousins und kürzlich seine schwangere Ehefrau, würde man vermutlich auch nicht nur sagen, er pflege seine familiären Beziehungen schlecht.

Aber der vermeintliche Beistand kommt ohnehin aus ungewohnter Ecke. Unter besagter Headline – Unterüberschrift: »Niedriglohn« – veröffentlichte nämlich ausgerechnet das *Handelsblatt* einen langen Artikel, der die wohlbetuchte Leserklientel mit folgender Erkenntnis erschütterte: »Sie [die SPD] verraten ... ihre eigene Geschichte. Die Arbeiterbewegung entstand, weil in der industriellen Revolution breite Bevölkerungskreise verarmten. Heute verarmen ebenfalls weite Bevölkerungskreise.« Was auf diese Einsicht in die kapitalistische Verteilungsproblematik folgt, ist allerdings kein Spendenaufruf nach dem Muster: »Liebe Unternehmerinnen und Unternehmer, seien sie großherzig, drücken Sie ihren Billiglöhnern und Leiharbeitern ab und an einen Euro extra in die Hand, sie brauchen es!«, sondern eine kurz und knappe Begründung für besagte Verarmung »weiter Bevölkerungskreise«, und diese Begründung lautet: »Weil ein schlecht gemanagter Sozialstaat den Geringqualifizierten das Recht auf Arbeit raubt.«

Wenn Zynismus eine zivilisatorische Errungenschaft ist, dann sind die Sieger des Kalten Krieges tatsächlich zivilisierter als der östliche Sozialismus es je sein konnte. Der Kapitalismus kämpft für die Freiheit der Unfreien, indem er sie mit Streubomben zerfetzt, und er kämpft für den Wohlstand der Armen, indem er ihnen noch das Letzte nimmt. Wer in dieser Gesellschaft ankommen will, muss begreifen: Wenn BDA-Chef Hundt verlangt, das Arbeitslosengeld am besten ganz zu streichen, betreibt er nicht profitmaximierende Interessenpolitik, sondern engagiert sich für das Recht auf Arbeit. Und Schröders Verantwortung für wachsende Armut rührt nicht daher, dass er soziale Leistungen mit Verve zerschlägt, sondern daher, dass er immer noch nicht alle zerschlagen hat.

Zur Begründung dieser Art von Argumenten haben Ökonomen eine eigene Theorie kreiert, die sogenannte »Grenzproduktivitätstheorie« der Verteilung. Sie wird normalerweise in hochmathematischer Verbrämung vorgetragen und basiert auf einer Reihe seltsamer Annahmen. Eine davon ist, dass bei steigender Beschäftigung die Produktivität je Beschäftigten sinkt. In der Realität einer Industriegesellschaft verhält es sich zwar in der Regel gerade umgekehrt, aber was tut's. Eine andere These ist, dass Unternehmen Arbeiter so lange einstellen, bis das Grenzprodukt des zuletzt Eingestellten seinem Lohn entspricht. Zusammen mit der Annahme sinkender Grenzerträge lässt sich daraus der beliebte Schluss ableiten, dass bei niedrigen Löhnen insgesamt mehr Leute Beschäftigung finden als bei hohen.

Die überdurchschnittliche Arbeitslosigkeit gerade bei weniger Qualifizierten wiederum wird damit begründet, dass die »Produktivität« dieser Menschen generell niedrig sei und der durch gewerkschaftliche Tarifkämpfe festgeschriebene bzw. über das Sozialhilfeniveau faktisch gesetzte Mindestlohn oberhalb dieser »Produktivität« liege. Die heutige Form der Sozialhilfe, schimpft etwa der Handelsblättler in dem zitierten Artikel, zerstöre »den Arbeitsmarkt für Geringqualifizierte«;

denn: »Ein Sozialhilfe-Empfänger wäre dumm, wenn er einen Job annähme, bei dem er weniger oder genauso viel verdient, wie ihm das Sozialamt überweist ... Und ein Unternehmer wäre dumm, wenn er einem Sozialhilfeempfänger so viel bezahlen würde, dass sich für diesen das Arbeiten lohnt. Wegen dessen niedriger Produktivität würde er mehr kosten als erwirtschaften.« Auf den ersten Blick klingt das sogar schlüssig. Angenommen, ein Beschäftigter in einem Landwirtschaftsbetrieb erntet einen Monat lang Erdbeeren, die sich für insgesamt 1500 Euro verkaufen lassen; ein Softwareingenieur könnte in der gleichen Zeit ein neues Antivirenprogramm entwickeln, das 200 000 Euro Umsatz verspricht. Dann lohnt sich des Informatikers Beschäftigung selbst bei 10 000 Euro Monatseinkommen, während der Erdbeerpflücker schon bei 1500 Euro brutto nicht mehr eingestellt wird. Kann der Lohn nicht tiefer gedrückt werden, bleiben die Erdbeeren nach betriebswirtschaftlicher Logik eben ungepflanzt und ungeerntet. Für die Gesamtwirtschaft lässt sich daraus folgern: Löhne, die ein bestimmtes Limit nicht unterschreiten können, verhindern Produktion und verursachen Arbeitslosigkeit.

Tatsächlich beruht dieser Schluss auf der Suggestion, monetäre Werte würden unmittelbar und ungebrochen physische Mengenverhältnisse zum Ausdruck bringen. In Bereichen höherer Produktivität würde eben real mehr produziert als in solchen, in denen die Statistik geringere Produktivität ausweist. Aber physisch sind Erdbeeren mit Antivirenprogrammen oder auch Autos mit Telefonminuten überhaupt nicht vergleichbar. Es gibt kein einheitliches Maß und also auch kein Mehr. Was in dem angeführten Fall gemessen und verglichen wird, ist der Umsatz pro Beschäftigten. Der aber ist abhängig vom Preis des Produktes, und der Preis wiederum wird entscheidend durch die Kosten bestimmt. Hier beißt sich die Katze in den berühmten Schwanz, denn ein Teil der Kosten sind just die Löhne. Will heißen: Die statistisch gemessene Produktivität pro Beschäftigten ist in bestimmten Bereichen gerade deshalb niedrig, weil die Löhne es sind. Wird die geringe Produktivität dann wieder zum Vorwand, um den Druck auf die Löhne zu verstärken, entsteht eine Abwärtsspirale, die die Verteilungsrelation zwischen Gewinnen und Arbeitseinkommen immer stärker zugunsten der ersteren verschiebt.

Ganz nebenbei sei noch bemerkt: Auch mangelnde Qualifikation ist alles andere als das Ergebnis von Lernfaulheit oder Blödheit. Im Herbst diesen Jahres wird die Ausbildungsmisere mit voraussichtlich 100 000 fehlenden Lehrstellen einen neuen Rekord erreichen. Auch diese 100 000 jungen Menschen werden sich wohl anschließend wieder von jenen, die ihnen ihre Ausbildung vorenthalten, anhören müssen, sie seien Löhne, von denen sie halbwegs leben könnten, nicht wert.   *12. April 2003*

Schuldturm

Dass sich auch in der Krise glänzend Geld verdienen lässt, belegen die US-Banken, die dieser Tage ihre Quartalszahlen präsentieren. Der weltweit größte Finanzkonzern Citigroup meldet fürs erste Quartal 2003 einen Rekordprofit von 4,1 Milliarden Dollar, ein Plus von 18 Prozent gegenüber dem bereits üppigen Ergebnis des gleichen Vorjahresquartals. Citigroup zählt damit zu den drei profitabelsten Unternehmen der Welt, nach dem Ölkonzern Exxon und in etwa gleichauf mit Royal Dutch / Shell. Auch die Bank of America verweist stolz auf ein Gewinnplus von elf Prozent und liegt damit im Branchentrend. Aktiencrash, Rezession, Megapleiten – anders als in der Arbeitsmarkt- oder in der Selbstmordstatistik scheinen die Unbilden des kapitalistischen Krisenzyklus in den Bilanzen US-amerikanischer Finanzhäuser kaum Spuren zu hinterlassen.

Dies sollte nicht zu dem Schluss verleiten, dass die Wirtschaftslage vielleicht doch besser ist als ihr derzeitiger Ruf. Der wahre Grund liegt vielmehr darin, dass eine schon zu Zeiten guter Konjunktur profitabel ausbeutbare Melkkuh in der Krise besonders viel Milch gibt: der verschuldete Verbraucher. Tatsächlich sind es in erster Linie seine Zahlungen, die alle sonstigen Verluste der US-Banken mehr als ausgleichen. Bereits 2002 konnte als Faustregel gelten: Je stärker eine US-Bank im Privatkundengeschäft mit Hypothekendarlehen und Kreditkarten engagiert war, desto bessere Zahlen meldete sie. Citigroup etwa verdiente im letzten Jahr 98 Prozent ihres Nettogewinns im sogenannten »globalen Massengeschäft«. Auch das Gewinnwachstum im ersten Quartal 2003 hat nahezu ausschließlich hier seine Quelle.

Kein Wunder: Bei Refinanzierungszinsen der Banken von 1,25 Prozent und einem durchschnittlichen Sollzinssatz von 14,71 Prozent für Kreditkarten ist die Gewinnmarge stattlich. Die Nachfrage ist dennoch ungebrochen, gerade weil der Durchschnittshaushalt heute in der Regel weniger Geld und daher finanzielle Sorgen hat. Aggressive Werbekampagnen, die einfaches schnelles Geld zur Sicherung des gewohnten Lebensstandards versprechen und die Kosten im Kleingedruckten verstecken, tun das ihre. Überdies nähren die Kredite mit Zins und Zinseszins ihr eigenes Wachstum: Wer die monatliche Rate nicht mehr zahlen kann, streckt, schuldet um – und zahlt am Ende noch mehr. Der Schuldendienst eines Durchschnittsamerikaners liegt heute bei 15 Prozent seines verfügbaren Einkommens, die durchschnittliche Schuldensumme übersteigt ein Jahresgehalt. Die Ausfälle infolge Überschuldung halten sich dennoch in Grenzen, weil die Kreditnehmer überwiegend der Mittelschicht entstammen, bei der selbst im Pleitefall immer noch irgendwas zu holen ist, woran die Banken sich schadlos halten können. Die menschlichen Tragödien, die dem folgen, sind der finstere Schatten jener goldgeränderten Kredit-Bilanzen, der freilich bei ihrer stolzen Präsentation keine Erwähnung fand.

Wer glaubt, diese Zustände seien eine amerikanische Spezialität, irrt. Wie der jüngste Wochenbericht des Deutschen Instituts für Wirtschaftsforschung belegt, wird auch in Deutschland zunehmend auf Pump gelebt. Fast jeder vierte Privathaushalt ist heute verschuldet, vor fünf Jahren waren es erst 17 Prozent. Überproportional häufig sind Familien mit Kindern betroffen. Die gesamten Verbindlichkeiten privater Haushalte summieren sich auf mittlerweile 112 Prozent des Haushaltseinkommens und liegen damit sogar knapp über US-Niveau. Ärmere verschuldete Haushalte bringen laut DIW-Bericht heute durchschnittlich 23 Prozent ihres Einkommens für Zins und Tilgung auf.

Der Gewinn der amerikanischen Bankkonzerne rührt denn auch keineswegs nur aus dem heimischen Markt. Die Citibank etwa hat ihr Ratenkreditvolumen in Deutschland 2002 um gut zehn Prozent auf rund acht Milliarden Euro gesteigert. 1,3 Millionen Kunden löhnen dafür mit einem Zins zwischen 13 und 14 Prozent.

Der Kontrast zwischen der Geldschwemme der US-Finanzhäuser und dem Gejammer und Geächz, das derzeit aus deutschen Banktürmen dringt, könnte kaum größer sein. Eine Eigenkapitalrendite nahe Null, wenn nicht handfeste Verluste, ein jährlich um dreißig Prozent wachsender Berg fauler Kredite, 28 Milliarden Euro Rückstellungen für Risikovorsorge, Debatten über eine Bad Bank und japanische Verhältnisse ... – als man vor zehn Jahren zum ganz großen Sprung in die Elite der weltweit mächtigsten Global Player des Finanzbusiness ansetzte, hatte man sich die Zukunft anders vorgestellt. Spottbillig ist die Deutsche Bank derzeit zu haben, und es findet sich noch nicht mal ein Übernahmepirat. Auch die Privatisierungsuntat des Berliner Senats scheiterte bekanntlich mangels Nachfrage.

Was ist faul? Tatsächlich bieten die deutschen Banken ein schönes Lehrbeispiel, dass Profitgier und Profitabsahnen immer noch zwei unterschiedliche Dinge sind. In dem Gefühl, zu Höherem berufen zu sein, hatten sich die großen deutschen Geldhäuser seit Mitte der Neunziger zunehmend aus dem »Massengeschäft« verabschiedet und damit genau jene Henne geschlachtet, die derzeit goldene Eier legt. Stattdessen investierten sie aberwitzige Summen in ihre internationale Expansionsstrategie und den Ausbau ihrer Investmentsparte. Statt namenlose Mittelbetriebe zu kreditieren, verpulverten sie ihr Geld bei Enron, Worldcom, Kirch und Co oder in der Spekulation mit Aktien und Derivaten. Entsprechend hoch sind heute die Verluste, die durch kaum eine profitable Sparte ausgeglichen werden.

Graue Haare dürften den verantwortlichen Managern dennoch nicht wachsen, denn die Folgen baden andere aus. Keiner weiß, wie viele der 37 700 im letzten Jahr zusammengebrochenen Firmen noch bestehen und wie viele der dort vernichteten Arbeitsplätze noch existieren könnten, wenn irgendeine Bank bereit gewesen wäre, jenen Überbrückungskredit zu gewähren, an dem oft die Existenz hing. Und lange bevor Ex-Deutsche-Bank-Chef Breuer in die Verlegenheit kommen könnte, seine

Zweit- oder Drittvilla zu veräußern, wird Eichel dem noblen Finanzhaus noch jeden faulen Kredit mit Steuergeld abkaufen. Die beabsichtigte Gründung eines Gemeinschaftsunternehmens mit der staatlichen Kreditanstalt für Wiederaufbau zur Verbriefung vergebener Kredite dürfte – trotz gegenteiliger Beteuerungen – der erste Schritt in diese Richtung sein.   *26. April 2003*

Hilfstruppen

Auf die Opposition ist Verlass. Passend in die Vorbereitungsphase des SPD-Sonderparteitages hinein offerierten die Präsidien von CDU und CSU am letzten Wochenende ein gemeinsames Sozialreformpapier. Der Maßnahmekatalog, den es enthält, ist weder aufregend noch neu und lohnt die Lektüre kaum. Der tiefere Sinn des Papiers liegt ohnehin nicht in den Greueltaten, die es vorschlägt, sondern in der Generalnachricht an Schröders innerparteiliche Kritiker und an die Gewerkschaften: Leute, habt acht, es geht auch noch schlimmer!

Den Reiz dieser Strategie kannte bereits Ex-BDI-Chef Henkel, der sie einst Schröders Vorgänger angeboten hatte. Freimütig berichtet er in seiner Autobiographie über seinen Antrittsbesuch bei Helmut Kohl folgendes: »Ich wollte ihm [Kohl] erklären, dass ich immer dann, wenn er ›hundert‹ liefern könne, ›hundertfünfzig‹ fordern würde, damit er bei jenen, die nur ›fünfzig‹ anbieten, sagen könne: ›Ich habe mich ins Mittel gelegt, dies ist der Kanzlerkompromiss.‹ Damit wollte ich ihm helfen, seine Spielräume zu erweitern, und hoffte auf einen konstruktiven Gedankenaustausch.« Allerdings habe, wie Henkel bekennt, das Zusammenspiel in dieser Frage mit Kohl nicht gut funktioniert. Schröder dagegen habe den Wert solcher Kooperation sofort begriffen.

Die freundliche Morgengabe Stoiberscher Provenienz dürfte dem Kanzler überaus gelegen kommen. Immerhin hat selbst DGB-Chef Sommer bisher keine Neigung gezeigt, mit Blick auf den »Agenda 2010« genannten finalen Enthauptungsschlag gegen jegliche Sozialität im kapitalistischen Deutschland ähnlich zu Kreuze zu kriechen wie die Gewerkschaftsspitzen es im Falle Rentenreform und Hartz-Konzept getan hatten. Irgendwo scheint es doch noch Grenzen zu geben, und ob soziales Gewissen oder purer Selbsterhaltungstrieb diese diktieren, ist nicht entscheidend. Einheitlich freilich agiert der DGB in dieser Frage schon nicht mehr; IG BCE Chef Schmoldt attackiert in bewährter Rollenverteilung die noch kampfbereiten Einzelgewerkschaften Verdi und IG Metall. Auch innerhalb der SPD ist die Rettet-unsern-Kanzler-Kampagne erfolgreich angelaufen. Es wäre nicht das erste Mal, dass sich auf diesem Wege der Umfall auf ganzer Linie vorbereitet.

Während Henkels Motivlage leicht durchschaubar war, mag es einem naiven Beobachter seltsam erscheinen, weshalb die Union sich derart rührig um die Stabilisierung der Schröderschen Kanzlerschaft bemüht. Genau besehen erweist sie sich dadurch jedoch nur einmal mehr als guter Seismograph der Wünsche der herrschenden Klasse, die deutlich signalisiert hat, dass sie ausschließlich die SPD zur Umsetzung des von ihr geforderten Brachialkurses als machtpolitisch befähigt erachtet. Mag sein, mancher Konzernboss würde die asoziale Talfahrt gern noch ein wenig mehr beschleunigen, aber in der Richtung ist man sich einig, und spätestens seit dem 14. März nimmt man Schröder auch wieder ab, dass er diesen Kurs kompromisslos gegen die dem Profitkalkül weniger zugeneigten Genossen seiner Partei durchzusetzen gewillt ist. Das *Handelsblatt* registriert folgerichtig seit knapp zwei Monaten wieder abrupt steigende Sympathiewerte Schröders bei Deutschlands Managerelite, was möglicherweise dazu beiträgt, dass ihn die nicht minder abrupt fallenden SPD-Umfragewerte beim Normalvolk nur begrenzt beunruhigen.

Weil Sozialdemokraten indes traditionell schlimme Untaten nur dann mit gutem Gewissen billigen, wenn man ihnen einredet, sie hätten dadurch noch schlimmere verhindert, besteht die Tagesaufgabe darin, Schröders asozialen Super-Gau mit dem Nimbus des »kleineren Übels« zu versehen. Also wird seit einigen Wochen die Mannschaft der 150-Prozent-Forderer in Stellung gebracht: Zu ihr zählen die Verbände-Vertreter von BDA und BDI (Rogowski etwa mit seiner Forderung, das deutsche Mitbestimmungsmodell zu beseitigen), außerdem der Sachverständigenrat, der in seinem Frühjahrsgutachten die Schröder-Agenda zwar lobt, aber als unzureichend kritisiert, und jetzt eben auch CDU/CSU. Nutzbar (und daher in der Wirtschaftspresse weidlich publiziert) ist auch ein neueres Dossier des IWF, in dem Ökonomen ihren Namen für die These hergeben, das US-Modell würde Europa ein um etwa fünf Prozent höheres Wachstum bringen; entscheidend wäre dabei, den Kündigungsschutz auf US-Level zurückzuschneiden und gleiches mit dem Arbeitslosengeld zu tun.

Das Perfide an dem Schmierentheater ist, dass im Grunde jeder weiß, dass die Argumente verlogen sind, aber selbst viele der Kritiker nur von »falschen Ansätzen« statt von Interessenpolitik reden. Ein von Sommer jetzt vorgestelltes Alternativpapier zur Agenda 2010 wärmt – neben vernünftigen Forderungen – auch die Debatte um eine Mehrwertsteuererhöhung zur Senkung der Sozialabgaben wieder auf. Diese Forderung ist zum einen kaum weniger unsozial als Schröders Streichorgien, denn gerade Verbrauchssteuern treffen diejenigen am härtesten, die wenig verdienen. Zum anderen wird damit eine der Kernlügen der Kapitallobby – steigende Sozialabgaben verursachten Arbeitslosigkeit (während es sich tatsächlich gerade anders herum verhält) – indirekt akzeptiert. Dass trotz Krise und steigender »Lohnnebenkosten« immerhin zwölf Dax-Unternehmen 2003 gegenüber 2002 ihre Dividenden erhöhen konnten – nicht wenige unter ihnen, die für dieses Jahr eine neue Welle von Stellenstreichungen angekündigt haben –, wird in solchen Diskursen eher selten erwähnt. Auf die Opposition ist Verlass? Richtig, es gab eine solche bisher auch links von der SPD, eine, die sich immerhin noch traute, Umverteilung von oben nach unten zu fordern (auch wenn sie regierend oft genug das Gegenteil praktiziert), eine, die eine sozialistische Alternative zur Barbarei kapitalistischer Profitmaximierung zumindest noch in ihrem gültigen Programm fordert (auch wenn wohl gerade deshalb mancher seit Jahren »programmatische Erneuerung« verlangt). Auch diese Opposition geht Schröder derzeit bestens zur Hand, indem sie sich von jenem Flügel selbst- und mediennannter Reformer, der bereits den Verlust ihrer parlamentarischen Bundespräsenz hauptsächlich zu verantworten hat, einen selbstzerstörerischen Chaos-Kurs nebst Rückwendung hinter Gera aufzwingen lässt, der sie zuverlässig in den kommenden Wochen – wenn nicht endgültig! – zur Handlungsunfähigkeit und Selbstaufgabe als linke Oppositionspartei verdammt.

10. Mai 2003

Überraschungen

Das einzig wirklich erstaunliche an dem Vorgang ist das immer wieder ehrlich scheinende Erstaunen der Hauptdarsteller. »Das hat mich sehr überrascht.« – kommentierte Wolfgang Wiegard, Ökonomieprofessor und staatlich gekürter »Wirtschaftsweiser«, den erneuten Rückgang des deutschen Bruttoinlandsprodukts im ersten Quartal 2003. Die Wirtschaftsleistung befindet sich jetzt erneut zwei Quartale in Folge auf Schrumpfkurs, 0,5 Prozent liegt sie unter dem Vorjahreswert, eine halbe Millionen Menschen zusätzlich haben sich ins Heer der registrierten Arbeitslosen eingereiht. Und das, obwohl Schröder den Vorschlägen des weisen Professor Wiegard zur »Verbesserung der Angebotsbedingungen« treu gefolgt war: Das soziale Netz wurde kräftig ausgedünnt, die »Lohnkosten« dank Hartz erneut gesenkt, das Großkapital mit Steuerforderungen nahezu nicht mehr belästigt und die Lebensbedingungen Arbeitsloser weiter verschlechtert.

»Das hat mich sehr überrascht« stand auch Zauberlehrling Eichel aufs Gesicht geschrieben, als die Steuerschätzer vor wenigen Tagen in gewohntem Ritual ihre vorangegangene Prognose dem Altpapierrecycling überantworteten: Um mindestens 8,7 Milliarden Euro niedriger als noch im November 2002 vorhergesagt werden die Steuereinnahmen in diesem Jahr ausfallen – wenn die Wirtschaft um 0,75 Prozent wächst, woran außer Eichel und Clement keiner mehr glaubt. Es wird also voraussichtlich noch ärger kommen, und als wollte er sicherstellen, dass auch die von den meisten Wirtschaftsinstituten derzeit noch prognostizierten 0,5 Prozent Wachstum unterboten werden, hat Eichel bereits ein »Leistungsmoratorium« angekündigt und gefordert, »alle Ausgaben« auf den Prüfstand zu stellen. Fast alle zumindest, denn 8,3 Milliarden Euro zur Anschaffung von 60 Militärtransportern A 400 M hat der Haushaltsausschuss gerade durchgewunken. Thyssen-Krupp, BMW und Telekom werden also nicht die einzigen Konzerne bleiben, die Gewinnsprünge nach oben melden. Der Einzelhandel indessen hat seine ursprüngliche Umsatzprognose für dieses Jahr, die auf minus 1,5 Prozent lautete, als »zu optimistisch« zurückgenommen.

Wer freilich die Interessen der Kapitallobby so sehr verinnerlicht hat, dass er Profitrekorde weniger Wirtschaftsriesen mit volkswirtschaftlichem Aufschwung verwechselt, muss den fortgesetzten Niedergang tatsächlich mit immer neuem Erstaunen quittieren. »Volkswirte stochern im Nebel« beschreibt das *Handelsblatt* mit verständnisvoller Nachsicht die Konjunkturanalyse und prognostische Aktivität der wirtschaftswissenschaftlichen Community und liefert auch gleich die Erklärung nach: Es handele sich eben nicht um einen »klassischen Konjunkturzyklus«, sondern um eine Folge »äußerer Schocks« – angefangen vom 11. September, über den Aktien-Crash bis zum Irak-Krieg. Und Schocks hätten es leider an sich, dass sie niemand prognostizieren könne. Sie falsifizieren selbstredend auch nicht die Annahmen, auf denen die wirtschaftspolitischen Vorschläge beruhten. Also werden der bekannte Psalm noch ein wenig lauter gebetet: Privatisieren, Kürzen, Sparen, Sparen, Kürzen, Privatisieren …

Selbst das Statistische Bundesamt freilich weiß: Wer um die 1200 Euro netto monatlich nach Hause trägt, gibt nahezu sein gesamtes Einkommen für Konsum aus; wer 5000 Euro verdient, legt dagegen gut ein Fünftel auf die hohe Kante; weit geringer noch sind die anteiligen Konsumausgaben dort, wo im Monat sechsstellige Beträge eingehen. Schröders Einkommenssteuerreform indes entlastet Normalverdiener mit weniger als drei Prozent, Einkommensmillionäre dagegen mit mehr als zehn Prozent. Steigende Verbrauchssteuern und Abgaben sowie Hartz tun das ihre, damit immer mehr Leute immer weniger auszugeben haben. Und da soll der Einzelhandel etwas anderes tun als schrumpfen? Selbst ein ökonomischer Laie kann leicht begreifen, dass eine Volkswirtschaft sich von einem Betrieb unter anderem dadurch unterscheidet, dass Kosten und Kunden überwiegend identisch sind. Wenn das Kapital sich Ersterer entledigt, wird es irgendwann auch Letztere missen. Außer einem Wirtschaftsweisen dürfte kaum ein Mensch schockiert sein, wenn er in einem Pool, aus dem zuvor das Wasser abgelassen wurde, nicht mehr vergnügt baden kann. Nach der Weltwirtschaftskrise und konfrontiert mit einer expandierenden Systemalternative hatte das Kapital diese Lektion vorübergehend gelernt. Es ließ seine politischen Belange für die folgenden Jahrzehnte durch Anhänger der keynesianischen Schule verwalten, die immerhin begriffen hatten, dass Mehrwert nicht nur produziert, sondern auch realisiert werden muss, damit die Ausbeutung sich lohnt. Als Nachfragefaktor genoss der Lohnabhängige fortan eine gewisse Aufmerksamkeit, selbst sofern das Kapital keine Verwendung als Arbeiter für ihn hatte. Und wenn es dennoch nicht reichte, sorgte der Staat durch antizyklische Ausgabenpolitik selbst für Absatzmöglichkeiten.

Vertreter dieser Richtung – und darum handelt es sich überwiegend bei Schröders innerparteilichen Kritikern – heißen heute im *Handelsblatt* »ökonomische Geisterfahrer«. Ob es die, die sie so nennen, nicht besser wissen oder nicht besser wissen wollen, sei dahingestellt. Bezogen aufs Ausland immerhin vermögen sie Strategie und Ungeschick ganz gut zu unterscheiden. »Zum Programm der Republikaner« – schreibt selbiges *Handelsblatt* über das US-Modell, in dieser Frage durchaus nicht im Nebel stochernd – »gehört es seit Jahren, mit Hilfe von Steuerkürzungen eine weitere Schrumpfung der Bundes-Sozialprogramme zu erzwingen.«

1994 lebten in den USA fünf Millionen Familien von Sozialhilfe; heute sind es noch zwei Millionen. Den »verschwundenen« drei Millionen dürfte es, ob mit zwei oder drei Jobs, ob auf der Straße, als Mitglied einer kriminellen Gang oder bereits im Gefängnis, jedenfalls dreckiger gehen als je zuvor. Ähnliche Ergebnisse scheint Schröder anzupeilen. 1930 war dann wohl auch so mancher Ökonomieprofessor »sehr überrascht«. Nur, zwei Mal sind endgültig genug. *24. Mai 2003*

Zinsen und Margen

Die Leitzinssenkung um 0.5 Prozentpunkte, zu der sich die Europäische Zentralbank am Donnerstag endlich durchrang, war überfällig. Europaweit herrscht Ödnis. Die Wirtschaften stagnieren oder befinden sich wie Deutschland (– 0.2 Prozent), die Niederlande (– 0.3 Prozent) und Italien (– 0.1 Prozent) auf Schrumpfkurs. Die einzige Zahl in den europäischen Statistiken, die kräftige Steigerungsraten ausweist, ist die Arbeitslosenquote. Im EU-Durchschnitt liegt sie derzeit bei 8,8 Prozent und damit auf dem höchsten Stand seit drei Jahren. Die Europäische Zentralbank selbst hat ihre Wachstumsprognose für den Euro-Raum mehrfach nach unten revidiert.

Das alles ist allerdings nicht neu und galt im Grunde auch schon, als der EZB-Rat das letzte Mal tagte und die Zinsen unverändert ließ. 53 Prozent der deutschen Topmanager befürworteten diese Entscheidung, nur 46 Prozent – überwiegend aus mittleren Betrieben – sprachen sich damals für eine Senkung aus.

Diese Relation mag erstaunen, sollten Unternehmen – folgt man neoklassischer Lehrbuchweisheit – doch stets Interesse an möglichst niedrigen Zinsen haben. In Wahrheit gilt das aber nur für jene, deren Schulden ihre Finanzpolster übersteigen, was bei einem beträchtlichen Teil der Dax-Konzerne schon lange nicht mehr (und auch nach drei Jahren Börsencrash und Krise noch lange nicht wieder) der Fall ist. Wer dagegen auf einem großen Geldberg sitzt – und hier mögen die befragten Manager nicht allein das Interesse ihres Unternehmens artikulieren, sondern den Instinkt ihrer Klasse insgesamt –, den treibt im Zeitalter einer durch kein Metall mehr gedeckten Währung Inflationsangst um, die nicht selten ins Paranoide und Hysterische umschlägt. Diese Paranoia ist der Baustoff, aus dem die geldpolitische Strategie der Europäischen Zentralbank – wie einst der Bundesbank – gemacht ist.

Natürlich geht es letztlich nie um die Inflationsrate als solche, sondern immer um das Verhältnis von Nominalzins und Inflation. Mit acht Prozent Inflation und einem Zinsfuß von 13 Prozent können Geldvermögensbesitzer allemal besser leben als mit zwei Prozent Zinsen ohne Inflation. Aber in der für sie besten aller möglichen Welten vereinigen sich Geldwertstabilität und ein ordentlicher Zins. So erschienen selbst kurz vor dem jüngsten EZB-Entscheid im *Handelsblatt* noch Artikel, die für eine Beibehaltung des Niveaus von 2,5 Prozent warben. »Eine Erhöhung der Inflation«, wurde argumentiert, »würde Kosten in Form von Vermögensumverteilungen nach sich ziehen.« Sehen wir davon ab, dass von einer Erhöhung der Inflation gegenwärtig keine Rede sein kann – Umverteilungen finden mit sinkenden Zinsen tatsächlich statt, allerdings stehen den »Kosten« (lies: geringeren Einnahmen) der Vermögensbesitzer gleich hohe Zugewinne bei den Schuldnern (etwa den öffentlichen Haushalten) gegenüber. Ein zweites Argument gegen Zinssenkungen bestand denn auch just darin, dass niedrigere Zinsen den Druck auf die öffentliche Hand verringern würden und damit Schröders Sozialkahlschlag verlangsamen könnten. Denn je schmaler der Zinsaufschlag, desto billiger werden neue Schulden. Jedes noch so kleine Zinsprozent ist also über die Jahre Milliarden öffentlicher Gelder wert, die auf die Konten privater Anleger geschaufelt werden müssen.

Aber all diesen schönen Argumenten zum Trotz hat sich der Mehrheitstrend in den letzten Wochen spürbar gewandelt. Immer mehr Wirtschaftsbosse befürworten nunmehr einen EZB-Zinsschritt nach unten. Herbeigeführt wurde dieser Stimmungswechsel mitnichten durch die tausenden Arbeitslosen, die es seither zusätzlich gibt, sondern in erster Linie durch den hartnäckigen Höhenflug des Euro, der auf die Erträge der europäischen Exportwirtschaft drückt. Deutsche Konzerne sind dabei besonders betroffen, denn in kaum einem Land ist der Binnenmarkt in einem traurigeren Zustand als nach fünf Jahren rosa-grüner Kapital-Hörigkeit hier in der Bundesrepublik. Schon im letzten Jahr hat allein die erneute Steigerung des Exports die deutsche Wirtschaft vor dem Einbruch gerettet. Das lässt sich aber nur wiederholen, wenn die Einnahmen außerhalb des Euro-Raums, in heimischer Währung berechnet, nicht immer weiter an Wert verlieren.

Allein gegenüber dem Dollar hat der Euro in den vergangenen zwölf Monaten um fast ein Drittel aufgewertet. Zudem tobt, seit US-Finanzminister Snow die eigene Währung zwecks

Ankurbelung der Konjunktur zur Abwertung freigegeben hat, ein regelrechter Abwertungswettlauf zwischen ersterer und den Währungen Südostasiens, das gleichfalls um seine Exporte fürchtet. Bricht beispielsweise der krisen- und deflationsge-schüttelten japanischen Wirtschaft noch dieser letzte Anker weg, sieht es rabenschwarz aus. Um den Dollar zu stützen und die eigene Währung zu schwächen, kaufen asiatische Noten-banken seither massiv US-Staatsanleihen. Für die USA hat das den Vorteil, dass die Finanzierung ihres ausufernden Leistungs-bilanzdefizits selbst bei abwertendem Dollar ohne Probleme möglich bleibt und die Zinsen auf dem Markt für langfristige Anleihen nicht steigen. Letzteres kann Greenspan durch niedrige Leitzinsen allein nämlich nicht gewährleisten. Der Nach-teil der asiatisch-amerikanischen Währungsschlacht für die Euro-Länder allerdings ist, dass europäische Exporte eben nicht nur in Übersee, sondern auch in der pazifischen Region immer teurer werden, was selbst für den verbissensten Hart-währungs-Fetischisten denn doch zuviel des Guten sein mag.

Den Euro und damit die Exportwirtschaft wird die jetzt voll-zogene Zinssenkung vielleicht vorübergehend entlasten. Ob nennenswerte konjunkturelle Impulse von ihr ausgehen wer-den, darf bezweifelt werden. Nicht nur, weil niedrige Zinsen allein noch keine Investition anregen, solange die Absatzlage weltweit düster bleibt. Sondern auch, weil die Zinssenkung bei denen, die sie wirklich brauchen können – mittlere und kleine Betriebe und Verbraucher – nicht einmal ankommen wird. »Die Kreditkunden der Banken«, wusste das *Handelsblatt* schon am 15. Mai, »können … auch bei einer weiteren Zinssenkung der EZB nicht mit besseren Konditionen rechnen. Vielmehr haben verschiedene Banken bereits angekündigt, im Firmenkunden-geschäft die Margen durch Zinserhöhungen ausweiten zu wol-len.« Noch Fragen?   7. *Juni 2003*

Zahnlücken

Im Vergleich zum Rürupschen Original mag das am Mittwoch in erster Lesung im Bundestag behandelte Monstrum mit Namen »Gesundheitssystemmodernisierungsgesetz« harmlos scheinen. Wir erinnern uns: Nach Geschmack des Herrn Rürup sollten die Kassenbeiträge völlig von den Löhnen abgekoppelt und jeder Versicherte zur Zahlung einer »Kopfprämie« verpflichtet werden; abgedeckt werden sollte damit allerdings nur der medizinische »Grundbedarf« – bzw. das, was die gewiss exklusiv privatversicherte Expertenrunde dem Normalsterblichen als unerlässlich zuzubilligen bereit war. Genauer definiert wurde das nicht, aber soviel immerhin drang durch: der Anspruch, Zähne im Mund zu haben oder beim Sturz von der heimischen Leiter das gebrochene Bein eingegipst zu bekommen, gehörte nicht dazu. Da schon der Akt, einen Arzt aufzusuchen, statt mobil, flexibel und fit bis zum Umfallen der Kapitalverwertung zur Verfügung zu stehen, offenbar eine Zumutung an die Gemeinschaft darstellt, sollten die Delinquenten per Praxisgebühr dafür löhnen. Im Gegenzug waren in Rürups Wunschwelt die Arbeitgeber von dem Ärgernis, die Krankenversicherung ihrer Beschäftigten mitfinanzieren zu müssen, ganz zu befreien.

Ulla Schmidt hat die Rürupsche Rezeptur mit etwas Wasser verdünnt und mit reichlich Süßstoff verrührt, um ihr den allzu bitteren Geschmack zu nehmen. Dadurch freilich wird aus einem Brechmittel noch kein Honigkuchen. Die Praxisgebühr beispielsweise fällt jetzt nur an, wenn der Facharzt ohne vorherige Konsultation des Hausarztes aufgesucht wird. Ganz sicher ist gegen eine gestärkte Stellung des Hausarztes nichts einzuwenden. Immerhin gehört dessen Job mit Rücksicht auf Verdienst wie öffentliches Ansehen bisher zu den undankbarsten im Gesundheitswesen, was in keinem Verhältnis zu der Verantwortung steht, die gerade Hausärzte haben, und zu der aufreibenden Arbeit, die die meisten von ihnen leisten. Auch gegen »Gesundheitszentren« zur integrierten Versorgung und zur Vermeidung von Doppeluntersuchungen lässt sich nichts zu sagen. Allenfalls werden sich einstige DDR-Bewohner fragen, weshalb ihre Polikliniken erst zerschlagen werden mussten, um ihnen jetzt als neue Reformidee kredenzt zu werden. Aber sei's drum, besser spät gelernt als gar nicht.

Der Haken liegt woanders. Es ist mit der Praxisgebühr wie mit den Zuzahlungen: Ist der Damm erst gebrochen, schwemmen die Fluten immer mehr grüne Wiesen ins Wasser. Als Blüm 1983 erstmals wieder direkte Patientenzuzahlungen einführte, ging es zunächst um relativ kleine Beträge mit großen Ausnahmeregelungen. Die Entwicklung, die das Zuzahlungsunwesen seither genommen hat, ist bekannt. Gleiches ist im Falle Praxisgebühr zu erwarten: Hat die Öffentlichkeit sich erst daran gewöhnt, dass ein Arztbesuch unter bestimmten Umständen ebenso Geld kostet wie der Besuch beim Friseur oder Kfz-Mechaniker, wird die Frage auftauchen: Warum nur in dem besonderen Fall und nicht überall? Und warum nicht für Spezialisten mehr als 15 Euro? Oder abgestuft nach dem Alter des Patienten? Dem Ideenreichtum sind keine Grenzen gesetzt.

Auch die Entwicklung hin zu gesetzlichen Kassen, die gerade noch den Minimalbedarf abdecken, während die persönliche Liquidität über den Rest entscheidet, wird mit Schmidts Gesetz kräftig vorangetrieben. Erneut werden medizinische Leistungen aus dem Kassenkatalog gestrichen: Diesmal sind es Brillen sowie die Kosten für künstliche Befruchtung und Sterilisation. Wer Arzneien braucht, wird künftig noch tiefer in die Tasche greifen müssen. Die Zuzahlungen pro Packung steigen bis maximal acht Euro. Wer gar das Pech hat, ein Medikament zu benötigen, das nicht der Verschreibungspflicht unterliegt, darf künftig den vollen Preis aus eigener Tasche blechen. Noch teurer werden auch Krankenhausaufenthalte und Zahnersatz.

Von Rürups Geiste tief durchdrungen ist schließlich die Herausnahme des Krankengeldes aus der paritätischen Finanzierung: Die sieben Milliarden, die hierfür jährlich aufgewandt werden, müssen die abhängig Beschäftigten künftig allein zahlen, was einer erneuten Kürzung des Reallohns gleichkommt. Auch zeigt dieser Vorgang noch einmal überdeutlich, dass es bei all der geheuchelten Aufregung über »hohe Beiträge« letztlich nur um deren profitrelevanten Teilbetrag geht. Denn selbst wenn das Reformpaket sein erklärtes Ziel erreichen sollte, den Beitragssatz von derzeit 14,3 Prozent auf 13 Prozent zu senken, werden die Beschäftigten am Ende mehr zahlen als jetzt. »Versichertenbezogene Finanzierung« heißt dieser Vorgang süffisant in Schmidts Gesetz. Zudem gilt für das Krankengeld das Gleiche wie für die Praxisgebühr: Es ist der nach Einführung privater Zuzahlungen zweite entscheidende Schritt, dem System der paritätischen Finanzierung den Garaus zu machen. Weiterungen liegen längst in den Schubfächern und werden nicht zuletzt CDU-Verhandlungsposten sein.

Schmidts Gesetzespaket als weichgespülten Rürup zu deuten, der uns vor der Hardcore-Version bewahrt, wäre daher ein grobes Missverständnis. Es ist statt dessen ein kleiner Rürup-Klon mit besten Wachstumschancen. Worauf es jetzt ankommt, ist nicht die Schrittweite, sondern die Weichenstellung.

Die Ziellinie hat der BDI am 13. Mai bei Vorstellung seiner »Initiative vitale Gesellschaft« erneut umrissen: Vollständiger Rückzug des Staates aus dem Gesundheitsbereich, gänzliche Abschaffung der paritätischen Finanzierung, Abkoppelung der Beiträge von den Einkommen, individuelle Wahlfreiheit hinsichtlich des Versicherungsumfangs. Es gäbe keinen Grund, wurde den versammelten Damen und Herren bei Vorstellung der Initiative erläutert, weshalb die Krankenversicherung »nicht genauso wie eine Autoversicherung« strukturiert sein solle.

Zynismus? Nein, was hier ausgesprochen wird – und was sich weder Rürup noch Schmidt auszusprechen wagen würden –, ist einfach die Konsequenz einer Privatisierung des Gesundheitswesens. Den Aktionären der Versicherungskonzerne ist es völlig schnurz, ob der Gegenstand der verkauften Policen Autos, Häuser oder Herzinfarkte sind, solange die Dividende stimmt. Privates Kapital zielt auf Ertrag, also umwirbt es lukrative Kunden und meidet die Kostenbringer. Wer bereits Unfälle hatte, zahlt seiner Autoversicherung mehr als einer, der seit Jahrzehnten unfallfrei fährt. Wer gar aus purer Liebhaberei einen rostzerfressenen Oldtimer versichern will, muss (in Ländern ohne TÜV, denn nur da steht die Frage) entsprechend tief in die Tasche greifen, so er überhaupt noch eine Versicherung findet. Der Versicherungsumfang wiederum wird zur Frage der

Wahl: Dem Risikofreudigeren stehen niedrigere Beiträge bei höherer Eigenbeteiligung offen. Die Übersetzung in den Bereich der Krankenversicherung lautet: Wer häufiger krank ist, zahlt mehr als der Gesunde, Ältere mehr als Junge, Frauen mehr als Männer. Wer bereits ein heftiges Gebrechen hat, wird gar nicht erst genommen. Und wer eines kriegt und den Eigenanteil an den Reparaturkosten nicht zahlen kann? Wer sich kein Auto leisten kann, der kann eben keins fahren, und dass im Falle Gesundheit aufwendige Reparaturen mitnichten durch einen Neuwagen zu ersetzen sind, geht die Versicherung nichts an. Sie ist nicht die Caritas, ihr Ziel heißt nicht Wohlfahrt, sondern Rendite – und wer den Radius der privaten Krankenversicherung immer mehr ausweitet, sollte die Konsequenzen kennen.

Besonders demagogisch ist es, den schleichenden Systemwandel unter dem Ticket »Einsparungen« zu verkaufen. In Wahrheit ist der übergroße Teil des angeblichen »Einsparbetrages« von 13 Milliarden Euro, den Schmidts Reform sich auf die Fahne geschrieben hat, ein Umverteilungsbetrag: Weg von den Unternehmen, hin zu den Beschäftigten, weg von den Gesunden, hin zu den Kranken. Und generell: Weg von den Reicheren, hin zu den Ärmeren. Denn letztere sind im statistischen Durchschnitt deutlich häufiger krank als Wohlhabende – auch über die Gründe dafür lohnte es nachzudenken.

Dass ein überwiegend privatisiertes Gesundheitssystem insgesamt nicht einmal kostengünstiger ist als ein öffentliches, belegen die Vereinigten Staaten, die mit Gesundheitsausgaben von durchschnittlich 4631 $ pro Kopf und Jahr weltweit an der Spitze liegen. Zum Vergleich: Die deutschen Ausgaben liegen bei umgerechnet 2748 $. Während drei Viertel davon allerdings immer noch durch die gesetzlichen Kassen getätigt werden, handelt es sich in den USA zu mehr als der Hälfte um Ausgaben des privaten Sektors. Auf der Nachtseite des teuren US-Systems stehen mehr als 40 Millionen Amerikaner, die gänzlich ohne Krankenversicherung leben müssen, weil sie sich die teuren Prämien nicht leisten können. Und sofern die durchschnittliche Lebenserwartung als Indiz für den Nutzwert eines Gesundheitssystems gelten kann, ist das US-amerikanische unter denen der 14 größten Industriestaaten das schlechteste. Die Privatisierung hat also in erster Linie zu einer extremen Kluft zwischen medizinischen Spitzenleistungen, die für eine kleine wohlhabende Klientel erbracht werden, und einer katastrophalen Unterversorgung gerade ärmerer Bevölkerungsschichten geführt. Wer wissen will, wohin Schmidts Reise geht, wenn Widerstand weiterhin so schwach bleibt, dem sei daher hier wie in anderen Fragen der Blick nach Übersee empfohlen.

Die Alternative? Ein erster Schritt wäre die gesetzliche Kontrolle der Preise für Pharmaprodukte, die diese um etwa ein Drittel verbilligen könnte (denn die durchschnittlichen Gewinnmarge allein der Hersteller im Pharmabereich liegt bei dreißig Prozent). Als nächstes stünde die Beitragspflicht aller Einkommensarten für die gesetzliche Krankenversicherung an, also auch der Einkommen aus Gewinn und Vermögen, die in den letzten Jahren massiv gewachsen sind. Ein dritter Schritt wäre die Abschaffung der Versicherungspflichtgrenze, so dass auch gesunde Gutverdiener gesetzlich versichert bleiben. Der vierte Schritt ergibt sich als Konsequenz aus dem dritten und bestünde in der Abschaffung privater Krankenversicherungen; damit hätte jene zynische Konkurrenz um die lukrative Kundschaft der jungen Gesunden mit hohem Salär ein Ende. Dies alles zusammen würde die Finanzlage der gesetzlichen Krankenversicherungen so hinreichend entlasten, dass Defizite ebenso der Vergangenheit angehören könnten wie private Zuzahlungen jeder Art. *21. Juni 2003*

Beschenkte Millionäre

Der Weg der Erkenntnis ist lang. Inzwischen hat es sich also bis ins Kanzleramt herumgesprochen, dass konjunkturelle Flauten und unausgelastete Kapazitäten nicht, wie obligatorisch betont, Folge von »Reformstau« und »hohen Lohnkosten« sein müssen, sondern womöglich aus mangelnder Nachfrage herrühren könnten. Konsumtive Nachfrage wiederum, das haben die Hofökonomen Schröder beigebracht, resultiert aus dem Einkommen, das die Leute netto nach Hause tragen. Um also die Konjunktur wieder auf Trab zu bringen, hat der Kanzler flugs gefolgert, muss man die Einkommen steuerlich entlasten, je höher sie sind, desto mehr, und je eher, je besser.

Dieser Schluss gefiel der Wirtschaftslobby, die sofort die Trommel zu rühren begann, und siehe da: in Neuhardenberger Idylle ward der vielbeschworene »Sparzwang« plötzlich vergessen, und die letzte Stufe der Steuerreform, die eigentlich erst 2005 fällig gewesen wäre, kommt nun schon nächstes Jahr. Der Eingangssteuersatz wird am 1. Januar 2004 von 19,5 auf 15 Prozent sinken und der Spitzensteuersatz von 48,5 auf 42 Prozent. Das steuerfreie Existenzminimum steigt auf 7664 Euro. Schätzungsweise 21 Milliarden Euro kostet das generöse Steuergeschenk die öffentliche Hand, 15,6 Milliarden mehr als ursprünglich geplant.

Beschäftigte und mittelständische Firmen hätten damit, rechnete Schröder den angereisten Journalisten vor, »zehn Prozent weniger Einkommenssteuer zu zahlen als 2003«, ein Resultat, zu dem man für den individuellen Fall zwar auf den ausgetretenen Pfaden der üblichen Mathematik nicht gelangt, aber wenn Schröder einmal am Reformieren ist, warum dann nicht gleich auch die schnöden Rechengesetze … »Zehn Prozent weniger Einkommenssteuer«, erläuterte der Kanzler ferner seine neue Einsicht in den volkswirtschaftlichen Gesamtzusammenhang, »bedeuten zehn Prozent mehr für den Konsum«, weshalb er »positive Wachstumsimpulse« erwarte.

Auf die wartet die SPD bekanntlich schon eine Weile, und es wird vorerst auch beim Warten bleiben. Denn so richtig es ist, dass mangelnde – genauer: durch Sozialkürzungen und niedrige Lohnabschlüsse abgeschnürte und abgewürgte – Kaufkraft eine wesentliche Ursache der volkswirtschaftlichen Malaise darstellt, so absurd ist die Annahme, dass die Steigerung des verfügbaren Einkommens als solche daran etwas ändern kann. Die statistische Gesamtgröße »verfügbares Einkommen« steht nämlich in keinerlei ursächlichem Zusammenhang zur Höhe der Konsumnachfrage. Der entscheidende volkswirtschaftliche Parameter ist die Verteilung dieses Einkommens.

Das verfügbare Einkommen ist auch im letzten Jahr leicht gestiegen, was nichts daran änderte, dass die Ausgaben für privaten Konsum, die sechzig Prozent der volkswirtschaftlichen

Gesamtnachfrage ausmachen, um 0.5 Prozent zurückgingen. Der Grund liegt einfach darin, dass jeder, der einen Euro Einkommen erhält, damit prinzipiell zwei Dinge tun kann: Er kann sich etwas Schönes kaufen, oder er kann ihn auf die hohe Kante legen. Je größer sein Gesamteinkommen, desto größer sind die Spielräume für letzteres, während jemand, der 600 Euro im Monat verdient, die Wahl zwischen Sparen und Konsumieren genau besehen gar nicht hat. Er ist dazu verdammt, von der Hand in den Mund zu leben, und steigt sein Einkommen, wird er auch dann zunächst eher sein Dasein etwas menschenwürdiger gestalten, bevor er dazu übergeht, Sparbücher anzulegen.

Die Korrelation von hohem Einkommen und hoher Sparquote ist also plausibel und im Übrigen statistisch nachgewiesen: Wer unter 1500 Euro netto verdient, spart im Schnitt so gut wie nichts, wer dagegen zwischen 5000 und 17000 Euro im Monat nach Hause trägt, legt etwa ein Viertel davon als Reserve zurück. Die Sparquote von Einkommensmillionären wird statistisch nicht ausgewiesen, dürfte aber noch weit darüber liegen. Wenn also das verfügbare Einkommen bei gleichzeitiger Umverteilung von unten nach oben wächst, das heißt wenn sich in erster Linie die über steigende Einkommen freuen, die schon vorher sehr hohe hatten, während Einkommensschwache sogar Einbußen erleiden, dann ist nicht zu erwarten, dass die Konsumausgaben steigen, sondern alles spricht dafür, dass sie sinken.

Das aber ist genau das Szenario der Schröderschen Steuerreform im Kontext eines brachialen Sparkurses, den die Agenda 2010 weiter forciert. Wer verheiratet ist und keine Kinder hat, wird bei einem Jahreseinkommen von 20000 Euro im nächsten Jahr 1168 Euro Steuern sparen, wobei schon Schmidts Gesundheitsreform ihm einen Teil wieder aus der Tasche zieht. Wer dagegen eine Million Euro im Jahr sein Einkommen nennt, spart das Hundertfache, nämlich 102453 Euro. Der überwiegende Teil des üppigen Steuergeschenks verschwindet also auf bewährte Weise in den dicken Brieftaschen der Spitzenverdiener und wird so allenfalls dem Aktienmarkt Impulse verleihen.

Schlimmer noch: Die 21 Milliarden, die der öffentlichen Hand jetzt für 2004 fehlen, müssen aus irgendeiner Quelle finanziert werden. Prinzipiell stehen dazu drei Möglichkeiten offen: Der Staat kann andere Steuern erhöhen, er kann sich weiter verschulden, oder er kann seine Ausgaben weiter kürzen. Eichel hat das zweite und das dritte vor. Die Ausgabenkürzungen aber richten sich erneut vor allem gegen Langzeitarbeitslose, deren Einkommen auf Sozialhilfeniveau absinkt, und Rentner, die im nächsten Jahr eine Nullrunde bei gleichzeitig steigendem Anteil an den Krankenkassenbeiträgen, also eine faktische Rentenkürzung hinnehmen müssen. Selbst wenn sich also der ein oder andere Snob von über 100 000 Euro Steuerersparnis dazu hinreißen lassen sollte, die geschenkte Luxuslimousine tatsächlich als Zweitwagen zu kaufen oder der Gattin ein neues Juwel zu verehren, wird das den Nachfrageeinbruch seitens jener Millionen Geringverdiener, die künftig noch weniger wissen werden, wie sie ihren nackten Lebensunterhalt finanzieren sollen, nicht annähernd ausgleichen. Von der Erbärmlichkeit und Perfidie einer solchen Politik nicht zu reden.   *5. Juli 2003*

Notizen zur Unterzeichnung des Koalitionsvertrages zwischen SPD und PDS in Berlin

»Die müssen auch mal die Drecksarbeit machen!«, Günter Rexrodt scheint nicht unzufrieden mit dem Verlauf der Koalitionsgespräche. Warum auch? Die FDP hatte den elegantesten Abgang, den sie sich wünschen konnte: gradlinig und prinzipienfest steht sie da, eine Partei, die lieber die Opposition wählt als entgegen ausdrücklichem Wahlversprechen die eigene Klientel mit Steuererhöhungen zu traktieren. Dass es die strittigen Steuern, an denen die Ampel zerbrach – die Getränke- und Motorbootsteuer – nun selbst mit der PDS nicht geben wird, erlaubt zudem, die SPD des bewussten Falschspiels zu bezichtigen. Ob sie die Ampel je wollte, mag offen bleiben. Offensichtlich ist, dass sie sie am Ende gezielt zu Fall brachte und sich – mit Rückendeckung der Bundesebene – für die PDS entschied. Dass diese Entscheidung aus plötzlicher Sorge um die »Einheit der Stadt« und die Befindlichkeit der Ostberliner erwuchs oder Wowereit gar jäher »Respekt vor dem Wählerwillen« den nächtlichen Schlaf raubte, dürfte kaum der blauäugigste Zeitgenosse glauben. Es wurde oft genug ausgesprochen, worum es geht. Etwa von Wowereits Berater Tilman Fichter, der bereits im Juni letzten Jahres in einem Zeitungsinterview folgende Rechnung aufmachte: »Die Modernisierung, die auch im Osten ins Haus steht, ist nur mit einer PDS möglich, die den Bürgern klipp und klar sagt, … dass wir, ob Ost oder West, einen Strich unter unser bisheriges Leben machen müssen. Dazu brauchen wir die PDS im Osten … Wenn die Zusammenarbeit dazu führt, dass die PDS den Menschen im Osten die Angst vor der Moderne nimmt, … wird das positiv bewertet werden. Schürt die PDS diese Ängste populistisch, kann es nur negativ gesehen werden.« (*Net-Zeitung*, 21. 6. 01) Entfernen wir die übliche Chiffre, in der »Moderne« für sozialen Kahlschlag und »Angst« für möglichen Widerstand steht, ist die Aussage eindeutig: es geht darum, einen sozialen Crash-Kurs durch Einbindung der linken Opposition gegen mögliche Protestbewegungen abzusichern; falls sich letztere nicht ganz verhindern lassen, soll ihnen zumindest jede parlamentarische Lobby und parteipolitische Unterstützung genommen werden.

Die Rechnung ist nicht neu und historisch leider schon einige Male aufgegangen. Wenn die schlimmsten Sauereien anstehen, nimmt man gern die Linke mit ins Boot und schlägt so zwei Fliegen mit einer Klappe: Gegenbewegungen werden geschwächt und bleiben alleingelassen; außerdem ruiniert die Linke ihre Glaubwürdigkeit und fällt so auch für die Zukunft als Störfaktor aus. Das Kalkül ist so simpel und offensichtlich, dass es fast peinlich ist, lange Artikel darüber zu schreiben. Noch peinlicher ist freilich, dass es dennoch immer wieder funktioniert.

Das bisher in die Öffentlichkeit gedrungene Koalitionsprogramm des rot-roten Senats liest sich wie die worttreue Abschrift aus einem Lehrbuch für blindwütigen Neoliberalismus. Da scheint nichts mehr übrig zu sein von dem, was PDS-Politik einmal ausmachte und wofür sie Vertrauen und Unterstützung gewann. Es ist fast, als hätten die Unterhändler sich dem Motto verschrieben: Man nehme das gültige PDS-Parteiprogramm und tue in jedem Punkt das genaue Gegenteil: »Ausbau öffentlicher Beschäftigung«? 2,1 Milliarden Mark sollen im Öffentlichen Dienst eingespart und mindestens 15 000 Stellen gestrichen werden. Dass dies durch altersbedingte Fluktuation geschehen soll, macht die Sache zwar für die Betroffenen annehmbarer; die Stellen fehlen aber trotzdem, zumal Alternativen nirgends existieren. Die Beschäftigtenzahl in der Berliner Industrie ist in den zehn Jahren nach 1989 von einst 400 000 auf 130 000 gesunken. Und der private Dienstleistungssektor baut zur Zeit auch eher Stellen ab als auf. »Unterstützung der Gewerkschaften in ihrem Kampf um Umverteilung von oben nach unten«? Etwa eine Milliarde Mark der genannten Einsparungen im öffentlichen Dienst sollen den Gewerkschaften in einem »Solidarpakt« abgehandelt werden: Verlängerung der Arbeitszeit ohne Lohnausgleich und teilweiser Verzicht auf das Weihnachtsgeld sind im Gespräch. »Beendigung der profitorientierten Wohnungsprivatisierung«? Der Verkauf von Wohnungsbaugesellschaften soll dem maroden Berliner Haushalt etwa zwei Milliarden DM einbringen. Ein »sozial gerechtes Steuersystem«? Geplant sind eine Erhöhung der Grundsteuer, die direkt auf die Mieten durchschlägt, und eine Konzessionsabgabe auf Wasser. Beides zusammen belastet einen Berliner Durchschnittshaushalt mit etwa 85 DM pro Jahr, ein Betrag, der bei Bezug eines Senatorengehalts vernachlässigbar gering sein mag, für einen Sozialhilfeempfänger indes etwa dem zehnfachen seiner täglichen Ausgaben für Nahrungsmittel entspricht. »Erhalt und Ausbau kommunalen Eigentums«? Sämtliche Unternehmensbeteiligungen des Landes Berlin sollen überprüft und jene, die »nicht von strategischer Bedeutung« sind, verkauft werden. Unter den Verkaufsangeboten befindet sich insbesondere die Bankgesellschaft Berlin, wobei der Senat alle Immobilienrisiken und Altlasten übernimmt. Es steht also zu befürchten, dass die Privatisierung dem bewährten Treuhand-Motto folgen wird: aus Guthaben mach Schulden, für die der Steuerzahler dann teuer einzustehen hat. »Rechtsanspruch für Kinder auf einen unentgeltlichen Kita-Platz«? Von den noch 852 städtischen Kitas soll die Hälfte bis 2006 privatisiert werden. Die Konsequenzen auf der Kostenseite sind absehbar: Ein privater Kindergarten muss sich »rechnen«. »Ausbau des öffentlichen Gesundheitsdienstes«? Dem Universitätsklinikums Benjamin Franklin wird der Geldhahn zugedreht, obschon Berlin alles andere als überversorgt mit Krankenhausbetten ist. Die »Verwandlung von Sport- und Kultureinrichtungen in verwertungsorientierte Unternehmen aufhalten«? Zwölf Schwimmbäder werden geschlossen. Das SEZ soll privatisiert werden, eine Maßnahme, die die CDU bereits in der großen Koalition vorgeschlagen hatte und die damals noch am Widerstand der SPD gescheitert war. Dem Theater des Westens werden die jährlichen Zuwendungen von zwanzig Millionen Mark gestrichen, sein Verkauf ist geplant.

Eine »neue Politik«? Höchstens insofern, als die Kürzungen, Einschnitte und Privatisierungen, die der rot-rote Senat plant, spürbar über das hinausgehen, was die Große Koalition in all den Jahren ihrer Existenz an sozialen Grausamkeiten verbrochen hat. Hätte sie es je gewagt, ein solches Programm vorzulegen, wäre dies zweifellos auf den wütenden Protest der Oppositionspartei PDS gestoßen. Wozu wurde Diepgen gestürzt? Um es selbst zu machen?

Es gibt eigentlich nur ein Argument, das zugunsten dieser selbstzerstörerischen Politik angeführt wird: Der Wähler, heißt es, erwarte, dass sich die PDS in einer solchen Situation nicht verweigert. Die anstehende Politik sei zwar hart und schmerzhaft. Aber wir lebten halt in rauen Zeiten. Mit der Ampel wäre alles nur noch schlimmer gekommen. Das Mitregieren bekommt in diesem Kontext fast einen Zug von Selbstaufopferung: Natürlich wäre man viel lieber sauber und Opposition geblieben. Aber wenn die eherne Pflicht ruft – ein Schurke, Dogmatiker, Weltrevolutionsträumer, Ideologe …, der sich seiner Verantwortung nicht stellt!

Die Frage ist ernst. Haben jene Beschäftigten des Öffentlichen Dienstes, die uns gewählt haben, dies tatsächlich in der dringenden Erwartung getan, demnächst von der PDS Einschnitte in ihren Tarifvertrag diktiert zu bekommen? Hat der Ostberliner Rentner oder die Neuköllner Sozialhilfeempfängerin uns gewählt, weil sie die Aussicht so attraktiv fanden, fortan PDS-abgesegnete Mehrausgaben für Wohnung und Wasser zu berappen? Oder der achtzehnjährige Schüler und Erstwähler, hat er der PDS wirklich in der Aussicht seine Stimme gegeben, für einen Besuch im demnächst privatisierten SEZ das doppelte an Eintritt zahlen zu müssen? Was taugt eine Argumentation, die, im angeblichen Interesse des Wählers, einer Partei Verrat an sich selbst und damit letztlich an ebendiesem Wähler abverlangt?

Die PDS steht im öffentlichen Bewusstsein für eine Politik, die sich einem rücksichtslosen Shareholder-Value-Kapitalismus entgegenstellt, nicht für eine, die seine Logik exekutiert. Noch steht sie dafür; und selbst das nicht mehr ungebrochen. Wer in Mecklenburg-Vorpommern oder auch in Sachsen-Anhalt unterwegs ist und öffentliche Veranstaltungen wahrnimmt, erlebt das Maß an Enttäuschung, das hier bereits eingetreten ist.

Die relativ guten kommunalen Wahlergebnisse, die die PDS im letzten Jahr erreichen konnte, sollten darüber nicht hinwegtäuschen. Denn diese Wahlergebnisse kamen auf Basis einer extrem niedrigen Wahlbeteiligung zustande. Natürlich, solange die Leute von anderen Parteien immer noch weniger halten als von uns und allenfalls der Wahl ganz fern bleiben, solange müssen wir um unsere Mandate nicht fürchten. Aber kann die Existenzberechtigung einer linken Partei sich darin erschöpfen, das kleinste aller zur Auswahl stehenden Übel zu sein?

Eine realistische Analyse, was drei Jahre Mitregieren in Schwerin tatsächlich gebracht haben – gerade im Sinne der Wähler! –, steht seitens der verantwortlichen PDS-Genossen bis heute aus. Fakt ist, dass sich die soziale Situation für viele im Land während dieser Zeit eher verschlechtert als verbessert hat. Und Fakt ist, dass die PDS nicht nur einmal in die Lage gedrängt wurde, Unverantwortbares mitverantworten zu müssen. Sei es der Abbau von ABM-Stellen, sei es die Zustimmung zur Steuerreform, seien es Kürzungen im Bildungsbereich, Drangsalierungen von Sozialhilfeempfängern oder eine Abschiebepolitik, die kaum weniger rüde ist als die anderer Bundesländer. Mit Blick auf Berlin allerdings dürfte das alles nicht mehr sein als ein Vorspiel. Der Anspruch neuer Prioritäten und einer Politik sozialer Gerechtigkeit, mit dem die PDS in Schwerin wenigstens noch angetreten war, wird in der Hauptstadt gar nicht erst erhoben. Niemand behauptet hier, dass die PDS in der Lage wäre, gemeinsam mit der SPD eine akzeptable Politik zu machen. Die Rechtfertigung reduziert sich ganz darauf, dass es ohne die PDS jedenfalls noch schlimmer käme.

Die Frage ist, ob das stimmt. Nehmen wir den Text der Koalitionsvereinbarungen, so ähneln die bisher angekündigten Maßnahmen auffällig denen, über die die Ampel nachdachte. Eine Konzessionsabgabe auf Trinkwasser anstelle einer wenigstens nur in Gaststätten fälligen Getränkesteuer ist schwer als sozialer Fortschritt zu identifizieren. Wesentlich mehr als der rot-rote Senat offenbar vorhat, hätte auch die Ampel nicht privatisieren können. Die 2,1 Milliarden Einsparungen im öffentlichen Dienst entsprechen exakt dem, was die SPD von Beginn an wollte. Dass über die Einschnitte jetzt mit den Gewerkschaften verhandelt werden soll, lässt sich kaum als Leistung der PDS verkaufen. Auch die Ampel hätte geltende Tarifverträge nicht ohne Verhandlungen aufkündigen können. Und das Damoklesschwert weiteren Stellenabbaus hängt so oder so als Drohkulisse über den Gesprächen. Tatsächlich wird die PDS 220 Lehrer mehr beschäftigen, als die SPD beabsichtigte. Für jeden einzelnen der Betroffenen ist das eine existentielle Frage. Die noch viel existentiellere Frage aber ist: Hätte die Ampel das, was sie vorhatte, überhaupt durchsetzen können? Und umgekehrt: Wo wird der rot-rote Senat enden, pflegt doch die Koalitionsvereinbarung nur das erste und keineswegs das letzte Wort zu sein? Beide Fragen hängen aufs engste mit der Existenz und Stärke außerparlamentarischer Protestbewegungen zusammen. Eine opponierende PDS böte demonstrierenden Gewerkschaftern nicht nur eine parlamentarische Stütze; als fast Fünfzig-Prozent-Partei im Osten wäre sie zugleich in der Lage, den Druck durch Aktivierung ihrer Klientel erheblich zu forcieren. Eine mitregierende PDS dagegen steht selbst auf der Gegenseite. Sie wird – zumindest als Gesamtpartei – nichts tun, um den Widerstand zu stärken, statt dessen vielmehr um Verständnis für die »Unausweichlichkeit« der Sparzwänge werben. Und das genau ist das Gefährliche und Fatale: Wenn selbst eine linke Partei Interessenpolitik als Sachzwang verkauft, wird Protest nicht ermutigt, sondern lahmgelegt. Bei den einen wird der Vertrauensvorschuss der PDS dazu führen, sich mit den geplanten Grausamkeiten als alternativlos abzufinden. Andere werden sich enttäuscht abwenden. Aber auch aus Enttäuschung wächst eher Resignation als Auflehnung.

Es ist der gleiche Mechanismus, mittels dessen bereits Schröder Rahmenbedingungen für rücksichtslose Profitmaximierung in einem Grade schaffen konnte, zu dem Kohl nicht in der Lage war. Blüms Renten- und Waigels Steuerpläne waren beileibe harmloser als die Projekte Riesters und Eichels. Aber während erstere nicht zuletzt am Widerstand der Gewerkschaften zerbrachen, gelang es letzteren, deren Spitzen einzubinden. Eine ähnliche Rolle spielten und spielen »Linksregierungen« in anderen europäischen Ländern. Die italienische Linkskoalition hat den Staatshaushalt mit Brachialgewalt und unter Inkaufnahme harter sozialer Einschnitte maastrichtkompatibel gemacht. Nach Erledigung dieser Aufgabe wurde sie von den verärgerten Wählern zum Teufel gejagt. Auch die Privatisierungs- und Deregulierungsbilanz der Jospin-Regierung fällt deutlich höher aus als die ihrer konservativen Vorgänger. Eine erste Quittung haben die französischen Kommunisten bei der letzten Kommunalwahl erhalten.

Das Argument vom »kleineren Übel« hinkt also gleich dreifach: Zum einen kann eine linke Partei aus der Opposition heraus oft wesentlich mehr bewegen denn als Teilhaber an der vermeintlichen Macht; einfach, weil außerparlamentarischer Druck in der Regel wirkungsvoller ist als ministerielle Kungelrunden. Das heißt, das scheinbare »kleinere Übel« ist oft gar nicht kleiner. Zweitens verspielt eine linke Partei mit unsozialer Politik über kurz oder lang das Vertrauen der Leute und damit die Basis ihres Einflusses. Das »kleinere Übel« bahnt, wie in Italien, oft genug dem größtmöglichen den Weg. Und drittens ist die Logik des »kleineren Übels« eine gefährliche, weil sie halt- und schrankenlos ist: Es gibt im Grunde keinen Missstand, der nicht immer noch zu vergrößern wäre, und es gibt keine Politik, die nicht auf eine noch schlechtere als Alternative verweisen könnte; jede Untat ist steigerbar, und jede kann damit für sich in Anspruch nehmen, das kleinere Übel zu sein. Eine Partei, die sich vorbehaltlos von dieser Logik leiten lässt, wird irgendwann zu allem bereit sein. Brutale soziale Einschnitte ruinieren Lebensperspektiven und Hoffnungen, zerstören Familien, rauben Kindern die Kindheit, lassen Menschen an der Ausweglosigkeit ihrer Lage zerbrechen, treiben sie in Verzweiflung und Alkohol. Das sind die Dimensionen, um die es geht, die praktischen Folgen von Entscheidungen, die, bei Rotwein und Keksen ausgehandelt, dann von jenen als »schmerzhafte, aber nötige Einschnitte« verkauft werden, die sich sicher sein können, persönlich von diesen Schmerzen nie etwas zu spüren zu bekommen.

Auch die beschworene Unvermeidlichkeit ist Nonsens. Sparpolitik ist kein »Sachzwang«; die öffentliche Armut ist hausgemacht. Wieso leistet sich ein Staat, dessen Kassen gähnend leer sind, eine Steuerreform, die ihn vierzig Milliarden Euro pro

Jahr kosten wird? Der Berliner Koalitionspartner der PDS regiert im Bund. Wie wäre es mit einer Initiative, die Senkung des Spitzensteuersatzes oder der Körperschaftssteuer auszusetzen und die dadurch zusätzlich verfügbaren Mittel der Hauptstadt zukommen zu lassen? Auch die Wiedereinführung der Vermögenssteuer wäre in diesem Kontext alles andere als unvernünftig. Wieso hält es inzwischen selbst die PDS für normal, Menschen, die nun wirklich kein Deut Schuld an der Berliner Misere trifft, für die Haushaltsanierung bluten zu lassen? Wieso steht angeblich jede Ausgabe auf dem Prüfstand, die Zinszahlungen an die Banken dagegen sind tabu? Wieso ist für Flughafenausbau und Stadtautobahn Geld vorhanden, nicht aber für kommunale Kindergärten? Wieso ist die Schließung eines Klinikums weniger antizivilisatorisch als der Abschied von einem Opernhaus? Wieso werden die privaten Haushalte mit zusätzlichen Abgaben belastet, nicht aber die in Berlin immerhin auch ansässigen Großunternehmen? Was bringt der Verkauf der Bankgesellschaft, wenn das Land eh für alle Altlasten geradesteht?

Es gäbe genügend Forderungen, die, wenn sie eine parlamentarische und außerparlamentarische Opposition mit hinreichendem Druck untersetzt, durchaus nicht bar jeder Realisierungschance wären. Sich in dieser Richtung zu engagieren, würde der Verantwortung der PDS als linker Partei weit eher entsprechen, als sich für die »Drecksarbeit« anderer einspannen und am Ende dafür wohl auch noch vorführen zu lassen. Aus dem zufrieden-distanzierten Blickwinkel eines Beobachters, der zwei Gegner, die er beide nicht mag, aufeinander einschlagen sieht, bemerkte die *Financial Times* kürzlich: »Gregor Gysi ist der eigene Ehrgeiz näher als der Wille der Wähler. Deren Wut wird die PDS zu spüren bekommen.« (*FTD* 18.12.01) Wer das verantworten will, muss wissen, was er tut.   *14. Januar 2002*

Sozialismus statt Barbarei

»Freiheit statt Sozialismus!« lautete der Triumphschrei der Sieger des Kalten Krieges, der vom Ende der Geschichte künden sollte, wie das warme Sonnenlicht am Ausgang einer finstren Höhlenschlucht Erlösung aus Beschwernis und Entbehrung, den Duft von blühenden Wiesen und Milch und Honig verheißt, lange ersehnt und endlich erreicht. »Freiheit statt Sozialismus!« wurde in schönen vielsprachigen Lettern auf ungezählte bunte Plakate gedruckt und mit Heilsbringer-Geste in die eroberten Landstriche Osteuropas getragen, als Insignie der neuen Macht und als ihr Zukunftsprogramm. »Nie wieder Gängelei!«, »Nie wieder Kollektivismus!«, »Nie wieder Staatswirtschaft!« hießen die Variationen.

Die Plakate sind lange verwittert, die Losungen klingen nicht mehr. Keine Partei könnte heute noch mit ihnen Wahlen gewinnen. Allzu leidvoll und erniedrigend waren die Folgen, die sich hinter dem Programm verbargen, allzu offenkundig wurde seither, was wirklich gemeint war: In den Augen der Global Player, der wieder uneingeschränkten Regenten dieses Planeten, ist letztlich jede Schutzklausel gegen Kündigung und Überarbeitung »Gängelei«, jede solidarische Sicherung für Krankheit und Alter »Kollektivismus« und jede gesetzliche Einschränkung rücksichtsloser Profitgier »Staatswirtschaft«. Jeder Euro, den ein Arbeitsloser erhält und der ihn davor bewahrt, seine Arbeitskraft noch zu dem kläglichsten Hundelohn verkaufen müssen, verkörpert für sie ein Element von »Sozialismus«, das es auszurotten gilt. Und sie rotten es aus, wenn ihnen niemand in den Arm fällt.

Milch und Honig flossen nach 1989 wohl: in Osteuropa für die kleine halbmafiose Kaste der Privatisierungsgewinnler, die zugleich einen wesentlichen Teil der Ausverkaufserlöse für sich abzweigen konnte, und im Westen üppiger denn je für die, die schon vorher ganz oben an der Quelle saßen. Für sie begann ein beispielloser Geldrausch von über einer Dekade Dauer: Beträge, die menschliches Vorstellungsvermögen übersteigen, wurden bewegt und verdient, Millionen, Milliarden, Abermilliarden …, immer höhere Summen in immer kürzerer Zeit, der Zugewinn von heute bot den Maßstab, den es morgen wieder zu toppen galt. Der Geldkrug kreiste schneller und schneller, die Stimmung wurde hitziger, die Party wilder und hemmungsloser, der freudige Taumel zum Exzess – und hungrig vom großen Fressen merkten sie nicht, wie sie wieder einmal just jene Goldesel, einen nach dem anderen, schlachteten und verzehrten, denen allein sie ihre Dukaten zu danken hatten.

Auch die westliche Welt hat heute ihr Gesicht verändert. Verschwunden ist das aufgesetzte Lächeln der Spaßgesellschaft, das ohnehin nur für sehr wenige Sein, für die meisten dagegen immer Schein war, ein Statussymbol, das den Erfolgreichen vom Versager trennte; – und wer wollte nicht zu den Erfolgreichen zählen? Verschwunden sind die Stars und Sternchen der Neuen Märkte, diese smarten Revivals der alten Tellerwäscher-Millionärs-Legende, deren Karrieren vielfach so abrupt ins Nichts zurückstürzten, wie sie ihm einst entstiegen waren. Vorbei ist der Traum vom schnellen Reichtum, mit dem die Aktienbörse jedermann zu überschütten versprach. Die Reichen, Schönen und Mächtigen sind – ungleich reicher und mächtiger als vor zehn Jahren – wieder unter sich. Viele Kleinsparer dagegen haben ihre Polster verloren, Millionen amerikanische und britische Haushalte bangen um ihre Altersbezüge. Firmen gehen bankrott, Menschen werden entlassen, immer häufiger, immer chancenloser. Die Erfolgsstory rüder Privatisierungspolitik verendete mit Enron und Worldcom in Jahrhundertpleiten, und der Blick in die Zukunft birgt für viele nicht Hoffnung, sondern nackte Angst. Die Weltwirtschaft steht vor ihrer tiefsten Krise seit Ende des Zweiten Weltkriegs, der Rauch brennender Ruinen und Bombenkrater wirft drohender denn je seine dunklen Schatten, und die Regierungen vollstrecken eine weitere Runde neoliberaler Brutalisierung, um die Kapitalrenditen zu retten. Damit die Party, wenigstens ganz oben, weitergehen kann.

Enduring Freedom

Der Fehler lag nicht darin, dass die Menschen 1990 von zwei möglichen Alternativen die falsche gewählt haben. Die Alternative, die ihnen vorgegaukelt wurde, gab es nie. Sie haben ihre sozialen Sicherheiten verloren und sind einem Leben in Freiheit um keinen Schritt nähergekommen. Denn wer Angst hat, handelt nicht frei, sondern unter Druck und gezwungen. Wer um seinen Arbeitsplatz fürchtet, der wehrt sich nicht, wenn die abverlangte Arbeitszeit weit jenseits des Zulässigen liegt, wenn nach Willkür gezahlt wird statt nach Tarif. Wer arm ist, dem sind Hände und Füße gebunden. Recht wird käuflich, wenn nur teure Anwälte die Tür zu ihm öffnen. Wem elementare Bildung vorenthalten wird, der kann sich kein mündiges Urteil bilden. Denn wer nicht weiß, was die »Lohnquote« misst oder welcher Anteil sich hinter »vierzig Prozent« verbirgt, wie soll der sich im Gewirr der Lügen, Halblügen und Halbwahrheiten zurechtfinden, das ihm jede Talkshow, jede bunte Zeitung, jede Nachrichtensendung kredenzt? Er spürt mit richtigem Instinkt, dass im Kampf der Lobbyisten jedenfalls für seine Interessen keiner streitet – und schaltet ab. Er fühlt sich verraten von Parteien, die heute um seine Stimme buhlen, um ihm morgen ins Gesicht zu schlagen, geht nicht mehr zur Wahl und hört damit auf, auch nur im vierjährlichen Machtpoker der Politik ein Faktor zu sein. Er fühlt sich wehrlos, und im schlimmsten Fall wird er zum Fang rechtspopulistischer Demagogen, die effektvoll heucheln, seine Ängste und Nöte zu verstehen.

Und sie segeln mit Rückenwind. Unter dem Vorwand des Antiterrorkampfes wird der Apparat staatlicher Repression hochgerüstet, elementarste, im besten Sinn des Wortes bürgerliche Freiheitsrechte sind nicht mehr gewahrt. Die gesetzlichen Hemmschwellen ausspionierter Privatheit fallen: Selbst in Ländern, die sich »Rechtsstaaten« nennen, werden Telefone abgehört, Briefe und Emails mitgelesen, Wohnungen und öffentliche Räume per Wanze oder Video überwacht. Prozessrechte werden beschnitten, Demonstrationen und selbst der Aufenthalt an bestimmten Orten verboten. Im Rahmen des »Terrorism Informations and Preventions System« werden zwischen New York und

San Francisco Postboten, Möbeltransporteure, Taxifahrer und Pizzaauslieferer als »Auge und Ohr« der Regierung rekrutiert. Über zweitausend Immigranten hat der Patriots Act von US-Justizminister Ashcroft hinter Gitter gebracht. Das Vergehen der meisten von ihnen bestand allein darin, dass ihre Vorfahren aus den falschen Ländern kamen. Polizei und Geheimdienste kooperieren aufs engste, ob erlaubt oder nicht. Auf Guatanamo werden selbst Kinder in Käfige gesperrt und gequält. Es wird gefoltert.

Alles das ist keine plötzliche Verirrung, keine Überreaktion aus Angst vor terroristischer Bedrohung. Ungeniert wappnet sich die ökonomische Diktatur der Kapitalmächtigen seit je überall dort mit dem Schutzschild der politischen, wo es zweckdienlich erscheint und zu wenige widerstehen. Der deutsche, italienische und spanische Faschismus sind die extremsten Beispiele dessen, nicht die einzigen. Auch als Stütze, Profiteure und Förderer der griechischen Diktatur nach 1945 oder der Militärherrschaft in Argentinien hatten amerikanische und europäische Konzerne ihre Finger im Spiel. Putsche, Morde, Blut, Erpressung, Waffen und Drogen sind das Lebenselixier der US-Auslandsgeheimdienste, wo immer sie ihre giftigen Netze spannen. Aus Verbündeten von gestern werden die Feinde von heute und morgen vielleicht wieder Verbündete. Je nach Interessenlage, je nach deren Hörigkeit. Wer Terrorist ist und wer Demokrat, misst sich auf dieser Welt nicht an der Zahl der Bomben, die ein Staatsmann oder Aufrührer im Depot, und es misst sich auch nicht an der Zahl der Leichen, die er bereits im Keller hat. Es misst sich daran, ob er den Global Playern der internationalen Finanzwelt, den Öl- und Rüstungsriesen, den Giganten des Agrobusiness nützt oder im Wege steht.

Über Jahre wurden die Taliban in Afghanistan mit Geld und Waffen versorgt. Als sie zu stören begannen, interessierte plötzlich die barbarische Knechtung der afghanischen Frauen oder auch Bin Ladens Al-Quaida, die vorher selbst auf der CIA-Bezahlliste stand. Um den Iran zu schwächen und eine fortschrittliche Entwicklung im Irak zu verhindern, war Saddam Hussein in den siebziger Jahren Kumpan. Das Know-How für das Giftgas, das irakische Kurden verstümmelte, haben ihm westliche Firmen geliefert. Die Freundschaft endete nicht wegen der Massengräber, die Saddams Regime füllte, sondern wegen dessen Weigerung, Shell, BP oder Chevron-Texaco die irakischen Ölquellen zu öffnen. Als die Kommunistische Partei Indonesiens in den Sechzigern – als drittgrößte KP der Welt und Stütze Sukarnos – kurz vor der legalen Machtübernahme stand, übergab die US-Regierung dem indonesischen Militär dezent eine Liste mit Namen und zahlte den Todesschwadronen ein Kopfgeld für jeden Mord. Eine Million Menschen – vor allem Kommunisten, Linke, Gewerkschafter – fielen den nachfolgenden Pogromen zum Opfer; die Führung der KP wurde ausgelöscht. »Wir empfinden Sympathie für das, was Sie tun«, gab Kissinger dem chilenischen Diktator Pinochet mit auf den blutigen Weg, eine Ermunterung, die Fidel Castro, in dessen Land die Kindersterblichkeit niedriger liegt als in jedem anderen Lateinamerikas und in dem keine Todesschwadronen das Volk terrorisieren, zweifellos nie zu hören bekäme. Der venezolanische Präsident Hugo Chávez, der eine Politik des sozialen Ausgleichs und der Demokratisierung betreibt, die für ganz Lateinamerika Vorbild sein könnte, wurde bereits einmal von Statisten des Weißen Hauses von der Macht weggeputscht. Nach seiner Rückkehr und nachdem auch andere bewährte Geheimdienstmethoden versagten, dank des enormen Rückhalts beim Volk, den Chávez genießt, wird unter dem Vorwand des Antiterror-Kampfes in Kolumbien eine Invasion von US-Truppen vorbereitet. In Terror-Fragen schließlich kennt man sich aus: Insgesamt 63 000 südamerikanische Militärs, Polizisten und Guerilleros wurden an Washingtons hauseigener Terrorschule »School of Americas« seit 1946 unterrichtet; einige hundert von ihnen haben ihre Heimat später als Putschisten und Massenmörder geschunden. Französische Söldner in Nord- und Zentralafrika oder britische Militärs im asiatisch-pazifischen Raum haben kaum weniger Dreck am Stecken.

Politischer Außendienst

Und Demokratie? Kaum jemals waren Staaten so weit wie die heutigen entfernt von dem Anspruch, auch nur ein Minimum an Interessenausgleich und klassenübergreifender Balance zu gewährleisten. Von realem Einfluss und Entscheidungsrechten des Demos zu schweigen. Wahlergebnisse werden käuflich, wenn der einzige Weg nach oben mit Millionen von Banknoten gepflastert ist. Denn Geld hat, von wem die Wirtschaftslobby sich das beste Geschäft verspricht, und Publicity und Beistand erhält, wen die großen Medienkonzerne stützen.

Insgesamt 33,3 Millionen Dollar überwies die Ölindustrie im letzten US-Präsidentschaftsringen an ihre Mitarbeiter im politischen Außendienst, achtzig Prozent gingen diesmal auf das Konto der Republikaner. Acht republikanische Senatoren – darunter der Vorsitzende des Energieausschusses – erhielten ihre höchsten Einzelspenden von den Energiekonzernen. Ganz oben auf der Geberliste standen Enron, Exxon, BP sowie die damals noch nicht fusionierten Chevron und Texaco. Auch Rüstungskonzerne wie Northop Grumman, Boeing oder Lockheed Martin waren mit von der Spenden-Partie, ebenso große Pharmahersteller, die von den Demokraten eine stärkere Regulierung des Arzneimittelmarktes befürchteten.

Unternehmen dieser Größe investieren selten umsonst. Es gehört zur gallebitteren Ironie der Geschichte, dass just der US-Präsident, der sich militant wie kein anderer zum Kämpfer für »enduring freedom« und »democracy« stilisiert, zum Rächer der Menschenrechte gegen die Diktatoren dieser Welt, seine eigene Amtsübernahme allein einem kriminellen Komplott aus Wahlmanipulation, Fälschung und Betrug verdankt. George W. Bush ist nachweislich nicht der gewählte Präsident der Vereinigten Staaten, sondern ein von den Öl- und Rüstungsbaronen ins Weiße Haus geputschter Lakai, der die ganze Fülle an Macht, die dieses Amt ihm bietet, skrupellos in deren Dienste stellt – und niemand im selbsternannten Musterland der Demokratie und der Freiheit hindert ihn daran.

Doch ob legal oder illegal, ist der richtige Mann erst im Amt, weiß man in jedem Fall dafür zu sorgen, dass er keinen Schritt allein oder gar im Sinne der Mehrheit seiner Wähler tut. Jene Herren mit den feinen Anzügen sitzen in Parlamentsausschüssen und Strategierunden, sie reisen mit im Präsidentenjet und begleiten Minister bei Verhandlungen und Gesprächen. Sie geben und besuchen glanzvolle Empfänge, auf denen diskret nicht nur die Güte der Cocktails erwogen wird. Gern verschönern sie auch das Leben von Abgeordneten und Senatoren durch generöse Honorare oder kümmern sich um Aufsichtsratsmandate. Nicht selten schicken sie ihre eigenen Leute direkt ins politische Geschäft.

Es waren Gesandte des Roundtable of Industrialists, einer der einflussreichsten europäischen Interessenlobbys, zu der 45 Vorstandsvorsitzende von europäischen Multis gehören, die den Verträgen von Maastricht und Amsterdam das politisch-inhaltliche Gepräge gaben. Im Rahmen der Neuverhandlung des GATS-Abkommens über die Öffnung der internationalen Dienstleistungsmärkte formulierte die EU ihre Forderungen in engster Abstimmung mit dem European Services Forum, einer 1999 gegründeten Organisation der europäischen privaten Dienstleistungswirtschaft. Gebeten, die deutsche Position zum Thema beizusteuern, reichte das Bundeswirtschaftsministerium die Vertragsentwürfe auf dem schnellen Dienstweg an ausgewählte Wirtschaftsverbände weiter; die speziellen Wünsche deutscher Dienstleistungskonzerne wurden dann als Meinung der Bundesrepublik an die EU zurückgemeldet. Mit der Ausarbeitung jener Reform der Unternehmenssteuern, die SPD und Grüne im Sommer 2000 beschlossen und die in den Folgejahren sämtliche Einnahmen aus der Körperschaftssteuer zum Versiegen brachte, war als Staatssekretär Hans Eichels ein Mann namens Herbert Zitzelsberger betraut; als früherer Finanzchef des Chemiemultis Bayer kannte Zitzelsberger die Bedürfnisse international tätiger Konzerne – Hauptnutznießer seines Meisterwerks – eben sehr genau.

Dem Team, das die Amtszeit von Bush Junior vorbereitete, gehörten mehr als 20 Manager und Gesellschafter von Öl- und Gasunternehmen an. Der damalige Enron-Chef Kenneth Lay, der im zentralasiatischen Raum mehrere Geschäftsprojekte betrieb, schrieb an Cheneys »Neuem Energiekonzept« mit, dessen zentrale Botschaften die Deregulierung der Ölbranche und eine gesteigerte Aufmerksamkeit für die Öl- und Gasreserven des Kaspischen Raumes waren. Bushs Sicherheitsberaterin Condolezza Rice saß zehn Jahre im Aufsichtsrat des Chevron-Konzerns. Sowohl Bush als auch Cheney verdienten sich ihre

Sporen im Geschäft des texanischen Ölclans. Cheney war außerdem von 1995 bis 2000 Vorstandschef von Halliburton, einem der weltgrößten Materialzulieferer der Ölindustrie. Als er den Konzern im Jahr 2000 verließ, um für die Vizepräsidentschaft zu kandidieren, wurde ihm der Abschied mit dreißig Millionen Dollar Abfindung versüßt. So etwas verbindet.

Selten war die Verflechtung zwischen wirtschaftlicher und politischer Macht so eng wie heute, selten agierten Regierungen so unverblümt als politischer Arm der führenden Wirtschaftsunternehmen ihrer Länder. Präsidentenpaläste und Ministerien sind zu Zweigstellen der Einkaufs- und Vertriebsabteilung der Global Player geworden, zu devoten Subunternehmern, emsig bemüht, die Kosten ihrer Auftraggeber zu senken, ihre Investments zu schützen und ihren Umsatz zu mehren. Was sie vom einfachen Vertriebschef unterscheidet, sind nicht die Ziele, sondern die Instrumente, die ihnen zur Verfügung stehen, und die vom Diktieren internationaler Verträge über die Steuerung globaler Institutionen bis zur Androhung und zum Einsatz von Kriegsschiffen, Streubomben und Armeen reichen.

Die barbarischen Sparprogramme, die jeder IWF-Kredit im Gepäck trägt und die verlässlich im betroffenen Land Elend und Arbeitslosigkeit nach oben treiben, die Erpressung von Marktöffnung und Privatisierung durch WTO und Weltbank, die denselben Effekt noch verstärken, all das rührt nicht aus ideologischer Borniertheit, sondern aus wohlverstandenem Geschäftsinteresse. Unter der Fahne des Liberalismus zerstören Europäische Union und Vereinigte Staaten die Landwirtschaft afrikanischer und lateinamerikanischer Länder durch subventionierte Agrarexporte und schützen zugleich ihre eigenen Märkte durch hohe Zölle und Handelsbarrieren. Sie pressen schwächeren Ländern Freihandelsabkommen auf, die ihr heimisches Gewerbe ruinieren, und sie setzen sie unter Druck, lebenswichtige Bereiche ihrer Volkswirtschaften zum Vorteil ausländischer Multis zu verschleudern.

Meinungsverschiedenheiten zwischen den Industriemächten betreffen in der Regel nicht die Methoden, sondern rühren aus unterschiedlichen Interessen ihrer Mandanten. Das Freihandelsabkommen ALCA, das Washington lateinamerikanischen

Staaten aufzuzwingen sucht, lehnt die EU nicht aus Sorge vor den schlimmen Folgewirkungen ab, die die Einbeziehung Mexikos in die nordamerikanische Freihandelszone bereits unter Beweis gestellt hat. Ablehnungsgrund ist allein, dass die europäische Konzerne die Schnäppchen des lateinamerikanischen Marktes gern unter die eigenen Fittiche zu nehmen wünschen, statt sie ihren amerikanischen Konkurrenten zu überlassen. Wo immer eine westliche Regierung sich für Schuldenerlass stark macht – wie Bush im Falle des Nachkriegs-Irak –, kann fest darauf geschlossen werden, dass deren heimische Finanzhäuser jedenfalls nicht zu den wichtigeren Kreditgebern zählen. Chirac setzt die Wasserversorgung des afrikanischen Kontinents nicht aus humanitärer Verantwortung auf die Tagesordnung internationaler Treffen, sondern um Regelungen zu erwirken, die den französischen Wasserkonzernen Suez und Vivendi die besten Einstiegsbedingungen bieten. Selbst Entwicklungshilfegelder dienen oft genug nichts Erhabenerem als der Subventionierung heimischer Konzerne, deren öffentlich bezahlte Auslandsinvestments den betroffenen Regionen helfen können, aber bei weitem nicht müssen.

Explosives Marketing

Und wo der Diplomat scheitert, folgt – immer häufiger, immer unverfrorener – der General. Wenn Verhandlungen Märkte nicht öffnen, tun es Bomben, und die Verheerungen, die sie anrichten, schaffen gleich noch neue dazu. Haben die Düsenjäger ihre Arbeit getan, landen dann wieder die noblen und stilleren Jets der Geschäftsleute.

Bereits 1997 verhandelte der amerikanische Konzern Unocal mit den Taliban über den Bau einer Pipeline aus Turkmenistan durch Afghanistan an die pakistanische Küste. Der fortdauernde Bürgerkrieg, in dem die Taliban zum Siegen zu schwach und zum Untergang zu stark waren, zögerte die Realisierung hinaus. Bush war kein Jahr im Amt, da begannen amerikanische Hochpräzisionswaffen afghanische Frauen und Kinder zu zerreißen. Mindestens 5000 Zivilisten kostete der Feldzug das Leben, der die Taliban in Kabul stürzte und Unocal in die komfortable Position brachte, fortan mit sich selbst zu verhandeln: Sowohl der von Washington eingesetzte Interims-Präsident Karzai als auch der US-Afghanistan-Sonderbeauftragte Khalizad waren ehemalige Berater des Konzerns. Khalizad kannte sich besonders gut aus, denn er war am 97er Deal auf Unocal-Seite direkt beteiligt.

Als Brückenkopf zu den Gasreserven Zentralasiens und des Kaspischen Meeres ist Afghanistan auch für die deutschen Konzerne Eon und RWE, die im globalen Energiegeschäft gewichtiger mitmischen möchten, von strategischer Brisanz. Deshalb, nicht aus Bündnispflicht, wurden Bush die deutschen Hilfstruppen am Hindukusch aufgedrängt. Nebenbei gelang es über diesen Weg, einen Mann zum afghanischen Minister für Wiederaufbau zu machen, der zuvor lange in Bochum gelebt hatte und gute Beziehungen zur deutschen Wirtschaft unterhielt. Dies sollte den deutschen Zugriff auf afghanische Wiederaufbau-Aufträge erleichtern. Der große Reibach blieb allerdings vorerst aus, denn zum einen ist der Krieg jenseits Kabuler Grenzen bis heute nicht beendet, und zum anderen ist das geschundene, ausgeblutete Land so bettelarm, dass die Bezahlung der Aufträge überwiegend von den Besatzern selbst übernommen werden müsste. Anders im Irak, in dem bereits die Öleinnahmen der nächsten Jahre für milliardenschwere Reparatur- und Wiederaufbauprogramme verpfändet sind. Über die Vergabe der lukrativen Verträge kann das Terrorkommando Bush & Co. als Kriegsführer und Besatzungsmacht hier nahezu allein entscheiden, und die bisherigen Zuschläge überraschen nicht. Der erste Großauftrag zur Löschung und Instandsetzung der irakischen Ölquellen mit einem geschätzten Volumen bis zu sieben Milliarden Dollar ging ohne Ausschreibung direkt an Cheneys alten Förderer Halliburton. Die von der US-Regierung finanzierte Hilfsorganisation USAID schrieb ihre auf zunächst zwei Milliarden Dollar angesetzten Irak-Projekte zwar aus; bewerben durften sich aber ausschließlich amerikanische Unternehmen. Unter ihnen die Firma Stevedoring Services of America (SSA), die im Präsidentschaftswahlkampf ebenfalls durch großzügige Spenden an die Republikaner aufgefallen war und sich nun den Vertrag über den Betrieb des Hafens Umm Kasr sicherte; sehr zum Ärger übrigens des britischen Konzerns P & O, der als einer der größten Betreiber von Container-Häfen das leicht verdiente Geld gern auf seinem Konto verbucht hätte und sich über Blairs mangelnde Durchsetzungskraft bei der Verteilung der Kriegsbeute öffentlich beschwerte. Den bisher größten Auftrag der USAID über den Wiederaufbau der kriegszerstörten Strom- und Wasserleitungen sowie der Straßen und Brücken des Landes erhielt der US-Baukonzern Bechtel. Mit zunächst 600 Millionen Dollar zahlen sich die Verheerungen, die amerikanische Bomben im Irak angerichtet haben, für seine Aktionäre aus. Der langfristige Wiederaufbau dürfte Bechtel um viele Millarden reicher machen.

Aber die Trümmermilliarden sind nur ein wichtiger Nebeneffekt, sie waren nicht das Hauptziel des Krieges. Für dieses steht der nach langen grausamen Bombennächten symbolträchtig heil aus den Ruinen Bagdads ragende dunkle Koloss des irakischen Ölministeriums, von den einmarschierenden Truppen sofort umstellt und streng bewacht. Eine der ersten Amtshandlungen des von den USA installierten Ölminister Ghadbhan bestand darin, die bereits bestehenden Verträge mit französischen und russischen Unternehmen zur Ausbeutung der irakischen Ölfelder einzufrieren. Die Anweisung dazu kam von dem als »Berater« in Bagdad eingesetzten ehemaligen Shell-Manager Philip J. Carroll. Bushs Plan besteht darin, die staatliche irakische Erdölgesellschaft zu zerschlagen und Ölförderung wie Produktion zu privatisieren. Auf die Profiteure lässt sich leicht schließen, wenn man weiß, dass für den Chefposten der zu privatisierenden Ölgesellschaft selbiger Philip J. Carroll vorgesehen ist und der Vizeposten mit einem Vorstand des BP-Konzerns besetzt werden soll. Wird dieser Plan umgesetzt, werden dem irakischen Volk nach jahrelangem Leiden unter Sanktionen und Krieg seine Ölschätze endgültig wieder geraubt. Es wird hinter das Jahr 1972 zurückgeworfen, in dem es die britische Iraq Petroleum Co. einst vor die Tür gesetzt und die Ausplünderung des Landes durch Verstaatlichung der Ölfelder und Förderanlagen beendet hatte.

Aber auch die Friedensliebe Schröders und Chiracs war keine Frage der Moral. Französische und deutsche Konzerne hatten kein Interesse an einem Krieg, der ihre Investments zerbombte und ihre Verträge entwertete. Also protestierten die Regierungen gegen die Aggression, solange ihre Verhinderung möglich schien, – und wünschten dem Angreifer einen schnellen Sieg, sobald der erste amerikanische Soldat irakischen Boden betreten hatte. Zu lukrativ waren die Brösel vom irakischen Milliardenkuchen, die jetzt nur noch durch Botmäßigkeit zu haben waren, – zu lukrativ war vor allem die Washington abgehandelte freie Hand in Zentralafrika, wo unter EU-Flagge jetzt der nächste Raubzug um Kobalt, Coltan, Gold, Diamanten und Öl beginnt. Daher kein Versuch einer Verurteilung des Völkerrechtsbruchs durch die UNO, daher keine Anklage gegen den Kriegsverbrecher in Den Haag.

Die Außenpolitik der Industriemächte ist in den letzten einhundert Jahren nicht menschlicher, sie ist nur verlogener geworden. Früher hieß es unverblümt Kolonialisierung, wenn Völker mit Militärgewalt unterworfen, ihre Reichtümer und Ressourcen geraubt, Widerstand brutal unterdrückt und ihre Arbeitsleistung ausgebeutet wurden. Heute sind die Imperien wieder stark und ignorant genug, gleiches zu tun. Aber die tödliche Barbarei heißt heute Demokratisierung: erst in Jugoslawien, dann in Afghanistan und im Irak, morgen vielleicht im Iran, in Syrien oder in Venezuela. Sie meinen das Faustrecht der Stärksten, wenn sie von Freiheit reden, die ungebändigte, unkontrollierte Jagd nach dem Höchstprofit, unter Einsatz aller Mittel, koste es, was es wolle, solange nur jene Kosten niedrig bleiben, die sich in ihren Bilanzen niederschlagen. Zerstörtes Leben, verödete Natur, Bombenterror und verkohlte Leichen, Kinderaugen, die vor Angst nicht mehr weinen, geschweige denn je wieder lachen können – kein Preis ist zu hoch, solange er sich rechnet.

Wohlstandsinseln

Aber er rechnet sich eben, rufen die Zyniker und Apologeten, vielleicht heute noch nur für eine Minderheit, aber morgen schon für die Mehrheit und übermorgen für alle. Mag die Liste der Verbrechen lang sein, mögen hehre Ansprüche der Humanität und Gerechtigkeit gegen den Kapitalismus sprechen, ein Argument spreche für ihn, und dies sei das entscheidende: Nur er sichere Produktion und Wachstum, Erfindung und Innovation, nur er schaffe damit die Voraussetzungen von Reichtum und Wohlstand, an denen immer mehr Menschen teilhaben können. Ohne höhere Produktion keine Überwindung der Armut, ohne Motivation zur Entwicklung und zum Einsatz neuer, effizienterer Technologien kein Ende der Zerstörung unserer natürlichen Lebensgrundlagen! Mag der Profitmechanismus auch Kälte und Egoismus hervorbringen und die unverhältnismäßige Bereicherung einiger weniger begünstigen, die Entwicklung der letzten zweihundert Jahre belege, dass am Ende alle profitieren!

Alle? Es ist richtig, Produktion und Produktivität haben sich in den zwei Jahrhunderten seit Beginn der kapitalistischen Industrialisierung in einer Weise entwickelt, die historisch keine Parallele kennt. Dampfmaschine, Elektrizität, chemische Industrie, mikroelektronische Revolution, Internet – eine Neuerung jagte die nächste, immer schneller, immer folgenreicher. Der heutige Lebensstandard in den Industrieländern ist mit den Bedingungen, unter denen die übergroße Mehrheit der Menschen hier noch vor fünfzig, geschweige denn vor einhundert Jahren leben musste, nicht mehr zu vergleichen. Dies gilt nicht nur für die Mittelschichten, sondern auch, vielleicht sogar ganz besonders, für die Lebensverhältnisse der arbeitenden Klasse und selbst der Arbeitslosen. Das Leben ist leichter geworden, die Lebenserwartung auf fast das Doppelte gestiegen, Hunger als lebensbedrohender Alp ist in der nordwestlichen Hemisphäre ausgemerzt, kaum eine Familie wohnt noch in düsteren Kellerwohnungen ohne Heizung und Bad. Ist das nicht Beleg genug für den Nutzwert der kapitalistischen Ordnung? Spricht all das nicht in machtvollen Worten für ihre Legitimität und Alternativlosigkeit? Wer genauer hinsieht, muss präzisieren: Es waren im globalen Maßstab relativ kleine Landstriche, und es waren zeitlich begrenzte Phasen, in denen der Kapitalismus all die positiven Eigenschaften – Förderung von Erfindungsgeist, Verbreitung von Wohlstand, Vorantreiben des Wachstums – entfaltete, die ihm interessierte Einäugige gern als wesenseigen zuschreiben. Er entfaltet sie, wenn eine Reihe spezifischer Bedingungen zusammentreffen, die historisch eher Ausnahme denn Regel sind. Und er entfaltet sie selbst dann um einen hohen Preis.

Es war gerade die unbeschreibliche Armut und brutale Ausbeutung der Massen, die die einmalige Beschleunigung der Akkumulation und das hohe Wachstumstempo in den Jahren der Industrialisierung ermöglichten, zusätzlich befördert durch den schier endlosen Fluss billiger Rohstoffe und Landwirtschaftsprodukte aus der Plünderung der Kolonien. Auch war es nicht die Vervielfachung des Produktionsausstoßes als solche, sondern es waren die in Legalität wie Illegalität erstarkenden Arbeiterparteien und Gewerkschaften, dank derer die Beschäftigten der Industrieländer gegen Ende des neunzehnten Jahrhunderts am wachsenden Wohlstand – in engen Grenzen – zu partizipieren begannen, was rückwirkend der steigenden Produktion eine – ebenfalls in engen Grenzen – steigende Konsumnachfrage sicherte. Das reichte solange aus, solange der gewaltige Infrastrukturbedarf des industriellen Zeitalters sowie grundlegende technologische Umwälzungen, etwa der Übergang von Dampfkraft zu Elektrizität, dafür sorgten, dass die Akkumulation sich überwiegend selbst nährte, die Erfordernisse des expandierenden Produktionsprozesses also zugleich dessen Absatz sicherstellten.

Bereits damals trat allerdings auch der tiefverwurzelte Mechanismus kapitalistischer Produktion zutage, Gegensätze nicht etwa abzuschwächen, sondern bis zum Exzess zu verstärken, den Großen und Mächtigen immer größer und machtvoller zu machen, und im Gegenzug die Schwächeren auszulöschen. Im Übergang vom neunzehnten zum zwanzigsten Jahrhundert entstanden erstmals jene Markt und Staat beherrschenden Wirtschaftskonglomerate, die die jedem Kapital eigene Unersättlichkeit mit der Macht verbanden, die Investitionsschwerpunkte ganzer Branchen zu bestimmen, Preise zu diktieren und Regierungen als ihre Marionetten tanzen zu lassen. Und mit ihrer Macht wuchs ihre Fähigkeit, einen wachsenden Strom aus dem wirtschaftlichen Kreislauf zugunsten der schmalen Geldaristokratie abzuzweigen, die ihr luxuriöses Leben aus den Gewinnen der Trusts und Kartelle finanzierte. Diese Dynamik, die wenigen Unsummen zuspielt, während es für viele wieder karger wird, drückte auf die Absatzchancen von Konsumgütern und letztlich auch auf die Rentabilität von Investitionen und pumpte mehr und mehr Geld auf die Finanz- und Aktienmärkte.

Der Marktwert amerikanischer Aktien erhöhte sich zwischen 1924 und 1929 um das Dreifache, während der Sachkapitalstock der Wirtschaften weltweit nur noch langsam wuchs. Eine Steigerung der Rendite, die durch Produktion nicht mehr erzielbar war, wurde so durch Spekulationsgewinne vorgetäuscht – bis die kolossale Finanzblase 1929 platzte und die Menschheit in die bisher grausamste Wirtschaftskrise der kapitalistischen Geschichte hineinriss. Zu ihren Folgen gehörte die massenhaften Vernichtung produktiver Ressourcen, gehörten auch in den Industrieländern wieder Hunger und extreme Not, gehörten Faschismus und Krieg.

Die zweite Phase, in der der Kapitalismus seine Fähigkeit, Produktion und Wachstum zum allgemeinen Nutzen anzutreiben, unter Beweis zu stellen schien, waren die drei Jahrzehnte nach dem Zweiten Weltkrieg. Allerdings galt dies erneut nur für die industrialisierten Metropolen und in diesem Fall für ein Modell, das kein reiner Kapitalismus mehr war. In Frankreich, Österreich, Italien, Großbritannien und anderen europäischen Ländern wurden nach Kriegsende eine Reihe strategisch wichtiger Wirtschaftszweige (Finanzen, Schwerindustrie) verstaatlicht, in der Bundesrepublik die großen Konglomerate zumindest entflochten. Starke gewerkschaftliche, unmittelbar nach 1945 auch deutlich antikapitalistische Gegenbewegungen und die Etablierung alternativer Gesellschaften in Osteuropa führten im Westen zu einem Ausbau sozialstaatlicher Sicherungssysteme und zu einer Lohnpolitik, die ein weitgehend produktivitätskonformes Wachstum der Konsumnachfrage gewährleistete. Der Staat steuerte und regulierte in vielen Bereichen und setzte so den Exzessen des Profittriebs Grenzen. Das Modell funktionierte, weil es trotz steigender Löhne dank der rasanten Produktivitätsfortschritte wachsende Profite sicherte.

Aber parallel zu den Profiten wuchs erneut auch die Macht derer, in deren Zugriff sie sich akkumulierten. Mit dem Verblassen der Erinnerung an den Schock der Dreißiger, dem Verschwinden starker antikapitalistischer Kräfte aus der poli-

tischen Szenerie und einer kaum noch gegebenen Anziehungs-
kraft des östlichen Alternativmodells wurden die Ansprüche
der Kapitaleigner wieder aggressiver. Hochkonzentriertes Produktiveigentum sowie das Druck- und Erpressungspotenzial
von Wirtschaftskonzernen, die inzwischen in eine neue internationale Dimension hineingewachsen waren, untermauerten
ihre Macht, diese Ansprüche durchzusetzen.

Die neoliberale Wende der Achtziger war kein Unfall oder
Abweg, sondern eine Konsequenz der Entwicklung in den Jahrzehnten zuvor. Im Ergebnis gewann eine Politik der Privatisierungen und des Abbaus gesetzlicher Schutzrechte Oberhand,
die immer größere Bereiche des öffentlichen Lebens in Anlagesphären und Ausbeutungsobjekte privaten Kapitals zurück-
verwandelte. Je nach Rigorosität des Privatisierungskurses in
den einzelnen europäischen Ländern ging mit ihm eine teils
massive Polarisierung von Einkommen und Vermögen einher;
am unteren Ende der Sozialskala wuchsen Armut und Bedürftigkeit in einem Ausmaß, das seit Ende des Zweiten Weltkriegs
als für immer überwunden gegolten hatte.

Wie bereits in den zwanziger Jahren und wie immer, wenn
sich Einkommen bei denen konzentriert, bei denen selbst
snobistischste Konsumbedürfnisse lange gesättigt sind, während auf dem Gegenpol sinkende Kaufkraft Einschränkung und
Verzicht erzwingt, setzte auf den globalen Finanzmärkten ein
gewaltiger Spekulationsboom ein, der sein historisches Vorbild
weit überflügelte. Die reale Wirtschaft dagegen wuchs nur noch
mit niedrigen Raten und bevorzugt in der wahnwitzigsten aller
Branchen, der Produktion von Rüstungsgütern.

In Japan stürzte das Kartenhaus der Scheingewinne bereits
zu Beginn der Neunziger zusammen und mündete in eine bis
heute anhaltende Dauerdepression mit sinkender Produktion
und rückläufigen Einkommen, in deren Gefolge der Lebensstandard der Japaner sich mehrheitlich deutlich verschlechterte. In Europa und den Vereinigten Staaten dagegen wurde
die Spekulationshausse durch den Beutefeldzug gen Osten und
eine aggressiv profitdiktierte Umwälzung der sozialen Verhältnisse zu Hause erst richtig angeheizt. Am oberen Ende kon-
zentrierte sich ungeheurer Reichtum, am unteren immer mehr

Armut. Das große Festmahl der Konzerne begann. Gefüttert von der Rekapitalisierung des Ostens und der Privatisierung ehemaliger Staatsbetriebe in Lateinamerika, gespeist aus der erzwungenen Öffnung der Kapitalmärkte Südostasiens und den Sonderwirtschaftszonen Chinas, genährt durch die weitere Verschleuderung öffentlichen Eigentums im Gefolge der Verträge von Maastricht und Amsterdam in Europa, aufgebläht zudem durch eine Welle von Fusionen und Übernahmen, entstanden jene ungeheuren Wirtschafts- und Finanzgiganten, die heute unseren Planeten beherrschen: Energie- und Rüstungsmultis, deren jährliche Profite höher sind als das Volkseinkommen mittelgroßer Länder, Großbanken, die per Knopfdruck Milliarden von Kontinent zu Kontinent verschieben und dadurch spielend ganze Volkswirtschaften in den Abgrund reißen, industrielle Global Player, die mit Einstellung oder Entlassung das Schicksal hunderttausender Menschen besiegeln, sie alle Richter über Wohlstand und Elend, über Leben und Tod, die wahren Diktatoren dieser Welt, unkontrolliert und nahezu unkontrollierbar.

Profitable Zerstörung

Werden selbst in den »Wohlstandsinseln« die begrenzte Phasen von Produktion und Wachstum regelmäßig wieder abgelöst durch solche der Zerstörung, der Verarmung und des sozialen Ruins von Millionen, um wie viel schlimmer erst sind die Folgen für all die vergessenen und verdrängten Elendsregionen dieser Welt, in denen Menschen bis heute die elementarsten Existenzbedingungen, Nahrung und sauberes Trinkwasser, vorenthalten werden. Dort ist das Leben unter dem Regiment des Profits in den zurückliegenden fünfzig Jahren nie leichter, sondern immer nur härter, grausamer, quälender geworden. Und die Elendsregionen werden nicht kleiner, sie wachsen, – mit jeder Privatisierung, mit jedem generösen Kredit, der mit Zins und Zinseszins zurückzuzahlen ist, mit jeder Flasche Champagner, die in noblen Bankpalästen und Vorstandsetagen auf einen weiteren gelungenen Deal geöffnet wird.

Argentinien besaß zu Beginn des zwanzigsten Jahrhunderts

eine prosperierende Wirtschaft und lag noch in den zwanziger Jahren bezogen auf Lebensstandard und Wirtschaftskraft vor Ländern wie Italien und Japan. Nach zwei Jahrzehnten Schuldknechtschaft in den Fängen des Pariser und des Londoner Clubs und nach dem erpressten Ausverkauf der Volkswirtschaft an die Multis der Industriestaaten ist Verelendung in ihren extremsten Formen in das Land zurückgekehrt. Fünf Millionen Argentinier haben nicht genug zu essen, neun Millionen müssen mit weniger als einem Dollar am Tag überleben, ein Viertel der Bevölkerung ist arbeitslos, die Wirtschaft schrumpft. Andere lateinamerikanische Länder leiden ähnlich. Um sieben Millionen ist die Zahl der Armen in Südamerika im Jahr 2002 gewachsen. Sieben Millionen zerstörte soziale Existenzen allein in einem Jahr! Auch das durchschnittliche Einkommen je Einwohner in Afrika ist heute geringer als noch vor vierzig Jahren. Der Anteil afrikanischer Waren am Welthandel hat sich auf zwei Prozent halbiert, rund achtzig Prozent der Bevölkerung sind bettelarm, ein Fünftel lebt in Kriegsgebieten.

Oder: Haben die osteuropäischen Staaten nach zehn Jahren Kapitalismus etwa jenen Produktivitäts- und Wohlstandssprung nachgeholt, den das sozialistische Modell vorher angeblich verhinderte? Haben die Menschen wenigstens eine Winzigkeit an Lebensqualität hinzugewonnen? Das Gegenteil ist der Fall. In Tschechien liegen die Realeinkommen der großen Mehrheit heute um etwa zehn Prozent unter denen des Jahres 1989. Pro Jahr werden ein Drittel weniger Wohnungen gebaut. Die Industrieproduktion ist um 22 Prozent eingebrochen, die der Landwirtschaft um dreißig Prozent. Die Integration in die EU wird diesen Trend noch verstärken. In Russland hat die Wiedereinführung des Kapitalismus gemessen am Rückgang des Pro-Kopf-Einkommens größere volkswirtschaftliche Verheerungen angerichtet als der Zweite Weltkrieg und Hitlers barbarische Strategie der verbrannten Erde. Die russische Industrieproduktion von 1999 erreicht gerade noch vierzig Prozent des Niveaus von 1989. Lebten damals nach Schätzungen der Weltbank zwei Prozent der Russen in Armut, waren es Ende 1998 23,8 Prozent, wobei die Verfügung über zwei Dollar pro Tag die Armutsgrenze definiert. Armutskrankheiten wie Diphterie und Tuberkulose, vorher nahezu ausgerottet, breiten sich wieder aus. Millionen Kinder besuchen keine Schule mehr und wachsen ohne medizinische Versorgung auf. Die Sterblichkeit Neugeborener steigt, die Lebenserwartung ist drastisch gesunken. Schroffe soziale Kontraste und wachsende Ungleichheit bei gleichzeitigem dramatischen Rückgang der Produktion, Armut, Krankheit, Unbildung, Mafia, Bürgerkrieg, Hoffnungslosigkeit – so sehen die Segnungen der kapitalistischen Marktwirtschaft in Osteuropa aus.

Alle zwei Sekunden stirbt auf unserem reichen, fruchtbaren Planeten, der nach Aussagen des World Food Report der UNO zwölf Milliarden Menschen problemlos ernähren könnte, ein Mensch an den Folgen extremer Armut. 840 Millionen Menschen hungern. Jeder hat diese Zahl schon einmal gehört – aber ist nicht allein sie ein schreiender Gegenbeweis zu der Lüge, der Kapitalismus fördere Produktivität und Produktion, ja, sei gar ihre Bedingung?

Das Leben auf der Erde ist in den zurückliegenden fünfzig Jahren nicht nur immer ungleicher geworden, der Kontrast zwischen ungezügeltem Luxus auf der einen und äußerster Armut auf der Gegenseite immer größer. Nein, die Produktion lebenswichtiger Güter ist in ganzen Landstrichen faktisch zum Erliegen gekommen, abgeschnürt, abgewürgt, ihrer Voraussetzungen beraubt durch genau jene Prinzipien von Privateigentum und Profit, die Produktion und Innovation vorgeblich so außerordentlich begünstigen. Jeder kennt die furchtbaren Bilder skelettierter Kinder mit gedunsenen Bäuchen, für die das Leben nichts bereit hält als Qual, die Bilder apathisch leidender Menschen in den Flüchtlingslagern der Elendsregionen, aller Möglichkeiten entblößt, auch nur ihr Überleben selbst zu sichern, jeder kennt Aufnahmen trostlos verfallener Krankenhäuser mit Betten ohne Laken, die zu Sterbeanstalten geworden sind, weil einfachste Medikamente nicht bezahlt werden können – all der Schmerz und das Grauen, die aus barbarischer Armut entstehen, in einer Zeit, in der die menschliche Gattung reicher sein könnte als je, sind sie nicht eine tägliche erschütternde Anklage gegen den Wahnwitz einer dem Verwertungstrieb privaten Kapitals unterworfenen Welt?

Selbstmord der Märkte

Der Stachel des Profits mag Produktivität und Wachstum, Erfindungsgeist und Neuerung befördern, wo keiner stark genug ist, Preise und Umfang des Angebots zu diktieren, wo Zulieferer und Abnehmer sich auf gleichem Level begegnen, wo Eigentum in jenen engen Schranken bleibt, in denen es nicht politische Macht gebiert, wo starke Sozialgesetze Kostensenkung zu Lasten der Beschäftigten und starke Umweltauflagen Raubbau verhindern. Wo all diese Bedingungen erfüllt sind, mögen private Unternehmen zum Vorteil der Allgemeinheit wirken, weil Smiths unsichtbare Hand ihre Entscheidungen lenkt. Aber wo, bitte sehr, sind im heutigen Kapitalismus diese Bedingungen erfüllt?

Wann immer ein neuer Markt entsteht oder ein vormals staatlich regulierter geöffnet wird, erleben wir den gleichen Zyklus. Ist das nötige Kapitalminimum nicht zu hoch und gilt der Markt als wachstumsträchtig, grassiert zunächst das Gründer-Fieber. Neue Unternehmen drängen ans Licht wie Pilze nach einem warmen Herbstregen, großzügig mit Geld versorgt durch Börse und Banken, die an den Emissionen kräftig mitverdienen. Bald fallen branchenweit die Preise, Privatisierung und »Liberalisierung« scheinen ihre Wirkung zum Wohle des Verbrauchers zu entfalten. Ist die Konkurrenz heftig und ungezügelt, werden die Güter streckenweise unterhalb der Produktionskosten angeboten. Jetzt schreiben alle Verluste, die Großen freilich immer noch weniger heftig als die Kleinen, weil sie in der Regel billiger produzieren können. In dieser Phase wird von Reserven gelebt, und je größer die Kapitalbasis eines Unternehmens, desto größer seine Chance, die Durststrecke zu überdauern. Bald verschwinden die ersten Kometen wieder vom Himmel. Die Waghalsigeren suchen im Dunstfeld zwischen kleinen Tricks und großem Betrug ihr Überleben zu sichern, was sie oft nicht rettet. Nach den ersten Konkursen entzieht der Kapitalmarkt der Branche sein Vertrauen; Schulden werden teurer, die Verluste noch größer, Bankrotte häufiger. Übrig bleiben am Ende wenige Giganten, die fortan den Markt beherrschen. Dann steigen auch die Preise wieder, weit über das Niveau der Kostendeckung und in der Regel auch weit über das Niveau, das sie vor Privatisierung und Öffnung hatten.

Eine Datenbank des Unternehmensberaters A. T. Kearney, die 27 000 Unternehmen aus 24 Branchen in 53 Ländern erfasst, bestätigt für alle den gleichen Zyklus: Der Marktanteil der drei größten Branchenfirmen, der am Beginn oft unter einem Fünftel lag, stieg im Laufe der Zeit auf über achtzig Prozent. Die Zeit, die er dafür brauchte, unterschied sich je nach Branche, das Ergebnis nicht.

Je größer die Unterschiede in der Startposition der Unternehmen, desto schneller geht es. Die Mitte der Neunziger geöffneten und privatisierten Telekommunikationsmärkte haben die Gründer-Jahre mit fallenden Preisen bereits hinter sich. Das gleiche gilt für jene Branche, die sich im Boom der Start-ups als New Economy feierte und inzwischen großenteils wieder unter den Fittichen der Altgiganten untergekommen ist. Im Finanzgewerbe und Einzelhandel der Industrieländer ist der Zyklus längst abgeschlossen, was weitere Konzentrationswellen in Krisenzeiten nicht ausschließt. So lieferten sich die Großen im Lebensmittelhandel der britischen Insel vor wenigen Jahren einen brutalen Rabattkrieg, dem erneut zahlreiche Wettbewerber zum Opfer fielen. Die übriggebliebenen Konzerne Tesco, Asda und Sainsbury erreichen heute Umsatzmargen, die den Neid ihrer deutschen Kollegen entfachen. Auch die Finanzmärkte sind in Großbritannien und Spanien konzentrierter als in Deutschland; sie werden von einer Handvoll Banken beherrscht, die die Konditionen diktieren und dabei Renditen erzielen, die für deutsche Bankchefs nicht zuletzt aufgrund der Konkurrenz mit den öffentlich-rechtlichen Sparkassen bisher unerreichbar sind. Im Geschäft der Billigflieger stehen wir gerade am Beginn eines Zyklus. Auch hier werden am Ende nur wenige überleben und den Markt bestimmen wie Aldi und Lidl die deutsche Discounter-Sparte.

Anders in den Bereichen Bahn, Post und Energie. Hier entfiel der Umweg über die Gründerphase in vielen Ländern ganz, weil das zum erfolgreichen Start nötige Kapital zu hoch und der Kostenvorteil der bereits marktmächtigen Konzerne viel zu ausgeprägt war, um Neueinsteiger in ausreichender Zahl zu motivieren. Connex wird sich mit Randstrecken begnügen müssen, kleine Energiehändler in Deutschland werden vom marktmächtigen Duopol aus Eon und RWE an die Wand gedrückt. Im Ergebnis ist der Strompreis für den Normalverbraucher, ohne je relevant gefallen zu sein, heute höher denn je, und für die Preise von Bahntickets und Päckchen gilt das gleiche.

Dass Privatisierungen kommunale oder staatliche Monopole direkt durch private ersetzen, ist auch dann die wahrscheinlichere Variante, wenn Branchenriesen im Ausland bereits existieren und nur auf die Chance zum Einstieg warten. Aber gleich, ob im Ergebnis eines Zyklus oder ohne diesen Umweg: Je konzentrierter am Ende der Markt, desto höher die Preise, desto geringer daher der Absatz in Stück oder Leistung, den die zahlungsfähige Nachfrage aufnehmen kann, desto geringer aber damit auch Produktion und Beschäftigung, die für die Konzerne der betreffenden Sparte lohnen und die sie folglich betreiben.

Denn ihr Ziel ist nicht Produktion, sondern Rendite. Wenn eine Steigerung der Produktion die Rendite erhöht, werden sie sie steigern. Wenn weniger Produktion mehr einbringt, würgen sie sie ab. Ihr Ziel ist nicht sparsamer Umgang mit Ressourcen, sondern Kostensenkung. Sind Naturgüter billig und die Arbeitskraft wehrlos, verschleißen und verschwenden sie beide bis zum Exzess. Ihr Ziel ist nicht Befriedigung des Bedarfs, sondern optimale Versilberung der zahlungskräftigen Nachfrage. Genau das tut die privatisierte Bahn, wenn sie sich auf die profitable ICE-Langstrecke für Geschäftsreisende konzentriert und Kurzstreckenpendler geradewegs ins Auto zwingt. Genau das tun private Energieunternehmen, die Preissenkungen für ihre Industriekunden durch einen Aufschlag bei den Haushalten finanzieren, die – anders als jene – kaum zum Wechsel in der Lage sind. Genau das tun private Banken, die Vermögende auf roten Teppichen empfangen und Soziahilfeempfängern selbst ein reines Guthabenkonto verweigern. Genau das tun Pharmakonzerne, die ihre Forschungskapazitäten auf Potenzmittel und Schlankheitspillen konzentrieren, an der Heilung tödlicher Tropenkrankheiten dagegen kaum beiläufiges Interesse zeigen. Wäre die AIDS-Epidemie auf den Trikont beschränkt geblieben, es gäbe heute all jene Mittel nicht, die das Leben der Kranken immerhin deutlich verlängern. Wird das Verbrechen umgesetzt, auch noch den existentiellsten aller natürlichen Schätze, das Wasser, weltweit den Profitgelüsten privater Anbieter zu übereignen, werden künftig noch weit mehr als die heute betroffenen 1,2 Milliarden Menschen vom Zugang zu sauberem Trinkwasser abgeschnitten sein. Sie zahlen mit ihrer Gesundheit und oft genug mit ihrem Leben für Gewinnmargen zwischen zwanzig und dreißig Prozent, die die Privatisierung den Wasserkonzernen verspricht.

Erschreckende Beispiele für die Folgen von Privatisierungen gibt es mehr als genug. Als die bolivianische Regierung 1999 auf Druck der Weltbank die kommunalen Wasserwerke von Cochabamba privatisierte, explodierten die Wasserkosten um über hundert Prozent. Die Übernahme des staatlichen Telekommonopols der Elfenbeinküste durch einen privaten französischen Anbieter führte zu derart drastischen Gebührenerhöhungen, dass selbst Studenten aus Mittelklassefamilien sich keine Internetrecherche mehr leisten konnten. In Argentinien wurden auf Druck von IWF und Weltbank in den neunziger Jahren die ehemaligen Staatsbetriebe im Bank-, Telekom-, Strom- und Ölbereich privatisiert und von ausländischen, überwiegend spanischen und nordamerikanischen Global Playern übernommen. Sie haben aus Argentinien Milliardenprofite herausgepresst, die überwiegend außer Landes flossen, und sobald ihre Investments keine Optimalrendite mehr versprachen, haben sie durch Massenentlassungen die derzeitige Krise wesentlich ausgelöst. Im Irak soll in Zukunft der relativ breite verstaatlichte Sektor privatisiert werden; die desaströsen Folgen für die soziale Situation im Land werden nicht auf sich warten lassen. Auch in den europäischen Gesellschaften gibt es eine auffällige Parallelität zwischen der Größe der (noch) staatlich kontrollierten Bereiche und einer schwächeren Ausprägung sozialer Kontraste. Kinderarmut tritt in weit krasseren Formen in Ländern forcierter Privatisierungspolitik wie Großbritannien auf als in nach wie vor stärker regulierten Wirtschaften wie der schwedischen. Aber auch in Schweden wächst sie, seit der Staat seinen Rückzug begann.

Tausend Exempel sprechen gegen die Lüge, dass die private Hand Leistungen und Güter preiswerter erstellt als die öffentliche, dass sie achtsamer, naturverträglicher oder verbraucherfreundlicher agiert. Es geht den Privatisierern nicht um Wirtschaftlichkeit, es geht um Anlagesphären, um die Ausrottung auch noch der letzten Reservate, die, weil öffentlich kontrolliert, sich dem Schinden von Gewinn und Dividenden entziehen, es geht um die Macht zur profitablen Ausbeutung jeder Regung menschlichen Daseins, sei es Durst oder Hunger, sei es Krankheit oder Bildungsbedarf. Wie ein nimmersattes Reptil frisst das globale Großkapital sich durch die Lebensfasern der menschlichen Gesellschaft, zerstört soziale Netze, Sicherheit und Zusammenhalt. Wo es heute einhundert Dollar hinschickt, holt es sich über die Jahre verlässlich tausend zurück. Und wird der Rückfluss eines Tags schwächer, dann zertrümmert es, was es gestern noch aufgebaut hat, und sucht sich ein neues Objekt. Der irrationale Exzess, die aberwitzige Übertreibung erst nach oben und dann nach unten, ist kein Fauxpas, sondern sein Normalzustand.

No Alternative?

»Eigentum verpflichtet. Es soll zugleich dem Wohle der Allgemeinheit dienen«, postuliert die Verfassung der Bundesrepublik Deutschland. Wer aber ist »die Allgemeinheit«, deren Wohl es dient, wenn Daimler und Deutsche Bank Milliarden an Dividenden unter ihre Aktionäre verteilen, aber keinen Euro an Steuern mehr zahlen? Wessen Wohl wird befördert, wenn BMW seine Entscheidungsfreiheit, in Tschechien oder in Leipzig zu produzieren, zum Erpressen öffentlicher Milliardensubventionen und zu Lohndumping nutzt, wenn Siemens noch in Jahren bester Gewinne Tausende Mitarbeiter vor die Unternehmenstür setzt? Wessen Wohl dient ein Europa, in dem eine Handvoll Wirtschaftsgiganten diktieren und die übergroße Mehrheit mit Einbußen und Existenzängsten zahlt? Wessen Wohl dient eine Welt, in der grausamste Armut neben blasiertem, übersättigtem Reichtum gedeiht?

Die Diktatur der Global Player gründet auf ihren Eigentumsrechten; sie steht und sie fiele mit ihnen. Jede schützende Regelung, die der Willkür ihrer Verwertungsinteressen Einhalt gebietet, jedes Sozialgesetz, das die Folgen zügelloser Profitgier mildert, jeder Zipfel öffentlichen Eigentums, das Schutzzonen schafft – ob kommunale Wasserversorger oder öffentliche Sparkassen, ob gesetzliche Sozialversicherungen oder verstaatlichte Ölfelder –, jedes Element gesellschaftlicher Kontrolle muss verteidigt werden, um jedes lohnt es zu kämpfen. Aber das reicht nicht. Aus Abwehrschlachten werden allzu leicht bloße Rückzugsgefechte, deren Träger auf immer schmalerem Terrain einem mit jedem Teilsieg machtvolleren Gegner bald chancenlos gegenüberstehen. Die globale Barbarei wurzelt nicht allein im Vordringen der Global Player in all jene Lebensbereiche, die sich ihrem unkontrollierten Zugriff bisher noch entziehen. Sie wurzelt vor allem in ihrer Herrschaft über jene, in denen sie groß geworden sind und die ihre Macht begründen, die ständige Ausweitung ihrer Zugriffsrechte zu erzwingen.

Für private Großbanken spricht nicht mehr als für privatisierte Krankenhäuser, für private Ölmultis nicht mehr als für private Wasserversorger. Die zentralen Bereiche der industriellen Produktion und die Macht über die Finanzierungsbedingungen von Investitionen gehören ebensowenig in private Hand wie die Naturreichtümer und Bodenschätze dieser Erde oder die Gewährleistung von Mobilität, Kommunikation, Bildung, Alterssicherung oder Gesundheitsfürsorge. Das Machtkartell der Giganten ist auflösbar, wenn Eigentum wieder dem Wohle der Allgemeinheit dienstbar gemacht wird, indem all diese Bereiche dem Zugriff privaten Kapitals und damit der Logik maximaler Renditen entzogen werden.

Öffentliches Eigentum kennt viele Facetten. Es reicht von der öffentlich-rechtlichen Eigentumsform bis zu Aktiengesellschaften, an denen öffentliche Körperschaften Mehrheitsanteile halten. Solche Körperschaften können Kommunen oder Bundesländer sein, Nationalstaaten und überstaatliche Organisationen von der Art der EU. Je nach Betriebsgröße, Versorgungsradius und volkswirtschaftlichem Gewicht eines Unternehmens mag die eine oder andere Variante sinnvoller sein. Aber ob Kommune oder Bundesstaat: Der entscheidende Unterschied eines öffentlich kontrollierten gegenüber einem privaten Unternehmen besteht darin, dass die letzte Entscheidung bei demokratisch legitimierten Gremien liegt, in denen die Stimmrechte nicht nach Vermögen und Besitz gestaffelt sind. Gewählte Repräsentanten vom Bürgermeister und Kommunalparlament bis zum Staatspräsidenten müssen sich vor ihren Wählern verantworten; Parteien können abgewählt werden, Parlamentsentscheidungen stehen zur öffentlichen Debatte. Natürlich ist öffentliches Eigentum nur dann ein Garant Gemeinwohl-bestimmter Entscheidungen, wenn die Gemeinschaft ausreichende Mittel zur Kontrolle des öffentlichen Eigentümers hat. Um mehr direkte Demokratie und um mehr Einfluss auf die staatlichen Gremien aller Ebenen kann und muss daher gerungen, einmal erreichtes Recht immer von Neuem verteidigt werden. Aber dieses Feld steht der gesellschaftlichen Auseinandersetzung offen. Der Vorstand eines Unternehmens dagegen ist per se nur dessen Eigentümern verpflichtet; »Geld ist Stimmrecht« ist das Prinzip, auf dem seine Entscheidungen beruhen. Das mag unproblematisch sein, solange ein Unternehmen nur betriebsinterne Fragen entscheidet und dabei die Rahmenbedingungen akzeptieren muss, die die öffentliche Hand ihm setzt. Erwächst dagegen aufgrund von Größe und Gewicht eines Wirtschaftskonzerns aus betriebswirtschaftlicher Entscheidungsbefugnis gesellschaftliche Macht, dann kehrt dieses Verhältnis sich um: dann setzen private Eigentümer im Interesse ihrer Rendite die entscheidenden Daten des öffentlichen Lebens, und der übergroßen Mehrheit der Menschen, einschließlich ihrer gewählten Repräsentanten, bleibt nur die Unterwerfung. Wo dies geschieht, ist privates Eigentum weder mit den Ansprüchen einer sozialen noch einer demokratischen Gesellschaft vereinbar.

Über die Frage der konkreten Betriebsführung ist mit der Eigentumsfrage nicht entschieden. Öffentliche und Staatsunternehmen können nach den gleichen Prinzipien wirtschaften wie private. Wo sie es tun, stehen sie mit Blick auf betriebswirtschaftliche Kriterien wie Effizienz und Rentabilität ihren privaten Konkurrenten meist nicht nach. Weshalb auch sollte es anders sein? Private Aktiengesellschaften werden genau wie Unternehmen in öffentlichem Eigentum oder mit einem staatlichen Mehrheitsaktionär von bezahlten Managern verwaltet, deren Verdienst und Karrierechancen davon abhängen, ob sie die in sie gesetzten Erwartungen erfüllen. Solche Erwartungen zielen im Fall privater Eigentümer auf eine Steigerung von Kurswert und Dividende sowie eine globale Strategie, die beides auch für die Zukunft sicherstellt. Wer in diesem Sinne erfolgreich ist, steigt auf oder sichert zumindest seinen Arbeitsplatz, wer es nicht erfüllt, verschwindet. Das Anreizsystem erfolgsabhängiger Bezahlung – ob durch Prämien, Provisionen, Unternehmensaktien oder Aktienoptionen – bestimmt heute nahezu alle Arbeitsverträge bis zum einfachen Mitarbeiter. Zugleich schwebt über allen stets das Damoklesschwert von Versetzung, Herabstufung oder gar Arbeitsplatzverlust.

Ein Staatskonzern, der mit gleichen Instrumenten auf gleiche Ziele hinwirkt, wird die gleichen Ergebnisse erzielen. Das ist kein Kunststück, und Beispiele zeigen, dass es geht. Die vom Staat gegründeten und geleiteten Stahlwerke in Korea und Taiwan sind die effizientesten der Welt. Der französische Staatskonzern Electricité de France befindet sich mit einer Bruttomarge von dreißig Prozent auf gleichem Level mit den privaten Energieriesen Eon und RWE und geht nicht minder aggressiv als diese auf internationale Einkaufstour. Den französischen Strommarkt bestimmt er nach wie vor fast allein. Unbeschadet dessen gehören die französischen Strompreise zu den niedrigsten in Europa. Gaz de France, ebenfalls noch in Staatsbesitz, ist in 33 Ländern vertreten und hat 2001 bei 14,4 Milliarden Euro Umsatz einen Nettogewinn von 891 Millionen realisiert. Beide Unternehmen unterscheiden sich in Geschäftspolitik und Auftreten nicht von privaten Global Playern. Der einzige Unterschied besteht darin, dass der Gewinn in die Staatkasse fließt und daher für Bildung und soziale Leistungen zumindest zur Verfügung stehen könnte statt im dunklen Kontensystem des Geldadels zu verschwinden, aus dem kaum ein Rinnsal an Steuern an die Gemeinschaft zurückkehrt.

Das Problem besteht nicht darin, ob die Rentabilitätskriterien bei richtigen Anreizen auch in einem öffentlichen Unternehmen erreicht werden können. Das Problem besteht darin, ob – beziehungsweise in welchen Grenzen – sie erreicht werden sollen. Denn was sich betriebswirtschaftlich rechnet, kann volkswirtschaftlich der blanke Aberwitz sein. Wem nützt eine

Effizienz à la Enron, die in Kalifornien die Lichter auslöscht und sich in der Schlinge waghalsiger Finanzkontrakte am Ende selbst den Hals bricht, eine Effizienz, die Hunderttausende Mitarbeiter um Arbeitsplatz und Pensionen bringt? Wem nützt die neue Wirtschaftlichkeit der Deutschen Bahn, deren signifikantestes Zeichen verrottende Schienen zwischen verfallenden Kleinstadtbahnhöfen sind? War es wirklich ein Zeichen sorgloser Verschwendung, dass Postämter und Briefkästen früher auch von älteren Menschen zu Fuß erreicht werden konnten? Sparkassen sind auch deshalb weniger rentabel als ihre privaten Konkurrenten, weil sie dem kleinen Gewerbetreibenden, der bei der Deutschen Bank vor die Tür gesetzt wurde, manchmal noch einen Kredit gewähren. Gesetzliche Krankenkassen versichern auch den chronisch Kranken, der absehbar mehr Kosten verursacht als er Beitragseinnahmen verspricht. Und jener unglaubliche Verschleiß an Gesundheit und Nerven, der aus steigendem Leistungsdruck und längerer Arbeitszeit einer immer kleineren Zahl von Mitarbeitern folgt, steigert er etwa deren Ideenreichtum und Kreativität?

Das vielleicht wichtigste Privileg, das öffentliche Unternehmen von privaten unterscheidet, ist: Sie können zwar nach betriebswirtschaftlichen Rentabilitätskriterien arbeiten, sie müssen es aber nicht um jeden Preis. Sie können andere, zusätzliche Ziele formulieren – soziale oder auf Naturschonung ausgerichtete – und die den Beschäftigten gesetzten Anreize darauf orientieren. Sie können in Bereichen, wo dies sinnvoll ist, Preise auf dem Niveau reiner Kostendeckung anbieten oder aus Gründen gesellschaftlich erwünschter Effekte ein Angebot durch höhere Preise eines anderen subventionieren. Sie können Gewinnaufschläge in dem Rahmen halten, der für die Modernisierung des Kapitalstocks und für Forschung und Entwicklung zwingend notwendig ist. Sie können (und müssen!) auf jene scheinbaren Effizienzgewinne verzichten, die lediglich auf verschärfter Ausbeutung beruhen und gestresste Beschäftigte ihrer Zeit für Erholung und Familie berauben. Und soweit öffentliche Unternehmen im Rahmen der sozial gebotenen Grenzen auf höhere Gewinne orientieren, stehen diese anschließend für öffentliche Ausgaben zur Verfügung, für Schulen und Universitäten, für Familienförderung, Senioreneinrichtungen und Krankenhäuser, statt, wie im Fall privater Konzerne, die ausschweifenden Champagnerpartys der Schickeria mit Hummer und Trüffeln zu finanzieren.

Die vielbeschworene »Ineffizienz« öffentlicher Unternehmen ist in der Regel nicht die Folge mangelnder Fähigkeit, sondern bewusst anders gesetzter Ziele. Subventionierte Kurzstrecken im Nah- und Fernverkehr mögen unrentabel sein. Um die Blechlawine auf Straßen und Autobahnen zu begrenzen, waren sie sinnvoll und wären auch heute bitternötig. Krankenbeiträge, die mit der Lohnhöhe steigen, aber gleiche Leistungsansprüche begründen, sind betriebswirtschaftlich absurd. Aber nur sie gewährleisten, dass Gesundheit keine Frage des Geldbeutels wird. Billige Sozialtickets der Bahn oder günstige Sondertarife der Telekom für Rentner und Wenigverdiener rechnen sich nicht. Für die Betroffenen eröffnen sie oft die einzige Chance zu Mobilität und Kommunikation. Betriebswirtschaftliche »Effizienz« allerdings verlangt das Gegenteil, sie verlangt Rabatte und Vergünstigungen für den Zahlungskräftigsten und nicht für den Zahlungsschwachen, denn ersterer bringt den Umsatz, während letzterer nur stört. Nicht der Bedarf, sondern die Zahl der gefüllten Brieftaschen definiert die Größe eines kapitalistischen Marktes. Nur wer zahlen kann, der darf eben auch trinken, eine Schule besuchen, ein Leiden medizinisch versorgt überstehen. Das ist die Konsequenz betriebswirtschaftlicher Rentabilitätskriterien, und wer sie zum Maß aller Dinge erklärt, der sollte sich auch zu den gesellschaftlichen Folgewirkungen bekennen.

Sicher, es gibt Gegenbeispiele tatsächlich schlecht geführter, maroder Unternehmen im Staatsbesitz, die bekannten Vorzeigeexempel für Korruption, Schlendrian und Verschwendung, Misswirtschaft und persönliche Bereicherung. Aber ist das ein Privileg staatlich geführter Unternehmen? Kommen nicht auf jeden trostlos dümpelnden Staatskonzern mindestens zehn privatwirtschaftliche, für die das gleiche gilt? Unzählige Verstaatlichungen der kapitalistischen Geschichte wurden allein deshalb nötig, weil in den Bankrott gewirtschaftete Privatunternehmen zu groß, zu wichtig und zu volkswirtschaftlich bedeutsam waren, als dass Regierungen sie unbeschadet untergehen lassen konnten. Jüngste Beispiele in der langen Reihe privater Desaster sind die japanische Long Term Credit Bank und die Nippon Credit Bank, die 1998/99 verstaatlicht wurden, weil ihr Konkurs das japanische Finanzsystems mit in den Kollaps gerissen hätte. Japan sanierte die Banken mit Steuergeldern in dreistelliger Milliardenhöhe und gab sie anschließend dem privaten Sektor zurück. Ähnliche Aktionen gab es während der Weltwirtschaftkrise der dreißiger Jahre in den meisten europäischen Ländern.

Dass öffentliche Gelder Netze spannen, wo der angebliche Effizienzgarant Privateigentum in den Abgrund steuert, findet auch unterhalb der Schwelle von Verstaatlichungen wieder und wieder statt. Resona, die fünftgrößte Bankengruppe Japans, die ihren Inhabern in besseren Zeiten Milliarden zugespielt hat, musste 2003 mit einer Steuergeld-Spritze von umgerechnet 15 Milliarden Euro vor dem Zusammenbruch bewahrt werden. Holzmann ist für Deutschland ein Beispiel von vielen. Besonders perfide wird es, wenn die Bankrotteure selbst ehemalige Staatsbetriebe sind, die, nachdem private Übernahmepiraten den Rahm abgeschöpft und sich goldene Nasen verdient haben, als ausgezehrte Verlustbringer an den Staat zurückfallen. Die Privatisierung der britischen Eisenbahn Railtrack hat mindestens die Banken wohlgenährt, die die Emission vermittelt haben. Inzwischen ist das Unternehmen nach unzähligen Pannen und Skandalen wieder in der Obhut des Staates. Bei British Energy scheint sich Gleiches zu wiederholen. Kurz: Trägheit, Bürokratismus, Fehlkalkulation und Unwirtschaftlichkeit bis zur Pleite sind eine Malaise, die in privaten Unternehmen mindestens ebenso oft vorkommt wie in öffentlichen.

Und wie steht es um die internationale Expansion der Giganten, die Quintessenz der kapitalistischen Globalisierung? Ohne Zweifel sind internationaler Austausch von Waren und Dienstleistungen und internationale Arbeitsteilung, so sie auf Gleichberechtigung und nicht auf Ausbeutung beruht, ökonomisch sinnvoll und steigern den verfügbaren Reichtum. Auch gibt es technologisch bedingte Betriebsgrößen, die nicht ohne Produktivitätsverlust unterschritten werden können. Weder Telefon- oder Schienennetze noch Anlagen zur Produktion von Automobilen sind mit der Kapitalbasis eines Mittelstandsbetriebes zu warten, geschweige denn auf je modernstem Stand zu betreiben. Dennoch: Es gibt keinen ökonomisch plausiblen Grund dafür, über ein Drittel des globalen Handels innerhalb der Strukturen von einhundert allmächtigen Wirtschaftsriesen abzuwickeln. Ob BMW in Europa eine oder zehn Betriebsstätten gehören, erhöht die Wirtschaftlichkeit der Produktion in keiner Weise. Dass Daimler in den USA, in Lateinamerika und Südafrika Filialen betreibt, ebenso wenig. Der »Synergieeffekt« internationaler Übernahmen und Fusionen basiert in der Regel nicht auf einem realen Zugewinn an Produktivität, sondern auf Arbeitsplatzvernichtung, auf der Stillegung von Kapazitäten sowie auf erhöhter wirtschaftlicher Konzentration und damit Marktbeherrschung. Die verschachtelten und verschlungenen Hierarchien der Konzerne sind kein Gebot der Effizienz, sondern die Grundlage ihrer Macht, Zulieferern, Abnehmern und Regierungen ihre Konditionen zu diktieren. Deshalb, nur deshalb, zahlt sich das globale Monopoly für ihre Anteilseigner aus.

Ein Großteil der konzerninternen Transaktionen hat ohnehin nichts mehr mit der Bewegung realer Güter und Dienste zu tun, nichts mit komparativen Vorteilen internationaler Arbeitsteilung. Sie dienen der bloßen Manipulation von Computerzahlen, sei es für globales Steuerdumping mit sozial verheerenden Folgen, sei es für eine rein spekulative Finanzakrobatik, die die imaginären Gewinne erhöht. Wie viel Phantasie und Geist, welche Anstrengungen von Kreativität und Gedanken werden nutzlos verschleudert, wenn sich das Aufgabenfeld ganzer Abteilungen im virtuosen Spiel mit sinnlosen Buchungsvorgängen erschöpft!

Gleiches gilt für die Glücksspieler und Pokerer auf dem Roulette-Tisch der internationalen Finanzwelt. 1,2 Billionen Dollar wechseln auf den globalen Devisenmärkten täglich den Besitzer, annähernd die Hälfte davon wird von den sieben größten Banken der Welt bewegt. Kaum eine dieser gewaltigen Transaktionen hat einen realwirtschaftlichen Wert oder auch nur Hintergrund. Hochkomplexe Software-Programme wurden und werden einzig zu dem Zweck entwickelt, Computerzahlen, die für nichts stehen, nach oben und unten zu manipulieren. Vom

Schmiermittel reibungsfreier Investition und Verteilung ist das Geldwesen unter dem Regime global agierender Finanzgiganten zur hemmungslosen Schaumschleuder geworden, deren Exkremente sich klebrig und störend in die Poren des internationalen Wirtschaftsorganismus zwängen, seine Bewegungen lähmen oder in irre Zuckungen wandeln.

Die Global Player sind kein ökonomischer Fortschritt, sondern ein wert- und zukunftsloser Seitenzweig der ökonomischen Evolution, den es wieder zurückzunehmen gilt. Gleichberechtigter freier Handel und internationale Arbeitsteilung ohne Ausbeutung sind nur über die Entflechtung dieser Wirtschaftsungetüme zu erreichen.

Auch deshalb gibt es kein »Alles oder Nichts« bei der sozialen Veränderung dieser Welt. Argentinien muss, um die verheerenden Folgen der Privatisierungen der Neunziger rückgängig zu machen, sich nicht gedulden, bis die Großbank Santander Central Hispano in Spanien oder Fiat in Italien keine privaten Unternehmen mehr sind. Das Problem ist in Argentinien selbst – oder besser noch: im Wirtschaftsraum eines erweiterten Mercosur – zu lösen, indem den Multis der einst gewährte Zugriff wieder entzogen wird. Beispiele für unter dem Druck von Massenbewegungen zurückgenommene Privatisierungen gibt es. So erzwangen Proteste und ein Generalsstreik in Cochabamba den Rückzug des internationalen Konsortiums »Aguas del Turani« und die Aufhebung des Konzessionsvertrages über die Wasserwerke. Auch im südamerikanischen Paraná entzog der Gouverneur nach massivem öffentlichen Druck dem Privatunternehmen Veolia/Vivendi per Dekret wieder die Kontrolle über die regionale Wassergesellschaft. Die Arbeiter eines Tochterwerks des Continental-Konzerns im mexikanischen El Salto besetzten nach der angekündigten Betriebsschließung über ein Jahr lang das Werksgelände und verhinderten so den Abtransport der Maschinen. Zu ihren Forderungen gehörte entweder der Weiterbetrieb durch den Konzern oder die Übergabe der Produktionsstätte in die Selbstverwaltung der Arbeiter. Ähnliche Betriebsbesetzungen zur Verteidigung von Produktionsressourcen und Beschäftigung gab es auch in Argentinien und anderen lateinamerikanischen Staaten. Nicht selten freilich wurde und wird in solchen Fällen das Recht der Global Player, Produktion und Arbeitsplätze in jedem beliebigen Land nach Lust und Profitaussichten entweder zu betreiben oder zu zerstören, mit brutaler staatlicher Gewalt zur Durchsetzung gebracht. Möglich ist aber auch anderes, und insbesondere jene lateinamerikanischen Regierungen, die mit dem ausdrücklichen Versprechen eines Linkskurses und einer Politik des sozialen Ausgleiches angetreten sind und gewählt wurden, wären zu anderem verpflichtet.

Ein neues Europa

Ein soziales, friedliches und demokratisches Europa ist nicht möglich, solange die entscheidenden wirtschaftlichen Hebel von denen gesteuert werden, die an Unsozialität, Ausbeutung und Kriegen verdienen und den Jetset ihrer Hauptaktionäre mit dem Demos verwechseln. Die Entflechtung und Sozialisierung der Giganten ist ein Thema, das auch hier wieder auf die Tagesordnung gehört. Dabei geht es nicht um jene Hunderttausende mittelständische Firmen, die weit entfernt sind, auch nur eine Kommune, geschweige denn ganze Staaten zu erpressen, Firmen, deren Interessen bei Gesetzen und Verträgen bisher so wenig gefragt sind wie die der Beschäftigten und die selbst immer häufiger zum Opfer der Krise werden. Ebensowenig geht es darum, jene Millionen Kleinaktionäre, die mit demagogischen Versprechen aufs Aktienparkett gelockten wurden und oft schon genug verloren, am Ende gar noch um den Rest ihrer Ersparnisse zu bringen.

Nein, es geht um die noble Gesellschaft der 500 Wirtschaftsmächtigen in Europa, die am oberen Ende mit BP, Daimler-Chrysler, Royal Dutch und Totalfina Elf mit je dreistelligen Milliardenumsätzen beginnt und mit Medienkonzernen und Handelsketten von über zwei Milliarden Euro Umsatz endet, eine Gesellschaft, nahezu geschlossen und über Jahrzehnte kaum verändert, beherrscht von den europäischen Rüstungs-, Finanz- und Automobilgiganten sowie den großen Mitspielern im globalen Energiegeschäft. Und hinter dem schwer durchschaubaren Dickicht ihrer wirtschaftlichen Bande, dem enggewebten Netz an Verflechtungen, in dem ein Konzern Anteile an anderen hält und über deren Aktienpakete wieder dritte beeinflußt, die ihrerseits an ihm selbst beteiligt sein können, hinter diesem Gewirr der Einwirkungen und versteckten Hierarchien steht eine exklusive Gruppe privater Eigentümer. Das ist der Machtclub, dem das heutige Europa gehört.

Die Creme de la Creme dieser Runde repräsentieren die europäischen Namen auf der jährlich veröffentlichten Liste des Magazins »Forbes«; unter der Rubrik der »Ultra High Net Worth Individuals« sind sie im Weltwohlstandsbericht der Investmentbank Merrill Lynch nahezu vollständig versammelt. 3700 Deutsche zählen dazu, europaweit sind es wenige Zehntausend. Wer diesem erlesenen Kreis angehört, hat nicht in schweren Arbeitsjahren Enthaltsamkeit geübt, sondern zum großen Teil einfach die richtigen Eltern gehabt. Die Leistung dieser Elite aller »Leistungsträger« besteht mehrheitlich in der Auswahl der richtigen Vermögensverwaltungsgesellschaft oder in geglückter eigener Spekulation. Die alten Clans dominieren bis heute, groß geworden über einhundert Jahre im Stahl-, Finanz-, Rüstungs- und Automobilgeschäft. Vertreter dieser Kaste besetzten die ausschlaggebenden Machtpositionen in den höchsten Gremien der europäischen Wirtschaft, kaum eine Entscheidung – weder der Politik noch der Wirtschaft – fällt an ihnen vorbei.

Und ebenso, wie die Grenze zwischen mittelständischem Betrieb und wirtschaftsmächtigem Konzern aller liberalistischen Mythen zum Trotz nicht fließend ist, sondern auf etablierten Märkten von unten nach oben unüberwindlich, ist die soziale Schicht der Mittelklasse durch einen undurchlässigen Wall von der Glimmer- und Glamourwelt dieser Geldaristokratie getrennt. Es sind ihre Töpfe, in denen die Erträge des Regimes der europäischen Global Player über tausend dunkle oder verdunkelte Kanäle letztlich zusammenfließen. Für sie – nur für sie! – existieren keine Krisen, keine Existenzsorgen, keine Angst vor dem Morgen. Ihre Vermögensdepots sind der Schwamm, der den Reichtum dieses Planeten aufsaugt. Alle anderen könnten jenseits der Kapitalordnung mindestens ebenso gut und in der Mehrzahl weit besser leben als heute, – sicherer, sorgloser, friedlicher und freier.

Ja, Sozialisierung bedeutet Umverteilung von Vermögen und Einkommensansprüchen. Aber sind nicht Umverteilungen, ja Enteignungen auch heute an der Tagesordnung? Werden nicht Tag für Tag unter dem Druck rüder Renditewünsche Millionen Menschen ihrer Arbeitsplätze, ihrer Ersparnisse, ihrer Altersvorsorge, ihrer sozialen Sicherheit und oft genug ihres Lebenswillens beraubt? Was spricht dagegen, diese Enteignung von Millionen einzutauschen gegen eine Umverteilung des Zugriffs auf jene Vielmillionendepots, die ihre Inhaber nicht einmal selbst erarbeitet haben? Aktienanteile von Kleinaktionären jedenfalls, heute Spielball und Manövriermasse der Großen, könnten fortbestehen oder durch Umwandlung in festverzinste Staatsanleihen gesichert werden.

Würden die 500 größten europäischen Wirtschaftskonzerne entflochten und ihre Betriebs- und Vertriebsstätten, ihre Anlagen und ihre Infrastruktur mehrheitlich ins Eigentum jener Länder übergeben, auf deren Territorium sie stehen, bekäme Europa nach innen und außen ein neues Gesicht. Denn dann endlich würden all die Veränderungen möglich, deren Umsetzung bis heute am Widerstand der Konzernlobby scheitert: Eine europäische Einheit, die für einheitliche Lebensverhältnisse steht und nicht für die Einheitlichkeit profitoptimaler Verwertungsbedingungen. Eine europäische Steuerunion, die die nationalen Steuersysteme so reformiert, dass sie sozialen Ausgleich begünstigen statt Ungleichheit zu verstärken. Eine europäische Außen- und Sicherheitspolitik, die nicht der Vorbereitung imperialer Kriege dient, sondern sich für Abrüstung, Gleichberechtigung und Entwicklung verantwortlich sieht. Eine gemeinsame europäische Verfassung, die mehr ist als ein scheindemokratisches Placebo oder gar – wie die jetzt offerierte – ein Hebel der Entmündigung. Eine europäische Sozialunion, die in allen Ländern hohe Standards fixiert und soziale Rechte verbindlich festschreibt, vom Recht auf Arbeit über Arbeitszeitverkürzung bis zu Mindestlöhnen, die ein menschenwürdiges Leben garantieren, und einer gesetzlichen Sicherung für Krankheit und Alter, die soziale Existenzangst zu einem vergessenen Gefühl werden lässt. Dann endlich könnte nicht nur in Proklamationen und Sonntagsreden, sondern in der Realität aus dem alten, hochgerüsteten, kriegerischen Kontinent ein neuer, sozialer und friedlicher werden, ein freundlicher, lebens- und liebenswerter.

Wer das umsetzen soll? Ja, wird das wirtschaftliche Leben in Europa und auf diesem Planeten etwa von den Kapitalmächtigen, wird es nicht allein von jenen Millionen und Abermillionen Menschen aufrechterhalten, die sich heute noch weitgehend widerstandslos zu Rädchen in einem Getriebe erniedrigen lassen, das zu ihrem Schaden läuft und viele von ihnen irgendwann ins Abseits schleudert! Nichts geht gegen und ohne sie, nichts ginge mehr, wenn diese Menschen sich querstellen, wenn sie ihr Menschenrecht auf ein würdiges, sozial gesichertes Leben ohne Angst einfordern würden!

Wahnsinn mit Methode
Finanzcrash und Weltwirtschaft

Nichts gilt mehr, und alles ist auf einmal anders. Banker, Politiker und sogenannte Wirtschaftsexperten, die uns über Jahre mit eifernder Borniertheit das Loblied freier Märkte vorgesungen haben und noch gestern den Staat zu wirtschaftlicher Abstinenz und Demut verdammen wollten, nehmen denselben Staat heute ohne auch nur ein Gefühl von Peinlichkeit in die Pflicht. Der Ruf nach Deregulierung, Privatisierung und Marktorientierung, das Mantra des Neoliberalismus, wirkt plötzlich so altbacken und unzeitgemäß wie in den neunziger Jahren die Forderung nach Verstaatlichung zentraler Wirtschaftsbereiche, die damals nur wenige Linke noch vorzutragen wagten.

Zu den ersten Renditefreunden, die die Zeichen der neuen Zeit erkannten, gehört der Deutsche-Bank-Chef Josef Ackermann, der schon im März 2008 die Öffentlichkeit mit der Bemerkung aufstörte, er glaube nicht mehr an die Selbstheilungskräfte des Marktes und fordere daher »eine konzertierte Aktion von Notenbanken, Anlegern und Regierungen, um dieses Zusammenschmelzen von Werten endlich zu beenden«.[1]

Ackermann ist nicht der einzige, der die ungezügelten Märkte auf einmal gar nicht mehr heilsam findet. Ins gleiche Horn blies wenige Zeit später der Lobbyverband der europäischen Banken, die European Banking Federation, der die EU-Institutionen im April um eine »public policy action« anschnorrte, weil die Märkte »sich nicht mehr allein helfen« könnten.[2] Ganz im Trend propagiert seither auch das *Handelsblatt,* dass »der Kapitalismus [...] zurzeit nur mit Hilfe des Staates überleben« könne und »die Vorstellung, dass Märkte alles regeln können [...], Lügen gestraft« werde.[3]

Der Kapitalismus ist sichtlich in schlechter Verfassung. Stolze Brokerhäuser mit über hundert Jahren Tradition und Vermögenswerten von mehr als einer halben Billion Dollar brechen zusammen wie Kartenhäuser, in die plötzlich der Wind hineinweht. Von den fünf großen Investmentbanken, die über Jahrzehnte das Geschehen an den internationalen Finanzmärkten mitbestimmt haben, waren als eigenständige Institute im Oktober 2008 gerade noch zwei übrig, und auch die waren keine

Investmentbanken mehr. Der Pleitegeier kreist und sucht sich immer neue Opfer. Versicherungsriesen, Hedgefonds, Hypothekenfinanzierer, Banken, große, kleine. Sie straucheln, fallen, sterben – oder retten sich in den warmen Schoß von Mutter Staat.

Denn inzwischen ist Josef Ackermann am Ziel. Mit lässiger Geste, als ginge es um Peanuts, schnüren Politiker diesseits und jenseits des Atlantik billionenschwere Carepakete, um ein manisch-depressiv gewordenes Finanzsystem vor dem Selbstmord zu bewahren. Rettungsschirme werden aufgespannt, giftige Papiere auf Steuerzahlers Rechnung eingekauft, morbide Banken durch Kapitalspritzen und Einlagegarantien wieder hochgepäppelt. In Musterländern des ungezügelten Kapitalismus, den USA und Großbritannien, werden zentrale Bereiche des Finanzsektors kurzerhand verstaatlicht. Der französische Präsident Sarkozy fordert sogar, was mancher noch vor kurzem im Programm der Linken lieber nicht haben wollte: Staatseigentum in Schlüsselindustrien. Der geschmähte Staat wird zum letzten Rettungsanker der Finanzpaläste und Vermögensmilliarden. »Privat vor Staat« hat ausgedient. Um die ungenießbare Suppe auszulöffeln, die die Finanzhaie und Renditejäger sich und der Welt eingebrockt haben, ist die öffentliche Hand allemal noch gut genug.

Dass ein außer Rand und Band geratenes Finanzsystem Wachstum und Wohlstand schädigt und zerstört, liegt freilich nicht erst seit Beginn der aktuellen Krise auf der Hand. Infolge der Deregulierung gab es in den letzten zwei Jahrzehnten mehr Finanzblasen und ihnen folgende Zusammenbrüche als in den zwei Jahrhunderten zuvor. Anstelle der unsichtbaren Hand »effizienter Märkte«, die die globale Ersparnis mit weiser Voraussicht in die nützlichsten Verwendungen lenkt, spielten und spielen Hedgefonds und Investmentbanker im globalen Finanzkasino Russisch Roulette. Hyperliquide Finanzinvestoren erpressen Entlassungen, Dumpinglöhne, längere Arbeitszeiten und die Einschränkung von Investitionen, um ihren Anteilseignern immer unverschämtere Summen ins Portefeuille zu schütten. Kreditgepanzerte Private Equity-Piraten filetieren vormals gesunde Unternehmen und zwingen ihnen unerträgliche Schulden auf. Neue Formen der Spekulation und hochkomplexe Derivate, deren Struktur selbst ihre Schöpfer nicht mehr verstehen, sorgen seit Jahren für Schlagzeilen.

Aber so lange sich mit all dem viel Geld verdienen ließ, lohnte das Spiel, und die grenzenlose Freiheit der Märkte beziehungsweise derer, die sich auf ihnen austoben dürfen, galt als heilig. Erst seit der freie Markt dazu übergegangen ist, die Profite und Vermögen mit gleicher Brutalität wieder zu vernichten, mit der er sie einst hervorgebracht hatte, ist sein Ansehen rapide gesunken.

Zumal nicht nur die Finanzhaie kränkeln. Auch um die reale Wirtschaft ist es schlecht bestellt. Deutsche Autobauer kündigen Massenentlassungen an und schicken ihre Beschäftigten in ungewollte Ferientage. Auch andere Branchen melden ernste Krisensymptome. Aufträge brechen ein, Kredite werden rar und teuer. Angst geht um: Vor einem Absturz, der tiefer ist als alles, was die heutigen Generationen an Einbrüchen und Krisen bisher in ihrer Lebenszeit erfahren haben. Schon als sich vor den Schaltern des britischen Bankhauses Northern Rock lange Schlangen verängstigter Kunden bildeten, kamen dunkle Erinnerungen auf. Erinnerungen an Bilder aus Geschichtsbüchern, deren Möglichkeit zur Wiederkehr die Ideologen der Markteffizienz ein halbes Jahrhundert lang erfolgreich verdrängt hatten. Zwar melden sich, sobald einige Wochen ohne größere Katastrophen vergehen, seit Beginn der Krise im Sommer 2007 in schöner Regelmäßigkeit die Gesundbeter zurück, die unverzagt vorhersagen, dass das Schlimmste überstanden sei und die internationale Finanzwelt sich auf dem Wege der Gesundung befinde. Aber ein solches Pfeifen im Walde kennt man ja. Erinnert sei an die unsterbliche Prognose der renommierten Harvard Economic Society vom November 1929, »dass eine ernsthafte Depression außerhalb des Bereichs des Möglichen liegt. Wir haben auch nicht mit anhaltenden Liquidationen [auf dem Aktienmarkt] zu rechnen.«[4] Ein Jahr später befand sich die Weltwirtschaft im Würgegriff der bis dahin verheerendsten Krise in der Geschichte des Kapitalismus, die Aktienkurse waren ins Bodenlose gefallen und auch die Harvard Economic Society befand sich in Liquidation, zumindest letzteres verdientermaßen.

Vielleicht um dieses Schicksal nicht dereinst teilen zu müssen, verbreiten gegenwärtig auffallend wenige Wirtschaftsinstitute Optimismus. Die seriöseren stimmen die Öffentlichkeit darauf ein, dass das alles wahrscheinlich erst der Anfang war und es so glimpflich wie nach den letzten Krisen – etwa dem Platzen der Internet-Blase – diesmal nicht abgehen wird. Der IWF korrigierte seine Schätzung der erwartbaren Verluste aus dem Finanzdesaster schon dreimal nach oben: Ausfälle in der Größenordnung von 1400 Milliarden Dollar werden jetzt erwartet. Selbst damit liegt der IWF längst nicht am oberen Ende. Die Bank of England prognostiziert inzwischen globale Verluste aus der Finanzkrise in Höhe von 2800 Milliarden Dollar. Das ist mehr, als die gesamte deutsche Wirtschaft in einem Jahr an Gütern und Leistungen produziert. Bleibt es dabei, ist der Verlust, den irgendjemand am Ende ausbaden muss, immerhin so groß, als hätten alle Beschäftigten in Deutschland sich über ein Jahr lang auf die faule Haut gelegt. Und wohlgemerkt: Hier geht es nicht um realwirtschaftliche Folgeschäden, sondern nur um faule Kredite und wertlos gewordene Finanzpapiere.

Unversehens sind die zwanziger und dreißiger Jahre des letzten Jahrhunderts in die Tageszeitungen und Talkshows zurückgekehrt. Dass wir heute auf eine globale Wirtschaftskrise vergleichbaren Ausmaßes zusteuern, wird zwar nur von wenigen Ökonomen vorhergesagt, aber von bedenklich vielen immerhin für möglich gehalten. Tatsächlich gibt es zwischen den zwanziger Jahren und den Entwicklungen der jüngeren Vergangenheit beunruhigende Parallelen. Damals wie heute war die Einkommensverteilung in den Industrieländern über die Jahre immer ungleicher geworden und hatte schließlich perverse Ausmaße erreicht. 1929 wurde in den USA ein Drittel aller Einkommen von fünf Prozent der Bevölkerung eingestrichen. Die reichsten ein Prozent besaßen 36 Prozent des gesamten Geldvermögens. Heute liegt deren Vermögensanteil bei etwa der Hälfte und auch die Konzentration der Einkommen ist annähernd so hoch wie damals.

Weil wenige sehr viel mehr verdienten, als sie konsumieren konnten, und viele weit weniger, als sie gern konsumiert hätten, lohnte es in den zwanziger Jahren kaum noch, in die Ausweitung der Produktion realer Güter zu investieren. Stattdessen rollte eine Welle von Unternehmens-Fusionen und Zusammenschlüssen, in deren Ergebnis immer größere und marktmächtigere Trusts und Kartelle entstanden. Deren satte Gewinne wie auch das Geld der immer reicheren Oberschicht fluteten die Wall Street. Auch damals war der globale Kapitalverkehr unreguliert und unkontrolliert. Geld aus aller Herren Länder war am Aufblähen der riesigen Spekulationsblase auf dem amerikanischen Aktienmarkt kräftig beteiligt, und ein internationaler Strom von Gold und Silber half außerdem, immer größere weltwirtschaftliche Ungleichgewichte für eine gewisse Zeit zu überbrücken. Natürlich gibt es auch gravierende Unterschiede zwischen der Gegenwart und der Zeit vor achtzig Jahren. Die Kapitalströme rasen heute per Knopfdruck als digitale Ziffern in Computern von Kontinent zu Kontinent, und sie haben Größenordnungen erreicht, die das Vorstellungsvermögen der damaligen Finanzjongleure weit überstiegen hätten. Auch verschifft heute niemand mehr Ladungen von Gold- und Silberbarren, um Defizite in der Leistungsbilanz auszugleichen. Die globale Wirtschaft ist ungleich vernetzter und verflochtener als ein Jahrhundert zuvor. Im Vergleich zu den Umsätzen der Weltkonzerne unserer Zeit waren die amerikanischen Trusts der zwanziger Jahre kleinwüchsige Zwerge.

Aber eine wichtige Übereinstimmung bleibt: Damals wie heute sind Finanzblasen nicht einfach das Werk unmoralischer Spekulanten oder angelsächsischer Investmentmethoden, die zu beklagen inzwischen wieder populär geworden ist. Der endlose Finanzschaum quillt vielmehr aus den Lebensadern eines Wirtschaftssystems, in dem nur produziert und investiert wird, wenn die Rendite für die Kapitalgeber stimmt.

Anliegen dieses Buches ist es, die Rolle und Funktionsweise der Finanzmärkte im Kapitalismus der Gegenwart offenzulegen und damit auch die wirklichen Hintergründe und Ursachen der jetzigen Krise. Wir werden untersuchen, zu welchem Zweck und über welche Kanäle die gigantische Vermögens- und Schuldenblase aufgepumpt wurde, die heute wie ein Alb auf den Ökonomien dieser Erde lastet und steten Tribut verlangt. Wir werden den Motiven nachspüren, denen die großen Finanzströme unserer Tage folgen, und die wichtigsten Cash-Jongleure unter die Lupe nehmen, die seltsamen Produkte, die sie erzeugen, und die beliebtesten Finanzwetten, mit denen sie ihr Geld vermehren. Wir werden zeigen, warum es in der Logik der Finanzspekulation völlig rational sein kann, gänzlich wertlose Papiere zu irrwitzigen Preisen nachzufragen oder andere weit unter Wert zu verkaufen. Am Ende wird verständlich werden, weshalb die Zahlungsprobleme amerikanischer Hausbesitzer sich in Windeseile zur globalen Finanzkrise auswachsen konnten, warum die Liquiditätsnöte von US-Hedgefonds den japanischen Unternehmen Toyota und Mitsubishi die Bilanzen verhageln können und wo die Milliardensummen geblieben sind, die die Zentralbanken seit Sommer 2007 in den Markt gepumpt haben.

Außerdem werden wir der Frage nachgehen, wie die finanzgetriebene Blasenökonomie unserer Zeit entstanden ist, welche ökonomischen Entwicklungen und welche politischen Entscheidungen zu ihren Geburtshelfern gehören, welche realwirtschaftlichen Folgen sie hat und wer von ihr am Ende wirklich profitiert. Es wird nachvollziehbar werden, warum die Vereinigten Staaten von Amerika seit Jahrzehnten ungleich mehr konsumieren können als sie produzieren, während die Entwicklungsländer sich Exporterlöse abhungern müssen, sollen ihre Währungen im Londoner Devisenhandel nicht jeden Wert verlieren. Wir werden uns in diesem Zusammenhang auch mit den wichtigsten Tricks auseinandersetzen, mit denen die Mainstream-Ökonomie den Hang unkontrollierter Finanzbewegungen zu extremen Schwankungen, Spekulationsblasen und immer neuen Crashs in ihren Modellen wegdefiniert und so die Deregulierung der globalen Finanzmärkte seit den siebziger Jahren begleitet und gerechtfertigt hat.

Das Buch endet mit einem Ausblick auf mögliche Szenarien, denen die Entwicklung in den nächsten Jahren folgen könnte. Ein denkbares Szenario ist die Kreation der nächsten Finanzblase und damit die erneute Verlagerung und Vergrößerung der Probleme.

Das zweite – wahrscheinlichere – Szenario ist der wirtschaftliche Verfall der Industrieländer, der eine lange Periode ökonomischer Stagnation und Destruktion nach sich ziehen oder irgendwann in den ganz großen Crash einmünden kann.

Das einzig progressive Szenario wäre die Überwindung der Diktatur der Finanzhaie durch öffentliches Eigentum am Finanzsystem und in den Kernbereichen der Wirtschaft. Und zwar nicht als Rettungsanker für die Vermögen der oberen Zehntausend, sondern als Hebel zur Neuorientierung der Wirtschaft, zu ihrer Ausrichtung am Gemeinwohl anstelle blinder Renditediktate sowie zur Durchsetzung demokratischer Kontrolle und umfassender Mitentscheidungsrechte der Belegschaften. Zu diesem vierten Szenario gehört eine radikale Umverteilung der Einkommen und Vermögen von oben in die Mitte und nach unten sowie eine grundlegende Veränderung, nicht Aufhebung, der Anreizsysteme für Manager und leitende Angestellte.

Der Kapitalismus hat abgewirtschaftet. Eine grundlegende Alternative ist möglich.

Sahra Wagenknecht
Oktober 2008

Anmerkungen

1 *Handelsblatt,* 19. März 2008
2 EBF's general policy overview on the Financial Crisis, 3. April 2008
3 *Handelsblatt,* 19. März 2008
4 Zit. nach: John Keneth Galbraith, Der große Crash 1929, München 2007, S. 89

1. Kapitel
Der große Reibach

Andererseits aber kompliziert sich teils durch einfache Wechselreiterei, teils durch Warengeschäfte zum Zweck der bloßen Wechselfabrikation der ganze Prozess so sehr, dass der Schein eines sehr soliden Geschäfts und flotter Rückflüsse noch ruhig fortexistieren kann, nachdem die Rückflüsse in der Tat schon längst nur noch auf Kosten teils geprellter Geldverleiher, teils geprellter Produzenten gemacht worden sind.

Daher erscheint immer das Geschäft fast übertrieben gesund gerade unmittelbar vor dem Krach.

Karl Marx

Überschuldete Häuslebauer – die US-Hypothekenkrise

Katzenjammer allerorten. Die großen Finanzpaläste, die sich jahrelang mit immer verrückteren Gewinnmeldungen überboten und ihre Anleger im Dividenden-Regen badeten, müssen plötzlich ganz kleine Brötchen backen. Wettlauf um Rekordmargen war gestern, heute ist Kampf ums Überleben angesagt. Dabei gilt schon jedes Geldhaus als hochrespektabel, das nur zehn oder zwölf Milliarden in den Sand gesetzt hat und nicht zwanzig oder dreißig. Oder mehr, wie etwa die Citigroup, die nach nur einem Jahr Finanzkrise feststellen musste, dass der Wert ihres Anlageportefeuilles sich um satte 55 Milliarden Dollar vermindert hatte. Nicht viel besser erging es Merrill Lynch mit einem Abschreibungsbedarf von 52 Milliarden Dollar.

Selbst die gern als seriös und gediegen angesehenen Eidgenossen versinken im Krisensumpf. Finanzpapiere im Wert von 44 Milliarden Dollar, welche die schweizerische UBS in ihren

Büchern führte, haben sich zwischen Sommer 2007 und September 2008 in Luft aufgelöst.

Über fünfhundert Milliarden Dollar haben die Finanzinstitute insgesamt im ersten Jahr der Kreditkrise abgeschrieben. Ein Großteil der Gewinne, die sie in den Boom- und Party-Jahren seit 2004 eingefahren haben, ist ihnen auf diese uncharmante Weise wieder abhanden gekommen.

Dass in solchem Umfeld allenthalben Köpfe rollen, nimmt nicht Wunder. Nur wenige größere Finanzhäuser haben heute noch den gleichen Chef wie im Sommer 2007. Auch sonst ist Rausschmiss angesagt. Fast 100000 Banker haben allein in den USA seit Beginn der Krise ihren Job verloren.

Unmittelbarer Auslöser dieses ganzen Ungemachs waren Finanzpapiere, die mit US-Hypothekarkrediten besichert waren und deren Ursprünge und Geburtsumstände wir uns im folgenden genauer ansehen wollen.

Die Subprime-Party – Schulden ohne Hoffnung

Dass es im Geschäft mit amerikanischen Baudarlehen kriselt, war spätestens im April 2007 augenscheinlich geworden, als einer der großen US-Hypothekenanbieter, das Unternehmen New Century, Konkurs anmelden musste. Anfang August folgte der zehntgrößte amerikanische Finanzierer von Hauskrediten, American Home Mortgage Investment. In jenen Tagen haben die Nachrichtenzuschauer weltweit ein neues Wort gelernt: Subprime-Hypotheken.

Mit diesem eleganten Terminus werden Darlehen umschrieben, die an Familien vergeben werden, deren Einkommensverhältnisse von vornherein ahnen lassen, dass sie die Zins- und Tilgungslasten nicht schultern können. Da diese Familien in der Regel auch keine Ersparnisse haben, wird das Eigenheim meist zu einhundert Prozent kreditfinanziert. Um das Angebot attraktiv erscheinen zu lassen, sind die Zinsen oft am Anfang niedrig und ziehen erst später an. Denn wer würde schon einen Kredit aufnehmen, dessen Zins und Tilgung bereits im ersten Monat das Anderthalbfache des Einkommens beträgt? So droht das dicke Ende, das den Traum vom Eigenheim in einen Albtraum verwandelt, meist erst nach einigen Monaten oder Jahren. »Ninja-Anleihen« werden solche Darlehen im zynischen Jargon der Banker genannt. Ninja steht für: No income, no job, no asset, also: kein Einkommen, kein Arbeitsplatz, kein Vermögen. Und das dürfte die Lebenssituation eines nicht geringen Teils der Kreditnehmer, denen Hypotheken im Wert von mehreren hunderttausend Dollar aufgeschwatzt wurden, gar nicht so falsch beschreiben.

Als Nischenmarkt hat es Subprime-Kredite immer gegeben: zu hohen Zinsen, angeboten von zweifelhaften Kredithaien, die aus der Not von Familien, denen keine anständige Bank mehr einen Cent zu leihen bereit war, in skrupelloser Weise Gewinn zu schlagen suchten. An der Skrupellosigkeit hat sich nichts geändert. Das Neue besteht nur darin, dass es seit Ende der neunziger Jahre die vermeintlich anständigen Banken selbst waren, die die Vergabe von Hausdarlehen an einkommensschwache oder bereits hoch verschuldete Haushalte als einen ihrer wachstumsträchtigsten Geschäftszweige entdeckten. Waren im Jahr 1995 Subprime-Hypotheken im Wert von gerade mal 35 Milliarden Dollar auf dem Markt, verzwanzigfachte sich ihr Volumen bis 2005 auf 625 Milliarden. Der Gipfel der Party wurde 2006 gefeiert, als amerikanischen Hausbesitzern in nur einem Jahr noch einmal sechshundert Milliarden Dollar solcher Darlehen regelrecht hinterhergeworfen wurden. Das waren über zwanzig Prozent aller Hypotheken, die 2006 vergeben wurden.

Und wie immer, wenn eine Geschäftsidee viel Geld verspricht, fanden sich auch diesmal Politiker und Kommentatoren, die dumm oder korrupt genug waren, die Explosion der Subprime-Kredite auch noch zur sozialen Wohltat hochzuloben. Dank der neuen Lässigkeit beim Geldverleihen könnten sich endlich auch Geringverdiener den Traum von den eigenen vier Wänden erfüllen, hieß es. Immer mehr amerikanische Familien würden so zu neuem Wohlstand gelangen. Das alte Lied, dass innovative Märkte für unser aller Wohl sorgen, wenn man sie nur lässt, wurde, wie so oft, besonders laut gesungen, als der Absturz kurz bevor stand.

Trotz robuster Konjunktur gerieten schon 2006 immer mehr amerikanische Hausbesitzer in Zahlungsschwierigkeiten. Jeder fünfte Inhaber einer Subprime-Hypothek war am Jahresende in Zahlungsverzug. Die Ursachen lagen auf der Hand. Für die in den Vorjahren vergebenen Hypotheken war die Schonfrist mit niedrigen Zinsen und Tilgungen in der Regel abgelaufen. Zudem waren die Marktzinsen jetzt deutlich höher als in den Jahren zuvor, da die amerikanische Zentralbank Federal Reserve (Fed) den US-Leitzins zwischen 2004 und 2006 von ein auf stolze fünf Prozent hochgeschleust hatte. Das bekamen die neuen Hauseigentümer in drastisch erhöhten Monatsraten zu spüren. Gerade für gering Verdienende war damit schnell das Ende der Fahnenstange erreicht.

Nun mag es seltsam erscheinen, dass trotz immer offensichtlicherer Rückzahlungsprobleme gerade 2006 die Subprime-Kredite noch einmal boomten wie nie zuvor. Aber dafür gab es einen schlichten Grund: Noch prosperierte der US-Immobilienmarkt, und solange das so war, gab es für Hausbesitzer in Zahlungsschwierigkeiten eine einfache Lösung: Sie konnten ihr Eigenheim verkaufen. Da dessen Wert in der Regel höher war als die Hypothek – weil die Hauspreise Jahr für Jahr stiegen –, konnte der Kredit einschließlich Strafgebühren, Extrazinsen und was immer die Banken bei der Gelegenheit noch so kassieren, in jedem Fall abbezahlt werden. Und solange das so blieb, war das Hypothekengeschäft mit armen Familien zumindest für die Kreditgeber hochprofitabel.

Ein Mann namens Kal El-Sayed, der neun Jahre lang für den Subprime-Finanzierer New Century gearbeitet und vermutlich einigen tausend Familien die am Ende unbezahlbaren Baudarlehen angedreht hat, brüstete sich noch im März 2007, einen Monat vor dem Konkurs des Unternehmens, in der New York Times: »Wir konnten gar nicht glauben, wie viel Geld wir gemacht haben. Und wir mussten nichts dafür tun. Nur erscheinen.«

Die zehn größten Hypothekenfirmen in den USA wussten schon, warum sie in den Jahren vor 2007 etwa 185 Millionen Dollar in die Lobbyarbeit investiert hatten: damit ihnen bloß keine politische Regulierung der Kreditstandards das flotte Geldeinstreichen verderben möge.

Der Handel mit Häusern – neuen und vor allem auch gebrauchten – florierte. Hatten im Jahr 1990 gerade mal 3,7 Millionen Einfamilienhäuser den Besitzer gewechselt, waren es 2005 bereits 8,3 Millionen und 2006 noch mehr. Dabei kannte der Preis amerikanischer Immobilien nur noch eine Richtung: steil nach oben.

Vor allem nach der Jahrtausendwende, als die Internet-Blase am amerikanischen Aktienmarkt platzte und viele Milliarden Dollar nach lukrativer Anlage suchten, kam das Rad so richtig in Schwung. In der Region um Los Angeles etwa hatten sich die Häuserpreise in der Zeit zwischen 2000 und 2006 annähernd verdreifacht. Wer zur Millenniumsfeier ein Einfamilienhaus für 200 000 Dollar in Santa Monica erworben hatte, konnte es also nur sechs Jahre später für fast 600 000 Dollar weiterverkaufen. Er konnte allerdings auch seine einstige Hypothek um 50 000 oder 100 000 Dollar aufstocken, um so vergleichsweise zinsgünstiges Kreditgeld für die Annehmlichkeiten des täglichen Lebens zu erhalten oder seine Kreditkartenschulden loszuwerden. Oder er konnte, sofern bereits in Zahlungsverzug und von den Banken mit Mahnungen gequält, in der Hoffnung auf bessere Zeiten mit dem zusätzlichen Geld die rückständigen Zins- und Tilgungszahlungen leisten.

So oder so, je höher der Marktwert der Immobilie, desto größer war die Darlehenssumme, die die Banken bereitwillig zur Verfügung stellten. Und desto leichter waren solche Darlehen verfügbar, selbst für Familien, die noch wenige Jahre zuvor aufgrund ihrer Einkommenslage und Kredithistorie kühl aus den Bankfilialen hinauskomplimentiert worden wären. Eine amerikanische Studie über »Credit Booms und Lending Standards« vom Januar 2008 bestätigt, dass die Kreditvergabe tatsächlich in jenen Regionen der USA am lässigsten und gewissenlosesten war, in denen die Immobilienpreise am stärksten stiegen.[5]

Scheinbar hatten die amerikanischen Banken ein Perpetuum mobile geschaffen, das sich selbst antrieb und mit dem sich prächtig Geld verdienen ließ. Immobilien- und Hypothekenblase stützten sich wechselseitig. Die stetig ansteigenden

Häuserpreise gaben den Hypothekenanbietern die Sicherheit, ihr Geld einschließlich Zinsen in jedem Fall zurückzubekommen, auch wenn jeder rational kalkulierende Banker wusste, dass viele der großzügig mit Kredit bedachten Familien die Rückzahlungen auf Dauer nicht stemmen konnten. Und die laxe Kreditvergabe sorgte dafür, dass die Nachfrage nach Häusern – neuen und eben auch den schon gebrauchten – nicht erlahmte und die Preise weiter in den Himmel wachsen konnten.

Aber wie jede Blase musste auch die am US-Immobilienmarkt irgendwann platzen. Denn mit dem Volumen der vergebenen Darlehen wuchs auch das Heer der säumigen Schuldner. Und damit die Anzahl der Häuser, die – freiwillig oder per Zwangsversteigerung – erneut auf den Markt gelangten. Immerhin hatte das Volumen der Subprime-Hypotheken Ende 2006 knapp 1300 Milliarden Dollar erreicht. Ein Fünftel säumiger Schuldner steht damit für rund 260 Milliarden Dollar, die durch Hausverkäufe wieder eingespielt werden müssen. Aber je mehr Häuser erneut auf den Markt kamen, desto gefährdeter war der Trend steigender Preise. Zumal es angesichts steigender Zinsen immer schwieriger wurde, Kreditnehmer für die immer größeren Darlehen zu finden. Gegen Ende 2006 wurde offensichtlich, dass der von manchem für eine ewige Lebenstatsache gehaltene Boom bei den US-Hauspreisen sich seinem Ende näherte.

Als die Schwächezeichen am US-Immobilienmarkt unübersehbar wurden und wegen stagnierender, bald sogar fallender Häuserpreise die Refinanzierung der immer teureren Hypotheken über den Hausverkauf nicht mehr gesichert war, ging die Party zu Ende. Seither kriecht das Gespenst der Subprime-Krise um die Welt und bricht Finanzinstituten unterschiedlichster Couleur das Genick. Im Juni 2007, als die US-Investmentbank Bear Stearns öffentlich eingestand, wegen riesiger Verluste im Handel mit Hypotheken-basierten Kreditderivaten zwei Hedgefonds schließen zu müssen, hatte die Krise die Wall Street erreicht. Von da aus ging es quer über den Globus.

Die Mechanismen, die für diese extrem schnelle Internationalisierung des Desasters verantwortlich sind, werden wir später genauer untersuchen. Für die US-Häuslebauer und jene, die es vielleicht noch werden wollten, hatte die beginnende Krise zunächst die Konsequenz, dass die Neigung der Banken, Familien von zweifelhafter Bonität mit Geld zu überschütten, spürbar erlahmte. Umschuldungen wurden damit sehr viel schwieriger, Zahlungsausfälle nahmen zu, Zwangsversteigerungen wurden immer häufiger. Ab Mitte 2007 begannen die Hauspreise in den USA flächendeckend zu fallen und die US-Hypothekenfinanzierer kämpften mit wachsenden Verlusten, die viele von ihnen mittlerweile die Existenz gekostet haben.

Im Juli 2008 musste der größte unabhängige Baufinanzierer der USA, Indymac, der noch 2007 Hypotheken im Wert von 77 Milliarden Dollar vergeben hatte, Insolvenz anmelden. Die wichtigsten Spieler am Markt, die US-Hypothekenriesen Fannie Mae und Freddie Mac, die jedes zweite Darlehen auf ein amerikanisches Einfamilienhaus halten oder garantieren, wurden Anfang September 2008 verstaatlicht und mit sehr viel Steuergeld vor dem ansonsten sicheren Bankrott bewahrt.

Überschuldete Hausbesitzer – der steile Abstieg

Die hohen Verluste resultieren bei weitem nicht allein aus den fleißig vergebenen Subprime-Hypotheken. Vielmehr schossen 2007 auch die Ausfallraten bei normalen Hausdarlehen bedenklich nach oben. Hier hatten sich in den Jahren zuvor nämlich ebenfalls immer mehr Familien eine variable Verzinsung aufschwatzen lassen. Auch diese Hypotheken verteuerten sich also mit steigendem Marktzins, und auch die finanziellen Kapazitäten dieser Haushalte sind nicht unerschöpflich. Allein 2008 standen in den USA automatische Zinserhöhungen bei Hypotheken im Volumen von 362 Milliarden Dollar an. In der Regel springen die Zinsen dabei von sieben auf 9,5 Prozent, was für die betreffende Familie bei normalen Hypotheken eine monatliche Mehrbelastung zwischen dreihundert und fünfhundert Dollar bedeutet. Zusätzliche Ausgaben in dieser Größenordnung stecken auch Mittelklassehaushalte nicht ohne Probleme weg, zumal in einer Zeit, in der vieles teurer wird.

Als besonders gefährdet gelten vor allem sogenannte Alt-A-Hypotheken, die, obwohl an Haushalte von nicht ganz zweifelsfreier Bonität vergeben, nicht zum Subprime-Markt zählen. Die Grenzlinie zwischen schlechten und guten Hausdarlehen ist also keineswegs scharf, sondern äußerst verschwommen. Ganz abgesehen davon, dass ein Wirtschaftsabschwung mit steigender Arbeitslosigkeit bei der nahezu völligen Abwesenheit sozialer Auffangnetze in den USA aus gutsituierten Mittelklassefamilien über Nacht überschuldete Subprime-Kreditnehmer machen kann.

2007 nahmen die Zwangsversteigerungen um 75 Prozent gegenüber dem Vorjahr zu. Insgesamt 2,2 Millionen Wohnhäuser kamen unter den Hammer, Tendenz steigend. Im Juni 2008 waren es schon 8000 Eigenheime pro Tag, die auf diese unfreiwillige Art den Besitzer wechselten. Schuldenberatung und das Organisieren von Butterfahrten zu solchen zum Zwangsverkauf stehenden Immobilien sind heute in den USA boomende Gewerbe. Und viele Familien, die ihr Dach über dem Kopf verlieren, sind finanziell so ruiniert, dass sie sich auch kein kleineres Haus mehr leisten können. Immer mehr finden selbst als Mieter kein neues Zuhause. Sie überbrücken den sozialen Absturz, indem sie in Wohnmobilen oder sogar in normalen Personenwagen leben, bis sie ganz unten ankommen.

Die Entwicklung der Obdachlosenzahlen in den USA seit Beginn der Hypothekenkrise lässt das Ausmaß dieser menschlichen Tragödien ahnen. Ende 2007 lag die Wohneigentumsquote in den Vereinigten Staaten bereits wieder unterhalb des Niveaus von 2003, als der Subprime-Wahn gerade begonnen hatte.

Soviel zu der schönen Mär, dass die lässige Kreditvergabe die Wohnsituation geringverdienender Familien verbessert habe. In Wahrheit stehen die Betroffenen am Ende meist noch sehr viel ärmer und verzweifelter da als vor ihrem Ausflug in die Welt der Eigenheimbesitzer.

Das gesamte Volumen an Eigenheimhypotheken in den USA liegt derzeit bei sagenhaften zwölf Billionen Dollar. Im Jahr 2000, als der Immobilien-Irrsinn gerade in Fahrt kam, waren es 4,8 Billionen. Zwar wurden in der Zwischenzeit auch neue Häuser gebaut, aber zum allergrößten Teil geht das gestiegene Hypothekenvolumen auf die fiktive Wertsteigerung bereits bestehender Immobilien zurück. Da sich diese zunehmend in Luft auflöst, überstieg bereits im Frühsommer 2008 bei zehn Millionen amerikanischen Familien die Hypothek den Wert des Hauses. Und noch sind die Hauspreise um gerade mal 17 Prozent gefallen. Ein Einbruch um weitere 15 Prozent könnte diese Zahl mehr als verdoppeln. Knapp die Hälfte aller Hausbesitzer mit Hypothek wären dann in der Situation, eine Hypothek zurückzahlen zu müssen, deren Volumen deutlich höher ist als der aktuelle Wert des Hauses, das sie einst mit dieser Hypothek gekauft oder beliehen haben.

Wenn der Einbruch bei den US-Immobilienpreisen sogar fünfundzwanzig oder dreißig Prozent erreicht, wird die große Mehrzahl der US-Hypothekenkredite nicht mehr durch den Wert der Wohnhäuser abgedeckt sein. Im Falle eines Zahlungsverzugs heißt das: der Kredit wird faul. Er ist, zumindest in der vergebenen Höhe, nicht mehr einzutreiben.

Zwar gab der US-amerikanische Senat im Frühsommer 2008 grünes Licht für ein Hilfspaket, mit dem Immobilienkredite von 400 000 angeschlagenen Hausbesitzern in festverzinsliche Hypotheken umgewandelt werden sollen. Viele Milliarden Dollar öffentliche Gelder sollen in diese Stützungsaktion fließen. Angesichts des Ausmaßes an Überschuldung dürfte aber selbst das wenig mehr als der berühmte Tropfen auf den heißen Stein sein. Auch dass die Fed, die US-Notenbank, seit Sommer 2007 den Leitzins in schnellen Schritten wieder von über fünf auf ein Prozent (am 29. Oktober 2008) abgesenkt hat, dürfte mehr den Banken als den Häuslebauern helfen. Denn die Hausdarlehen werden sich so schnell nicht verbilligen, zumindest nicht als Werk des freien Marktes. Eher werden die Banken die Zinsdifferenz nutzen, um ihre schütteren Bilanzen zu sanieren.

Was noch kommen kann, zeigt eine einfache Rechnung. Wenn auf Hypothekenschulden auch nur sieben bis acht Prozent Zinsen fällig werden (und tatsächlich liegen die Zinsen für viele Hypotheken höher), ergibt das eine Zinsbelastung allein aus Hauskrediten von etwa eine Billion Dollar im Jahr, welche die US-Haushalte in den nächsten Jahren aus ihrem laufenden Einkommen schultern müssten. Hinzu kommen die anstehenden Tilgungen. Und das alles an der Schwelle einer schweren Rezession, die die verfügbaren Mittel vieler Familien ohnehin empfindlich verringern wird.

Zu bedenken ist auch, dass Hypotheken keineswegs die einzigen Schulden sind, die den US-Konsumenten das Einkommen wegfressen. Auch andere Arten von Krediten sind in den letzten Jahren mit legerer Großzügigkeit vergeben worden, und auch da gibt es längst bedenkliche Zeichen nachlassender Zahlungsfähigkeit. So ist die Zahl der Kreditkartenausfälle zwischen August 2007 und August 2008 um knapp fünfzig Prozent nach oben geschnellt. Das hat auch damit zu tun, dass der bis dahin bewährte Mechanismus der Ablösung von Kreditkartenschulden durch aufgestockte Hypothekendarlehen nicht mehr funktionierte. Die gesamten Kreditkartenschulden amerikanischer Haushalte liegen mit knapp eine Billion Dollar übrigens auf ähnlicher Höhe wie die Subprime-Hypotheken, und die Aussichten auf Rückzahlung dürften angesichts steigender Arbeitslosigkeit ebenfalls immer trüber werden.

Auch bei Autokrediten und anderen Konsumentenschulden stiegen die Säumnisraten. »Es ist sichtbar geworden«, stellte das *Handelsblatt* schon im Herbst 2007 fest, »dass die Erosion in der Kreditqualität sich von Immobilien auf andere Bereiche ausweitet wie Autos und Kreditkarten«. Es sieht also ganz so aus, als ob der über Jahre mit Zins und Tilgung abgemolkene US-Verbraucher irgendwann einfach keine Milch mehr geben kann.

Firmenfressen auf Kredit – die Heuschreckenplage

Die Kreditkrise hat aber noch eine weitere Dimension, die mit den Zahlungsnöten amerikanischer Hausbesitzer nichts zu tun hat. Hochproblematisch, um nicht zu sagen faul, sind nämlich auch viele Firmenschulden, die auf sogenannte Leveraged Buyouts zurückgehen. Leveraged Buyouts (LBOs) sind Unternehmens-Übernahmen, die zum größten Teil über Kredite finanziert werden. Auch bei den LBOs handelte es sich zunächst um ein äußerst lukratives Geschäft, das mit dem Hypothekenwahn zumindest das gemein hat, dass es die allgemeine Wohlfahrt nicht mehrt, sondern mindert. Der Kick des Ganzen besteht in diesem Fall allerdings darin, Firmen statt Familien in die Überschuldung hineinzutreiben.

In den Jahren vor Ausbruch der Finanzkrise boomte der Handel mit Unternehmen und Unternehmensteilen wie nie zuvor und flutete die Kassen der Investmenthäuser mit leicht verdienten Provisionseinnahmen. Der Höhepunkt war im ersten Halbjahr 2007 erreicht, als das Volumen der weltweiten Firmenaufkäufe auf die einsame Rekordsumme von 2700 Milliarden Dollar kletterte. Angetrieben wurde dieser Prozess vor allem von sogenannten Private Equity-Firmen, deren grandiose Geschäftsidee darin besteht, möglichst gesunde und ertragsstarke Unternehmen kreditfinanziert aufzukaufen, ihnen die Schulden für den Kauf in die Bilanz zu drücken, alles Verwertbare rauszuholen und nach Möglichkeit zu versilbern, und das Unternehmen selbst nach einigen Jahren mit halbierter Belegschaft und hoher Schuldenlast an den nächsten Glücksritter weiterzureichen.

Für den Private Equity-Hai lohnt sich das Geschäft sogar dann, wenn von dem Opfer am Ende nur eine überschuldete Konkursmasse übrig bleibt. Denn das eingesetzte Kapital plus Rendite holt er sich über Sonderausschüttungen, für die dem Unternehmen weitere Schulden aufgebrummt werden, in der Regel bereits nach kurzer Zeit zurück. Die Jahresrendite, die derlei Raubzüge bringen, liegt für die Investoren bei zwanzig bis dreißig Prozent und manchmal auch noch höher. »Das Geld fließt in Strömen«, betitelte das *Handelsblatt* im Herbst 2006 einen Artikel über die Umtriebe der Firmenpiraten.[6] Gemeint waren hier sowohl die Anlage- und Kreditgelder, die den Private Equity-Häusern zufließen, als auch die Gewinne, die sie bei ihren Geschäften absahnen. Leidtragende sind die Beschäftigten, die, so sie am Ende überhaupt noch in Lohn und Brot stehen, sich in der Regel mit drastisch gekürzten Löhnen und schlechteren Arbeitsbedingungen abzufinden haben. Aber auch die Allgemeinheit zahlt mit, denn ein Teil der hohen Profite stammt aus Steuervorteilen, die die Finanzinvestoren im Unterschied zu normalen Unternehmen genießen und die durch geschicktes Steuerdumping ausgebaut werden.

Weltweit wurden allein im ersten Halbjahr 2007 Unternehmen im Wert von 644 Milliarden Dollar von Private

Equity-Firmen aufgekauft, soviel wie im ganzen Jahr 2006 und das Doppelte des Jahreswertes von 2005. Und die Banken standen Schlange, um dieses Treiben mit billigem Kreditgeld in Gang zu halten – immerhin werden in der Regel achtzig Prozent des Kaufpreises über Kredit finanziert. Öffentlich wurden die Private Equity-Häuser anfangs als Wagniskapitalgeber gefeiert, die jungen innovativen Unternehmensgründern das dringend benötigte Kleingeld beschaffen, das diese weder an der Börse noch bei den Banken bekommen. Allmählich fiel aber doch auf, dass die Private Equity-Piraten sich weit weniger für junge kapitalschwache Start-Ups interessierten als für eigenkapital-starke Unternehmen mit hohen Gewinnen, wobei diese Unter-nehmen nach dem Überfall nicht nur weniger Beschäftigte, Investitionen und Forschungsaktivitäten auswiesen, sondern vor allem sehr viel höhere, oft existenzgefährdende Schulden.

In Deutschland ist die Private Equity-Branche dank Franz Müntefering unter dem Namen »Heuschrecken« populär ge-worden. Zu den bekannten Beispielen von Unternehmen, die von ihr in den Untergang getrieben wurden oder ihm nur knapp entgingen, gehört die Bundesdruckerei, deren Privatisierung und Übernahme durch den Private Equity-Piraten APAX in einem Desaster endete. Wenig besser erging es Celanese, einer Tochter der ehemaligen Hoechst AG, die 2004 von der Heu-schrecke Blackstone geschluckt wurde. 2003 hatte Celanese noch einen Nettogewinn von 78 Millionen Dollar erwirtschaf-tet, der sich nach der Übernahme in Verluste von zehn Millio-nen Dollar auflöste. Geschuldet war dieser Umschwung den saftigen Beträgen, die für die »Dienstleistungen des Investors«, wie es im Geschäftsbericht von Celanese hieß, fällig wurden.

Ein ähnliches Schicksal widerfuhr der Tochtergesellschaft des Düsseldorfer Henkel-Konzerns, Cognis, die ebenfalls von einer Heuschrecke verspeist und durch die hohen Zins- und Tilgungszahlungen aus einem eigenkapitalstarken, gewinnbrin-genden Unternehmen in eine hochverschuldete, zeitweilig stark defizitäre Firma verwandelt wurde. Das einstige Familienun-ternehmen Grohe und die Ex-Tochter des Bosch-Konzerns Te-novis sowie unzählige andere gingen den gleichen Leidensweg.

Die von SPD- und sogar CDU-Politikern gern und laut geäußerte Empörung über das Private-Equity-Unwesen steht dabei in seltsamem Missverhältnis zu ihrer Untätigkeit, den kreditgepanzerten Raubrittern auch nur einige ihrer Privilegien zu nehmen. Auch die Europäische Zentralbank äußerte in einer Studie vom Frühjahr 2007 Zweifel, ob das von den Heuschrecken gepflegte Geschäftsgebaren tatsächlich die Leistungsfähigkeit einer Volkswirtschaft erhöhe oder nicht eher dazu beitrage, die Unternehmensführung »exzessiv an der kurzen Frist« auszurichten. Selbstredend war auch das nicht mit einer – und sei es noch so zaghaften – Initiative verbunden, den Heuschrecken durch europaweite Regeln womöglich den Appetit zu verderben.

Im Schnitt wurden aufgekaufte europäische Unternehmen im ersten Halbjahr 2006 von den Private Equity-Räubern mit dem mehr als Sechsfachen ihres Gewinns vor Steuern, Zinsen und Abschreibungen (EBITDA) verschuldet. Es ist offensichtlich, dass solche Unternehmen einen auch nur kurzzeitigen Umsatzeinbruch kaum überleben können. Damit eine Heuschrecke selbst solche Firmen immer noch zu einem stattlichen Preis an die nächste weiterverkaufen kann, wurde extra ein neuer Kredittyp entwickelt: ein Firmenkredit für Unternehmen mit schlechter Kreditwürdigkeit, Cov-lite genannt, also eine Art Äquivalent zu den Subprime-Darlehen am US-Hypothekenmarkt. Hier wie dort lag der Zinssatz für solche hochriskanten Kredite zunächst nur wenig höher als der von sicheren Darlehen, und die Banken versenkten mit Lust Milliarden und Abermilliarden in diese aberwitzigen Finanzierungen.

Weil alles so gut lief, wurden die aufgekauften Unternehmen immer größer und die Preise immer exklusiver. Einer der spektakulärsten Coups war die Übernahme des Achtzig-Prozent-Anteils am Autokonzern Chrysler durch die US-Heuschrecke Cerberus für zwölf Milliarden Dollar. Im Frühsommer 2007 waren bereits Kaufverträge in der Größenordnung von je fast fünfzig Milliarden Dollar für den US-amerikanischen Energieversorger TXU, den kanadischen Telefonkonzern Bell Canada und den Kreditkartenabwickler First Data unterschrieben.

Dann allerdings kam die Finanzmarktkrise, die den Firmenpiraten kräftig das Geschäft vermasselte.

Nur noch 59 Unternehmenskäufe im Gesamtwert von mageren zwölf Milliarden Dollar wurden von den Private Equity-Häusern im Oktober 2007 abgewickelt. Das ist kaum ein Viertel des Einsatzes, mit dem sie noch im Mai des selben Jahres herumspielen konnten. Selbst bereits abgemachte Deals wie die genannten oder der Aufkauf der US-Getränkesparte von Cadbury Schweppes für acht Milliarden Pfund durch ein Private Equity-Konsortium lagen erst mal auf Eis. Neue Großprojekte werden seither kaum noch eingefädelt. Sogar der Chrysler-Kauf stand zwischenzeitlich auf der Kippe, weil die Finanziers kalte Füße bekamen. Cerberus musste eine Kreditlinie des Verkäufers Daimler in Anspruch nehmen, mit den Banken nachverhandeln und deutlich tiefer in die eigene Tasche greifen. Plötzlich drängte sich nämlich kein Finanzhaus mehr, die immer gewagteren Fresszüge der Heuschrecken mit billigem Geld zu alimentieren. Im ersten Quartal 2008 lag das Transaktionsvolumen der Firmenpiraten bei 63,1 Milliarden Dollar. Das ist zwar immer noch viel zu viel, aber immerhin im Vergleich zum Jahr davor ein Einbruch um fast siebzig Prozent.

Das »Private« in Private Equity kommt übrigens daher, dass diese Firmen ihr Beteiligungskapital im Normalfall nicht öffentlich – also über die Börse – einwerben, sondern auf privaten Märkten. Hauptanleger sind Banken, Pensionsfonds, Hedgefonds, Stiftungen, Versicherungen, aber auch superreiche Privatanleger, die oberhalb von fünf Millionen Dollar einsteigen. Allerdings gingen 2007 einige große Private Equity-Häuser doch dazu über, sich an der Börse zusätzliches Kapital zu beschaffen, um im Unternehmens-Roulette ein noch größeres Rad drehen zu können. Der spektakulärste Börsengang war der des Private Equity-Giganten Blackstone, der im Sommer 2007 rund zwölf Prozent seiner Anteile an die Börse brachte, die ihm dank hoher Nachfrage einen Spitzenpreis von insgesamt vier Milliarden Dollar einspielten. Sehr zum Vorteil der beiden Gründer, die allein im Zuge des Börsengangs 2,33 Milliarden Dollar einstreichen konnten, und zum Unglück der Neuaktionäre sammelte Blackstone das Geld just auf dem Gipfel des LBO-Booms ein. Seither geht es bergab, mit den Superrenditen und damit natürlich auch mit den Aktienkursen.

Tatsächlich gibt es einige Parallelen zwischen dem Boom am US-Hypothekenmarkt und der explosiven Ausweitung des Volumens an Leveraged Loans zur Finanzierung von Firmenübernahmen. So wie die immer höheren Hypotheken durch die steigenden Hauspreise in den USA abgesichert schienen, so waren die stetig steigenden Preise für Unternehmen die Rückversicherung, die eine Rückzahlung der Kredite für Firmenaufkäufe zu gewährleisten schien. Denn spätestens wenn der Private Equity-Pirat die übernommene Firma – ausgeschlachtet, verschlankt und auf maximale Rendite getrimmt – zu einem höheren Preis weiterverkaufen konnte, als er selbst gezahlt hatte, waren die ersten Kredite einschließlich Zinsen getilgt.

Wie im US-Häusermarkt waren es allerdings auch hier allein die von den Banken bereitwillig zur Verfügung gestellten wachsenden Kredite, die für die anhaltende Nachfrage im Firmenmonopoly sorgten und dadurch den Preisanstieg bewirkten. Das heißt, außer dem Cash Flow der betroffenen Unternehmen, der in vielen Fällen zur Tilgung der gewaltigen Schulden so wenig ausgereicht hätte wie das Einkommen der Subprime-Kreditnehmer zur Rückzahlung ihrer Hausdarlehen, waren es vor allem die immer größeren Neu-Kredite der Banken, die für Zins und Tilgung der älteren Kredite sorgten.

Im Kern folgen solche Finanzierungen also einem klassischen Schneeballsystem, bei dem die später Beteiligten mit ihren Einzahlungen die Gewinne der früheren Mitspieler finanzieren, und das eben deshalb nur unter der Voraussetzung funktioniert, dass es eine immer größere Dimension erreicht.

Hier freilich haben wir es mit einem Schneeballsystem zu tun, das Tausende Milliarden umverteilt und das Gesicht ganzer Volkswirtschaften verändert. Denn so wie zum Fallout des Hypothekenbooms eben nicht nur faule Hausdarlehen, sondern auch Millionen in den Ruin getriebene und im schlimmsten Fall obdachlos gewordene Familien gehören, hat das Firmenmonopoly nicht allein einen Berg fragwürdiger Firmenkredite produziert, sondern zugleich Hunderttausende Menschen arbeitslos gemacht, die Lohnspirale nach unten getrieben und einst produktive Unternehmen in eine Lage hineingezwungen, in der sie jeden verdienten Cent für Zins und Tilgung verausgaben müssen statt in Forschung oder neue Anlagen investieren zu können.

Der Verbriefungstrick

Zu den bisher nicht beantworteten Fragen gehört vor allem eine: Was hat große Banken, die normalerweise jeden Mittelständler verkniffen durchleuchten, ehe der auch nur einen Euro oder Dollar als Firmenkredit zu sehen bekommt, dazu getrieben, Milliarden und Abermilliarden in abenteuerliche Finanzierungen zu versenken, von denen eigentlich jeder wissen musste, dass sie irgendwann platzen werden? Denn wer konnte schon im Ernst den Preisboom am US-Immobilienmarkt oder im Handel mit Unternehmen für ein ehernes Naturgesetz halten, das in alle Ewigkeit fortwirken würde?

Zumal es zwischen der Kreditblase und einem Schneeballsystem zumindest einen wichtigen Unterschied zu geben scheint: Während bei dem Schneeballsystem auf jeder Stufe unterschiedliche Mitspieler ihre Einzahlungen machen und die, die früh genug eingestiegen sind, bei dem Ganzen wirklich gewinnen, haben viele Banken, die mit den später vergebenen Krediten ihre eigenen Gewinne aus den vorangegangenen finanzierten, allem Anschein nach mit sich selbst gespielt. So, als würde ein Verrückter sich stets von einem Konto auf ein anderes Geld überweisen und glauben, er würde dadurch reicher. Und selbst wenn man annimmt, dass die Entscheidungszentralen der großen Geldhäuser mit solchen Verrückten bevölkert waren, oder einfach nur mit Zynikern, die das ganze Spiel spielten, weil es sich jedenfalls auf ihrem persönlichen Konto auszahlte, bleibt die Frage: Wo kamen die Unsummen her, die eine solche Ausweitung des Kreditvolumens erst ermöglicht haben?

Allein am US-Hypothekenmarkt wurden in den wenigen Jahren seit der Jahrtausendwende zusätzliche Darlehen im Gesamtwert von über sieben Billionen Dollar vergeben. Insgesamt stieg die Verschuldung amerikanischer Firmen und Privathaushalte vor 2007 in nur zehn Jahren um sagenhafte 13,6 Billionen Dollar.[7] Zum Vergleich: Die Spareinlagen auf den Konten aller amerikanischen Geschäftsbanken zusammengenommen hatten im September 2006 einen Umfang von gerade mal 9,6 Billionen. Und mit Krediten überhäuft wurden ja durchaus nicht nur US-amerikanische Haushalte und Firmen.

Wo also stand die Geldmaschine, die es den Banken gestattete, solche irrwitzigen Beträge unter die Leute zu streuen?

Das klassische Kreditgeschäft

Tatsächlich wäre eine derartige Kreditschwemme noch vor zwanzig Jahren undenkbar gewesen. Sie wurde möglich durch die nahezu vollständige Deregulierung der legal handelbaren Finanzkonstrukte und die weitgehende Liberalisierung des globalen Kapitalverkehrs. Der klassische Kreditmechanismus bestand bekanntlich darin, dass eine Geschäftsbank Spareinlagen einsammelte, die sie auf der Passivseite ihrer Bilanz verbuchte, und einen Großteil dieses Geldes dann an interessierte Kreditnehmer – also Unternehmen oder auch Hausbesitzer – weitergab. Aus der Differenz zwischen der Verzinsung der Einlagen und dem Zinssatz auf Kredite zog die Bank ihren Gewinn. Weil Bankkredite allerdings mit einem gewissen Volumen an Eigenkapital unterlegt sein müssen, war die Kreditgewährung in jenen alten Tagen nicht nur durch die Einlagen, sondern auch durch das eigene Kapital begrenzt, über das die betreffende Bank verfügte.

Mitte des 19. Jahrhunderts lag die Eigenkapitalquote amerikanischer Banken noch bei fünfzig Prozent. Eine Bank mit einem Eigenkapital von einer Milliarde Dollar konnte also maximal ein Kreditrad im Umfang von zwei Milliarden Dollar drehen. Dieser relativ hohe Anteil hatte auch damit zu tun, dass das Eigenkapital der Banken damals die einzige Form der Einlagensicherung war und niemand gern sein Geld einer Bank anvertraut hätte, bei der man befürchten musste, dass sie schon beim Platzen von ein, zwei größeren Krediten in die Zahlungsunfähigkeit trudelt. Bis zu den späten zwanziger Jahren des letzten Jahrhunderts sank die Deckung der Verbindlichkeiten durch eigene Kapitalbestände dann auf etwa zwölf Prozent, was für viele Banken bekanntlich nicht ausreichte, um die Folgen des Börsencrashs von 1929 zu überleben.

Dennoch sind Eigenkapitalquoten von zwölf oder dreizehn Prozent auch heute der übliche Wert, genauer: Sie waren es, bevor die gegenwärtige Krise ihre Verheerungen in den Bankbilanzen anzurichten begann. Nach dem Baseler Akkord im Jahr 1988 wurden die Banken in den meisten Ländern gesetzlich verpflichtet, in jedem Fall mindestens acht Prozent ihrer risikogewichteten Kredite durch eigenes Kapital zu unterlegen. Dabei wurden nach den Basel I genannten Regelungen Kredite an Unternehmen und Privatkunden zu einundert Prozent gewichtet, Hypotheken zu fünfzig Prozent, Kredite an Banken zu zwanzig Prozent und Kredite an den Staat gar nicht. Mit dem vor kurzem in Kraft getretenen Folgeabkommen Basel II wird das Gewichtungsraster flexibler, aber die Eigenkapitalanforderung von mindestens acht Prozent bleibt erhalten.

Da auf diese Weise das maximale Kreditvolumen einer Bank begrenzt ist und sie das volle Ausfallrisiko für die vergebenen Kredite trägt, hat sie eigentlich ein großes Interesse, sich ihre Kreditnehmer genau anzusehen und ihr Geld nur an zahlungsfähige Leute weiterzureichen. Eine Kreditexplosion, wie wir sie in den letzten Jahren erlebt haben, erscheint in diesem Rahmen als ein Ding der Unmöglichkeit.

Inzwischen allerdings sind gerade die großen Banken bestrebt, nur noch als Arrangeure der Kredite zu fungieren und die Risikopositionen möglichst schnell weiterzuverkaufen. Das ermöglichen sogenannte Asset Backed Securities (ABS), also verbriefte Kreditpakete, die durch einen wirklichen oder vermeintlichen Vermögenswert (asset) gesichert sind. Eine Untergruppe davon sind die Mortgage Backed Securities (MBS). In letzteren werden Hausdarlehen unterschiedlicher Risikoklassen zu einem Bündel zusammengeschnürt. Wie der Käufer einer Aktie Anspruch auf einen Anteil am Unternehmensgewinn erhält, so erwirbt der Käufer solcher Schuldverschreibungen Anspruch auf einen Anteil an den Zins- und Tilgungszahlungen. Der Fundamentalwert eines solchen Papiers richtet sich also nach den erwarteten Erträgen, die wiederum nicht nur von der Höhe der gebündelten Darlehen und dem Zinssatz abhängen, sondern auch von dem Prozentsatz fauler Kredite, die im Pool versteckt sind. Letzteren kennt keiner genau, und darin liegt das Risiko.

Fannie Mae und Freddie Mac

Mortgage Backed Securities (MBS) und forderungsbesicherte Wertpapiere im allgemeinen sind in den achtziger Jahren in Mode gekommen, haben sich seit Mitte der neunziger Jahre immer mehr verbreitet und seit der Jahrtausendwende explosionsartig zugenommen. Zu den wichtigsten Emittenten amerikanischer MBS gehören zwei Hypothekenriesen mit knuddeligen Namen, die es wegen der Finanzkrise mittlerweile zu internationaler Berühmtheit gebracht haben: Fannie Mae und Freddie Mac.

Vor allem Fannie Mae ist ein Institut mit langer Tradition. Im Jahr 1938 wurde im Zuge des New Deal und mit dem Ziel, mehr amerikanische Familien in Wohneigentümer zu verwandeln, die Federal National Mortgage Association gegründet. Fannie Mae, wie das Institut bald abgekürzt genannt wurde, war damals das, was es heute wieder ist: ein staatliches Unternehmen. Das Institut vergab selbst keine Hauskredite, sondern hatte die Aufgabe, den Banken Hypothekenforderungen abzukaufen und so deren Kreditspielraum zu erhöhen. Eine verkaufte Hypothek verschwindet aus der Bilanz einer Bank, bindet also kein Eigenkapital mehr. Vielmehr erhält die Bank das verliehene Geld zurück und kann es für neue Darlehen nutzen. Ihr entgehen auf diesem Wege zwar die langfristigen Zinseinnahmen, die der Kredit während seiner Laufzeit bringt. Stattdessen macht sie aber einen kurzfristigen Gewinn, weil sie die Hypothek natürlich zu einem höheren Preis weiterverkauft, als sie dem Häuslebauer tatsächlich geliehen hat.

Von Fannie Mae wurden die den Banken abgekauften Hypotheken zunächst in den eigenen Büchern gehalten und über die Ausgabe kurz- und langfristiger Schuldverschreibungen refinanziert. Da hinter dem Institut der amerikanische Staat stand, der die Bonität dieser Schulden garantierte, lag der Zinssatz der von Fannie Mae emittierten Schuldtitel nicht wesentlich höher als der von Staatsanleihen. Der Hypothekenfinanzierer konnte sich also billig Geld verschaffen und den Banken die Hypotheken daher mit einem guten Aufschlag abkaufen. Auf diese Weise wurde der amerikanische Hypothekenmarkt mit Liquidität versorgt, die Häuslebauer bekamen mehr und günstigere Hausdarlehen, als der freie Markt bereitstellen konnte, und die Banken machten ein gutes und risikofreies Geschäft mit der Vergabe und dem Weiterverkauf dieser Kredite.

Allerdings konnte das System nur funktionieren, weil durch strikte Regeln vermieden wurde, dass Fannie Mae und damit die öffentliche Hand am Ende auf einem Berg fauler Hypotheken sitzen blieb. Daher wurden ursprünglich nur Hausdarlehen, die bestimmte gesetzlich festgelegte Kriterien erfüllten, von Fannie Mae aufgekauft. Diese Kriterien sollten sicherstellen, dass nur solche Familien in die eigenen vier Wände umziehen, die es sich auch leisten konnten, und dass die Höhe des Darlehens in einem vernünftigen Verhältnis zum persönlichen Einkommen steht. Es gab neben den von Fannie Mae aufgekauften Hypotheken natürlich immer auch solche, welche die Banken in ihren eigenen Büchern behielten. Aber da sie hier auch das volle Ausfallrisiko trugen beziehungsweise sich dieses durch höhere Zinsen bezahlen ließen, war auch dieser Markt begrenzt und übersichtlich.

Der Übergang zum neoliberalen Zeitalter kündigte sich drei Dekaden später, im Jahr 1968, mit der Privatisierung des Hypothekenfinanzierers an. Fannie Mae blieb aber auch danach ein Institut mit besonderem staatlichem Schutz, und an dem zugrundeliegenden Geschäftsmodell – einschließlich der erforderlichen Qualitätsstandards für Hausdarlehen – änderte sich zunächst nichts. Allerdings wurde der liberalen Wettbewerbsideologie dadurch Genüge getan, dass dem Institut ein zweites, ebenfalls staatlich gestütztes als Konkurrent gegenübergestellt wurde: die Federal Home Loan Mortgage Corporation, kurz Freddie Mac. Freddie Mac hatte genau die gleichen Aufgaben wie Fannie Mae, und auch die von ihm aufgekauften Hausdarlehen unterlagen strengen Kriterien.

Seit Beginn der achtziger Jahre gingen Fannie Mae und Freddie Mac dazu über, die aufgekauften Hypotheken nicht mehr allein über die Emission eigener Anleihen zu refinanzieren, sondern sie in größere Bündel zusammenzufassen und in handelbare Wertpapiere zu verwandeln. Sie begannen also, Mortgage Backed Securities zu schaffen, die sie an andere Investoren weiterverkaufen konnten. Dabei standen Freddie und Fannie für die Bonität dieser Wertpapiere gerade, was ihre Verzinsung reduzierte und so den erlösten Preis erhöhte. Diese Garantie schloss natürlich ein, bei Zahlungsausfällen der verbrieften Hypotheken mit eigenem Geld die den Investoren zugesagten Einnahmen auszugleichen.

Auch das Geschäft mit den garantierten MBS war natürlich nur durchführbar, weil die aufgekauften und verbrieften Hypotheken zunächst weiterhin strengen Kriterien genügen mussten.

Das Grundprinzip, nach dem der Markt mit den Mortgage Backed Securities funktionierte, ist leicht zu verstehen. Angenommen, der Hypothekenzins liegt bei zehn Prozent. Ein Bündel von Hausdarlehen im Wert von einer Million Dollar generiert damit, wenn es keine Zahlungsausfälle gibt, allein aus den Zinsen eine jährliche Einnahme von 100 000 Dollar. Nehmen wir nun an, die Bank, die diese Hypotheken für eine Million Dollar vergeben hat, verkauft sie für zwei Millionen Dollar an Fannie Mae. Sie macht damit einen hübschen Gewinn von einer Million Dollar, der für die entgangenen Zinseinnahmen der Folgejahre gut und gern entschädigen dürfte und, vor allem, sie hat die zwei Millionen sofort wieder zur Verfügung, um neue Kredite zu vergeben.

Fannie Mae verwandelt dieses Kreditbündel daraufhin in Mortgage Backed Securities. Die Zinsen für amerikanische Staatsanleihen mögen vielleicht gerade bei 3,5 Prozent liegen. Da den von Fannie Mae emittierten MBS-Papieren aufgrund der Garantieleistung des staatsnahen Unternehmens über all die Jahre kein wesentlich höheres Ausfallrisiko zugeschrieben wurde als den Schatzwechseln des Staates, würden sie mit einer Verzinsung von vier Prozent zweifellos freudige Abnehmer finden.

Fannie Mae kann das betreffende Hypothekenbündel also für 2,5 Millionen Dollar weiterverkaufen. Denn die 100 000 Dollar jährlicher Zinseinnahmen, die das Päckchen verspricht, sind genau vier Prozent von 2,5 Millionen. Mit den bei dem Verkauf gewonnenen 500 000 Dollar könnte Fannie dann ein Polster bilden, um für den Fall, dass doch einige Kredite faul und damit Garantieleistungen fällig werden, gerüstet zu sein. Natürlich sind die Zahlen in diesem Beispiel fiktiv. Zum einen bringen Hypotheken eben nicht nur Zinsen ein, sondern auch Tilgungen, und die Preisberechnung ist damit wesentlich komplizierter, weil sie auch von der Laufzeit abhängt. Zum anderen lagen die Gewinnmargen der Geschäftsbanken gewiss nicht bei einhundert Prozent und der Aufschlag von Fannie Mae war vermutlich ebenfalls niedriger. Aber im Grundsatz funktionierte das Ganze so wie beschrieben.

Tatsächlich lag die Ausfallquote der von Fannie Mae übernommenen Hypotheken über Jahrzehnte bei extrem niedrigen ein Prozent, im Vergleich zu zwei bis drei Prozent am Gesamtmarkt für normale (nicht Subprime) Hypotheken. Die von Fannie Mae und Freddie Mac emittierten MBS-Papiere waren daher ebenso wie ihre Schuldverschreibungen eine biedere und sichere Anlagevariante für Pensionsfonds, Versicherungen, Investmentbanken oder wer immer sonst sein Geld mit moderater Verzinsung, dafür aber sicher, mehren wollte.

Heute verwalten Fannie Mae und Freddie Mac zusammen ein Hypothekenvolumen von fünf Billionen Dollar. Annähernd die Hälfte aller US-Hauskredite befindet sich in ihrem Portefeuille oder wird von ihnen garantiert. Wer diese garantierten Papiere gekauft hat, hat erst einmal kein Problem. Er kann im Falle von Verlusten bei Freddie oder Fannie vorstellig werden, die dann für den Schaden einspringen müssen. Wären die zur Geburtsstunde der beiden Institute gültigen Anforderungen an Baukredite beibehalten worden, würde dieses Modell sicher auch heute noch funktionieren. Allerdings hätten sich dann wohl kaum Hypothekenkredite in dem gigantischen Volumen von fünf Billionen Dollar in ihren Büchern aufgehäuft. Das war nur möglich, weil Fannie Mae und Freddie Mac zunehmend zweifelhafteren Hausdarlehen ihr Garantiesiegel aufgeprägt haben.

Vor allem in den Jahren seit 2004 sind die beiden Hypothekenfinanzierer dazu übergegangen, kräftig in Subprime-Hypotheken und sogenannte Alt-A-Hypotheken zu investieren. Nach Angaben der US-Aufsichtsbehörde Ofheo (Office of Federal Housing Enterprise Oversight) entfallen gegenwärtig etwa neun Prozent des Hypothekenvolumens der beiden Institute auf Subprime-Kredite. Der Anteil von Krediten problematischer Bonität wird mit 15 Prozent angegeben. Genau wissen kann das natürlich auch Ofheo nicht. Daher folgte, was folgen musste. Bereits im ersten Jahr der Hypotheken-Krise summierten sich die Verluste der beiden Hypothekenfinanzierer auf über 14 Milliarden Dollar. Bei Freddie Mac überstiegen die Abschreibungen die Vermögenswerte schon im ersten Quartal 2008 um etwa 5,2 Milliarden Dollar. Nur wenig besser sah es bei Fannie Mae aus. Dabei steht den gesamten Verbindlichkeiten der beiden Giganten in Höhe von 5000 Milliarden Dollar ein Eigenkapitalpolster von lächerlichen 83 Milliarden Dollar gegenüber[8]. Um den sonst unvermeidlichen Bankrott abzuwenden, stellte der amerikanische Staat Anfang September 2008 ein Rettungspaket in Höhe von 200 Milliarden Dollar bereit und übernahm im Gegenzug achtzig Prozent der Aktien. »Freddie und Fannie waren zu groß, um sie umfallen zu lassen«, begründete der amerikanische Finanzminister Henry Paulson diesen Schritt.[9] Too big to fail – zu groß, um zu scheitern –, diese Begründung sollten die Steuerzahler in aller Welt in den Folgemonaten noch oft zu hören bekommen.

Die beiden Hypothekenriesen untergehen zu lassen, hätte wohl tatsächlich bedeutet, dem US-Immobilienmarkt auf Jahre den Garaus zu machen. Denn inzwischen sind die beiden Institute fast die einzigen, die in den USA überhaupt noch Hausdarlehen vergeben. Wäre dieses Angebot auch noch weggebrochen, wären die Immobilienpreise wohl in den freien Fall übergegangen und die Bauwirtschaft endgültig zusammengebrochen.

Aber das noch größere Problem waren die Folgewirkungen einer Pleite auf das internationale Finanzsystem. Denn die von Fannie und Freddie emittierten MBS und Schuldverschreibungen befinden sich in den Portefeuilles internationaler Geldhäuser, Fonds und sogar Zentralbanken von Moskau über Peking bis Tokio. Bei den von Freddie Mac emittierten Anleihen beispielsweise bilden Zentralbanken mit einem Anteil von 43 Prozent sogar die größte Anlegergruppe. Investmentfonds halten knapp dreißig Prozent, Banken 13 Prozent und Pensionsfonds und Versicherungen immerhin sechs Prozent. Die Investorenstruktur von Fannie Mae sieht ähnlich aus. Ein Konkurs der beiden Hypothekengiganten hätte eine Verlustwelle in der internationalen Finanzwelt nach sich gezogen, die dem Weltfinanzmarkt vermutlich den Rest gegeben hätte. Zum Vergleich: Das Geschäftsvolumen des Hedgefonds LTCM, dessen Kollaps die amerikanische Fed im Jahr 1998 in einer konzertierten Aktion verhinderte, weil er nach ihrer Einschätzung das globale Finanzgebäude hätte zum Einsturz bringen können, lag bei wenig über einer Billion Dollar. Bei Freddie Mac und Fannie Mae reden wir über das Fünffache.

Also fließt Steuergeld, um die beiden Institute, koste es, was es wolle, am Leben zu erhalten. Natürlich weiß niemand genau, wie viele der von Fannie Mae und Freddie Mac garantierten Hypotheken tatsächlich faul werden. Aber es spricht viel dafür, dass die jetzt bereitgestellten 200 Milliarden noch nicht das letzte Wort gewesen sind. Paulson selbst hat vorsichtshalber schon einmal angekündigt: »Wir wissen nicht, was es den Steuerzahler kosten wird.«[10]

Hinzu kommt, dass sich die Zahlen durch das gegenwärtige Geschäft der beiden Unternehmen nicht gerade verbessern. Erst im März 2008 hatte die amerikanische Regierung die für sie geltenden Kapitalanforderungen weiter verwässert, damit Fannie und Freddie im großen Stil Hypotheken aufkaufen und so den eingefrorenen US-Immobilienmarkt wieder flüssiger machen konnten. Hunderte Milliarden Dollar sollten auf diese Weise in den Markt gepumpt werden, um strauchelnde Hausbesitzer bei der Refinanzierung ihrer Hypotheken zu unterstützen. Insbesondere dadurch ist der Anteil der beiden Riesen an den neu vergebenen Immobiliendarlehen auf mittlerweile achtzig Prozent hochgeschnellt.

Gegen das Anliegen, durch Refinanzierungsmöglichkeiten die Zahl der Zwangsversteigerungen zu verringern, ist natürlich nichts einzuwenden. Das Problem ist nur, dass diese Steuergelder natürlich nicht nur den Hausbesitzern helfen, sondern vor allem den Banken, die sich dadurch elegant von Problemkrediten trennen können, die sie in ihren Büchern haben.

Kreditverkäufe und Kreditexplosion – Das Geschäft mit den ABS

Zurück zur Ausgangsfrage. Ein gewisser Teil der beispiellosen Kreditausweitung lässt sich also mit dem Wirken der Hypothekenriesen Fannie Mae und Freddie Mac erklären. Dass die von ihnen emittierten Papiere, unabhängig von der Qualität der zugrunde liegenden Hypotheken, interessierte Abnehmer fanden, verwundert nicht. Immerhin waren sie dank der Garantie der beiden Institute eine nahezu risikofreie Investition.

Aber so groß die beiden Baufinanzierer sind, beim Aufblähen der Kreditblase waren sie eher Trittbrettfahrer als eine treibende Kraft. Weder erklärt die Geschichte von Fannie und Freddie die explosive Ausweitung der Subprime-Hypotheken und der sonstigen US-Konsumentenkredite, noch lassen sie sich für die Expansion des Leveraged-Loan-Marktes für Firmenkredite verantwortlich machen, mit dem sie schon gar nichts zu tun haben.

Kredite zu verbriefen und weiterzuverkaufen, wurde vielmehr auch jenseits des staatlich regulierten Teils des Hypothekenmarktes eine seit den achtziger Jahren immer beliebtere Praxis der Banken. Zum einen lagen die Margen in diesem Geschäft deutlich höher als bei der traditionellen Kreditvergabe, die in der Regel weniger als zehn Prozent Rendite brachte, und zum anderen konnte das Kreditvolumen auf diese Weise weit über die Grenzen des Eigenkapitals der betreffenden Bank ausgedehnt werden. Da die Gewinne der Bank mit jedem vergebenen Kredit weiter anschwollen und das Ausfallrisiko ja auf die Käufer der Kreditpapiere überging, waren die Baufinanzierer fortan verständlicherweise bestrebt, so viele Darlehen wie möglich an wen auch immer zu vergeben.

Weil aber nun die Zahl der Familien begrenzt ist, die sich ein Eigenheim wirklich leisten können, und die miserable Lohnentwicklung in den Vereinigten Staaten seit Ende der siebziger Jahre auch nicht gerade dazu beigetragen hat, diese Zahl zu erhöhen, lag es im natürlichen Geschäftsinteresse der Banken, immer größere Bevölkerungskreise zum Hauskauf oder zur Beleihung ihres Hauses zu überreden, auch wenn diese zur Rückzahlung der Darlehen absehbar nicht in der Lage waren. Sobald der Kredit verkauft war, war das ja nicht mehr das Problem der Bank. Wie die bereits zitierte US-Studie über »Credit Booms and Lending Standards« zeigt, gibt es einen direkten Zusammenhang zwischen der Verlotterung der Standards bei der Hypothekenvergabe in den einzelnen Regionen der USA und dem Anteil der Kredite, den die Baufinanzierer jeweils verbriefen und weiterverkaufen konnten. Je höher dieser Anteil, desto gedankenloser wurde Geld in Subprime-Hypotheken versenkt.

Zwar behielten die Arrangeure der Subprime-Kredite ein Restrisiko in Form der Verpflichtung, im Falle eines frühzeitigen Zahlungsverzugs Kredite zurückzukaufen und bis zu einer vereinbarten Höhe für die Verluste geradezustehen. Aber da die Subprime-Hypotheken an den Finanzmärkten so gefragt waren und entsprechend teuer verkauft werden konnten, hätte sich das Geschäft sogar noch bei Eintreten dieser Verluste gelohnt. Was Subprime-Finanzierern wie New Century und anderen später das Genick brach, war, dass sie für diesen Verlustfall noch nicht einmal vorgesorgt hatten.

Da allerdings das Volumen selbst des florierendsten Hypothekenmarktes am Ende begrenzt ist, weil es einfach nicht unendlich viele Häuser gibt, die man beleihen kann, haben sich die phantasiereichen Banker immer neue Kreditvarianten ausgedacht und diese unter die Leute gebracht. So kann man in den USA gegen Kredit nicht nur sein Haus, sondern auch sein Auto verpfänden, man kann sich die erhoffte Steuerrückzahlung schon einige Monate vorher von der Bank vorstrecken lassen oder die Tage bis zur nächsten Lohnzahlung mit einem Kredit überbrücken. Solche Darlehen haben nicht selten Zinssätze von einhundert Prozent und mehr, weshalb sie sich zur Freude der Banker oftmals akkumulieren. Das heißt, ein Kredit wird dadurch getilgt, dass man den nächsten, der dann vielleicht etwas zinsgünstiger ist, aufnimmt. Da auch Kreditkartenschulden von den Banken verbrieft und weiterverkauft werden konnten, war auch hier für großzügige Monatslimits gesorgt, die in der Regel bei einem Vielfachen des persönlichen Einkommens lagen. Wer seinen Saldo nicht pünktlich bezahlt, wird etwa bei American Express mit 19 Prozent Zinsen geschröpft, eine gute Gelegenheit, Zins und Tilgung durch einen neuen Kredit abzulösen.

Das wilde Treiben der Banker hatte sich im Jahr 2006 bis ins US-Verteidigungsministerium herumgesprochen und dort für Unruhe gesorgt. Es werde »durch räuberische Kreditvergabe die militärische Einsatzbereitschaft zersetzt, die Moral der Truppe und ihrer Familien geschwächt und die Kosten der Bereitstellung einer rein aus Freiwilligen bestehenden Berufsarmee erhöht«,[11] hieß es damals in einem Untersuchungsbericht des Pentagon, der zu dem Ergebnis kam, dass Angehörige der US-Army in großer Zahl in zweifelhafte Kredite verstrickt waren. Bei der »Moral der Truppe« hört der Spaß der Kriegsmacht USA natürlich auf, denn: »Ein mit Schulden, Angst und erheblichem Stress beladener Soldat könnte sich plötzlich in einer Situation befinden, in der seine Integrität kompromittiert wird«,[12] was man im Irak, in Afghanistan und anderen Kampfgebieten natürlich nicht gebrauchen kann. Dass das glänzende Geschäft der Banken mit verbrieften Privatkrediten keineswegs nur Soldaten, sondern einen erheblichen Teil der US-Bevölkerung in eine Situation von »Schulden, Angst und erheblichem Stress« gebracht hat, bekümmerte die politischen Entscheidungsträger schon weniger.

Aus den gleichen Gründen wie die Konsumentenverschuldung expandierte auch der Markt für Unternehmensfinanzierungen. Weil die Kreditbedürfnisse seriös wirtschaftender Unternehmen zur Absicherung realer Investitionen sich in relativ engen Grenzen halten, zumal in Zeiten weltweiter Überkapazitäten, kamen die Private Equity-Piraten gerade recht, die für eine geradezu explosive Kreditnachfrage sorgten. Das Risiko der Banken bei dem Geschäft reduzierte sich dabei allein auf die Zeit, in der sie die zweifelhaften Leveraged Loans tatsächlich in ihren Büchern hielten. Im Durchschnitt vergehen zwischen der Finanzierungsverpflichtung einer Bank und dem Abschluss der Transaktion etwa sechzig Tage. Erst danach können die Kredite weiterverkauft werden, was die Geldhäuser dann auch eilig tun und sich in der Regel innerhalb von nur fünf Tagen von mindestens der Hälfte der dubiosen Papiere trennen.

Aus Mist mach Gold – gefeierte Finanzinnovationen

Das Interesse der Banken an ungehemmter Kreditexpansion ist unter diesen Bedingungen also gut nachvollziehbar. Eine entscheidende Voraussetzung dafür, dass das Schuldenrad so richtig in Schwung kommen konnte, bleibt damit allerdings noch unerklärt. Denn letztlich brauchten die Banken natürlich nicht nur verschuldungswillige Kreditnehmer, die sie mit Geld überschütten konnten. Das Modell funktionierte vielmehr nur, wenn irgendwer bereit war, ihnen die verbrieften Kredite am Ende auch abzukaufen. Dafür, dass anlagewillige Gelder in den USA und weltweit in rauen Mengen vorhanden waren, gibt es viele Gründe, auf die wir in einem späteren Kapitel zu sprechen kommen. Aber selbst wer viel Geld hat und händeringend nach Anlagemöglichkeiten sucht, ist in der Regel nicht bereit, dieses Geld einfach in die Gosse zu werfen. Er kann es immerhin auch in Staatsanleihen investieren oder schlicht unters Kopfkissen legen. Selbst letzteres scheint im Vergleich zum Kauf fragwürdiger und mit einiger Wahrscheinlichkeit wertloser Kreditpapiere immer noch die attraktivere Variante zu sein.

Verantwortlich dafür, dass selbst die zweifelhaftesten Hausdarlehen und Firmenkredite sich, gebündelt und verbrieft, auf dem freien Markt begeisterter Nachfrage erfreuten, waren einige gelobte Finanzinnovationen, die es scheinbar ermöglichten, aus Dreck Gold zu machen, oder den Dreck zumindest wie Gold aussehen zu lassen. Um das zu bewerkstelligen, bedurfte es eines ganzen Turmbaus abgeleiteter Konstruktionen. Dieser konnte zwar keinen Dollar zusätzlicher Einkommen schaffen. Die einzigen Einnahmen, die hier immer nur umverteilt wurden, waren die eingehenden Zins- und Tilgungszahlungen aus den dem Wertpapier zugrunde liegenden Krediten. In dem Maße, in dem diese ausblieben, mussten die Anleger auch des raffiniertest gezimmerten Finanzvehikels ins Leere schauen. Aber das Innovative dieser Vehikel bestand darin, dass sie so verwickelt und verschachtelt gebaut waren, dass am Ende niemand mehr verstand, welches Ei er sich damit ins Portefeuille gelegt hatte.

Der wichtigste Trick bestand darin, die Kreditbündel nicht einfach nur als Asset Backed Securities (ABS) zu verpacken, sondern je etwa hundert einfache ABS-Papiere wiederum auf ein übergeordnetes Finanzvehikel zu übertragen. So entstanden die Collateralised Debt Obligations (CDO), die in verschiedenen Tranchen, die das Risiko von Zahlungsausfällen in unterschiedlichem Grade abfangen sollten, am Markt platziert wurden. In der Regel gab es drei solcher Tranchen: die Equity oder Junior Tranche, die Mezzanine und die Senior Tranche.

Die Junior Tranche ist die risikoreichste, die Zahlungsausfälle als erste treffen. Diese Tranche ist nur mit einem hohen Zinsaufschlag verkäuflich. Werden am Ende doch weniger Kredite faul als vermutet, verhelfen diese Tranchen ihren Käufern zu lukrativen Renditen von zwanzig Prozent oder mehr. Sie sind daher ein ideales Spielgeld für Hedgefonds, deren Geschäftsmodell ja gerade darin besteht, aus hochriskanten Anlagen überproportionale Renditen zu schlagen. Allerdings gehörten zu den Käufern der Equity-Tranche nach einer internen Erhebung der Citibank durchaus nicht nur die üblichen Verdächtigen, sondern auf diesem Feld tummelten sich auch klassische Publikumsfonds und sogar Pensionsfonds[13].

Die Mezzanine erscheint schon weniger risikoreich, denn sie wird von Zahlungsausfällen nur betroffen, wenn die Junior Tranche gänzlich wertlos geworden ist. Die Senior Tranche schließlich gaukelt Sicherheit vor, selbst wenn das zugrunde liegende Kreditpaket ausschließlich aus hochriskanten Darlehen besteht. Denn da die Erträge der Senior Tranche von Kreditausfällen nur behelligt werden, wenn diese eine für unwahrscheinlich erachtete Größenordnung erreichen, wurde diese Tranche unabhängig von der Qualität der Kredite von den Ratingagenturen normalerweise mit der Höchstnote »AAA« bewertet. Sie wurde damit als ebenso sicher eingestuft wie Bonds von General Motors oder Staatsanleihen der Bundesrepublik Deutschland.

CDOs wurden im übrigen nicht nur deshalb konstruiert, weil die Banken so ihre Kredite loswerden konnten. Die Formierung von CDOs aus einfachen Asset Backed Securities war vielmehr als solche ein äußerst lukratives Geschäft, an dem sich insbesondere die Investmentbanken eine goldene Nase verdienten. Der Gewinn, den die verschiedenen Akteure auf den unterschiedlichen Stufen des Verbriefungsprozesses einstreichen können, ergibt sich aus der Differenz zwischen dem Zins, den die tatsächlichen Kreditnehmer – also Häuslebauer oder auch verschuldete Firmen – zu zahlen haben und der Verzinsung, die die am Ende emittierten Papiere ihren Investoren einbringen. Zumindest die Käufer der Senior Tranchen gaben sich in der Regel mit recht bescheidenen Zinsen zufrieden, die etwa einen Prozentpunkt über der Rendite anderer AAA-Anleihen lagen. Denn trotz der windigen Kredite, die dem Paket zugrunde lagen, galten diese Tranchen ja als geradezu mündelsichere Geldanlage.

Wie wunderbar sich Zinsdifferenzen in bare Münze verwandeln lassen, sei an folgendem Beispiel erläutert. Nehmen wir an, eine Bank verfügt über Asset Backed Securities, denen Subprime-Hypotheken im Gesamtwert von einer Milliarde Dollar zugrunde liegen. Der Zinssatz für diese Hypotheken liege bei zehn Prozent. Wenn alles gut geht, versprechen die betreffenden Papiere also jährliche Zinseinnahmen von einhundert Millionen Dollar. Es ist natürlich unwahrscheinlich, dass alles gut geht, denn es handelt sich ja um Subprime-Hypotheken, und genau deshalb möchte die Bank die ABS auch nicht behalten.

Sie arrangiert also eine Collateralised Debt Obligation, auf die sie die unappetitlichen Papiere überträgt. Im Ergebnis will die Bank ihre Ausgaben von einer Milliarde Dollar zuzüglich einer netten Marge natürlich wiederhaben, denn sonst lohnt sich das Geschäft ja nicht. Um Geld einzutreiben, gibt die CDO Wertpapiere in drei Tranchen aus. Die risikoreichste Junior Tranche umfasst in der Regel ein bis drei Prozent des gesamten CDO-Volumens. Verkauft die Bank also ein Prozent der CDO in dieser Form, sind das Papiere, die einen Anspruch auf Zinseinnahmen in Höhe von einer Million Dollar im Jahr begründen. Weil ihr Risiko hoch ist, verlangt der Investor dafür aber, sagen wir, zwanzig Prozent Zinsen, die Bank bekommt also für dieses Päckchen nur fünf Millionen Dollar. Das ist gerade mal die Hälfte des Nominalwerts der zugrunde liegenden Kredite, der bei zehn Millionen liegt, aber schließlich wird die Junior Tranche ja auch wertlos, wenn sich auch nur für ein Prozent der gesamten in der CDO gebündelten Darlehen herausstellen sollte, dass sie nicht mehr einzutreiben sind.

Für die Mezzanine liegen die Zinsen dann schon deutlich niedriger, sagen wir bei acht Prozent. Werden 15 Prozent der CDO als Mezzanine veräußert, stehen diese Papiere für jährliche Zinseinnahmen von 15 Millionen Dollar. Der erzielbare Preis liegt bei einer erwarteten Verzinsung von acht Prozent, also bei etwas unter zweihundert Millionen Dollar. Werden allerdings nicht nur ein Prozent, sondern zehn Prozent der in der CDO verpackten Kredite faul, bringt die Mezzanine ihren Investoren auch nicht mehr die erhofften 15 Millionen Dollar im Jahr, sondern sehr viel weniger. Werden 16 Prozent der Kredite nicht mehr zurückgezahlt, haben auch die Inhaber der Mezzanine ihr Geld verloren.

Umso sicherer scheinen die restlichen 84 Prozent der CDO, die die Bank jetzt richtig teuer als Senior Tranche verkaufen kann.

Immerhin wird diese Tranche von Kreditausfällen überhaupt nur berührt, wenn mehr als 16 Prozent der Hypotheken uneinbringlich sind. Eine solche Ausfallquote wurde lange Zeit selbst bei Subprime-Hypotheken als unwahrscheinlich angesehen. Immerhin lag der langjährige Schnitt bei »nur« zehn bis vierzehn Prozent zahlungsunfähiger Kreditnehmer. So hat der Senior Investor das Gefühl, völlig risikofreie Papiere zu kaufen und er mag sich daher mit einer Verzinsung von sechs Prozent begnügen. Das ist dann immer noch mehr, als andere sichere Anlagen, etwa Staatsanleihen, bringen. Die Käufer zahlen also der Bank für die Papiere der Senior Tranche, die ihnen jährliche Einnahmen von 84 Millionen Dollar in Aussicht stellen, ganze 1,4 Milliarden Dollar. Damit ist die glückliche Bank nicht nur Kredite einschließlich Risiko wieder los, sondern hat bei der ganzen Transaktion auf ein eingesetztes Kapital von eine Milliarde Dollar einen satten Gewinn von etwa fünfhundert Millionen gemacht.

Eine solche CDO wird deshalb auch Arbitrage-CDO genannt. Wie der Name sagt, geht es hier ausdrücklich darum, durch die Transformation von ABS-Papieren in CDOs einen Arbitrage-Gewinn zu machen. Eine Balance-Sheet-CDO dient im Unterschied dazu in erster Linie nur dem Zweck, die Kredite aus der Bankbilanz verschwinden zu lassen.

Das obige Rechenbeispiel ist noch einigermaßen übersichtlich. Wahrscheinlich wäre in diesem Fall die Junior Tranche kaum verkäuflich, da sie aller Voraussicht nach ihren Wert verliert. Denn dass mindestens ein Prozent aller Subprime-Kreditnehmer zahlungsunfähig werden, sollte der optimistischste Spekulant annehmen. Auch bei der Mezzanine dürfte es schwierig werden. Die tatsächlichen CDOs sind daher wesentlich komplizierter. In der Regel werden nämlich in den Asset Backed Securities Kredite unterschiedlicher Risikoklassen gemixt, und auch diese Papiere werden oft bereits in unterschiedlichen Tranchen am Markt platziert. Zweitens bestehen die Zahlungsströme bei Krediten eben nicht nur aus Zinsen, sondern auch aus Tilgungsleistungen, und sie haben eine bestimmte Laufzeit. Selbst wenn die Ausfallwahrscheinlichkeit der zugrunde liegenden Darlehen genau bekannt wäre, ist es unter solchen Voraussetzungen ziemlich schwierig, Wert und Risiko der am Ende emittierten Papiere zu ermitteln.

Mit der Konstruktion der CDOs war der Wildwuchs an fiktivem Kapital, der hier wucherte, aber noch längst nicht abgeschlossen. So wurde es im Zuge des Verschuldungsbooms immer beliebter, CDOs statt aus Krediten aus Kreditderivaten zu basteln. Das sind die sogenannten synthetischen CDOs, auf die die Bank nur das Kreditrisiko überträgt. Vor allem dieses Risiko ist es ja, was sie loswerden will. Außerdem müssen Kredite, die als risikofrei eingestuft werden, nach den Baseler Regeln auch nicht mit Eigenkapital unterlegt werden. Der Effekt für die Bank ist also der gleiche, als würde sie die Kredite selbst verkaufen.

Der Handel mit Kreditrisiken läuft heutzutage in erster Linie über sogenannte Credit-Default Swaps (CDS), worunter man sich eine Art Versicherungsvertrag vorzustellen hat, bei dem ein Wirtschaftsteilnehmer den anderen dafür bezahlt, dass er im Schadensfall eine Garantieleistung übernimmt. Der Schadensfall ist hier die Zahlungsunfähigkeit von Kreditnehmern. Bei einer synthetischen CDO behält die Bank also die Kredite einschließlich Zinseinnahmen, bezahlt die Investoren der CDO aber dafür, dass diese ihr das Risiko von Zahlungsausfällen abnehmen. Tatsächlich gekauft werden mit dem Geld dieser Anleger dann in der Regel Staatsanleihen, wobei die regelmäßigen Überweisungen der Bank, mit denen sie für den Credit-Default Swap zahlt, die Anlagerendite erhöhen. Werden Kredite faul, bluten die Inhaber der CDO.

Schließlich gibt es CDOs, die anstelle einfacher ABS-Papiere die Tranchen anderer CDOs als Baustoff nutzen. Der Fantasie der smarten Banker waren in diesem Finanzdschungel keine Grenzen gesetzt. Entscheidend war eigentlich immer nur, dass das Endprodukt irgendwie risikoärmer wirken musste als die Papiere, aus denen es zusammengebaut war. Denn diese vermeintliche Absenkung des Risikos garantierte eine niedrigere Verzinsung und die kapitalisierte Zinsdifferenz war der Gewinn des Geldhauses, das das betreffende Papier gebastelt und auf den Markt gebracht hatte.

Das einträgliche Spiel »Aus Mist mach Gold« wurde natürlich nicht nur mit Hypotheken gespielt, sondern als Baustoff für Asset Backed Securities und CDOs taugten auch Autokredite, Kreditkartenschulden oder Firmenkredite, nicht zuletzt jene Leveraged Loans, die die Umtriebe der Heuschrecken finanzierten. Und natürlich waren es auch keineswegs nur US-Hypotheken und US-Konsumentenschulden, die auf diese Weise verbrieft wurden. Auch europäische Banken waren begeisterte ABS-Arrangeure, um auf diese Weise ihre eigenen Kredite loszuwerden. Der Immobilienboom in Spanien beispielsweise wurde vor allem auf diese Weise finanziert. In Deutschland wurden allein 2006, auf dem Gipfel des Booms, Asset Backed Securities im Gesamtvolumen von knapp 67 Milliarden Euro emittiert. Selbst 2007 wurden hier noch einmal Kreditpakete im Wert von 42 Milliarden Euro verbrieft und verkauft.

Der Markt für all diese Papiere ist auch deshalb extrem unübersichtlich, weil sie ausschließlich außerbörslich gehandelt werden. Es gibt also, anders als bei Aktien oder Anleihen, keine zentrale Kursfeststellung, die das Auf und Ab von Angebot und Nachfrage misst. Vielmehr werden CDO-Tranchen Over-the-Counter verkauft, das heißt, im direkten Handel zwischen Finanzinstituten unterschiedlicher Couleur. Wer so ein Papier besitzt und es loswerden will, muss also selbst einen Abnehmer finden, und erst, wenn dieser sein Angebot abgegeben hat, hat das Papier einen aktuellen Preis.

Das Gütesiegel der Rating Agenturen

Dass trotz all dieser Finten und Fallen die Asset Backed Securities und CDOs sich über Jahre reger Nachfrage erfreuten und die Preissetzung scheinbar reibungslos funktionierte, hatte damit zu tun, dass es in dem Spiel noch einen weiteren wichtigen Akteur gab: die Rating-Agenturen. Denn unübersichtliche Papiere, die aus dubiosen Darlehen gebastelt sind, würden am Ende wohl doch nur wenige Anleger kaufen. Unübersichtliche Papiere hingegen, denen eine der über jeden Zweifel erhaben scheinenden Rating-Agenturen ihr Triple-A-Gütesiegel aufgedrückt hat, sind eine ganz andere Sache. Immerhin besitzen die Rating-Agenturen große Software-Pakete, vollgestopft mit Wahrscheinlichkeitsrechnung und Finanzmathematik, die ihnen bei der Ermittlung der Ratings behilflich sind.

Diese Software wurde auch an die Banken weitergegeben, damit sie die CDOs maßgeschneidert konstruieren und so genau die gewünschten Ratings für die einzelnen Tranchen bekommen konnten. Zwar waren die Berechnungen, die diesen Bonitätsnoten zugrunde lagen, so kompliziert, dass sie kaum jemand wirklich nachvollziehen konnte. Das schien aber auch gar nicht nötig zu sein, denn die Ratings wurden ja nicht von geschäftstüchtigen Bankern, sondern von unbestechlich korrekten Computern erstellt.

Dass die Computer von den Rating-Agenturen gefüttert wurden, wurde dabei gern übersehen oder für unproblematisch gehalten. Dabei sind diese Agenturen alles andere als neutrale Institutionen, die sich irgendeinem höheren Anspruch verpflichtet fühlen würden. Ratings wurden und werden vielmehr im Wesentlichen von drei großen privaten, rein profitorientiert wirtschaftenden Unternehmen vorgenommen: von Standard & Poor's, Moody's und Fitch. Diese Institute werden nicht von den Käufern, sondern von den Emittenten der Finanzungeheuer bezahlt, und sie verdienen umso mehr, in je größerer Zahl diese Papiere unter die Leute gebracht werden. Die Rating-Agentur Moody's beispielsweise hat zwischen 2002 und 2006 im Zuge des immer weiter eskalierenden ABS- und CDO-Irrsinns ihren Gewinn und Aktienkurs schlicht verdoppelt.

Die wichtigste Voraussetzung für die starke Nachfrage aber waren gute Ratings. Beispielsweise sind Pensionsfonds und Versicherungen in den meisten Ländern gesetzlich verpflichtet, einen gewissen Teil ihrer stetig anwachsenden Gelder in Wertpapiere mit höchster Bonität zu investieren. Die Senior-Tranchen der CDOs, die mit ihrem AAA-Rating genau diese Bonität vorspiegelten, erschienen daher als lukrative Alternative zu den renditeschwächeren Staatsanleihen. Eine andere hochliquide Gruppe von Anlegern, die von den guten Bonitätsnoten angezogen wurden, waren übrigens die Zentralbanken vor allem von Entwicklungs- und Schwellenländern, die immerhin für Devisenreserven im Wert von vielen Billionen Dollar eine sichere Anlageform finden müssen. Traditionell wurde dieses Geld in amerikanische Staatsanleihen investiert. Die hervorragenden Ratings der Asset Backed Securities und ihre Absicherung durch Vermögenswerte eröffneten auch hier scheinbar neue Möglichkeiten. So wurde inzwischen bekannt, dass die russische Zentralbank rund 100 Milliarden Dollar – fast ein Fünftel ihrer gesamten Reserven – in Wertpapiere investiert hat, die auf US-Hypotheken basieren.

Auch der chinesischen Zentralbank, die Währungsreserven im gigantischen Volumen von 1,3 Billionen Dollar verwaltet, werden entsprechende Käufe nachgesagt.

Am Ende wurden also die riesigen Gewinne, die Investmentbanken wie Rating-Agenturen mit der Kreation dieser volkswirtschaftlich vollkommen sinnlosen Finanzvehikel machten, von braven Steuerzahlern aus Irkutsk oder Shanghai mitbezahlt.

Der Kern der gefeierten Finanzinnovationen bestand somit darin, hochriskante Kredite in eine scheinbar sichere Anlageform zu transformieren, dadurch völlig neue Gruppen von Geldgebern zu erschließen und so für einen möglichst unerschöpflichen Strom an Liquidität zu sorgen. Im Ergebnis wurden die kuriosesten Darlehen, in die in den alten Tagen klassischer Kreditvergabe keine Bank auch nur einen müden Dollar investiert hätte, von Europa über China bis Australien als überproportionaler Renditebringer mit scheinbar niedrigem Risiko von Hedgefonds und Investmentgesellschaften, aber auch Versicherungen, Pensionsfonds und sogar Zentralbanken begeistert aufgekauft.

Die Zweckgesellschaften der Banken

Gekauft wurden die CDOs allerdings indirekt auch von den Banken selbst, die sie ja ursprünglich kreiert hatten, um ihre Kredite loszuwerden. Die Banken bedienten sich dafür sogenannter Structured Investment Vehicles (SIV), die im deutschen Sprachgebrauch als Conduits oder einfach als »Zweckgesellschaften« bezeichnet werden. Der spezielle Zweck dieser Zweckgesellschaften bestand darin, die Baseler Eigenkapital-Regeln zu umgehen.

Ein SIV ist formalrechtlich ein selbständiges Unternehmen, das in Asset Backed Securities investiert und diese Investition durch die Ausgabe kurzfristiger Schuldverschreibungen, sogenannter Asset Backed Commercial Paper, refinanziert. Während die Commercial Paper in der Regel eine Laufzeit von wenigen Monaten haben, sind die Asset Backed Securities naturgemäß eine Anlage auf Jahre, es sei denn, man verkauft sie vor Ende ihrer Laufzeit weiter. Das Geschäft eines Conduits besteht also darin, kurzfristige Gelder einzusammeln und in längerfristige Anlagen zu investieren. Da erstere unter normalen Umständen niedriger verzinst werden als letztere, kann der Conduit aus dieser Fristentransformation Gewinn schlagen. Faktisch machten diese Gebilde also das gleiche wie früher die Banken, als sie noch vor allem Spargelder einsammelten und Kredite vergaben, statt Finanzmonopoly zu spielen.

Der Unterschied zwischen einer Bank und einem Bank-Conduit besteht allerdings darin, dass letzterer sich seine Liquidität über Kapitalmarktpapiere mit kurzer Laufzeit beschafft statt über Spareinlagen. Dieser kleine Unterschied hat eine wichtige Konsequenz: die Baseler Eigenkapital-Bestimmungen gelten zwar für die Banken, nicht aber für ihre Zweckgesellschaften. Wenn die Bank also ihre Kredite auf diese Gesellschaften überträgt, hat das einen ähnlichen Effekt wie der Verkauf der Kredite: In beiden Fällen muss die Bank die Kredite nicht mehr mit Eigenkapital unterlegen. Die Conduits arbeiteten vielmehr mit einem ausgesprochen geringen Anteil eigenen Kapitals und erwirtschafteten daher in der Regel weit überdurchschnittliche Renditen. Zumindest so lange der Handel mit den ABS überhaupt Rendite brachte.

Die Structured Investment Vehicles waren den Banken also gleich in doppelter Hinsicht von Vorteil: Sie wurden ihre Kredite los und konnten neue vergeben, ohne zusätzliches Eigenkapital zu binden, und sie profitierten über das Conduit trotzdem weiterhin von den aus den Krediten stammenden Zinseinnahmen. Es war so gesehen nicht erstaunlich, dass immer mehr Banken dazu übergingen, sich solche Wunderwaffen zuzulegen, manche gleich mehrere. Allein die Citigroup besaß vor Ausbruch der Finanzkrise sieben solcher Zweckgesellschaften, die nach Angaben der Rating-Agentur Fitch Immobilienkredite minderer Qualität im Volumen von 89 Milliarden Dollar in ihren Büchern hatten.

Die kleine deutsche Mittelstandsbank IKB unterhielt ein Conduit namens Rhineland Funding, das sich unter anderem von der Deutschen Bank hypothekenbesicherte Anleihen im Gesamtwert von 13 Milliarden Euro hatte aufschwatzen lassen, die der IKB nach Ausbruch der Krise den Hals brechen sollten. Selbst deutsche Landesbanken waren bei dem Spiel dabei. Unrühmliche Bekanntheit erlangte später beispielsweise das Conduit Ormond Quay Funding, das sich die Sachsen LB zugelegt hatte und das sie, als die ABS-Papiere ihren Charme verloren, in den Untergang ziehen sollte.

Anfang Oktober 2006 betrug das Volumen der von solchen Zweckgesellschaften herausgegebenen Asset Backed Commercial Paper 993,1 Milliarden Dollar, was auf den Umfang der in ihnen geparkten Schrottpapiere schließen lässt. Bereits ein halbes Jahr nach Ausbruch der Finanzkrise hatte das Portefeuille der Conduits etwa ein Viertel seines Werts verloren. Dass darüber einige Banken ins Straucheln gerieten, hatte mit einer Facette dieses Geschäftsmodells zu tun, die noch nicht erwähnt wurde. Die Conduits konnten sich nämlich nur deshalb so günstig über kurzfristige Commercial Papers (CP) am Kapitalmarkt refinanzieren, weil sie eine Garantie der Banken im Rücken hatten, im Verlustfall für ihre Liquidität geradezustehen.

Solange die ABS der Liebling der Finanzmärkte waren, spielte das keine Rolle, denn die Zweckgesellschaften hatten ja kein Problem, alle paar Monate, wenn die Commercial Papers ausliefen und zurückgezahlt werden mussten, neue CPs in gleicher Höhe aufzulegen und so das nötige Geld einzutreiben. Als sich aber die Fragwürdigkeit der ABS-Investments herumzusprechen begann, wollte den Zweckgesellschaften auch keiner mehr kurzfristige Kredite geben. Die von ihnen emittierten Commercial Paper waren also nicht mehr verkäuflich, und damit brach ihre Finanzierung zusammen. Zugleich waren sie außerstande, sich von ihren langfristigen Investments zu trennen, denn das waren eben jene ABS-Papiere, die jetzt schon gar keiner mehr haben wollte.

In dieser Situation wurden aus den einstigen Geldmaschinen der Banken brutale Kapitalkiller, denn jetzt musste die Bank mit eigenem Geld einspringen und die ungeliebten ABS wieder in ihre Bücher nehmen. Sofern die Conduits ein größeres Rad gedreht hatten, als das Eigenkapital der betreffenden Bank zuließ, konnte das – wie im Falle der IKB – deren Kapazitäten schnell überfordern.

Dancing as long as the music plays

Heute ist klar, dass die Ratings der CDO-Tranchen ebenso verlogen waren wie einst die von Enron, Worldcom oder Parmalat, die ebenfalls bis kurz vor ihrem bitteren Ende von den Rating-Agenturen Bestnoten erhalten hatten. Da diese Agenturen eben nicht externe Beobachter, sondern satte Mitverdiener des Verbriefungshandels und -schwindels waren, sollte das auch niemanden wirklich überraschen. Das heißt nicht, dass die Ratings einfach nur manipuliert waren. Falsch war eigentlich nur eine Annahme, auf der die gesamte Finanzmathematik allerdings wesentlich beruhte: Die Annahme, irgendjemand könnte die Ausfallwahrscheinlichkeiten der gebündelten Kredite genau kennen beziehungsweise man könnte einfach die Werte der Vergangenheit zugrunde legen.

Denn es waren diese langfristigen Erfahrungswerte über Zahlungsausfälle bei Hypotheken, Kreditkartenschulden oder auch Firmendarlehen, mit denen das Risiko der ABSs und CDOs und damit ihre Ratings berechnet wurden. Aber diese Werte hatten mit der Gegenwart schon deshalb nichts zu tun, weil es derart laxe Standards bei der Kreditvergabe zuvor nie gegeben hatte. Weder existierten hinreichende Erfahrungen mit variabel verzinsten Hypotheken im Allgemeinen, noch mit einem Subprime-Markt, der sein Volumen jährlich fast verdoppelte. Von Immobilienpreisen, die nach Jahren eines beispiellosen Booms möglicherweise um zwanzig oder dreißig Prozent einbrechen, ganz zu schweigen. Die ausgefeilteste und komplizierteste Mathematik aber ist von geringem Nutzen, wenn die Kalkulationen auf den falschen Daten beruhen. Die Formel zu kennen, nach der sich das Volumen einer Kugel berechnen lässt, ist ja auch nur von begrenztem Nutzen, wenn man kein Gerät hat, mit dem man ihren Radius messen kann.

Wenn etwa die Ausfallquote von Subprime-Darlehen tatsächlich »nur« bei zehn bis vierzehn Prozent liegt, wie im langjährigen Schnitt bis 2006, dann kann der Inhaber einer Senior Tranche, die erst von Verlusten oberhalb von 16 Prozent betroffen wird, sich einigermaßen sicher fühlen. Die Hälfte aller auf dem Markt befindlichen Subprime-Hypotheken stammt nun aber aus einem einzigen Jahr: 2006. Da die Standards bei der Kreditvergabe hier noch verlotterter waren als in den Jahren davor, kann das die Wahrscheinlichkeit, dass solche Kredite während ihrer Laufzeit faul werden, gut und gern verdoppelt haben. Oder auch verdreifacht, immerhin waren, wie erwähnt, schon Ende 2006 zwanzig Prozent aller Subprime-Kreditnehmer zahlungsunfähig. Vielleicht wird es bald jeder zweite sein, keiner weiß das genau. Und schon gar keiner wusste es im Jahr 2006, als die entsprechenden Darlehen in ABS-Papiere verpackt und diese mit einem Rating versehen wurden. Bei einer Ausfallquote von fünfzig Prozent etwa werden auch die Senior Tranchen zu Junk Bonds.

Die Crux des ganzen Prozesses besteht also darin, dass die gelobten Finanzinnovationen, die ein boomendes Segment von Hochrisiko-Krediten überhaupt erst ermöglicht haben, genau damit die Grundlagen zerstörten, auf denen ihre eigene Bewertung beruhte.

Das vorherzusehen war eigentlich nicht so schwierig. Tatsächlich belegt ein 37-seitiger Bericht der US-Börsenaufsicht SEC vom Frühsommer 2008, dass die Analysten und Manager der großen Rating-Agenturen um die realen Gefahren der Subprime-Kredite sehr wohl wussten und sich in internen Mails vergnügt über den Unsinn ihrer eigenen Ratings austauschten. »Hoffentlich sind wir alle reich und in Rente, wenn dieses Kartenhaus zusammenfällt«[14], teilte beispielsweise ein Analyst einem anderen bei dieser Gelegenheit mit. Die Modelle zur Bewertung der CDOs würden nicht einmal die Hälfte der tatsächlichen Risiken abbilden, notierte eine Analystin und mokierte sich: »Dies hätte von Kühen (Cows) strukturiert werden können und wir würden ein Rating vergeben.«[15]

An letzterer Aussage sollte man nicht zweifeln. Und es spielt im Grunde auch keine Rolle, ob die CDOs nach Maßgabe ausgeklügelter Software-Pakete aus den zugrunde liegenden Schrottanleihen gebastelt wurden oder man die Kredite einfach nach irgendeinem Zufallsprinzip zusammengeworfen hätte, das sich auch daran hätte orientieren können, ob eine Kuh gerade Muh sagt oder Muuuuuuuh oder vielleicht Muäääh. Solche Cow Structured Securities (CSS) wären wohl nur unwesentlich risikoreicher als die ausgefeilten Senior Tranchen der CDOs, und sie hätten sich zweifelsohne ebenfalls flotter Nachfrage erfreut, sofern auch nur ein Star-Analyst sich bereit gefunden hätte, sie als letzten Kick der innovativen Finanzbranche und unerlässlichen Bestandteil jedes smarten Portfolios abzufeiern.

Aber auch wenn es zu den CSS leider nicht mehr gekommen ist: So lange das Geld in Strömen floss und sich Kreditvermittler, Banken, Rating-Agenturen, Hedgefonds und sonstige Investoren am Aufblähen der Kreditblase eine Goldene Nase verdienten, solange gab es eben nur ein Interesse: das Rad, koste es, was es wolle, am Laufen zu halten. Allein 2006 wurden Hausdarlehen im Wert von 1,9 Billionen Dollar in Asset Backed Securities verpackt, verbrieft und verkauft, etwa ein Viertel davon Subprime-Hypotheken. Insgesamt wurden in jenem einen Jahr kreditbasierte Wertpapiere in einem Umfang von 4,6 Billionen Dollar auf den Markt geworfen.

Seit 1999 hatte sich das Volumen von ABS-Papieren damit fast verfünffacht. Das von Credit-Default Swaps hat sich in nur sechs Jahren sogar verzweiundsiebzigfacht.[16] Natürlich wurden solche Swaps bei weitem nicht nur für die Konstruktion synthetischer CDOs geschaffen, sondern auch in andere Investmentvehikel eingebaut oder eigenständig gehandelt. Seit 2004 gibt es sogar extra Indizes dafür, auf die wiederum separat gewettet werden kann.

Die genannten Beträge lassen den Umfang an Vermittlungs- und Beratungsgebühren ahnen, welche die diversen Akteure im Geschäft mit der Verschuldung in ihre Taschen schaufeln konnten. Nicht zu reden von den Gewinnen aus dem spekulativen Kauf und Weiterverkauf solcher Papiere. Denn wenn der Handel mit den ABS und CDOs auch over-the-counter lief, war er deshalb nicht minder rege. Für viele Investoren war die erwartete Wertsteigerung der CDOs und damit der Gewinn, der sich aus ihrem Weiterverkauf ziehen ließ, wahrscheinlich sogar das primäre Motiv, Geld in diese windigen Produkte zu versenken. Denn völlig unabhängig von der Höhe der langfristigen Einnahmen, die sie versprachen oder nicht versprachen: Solange es immer noch einen gab, an den man die erworbene CDO-Tranche zu einem höheren Preis weitergeben konnte, als man selbst gezahlt hatte, lohnte sich die Investition. Aus dem gleichen Grund hätte man eben auch mit den oben besprochenen Cow Structured Securities ein blendendes Geschäft machen können, oder auch gleich mit Pflastersteinen oder dem Mist, den die Kühe auf ganz natürliche Weise produzieren. Wichtig ist nur die Aussicht, dass es immer noch einen größeren Trottel gibt, der einem das Zeug zu einem höheren Preis abkauft, als man selbst gezahlt hat.

Wir haben es hier also wieder, das gute alte Schneeballsystem, mit dem die ersten Spieler tatsächlich viel Geld verdienen können, während den letzten bekanntlich die Hunde beißen. Oder, wie Chuck Prince, lange Jahre Boss einer der größten internationalen Banken, der Citigroup, es im Juli 2007 ausdrückte: »When the music stops, in terms of liquidity, things will be complicated. But as long as the music is playing, you've got to get up and dance. We're still dancing.«[17] Es waren allerdings schon die letzten Runden, die der gute Chuck zu dieser Zeit drehte. Mit Beginn der Finanzkrise trudelte die Citigroup tief in die roten Zahlen, und Chuck Prince wurde am 2. November 2007 gefeuert.

Die Wirkung der unübersichtlichen Konstruktionen, auf denen die CDOs beruhten und denen sie zunächst ihren sagenhaften Erfolg zu verdanken hatten, verkehrte sich mit Ausbruch des Finanzbebens natürlich ins genaue Gegenteil. Als die steigenden Ausfallraten bei US-Hypothekenkrediten deutlich machten, dass mit den Ratings der aus ihnen gebastelten Papiere irgendetwas nicht stimmen konnte, wurden diese von den Investoren mit der gleichen Vehemenz verschmäht, mit der sie sich vorher nach ihnen gerissen hatten. Denn niemand konnte einschätzen, welches Risiko denn nun wirklich in einer CDO-Tranche steckte.

Zwar wird ein Teil der US-Hypotheken irgendwann sicherlich zurückgezahlt werden, und ebenso sicher werden US-Immobilien nicht jeglichen Wert verlieren. Aber die realistischen Ausfallquoten der betreffenden Kredite liegen völlig im Nebel und überdies weiß niemand genau, welche Papiere in welchen CDOs wie verpackt sind. Da die Ratings zudem jedes Vertrauen verloren hatten, brach die Preisbildung für die hypothekenbasierten Papiere zusammen.

Das neue Geschäft der Heuschrecken

Als das Misstrauen erst einmal da war, begann man natürlich auch, über den Wert der Assets anderer Asset Backed Securities genauer nachzudenken. Also etwa der US-Konsumentenschulden oder der Kredite, die die Raubzüge der Heuschrecken finanziert hatten. Das Ergebnis dieses Nachdenkens fiel nicht günstiger aus als bei den Hypotheken-Papieren. In der Folge blieben die Banken im Juli 2007 auf Finanzierungspaketen im Wert von sechzig Milliarden Dollar sitzen, die sich schlechterdings nicht mehr weiterverkaufen ließen. Die Pakete enthielten überwiegend Kredite an die Firmenpiraten, die die Banken natürlich nicht gern in ihren Büchern behalten wollten.

Von einem Tag zum nächsten war der gesamte Markt für Asset Backed Securities ausgetrocknet. Zwar lassen sich manche Papiere immer noch verkaufen, und viele Banken müssen verzweifelt verkaufen, um ihre Bilanzen zu bereinigen, aber sie tun dies für Preise, die weit unterhalb des sehr wahrscheinlich doch noch vorhandenen Werts dieser Papiere liegen. Damit bieten die ABS und CDOs sogar schon wieder eine – hochrisikoreiche und spekulative – Geschäftsmöglichkeit: Man kann sie strauchelnden Banken zu Spottpreisen abkaufen, in der Hoffnung, sie irgendwann doch wieder zu höheren Preisen weiterreichen zu können. Das kann natürlich auch schiefgehen, aber darin besteht ja das Wesen jeder Spekulation.

Naturgemäß sind es vor allem Hedgefonds, die sich auf diesem Feld betätigen. Sie sind aber nicht die einzigen. Seit die Banken nicht mehr bereit sind, jeden noch so abenteuerlichen Unternehmenskauf mit Milliarden an Kreditgeld zu sponsern, ist den Private Equity-Heuschrecken immerhin ein wichtiges Geschäftsfeld abhanden gekommen. Also wurde fieberhaft nach Ersatz gesucht. Im Frühjahr 2008 meldete das *Handelsblatt,* dass diverse Private Equity-Häuser, darunter Blackstone, Apollo und KKR, milliardenschwere Fonds aufgelegt haben, um den Banken Problemkredite und die auf ihnen basierenden Papiere abzunehmen.[18]

33 Milliarden Dollar wurden allein im ersten Halbjahr 2008 für diesen Zweck eingesammelt. Dabei geht es vor allem um den Aufkauf von Krediten, die die Banken einst zur Finanzierung der Leveraged Loans, also der kreditfinanzierten Übernahmen, vergeben hatten.

Wenn die Firmenpiraten jetzt die zweifelhaften Kreditpakete, deren Entstehung sie selbst zu verantworten haben, zu Niedrigpreisen kaufen, schliesst sich ein Kreis: Nachdem der Private Equity-Hai zuvor seinen Gewinn daraus gezogen hatte, die übernommene Firma auszuschlachten und sich die Kredite an sie als Superdividende auszahlen zu lassen, bekommt er das Geld – vermehrt um Zins und Zinseszins – jetzt faktisch zum zweiten Mal: Denn als Inhaberin der Kreditpapiere fließen der Heuschrecke eben jene Zahlungen zu, die die Firmen zur Verzinsung und Tilgung der ihnen vorher von ihr aufgehalsten Schulden zu leisten haben. Und da die Papiere billig erstanden wurden, bleiben sie wohl selbst dann profitabel, wenn ein Teil der Firmen dieses Ausbluten am Ende nicht überlebt.

Jene Papiere wiederum, die so unappetitlich sind, dass sie selbst den Heuschrecken und Geierfonds den Magen verderben würden, werden den Geldhäusern wohl die Staaten abnehmen. Der US-amerikanische etwa legte eigens zu diesem Zweck ein Rettungspaket von siebenhundert Milliarden Dollar auf.

Europa zog mit Rettungsfonds und Garantieerklärungen von über zwei Billionen Euro nach.[19]

Resümee

Die jüngste Kreditparty lässt sich auf einen kurzen Nenner bringen: Sowohl das Interesse der Banken an grenzenloser Kreditexpansion als auch ihre Fähigkeit dazu erklären sich aus der Möglichkeit, Kredite zu verbriefen und weiterzuverkaufen. Befreit von jedem Risiko haben die Geldhäuser lustvoll die hoffnungslosesten Hypotheken, die sinnlosesten Konsumentendarlehen und die abenteuerlichsten Unternehmensübernahmen finanziert und so im Verlaufe weniger Jahre Tausende Milliarden Dollar in Kredite versenkt, die zu einem erheblichen Teil niemals zurückgezahlt werden können. Diese Kredite wurden dann auf möglichst unübersichtliche und verschrobene Weise in Papiere verpackt, ein Geschäft, an dem sich Investmentbanken und Rating-Agenturen goldene Nasen verdienten. Die erstklassigen Ratings, die ein großer Teil dieser Papiere erhielt, machten sie als rentierliche Anlage für Investmentfonds, Pensionsfonds und sogar Zentralbanken aus aller Welt lukrativ und sorgte für den reißenden Absatz, der nötig war, um das Rad am Laufen zu halten. In Form ihrer außerbilanziellen Schattenvehikel gehörten die Banken sogar selbst zu den Käufern.

Der Schwindel flog auf, als die US-Immobilienblase platzte und die Zahlungsausfälle eskalierten. Seither sind die Asset Backed Securities zum billionenschweren finanziellen Sondermüll geworden, Papiere, die jeder gern loswerden, aber keiner mehr haben will.

Um den jahrelang gefeierten freien Markt vor seiner Selbstzerstörung zu retten, tritt als letzter verbliebener Großeinkäufer jetzt der Staat auf den Plan.

Anmerkungen

5 G. Dell'Ariccia, D. Igan, L. Laeven, Credit Booms and Lending Standards: Evidence from the Subprime Mortgage Market, 2008
6 *Handelsblatt*, 20. Oktober 2006
7 *Financial Times Deutschland*, 7. Mai 2008
8 *Handelsblatt*, 7. Juli 2008
9 *Handelsblatt*, 9. September 2008
10 Ebenda

11 Zitiert nach: Wolfgang Köhler, Wall Street Pani, 2008, S. 48
12 Ebenda
13 Wolfgang Münchau, Vorbeben, 2008, S. 115
14 *Handelsblatt,* 10. Juli 2008
15 Ebenda
16 *Financial Times Deutschland,* 25. März 2008
17 J. Eatwell et al., Financial Supervision and Crisis Management in the
    EU, 2007
18 *Handelsblatt,* 15. April 2008
19 *Handelsblatt,* 16. Oktober 2008

2. Kapitel
Rationaler Überschwang

*Ich kann die Bewegung der Himmelskörper berechnen, aber
nicht den Wahnsinn der Menschen.*

> Isaac Newton, nachdem er
> 20 000 Pfund in Aktien der
> South Sea Company verloren hatte

Kleine Historie des Spekulationswahns

Der Zyklus, den der Handel mit Asset Backed Securities und
CDOs durchlaufen hat, war eine klassische Spekulationsblase.
Solche Blasen sind seit den frühesten Tagen der Geld- und Kreditwirtschaft immer wieder aufgetreten, unbeeindruckt von
den Prämissen der neoklassischen Orthodoxie, nach denen es
sie eigentlich gar nicht geben dürfte. Einige der bekanntesten
historischen Spekulationsmanien wollen wir uns im folgenden
kurz ansehen.

Die holländische Tulpenmanie

Schauplatz einer der frühesten historisch dokumentierten Spekulationsblasen waren die Niederlande. Gegenstand der Spekulation waren in diesem Fall nicht ausgeklügelte Finanzpapiere,
sondern ordinäre Tulpenzwiebeln. Wie es dazu kam, soll uns
hier nicht interessieren. In jedem Fall galten Tulpen im Jahr
1636 plötzlich als hochattraktives Investitionsobjekt, und zwar
nicht wegen ihrer schönen Blüten, sondern weil ihre Preise regelrecht explodierten. Es lohnte sich also, Tulpenzwiebeln zu

kaufen, eine Weile liegen zu lassen, und dann wieder zu verkaufen. Die Preissteigerungen waren so rasant, dass die, die früh genug ins Tulpen-Business eingestiegen waren, steinreich wurden. Aus diesem Grund zog das Geschäft immer neue Leute an, was die Preise weiter nach oben trieb.

Als die Blase sich aufzublähen begann, hatte eine ordinäre Tulpenzwiebel plötzlich einen Geldwert, für den man damals einen Wagen und zwei Pferde hätte kaufen können. Und das war erst der Anfang. Um die wachsende Nachfrage zu bewältigen, wurden auf der Amsterdamer Börse Stände für den Handel mit Tulpenzwiebeln eingerichtet. Manche Händler verkauften alles, was sie hatten – Land, Häuser, Schmuck – und investierten ihr Vermögen in Tulpen. Viele erhöhten ihre Kaufkraft zusätzlich durch Kredite. Zwar gab es damals noch kein entwickeltes Banksystem, aber viele Käufer verschuldeten sich einfach bei den Verkäufern, die mit den Zinsen auf diesen Kredit vom weiteren Preisanstieg der Tulpenzwiebel profitieren konnten. Das dehnte den Handel weit über die Grenzen der mit Metallgeld ausgestatteten Nachfrage aus und trieb die Preise weiter nach oben. Auch Geld aus dem Ausland strömte an die Amsterdamer Börse und trug zur wirtschaftlichen Prosperität des ganzen Landes bei. Denn die reich gewordenen Händler fragten natürlich auch andere Güter nach und gaben das mit den Tulpen verdiente Geld an Tischler, Zimmerer oder Goldschmiede weiter.

1637 endete der Spuk so unvermittelt, wie er begonnen hatte. Einige größere Spekulanten verkauften ihre Tulpendepots, die Preise hörten auf zu steigen und die plötzlich grassierende Angst vor einem Preisverfall führte dazu, dass immer mehr Zwiebeln auf den Markt geworfen wurden. Weil alle verkaufen, aber niemand mehr kaufen wollte, stürzten die Preise ins Nichts. Wer sein ganzes Geld in Tulpen investiert hatte oder, schlimmer, sich für den Tulpenkauf auch noch verschuldet hatte, war ruiniert. Viele verarmten und die holländische Wirtschaft taumelte in eine tiefe Krise.

Die holländische Tulpenmanie hatte bereits alle Merkmale einer typischen Spekulationsblase. Auch wenn später immer komplexere Finanzprodukte zum Gegenstand der Spekulation wurden, hat sich am Verlauf nichts Wesentliches geändert.

Die nächsten Blasen, die diesem Muster folgten, ereigneten sich in Paris und London in den Jahren 1717 bis 1720. Hier waren es zum ersten Mal Aktien, die zum Objekt der Begierde wurden. Ausgangspunkt der Mississippi-Blase waren Geldsorgen der französischen Krone, deren Staatsfinanzen sich nach den teuren spanischen Erbfolgekriegen in einem desolaten Zustand befanden. Hauptakteur war ein rühriger, nach Paris emigrierter Geschäftsmann aus Edinburgh namens John Law, der eine wundersame Goldquelle entdeckt hatte. Diese Quelle waren Aktien der Mississippi-Handelsgesellschaft, einem Unternehmen, das 1717 von Law gegründet und von der Krone mit umfassenden Privilegien für den Handel mit den französischen Kolonien in Amerika ausgestattet wurde. Weil der Kolonialhandel naturgemäß eher Raub als Austausch ähnelte und die Gesellschaft zudem ein Monopol besaß, waren die Gewinnperspektiven der Mississippi-Gesellschaft vielversprechend und die Nachfrage nach ihren Aktien entsprechend hoch.

John Law begann also, in großem Umfang Mississippi-Aktien auszugeben, die auf begeisterte Nachfrage stießen. Trotz mehrfacher Kapitalerhöhungen stiegen die Preise der Aktien immer weiter, und diese Kurssteigerungen waren für die Anleger ein Grund mehr, sich für die Mississippi-Papiere zu interessieren. Irgendwann war es wohl nur noch die Erwartung weiter steigender Kurse, die den Geldadel aus ganz Europa zum Kauf der Mississippi-Aktien motivierte. Die Aktien wurden zudem nicht nur gegen Metallgeld, sondern auch gegen Banknoten verkauft, die die Pariser Banque Royale, deren Direktor pikanterweise ebenfalls John Law war, fleissig emittierte und interessierten Aktienkäufern als Darlehen zur Verfügung stellte. Diese Kredite vervielfachten die zahlungskräftige Nachfrage. Bald kannte die Hausse keine Grenze mehr.

John Law hatte eine Geldmaschine gefunden: Die Aktien wurden ihm aus den Händen gerissen, und mit dem leicht verdienten Geld gewährte er dem französischen Königshaus niedrig verzinste Kredite, mit denen es seine Finanzen sanieren und sich ein schönes Leben machen konnte. Gold und Silber aus ganz Europa strömten nach Paris, um sich an der Mississippi-Spekulation zu beteiligen. Zu den eifrigsten Käufern von John Laws Aktien gehörten auch Geldleute aus dem Vereinigten Königreich, was bei der britischen Regierung allerdings für Verärgerung sorgte. Denn diese wollte das Geld lieber im eigenen Land behalten, statt mit britischem Gold und Silber die Wohlfahrt Frankreichs und den verschwenderischen Luxus der französischen Krone zu finanzieren.

Also begann man, in London mit Aktien der South Sea Company das gleiche Spektakel zu initiieren, das John Law mit den Mississippi-Papieren vorgeführt hatte. Da das Geschäft der South Sea Company auf ähnlichen Prinzipien beruhte wie das ihrer französischen Schwestergesellschaft, nahm die Londoner Hausse ähnliche Ausmaße an und griff sogar auf die gesamte Londoner Börse über. Auch in diesem Fall war keineswegs nur nationales Geld engagiert, sondern es war nicht zuletzt die französische Oberschicht, die in South Sea-Aktien kräftig mitspekulierte.

1719, als die Londoner Hausse sich ankündigte, begannen einige englische Kaufleute in Paris Kasse zu machen. Sie verkauften die hochbewerteten Aktien der Mississippi Company gegen Banknoten und lösten diese Noten bei den Pariser Banken gegen echtes Edelmetall ein, das sie über den Kanal nach England zurückschifften. Da indessen auf dem ganzen europäischen Kontinent nicht so viel Gold und Silber vorhanden waren, wie die Mississippi-Aktien auf dem Gipfel des Booms an Wert vorgaukelten, platzte die Blase. War eine Fünfhundert-Livre-Aktie der Mississippi-Gesellschaft in der Spitze für sagenhafte 10 000, im Terminhandel sogar für 15 000 Livre verkauft worden, fielen die Kurse jetzt noch schneller, als sie zuvor gestiegen waren. Auch das Vertrauen in die Banknoten der Banque Royal, die nur zu einem verschwindend kleinen Teil durch Edelmetall gedeckt waren, war bald ruiniert. Es kam zu einem Run auf die Bank, John Law verlor seinen Posten und floh außer Landes.

Im August 1720, als die erste Dividendenzahlung der South Sea Company anstand, war auch die Hausse in England beendet. Die Kurse der South Sea-Aktien stürzten ebenso schnell ab wie vorher die der Mississippi-Gesellschaft, und sie zogen die gesamte Londoner Börse mit sich in die Tiefe. Von den über 950 Pfund, zu denen die Papiere auf dem Gipfel der Hausse gehandelt worden waren, blieben Ende 1720 noch etwa einhundert Pfund übrig. Im Ergebnis war eine ziemlich große Menge Geld neu verteilt worden. Diejenigen, die früh genug ausgestiegen waren, hatte die bis dahin beispiellose Kursrallye reich gemacht. Andere hatten alles verloren. John Law verstarb neun Jahre später als Emigrant in Venedig.

Grundstücksboom in Florida

Im 20. Jahrhundert waren es meist Aktien oder Immobilien, die den Stoff für spekulative Blasen lieferten. Eine typische Immobilienblase hatte sich beispielsweise Mitte der zwanziger Jahre in Florida aufgebaut. Eisenbahnen und Autos anstelle von Pferdekutschen hatten die sonnige Halbinsel näher an den Norden gerückt, und höhere Einkommen sorgten dafür, dass ein Sommerhaus im Warmen für immer mehr Familien der oberen Mittelschicht erschwinglich wurde. Das war der reale Hintergrund für steigende Grundstückspreise in Florida. Die Aussicht, Bauland auf der Halbinsel morgen teurer weiterverkaufen zu können, als man es heute gekauft hatte, lockte wiederum in immer größerer Zahl Käufer auf den Markt, die in Florida gar nicht bauen, sondern einfach nur Geld machen wollten. Die Preissteigerungen eskalierten, als man dazu überging, Bauland gegen eine Anzahlung von nur zehn Prozent zu verkaufen. Immerhin konnten die Investoren mit der gleichen Geldsumme jetzt einen bis zu zehnmal höheren Preis bezahlen. Der als sicher angenommene Weiterverkauf zu noch höheren Preisen ließ Sorgen betreffs der Tilgung dieser Kredite gar nicht erst aufkommen.

Bald fanden auch völlig unwirtliche Sumpfgebiete reißenden Absatz, sofern sie nur in Florida lagen. Zwar gab es niemanden, der seine Sommerresidenz auf modrigem Grund zwischen Wasserschlangen und Krokodilen errichten wollte. Aber es gab genügend Leute, die auf einen größeren Idioten spekulierten, der ihnen diese Grundstücke teurer wieder abkaufen würde, als sie sie gekauft hatten. Und eine gewisse Zeit lang ging diese Spekulation tatsächlich auf. Irgendwann allerdings ließ der Strom neuer Käufer nach, möglicherweise, weil sich an der Wall Street neue interessante Investitionsmöglichkeiten ankündigten. Ein Hurrikan beendete die Florida-Manie endgültig, die Preise stürzten ab und teuer erworbene Eigentumstitel auf unbewohnbare Landflecken waren plötzlich keinen Cent mehr wert.

Die Spekulationsblase der zwanziger Jahre

Die bekannteste Aktien-Blase der bisherigen Geschichte ist zweifellos die Spekulationshausse an der Wall Street im Vorfeld des »Schwarzen Donnerstags« 1929, der in Deutschland wegen der zeitlichen Verzögerung des Crashs an den europäischen Börsen eher als »Schwarzer Freitag« bekannt ist. Auch diese Blase hatte einen realen Ausgangspunkt: Die amerikanischen Unternehmen machten während der zwanziger Jahre hohe Gewinne und zahlten daher attraktive Dividenden. Darüber hinaus hatte Großbritanniens Premier Churchill die Goldwährung in England wieder eingeführt, was eine Überbewertung des Pfund, also amerikanische Exportüberschüsse auf der britischen Insel und einen Goldabfluss in Richtung Vereinigte Staaten zur Folge hatte. Das alles erhöhte den Kreditspielraum amerikanischer Banken, und ein Markenzeichen der damaligen Spekulationswelle bestand darin, dass sie zum erheblichen Teil über sogenannte Maklerkredite finanziert wurde. Diese Kredite, die mit Aktien und Barhinterlegungen gesichert wurden, erlaubten es dem einzelnen Spekulanten, ein Rad zu drehen, das um ein Vielfaches größer war als das Kapital, das ihm tatsächlich zur Verfügung stand.

Zwischen 1924 und 1929 verdreifachte sich der Wert amerikanischer Aktien, eine Wertsteigerung, mit der die Dividenden selbstverständlich nicht mithalten konnten. Aber das war auch gar nicht nötig, denn längst wurde an der Wall Street in erster Linie auf steigende Kurse und nicht mehr auf die mit den Aktien verbundenen Einnahmen spekuliert. Welche Kurssprünge damals als normal angesehen wurden, lässt sich daran ermessen, dass der Zinssatz für Maklerkredite Ende 1928 zwölf Prozent erreichte und dieses teure Geld den Banken immer noch aus den Händen gerissen wurde. Finanziert wurden die expandierenden Kredite mit Geld aus allen Teilen der Welt, das von den hohen Renditen angelockt wurde und in rauen Mengen nach New York strömte. Auch amerikanische Unternehmen gingen in immer größerer Zahl dazu über, ihre Gewinne an der Wall Street zu verleihen, statt sie real zu investieren, und trugen so zu dem florierenden Kreditwesen bei. Allein der Ölkonzern Standard Oil beispielsweise soll damals täglich etwa 69 Millionen Dollar auf den Geldmarkt geschleust und so die teuren Kredite für Aktienkäufe mitfinanziert haben.

Eine Neuerung der damaligen Aktienblase bestand im Aufkommen sogenannter Investmenttrusts. Diese Trusts produzierten nichts und waren volkswirtschaftlich so überflüssig wie die Private Equity-Haie oder Hedgefonds heute. Wie diese waren sie reine Anlagevehikel, die Aktien kauften und dabei besonders hohe Renditen erwirtschaften konnten, weil sie sich selbst nur zu einem Teil über Aktien, hauptsächlich aber über Schulden – nämlich durch die Ausgabe von Pfandbriefen – finanzierten. Wenn die Kurse der Aktien normaler Unternehmen um, sagen wir, 20 Prozent stiegen, konnte ein Investment-Trust, der die Spekulation in diesen Aktien zur Hälfte über Pfandbriefe finanzierte, seine Anleger also schnell mit einem Zugewinn von fast vierzig Prozent erfreuen.

Insbesondere in den Jahren 1928 und 1929 wurden immer neue Investment-Trusts gegründet, die allein 1929 Aktien im Wert von rund drei Milliarden Dollar an die Anleger verkauften. Das war etwa ein Drittel aller insgesamt in jenem Jahr neu ausgegebenen Aktien. Im Herbst 1929 belief sich das Gesamtvermögen der Investment-Trusts auf acht Milliarden Dollar, eine für damalige Verhältnisse unvorstellbar hohe Summe und das Elffache des Werts, mit dem sie 1927 gestartet waren. In der Regel wurden die Investment-Trusts von anderen kommerziellen Unternehmen wie Investmentbanken oder Handelsbanken getragen. Auch Investment-Trusts selbst gründeten mit Vorliebe wieder neue Investment-Trusts, und konstruierten so immer verschachteltere und unübersichtlichere Finanzpyramiden. Dabei verwaltete ein typischer Investment-Trust die Wertpapiere von fünfhundert bis eintausend verschiedenen Unternehmen. Aufgrund der skizzierten Hebelwirkung stiegen die Kurse der

Aktien dieser Kapitalmonster noch schneller als der gesamte Markt. Zugleich trieben sie selbst als hyperliquide Aktienkäufer das Spekulationsfieber weiter an.

Die Aktien der Investment-Trusts waren freilich auch die ersten, die ins Bodenlose stürzten, als die Börsendynamik sich in die entgegengesetzte Richtung verkehrte. Ein weiterer Beschleuniger des Abwärtstrends, der im Oktober 1929 einsetzte, waren die mit den Maklerkrediten verbundenen Nachschusspflichten, die viele Anleger bei fallenden Kursen zu zusätzlichen Verkäufen zwangen, um die nötigen Barmittel zur Hinterlegung der Kredite aufzutreiben. Da die Aktien der Investment-Trusts schon einen Monat nach dem Platzen der Blase so unverkäuflich waren wie gegenwärtig die Asset Backed Securities, blieb den meisten Anlegern nichts übrig, als gediegenere Papiere, etwa Aktien von General Motors, ebenfalls auf den Markt zu werfen.

Das Ergebnis ist bekannt. Alle wollten oder mussten verkaufen, die Kurse fielen schließlich so schnell, dass das Kursbarometer nicht mehr hinterherkam, und aufgrund der Beteiligung internationalen Geldes übertrug sich der Crash mit geringer zeitlicher Verzögerung auch auf die Aktienmärkte in Europa und Asien. Kurze Zeit später begann ein großes Bankensterben und die amerikanische wie die Weltwirtschaft taumelten in die schlimmste Depression der bisherigen Geschichte. Das amerikanische Bruttoinlandsprodukt fiel innerhalb von drei Jahren um ein Drittel, und jeder vierte Amerikaner verlor seine Arbeit. In hochentwickelte Industrieländer wie Deutschland kehrten mit der Massenarbeitslosigkeit Hunger und schlimmste Formen des Elends zurück.

Natürlich lag der Grund für diese dramatische Krise nicht allein darin, dass an der Wall Street plötzlich die Bären tanzten und die riesige Aktienblase mit großem Knall geplatzt war. Vielmehr entlud sich jetzt das explosive Potenzial binnen- und weltwirtschaftlicher Ungleichgewichte, die sich über Jahre aufgetürmt hatten. Aber der Zusammenbruch an den Weltbörsen war der Auslöser dafür.

Nach dem Ende des Zweiten Weltkriegs wurden die Finanzmärkte zunächst für einige Jahrzehnte so strikt reguliert, dass sich keine Blasen mehr bilden konnten. Um so größer und häufiger wurden sie dafür gegen Ende des letzten Jahrhunderts, als sich das Geld wieder so frei über den Globus bewegen konnte wie in den Zwanzigern, allerdings dank einer Reihe technischer Innovationen nunmehr mit Lichtgeschwindigkeit und in Konstruktionen verpackt, im Vergleich zu denen die verschrobensten Investment-Trusts der zwanziger Jahre geradlinige und übersichtliche Investitionsgelegenheiten waren.

Der Schwarze Montag 1987

Mitte der siebziger Jahre hatte die Deregulierung der Finanzmärkte weltweit begonnen, und der erste größere Börsencrash folgte pünktlich ein Jahrzehnt später: im Oktober 1987. Vergleichbar mit der Aktienblase vor 1929, hatten sich in den Jahren zwischen 1982 und 1987 die Kurse amerikanischer Aktien verdreifacht, während die reale Wirtschaft noch deutlich langsamer wuchs als in den vermeintlich Goldenen Zwanzigern. Allein zwischen Januar und August 1987 war der Dow Jones noch einmal um vierzig Prozent nach oben gesprungen. Am 19. Oktober 1987 gab es an der New Yorker Börse einen scheinbar unmotivierten heftigen Rückschlag, bei dem der Dow Jones knapp ein Viertel seines Wertes verlor. Sechshundert Millionen Aktien wechselten damals an einem einzigen Handelstag den Besitzer, ein virtuelles Vermögen von fünfhundert Milliarden Dollar wurde dabei vernichtet. Im Handumdrehen hatte sich der Crash auch an die anderen Börsen der Welt übertragen.

Hintergrund dieses Ereignisses waren zum einen weltwirtschaftliche Spannungen, ein schleichender Wertverlust des Dollar und eine Zinserhöhung der Bundesbank, die Ängste bezüglich Kapitalabflüssen aus den Vereinigten Staaten verstärkte.

Die Ausmaße des Kursrutsches vom Schwarzen Montag 1987 lassen sich damit jedoch nicht erklären. Sie sind darauf zurückzuführen, dass sich im Aktienhandel immer mehr institutionelle Investoren tummelten, deren Handelsentscheidungen weitgehend von Computern gesteuert waren. Eine winzige Kursschwankung konnte sich so zu einer gewaltigen Verkaufswelle akkumulieren, weil alle diese Computer ähnlich programmiert waren und auf das gleiche Negativsignal mit der gleichen Verkaufsorder reagierten.

Genau das war im Oktober 1987 geschehen. Damals spielten vor allem sogenannte Portfolio-Insurance-Programme eine wichtige Rolle, die eigentlich dazu dienen sollten, einmal erreichte Wertsteigerungen im Aktienportfolio abzusichern. Zu diesem Zweck wurde bei Unterschreiten einer bestimmten Kursschwelle ein automatischer Verkauf der Aktien eingeleitet. Dieses Prinzip, von vielen angewandt, bedeutet natürlich, dass ein geringfügiger Rückgang im Kursbarometer einen massenhaften Ausverkauf von Aktien auslöst und gerade dadurch den Einbruch um ein Vielfaches verstärkt. Am Ende wurde gerade auf diesem Weg das Portfolio nicht gesichert, sondern völlig zerstört.

Dank schnell einsetzender Stützungskäufe der Unternehmen und auch der Banken, die dafür von der amerikanischen Zentralbank großzügig mit Liquidität versorgt wurden, fing sich der Markt 1987 allerdings bald wieder, und es ging erneut nach oben. Große volkswirtschaftliche Auswirkungen hatte der damalige Crash, bei dem immerhin an einem Tag mehr Werte vernichtet wurden als am Schwarzen Donnerstag im Oktober 1929, nicht.

Immobilien- und Aktienboom in Japan

Weit dramatischer waren die Konsequenzen einer Blase auf dem Immobilien- und Aktienmarkt, die sich Mitte der achtziger Jahre in Japan aufzublähen begann. Seit Beginn des Jahrzehnts schossen die Preise japanischer Immobilien nach oben. Investitionen in Häuser brachten gut dreißig Prozent Rendite im Jahr, weit mehr, als mit der Produktion von Stahl oder dem Bau von Automobilen, aber auch mit Geldanlagen damals in Japan zu verdienen war. Viele Firmen wechselten daher ins Immobilienbusiness und trieben mit ihrer Nachfrage die Preise weiter in die Höhe. Der Anstieg der Mieten blieb schnell hinter den Wertsteigerungen für Häuser und Grundstücke zurück.

Schon bald wurden Häuser nicht mehr gekauft, um Mieteinnahmen zu erzielen, sondern um sie teurer weiterzuverkaufen. Auch wurden Immobilienkäufe zu immer größeren Teilen über Kredit finanziert, weil die erwartete Rendite aus dem Weiterverkauf Zins und Zinseszins problemlos einzuspielen versprach. Da allein die Zinsen auf diese Kredite oft höher als die Mieteinnahmen waren, wurden sie in der Zwischenzeit über zusätzliche Kredite finanziert. Ohne die Liberalisierung des japanischen Finanzmarktes Anfang der achtziger Jahre, im Zuge derer die gesetzliche Regulierung von Zinsen und Kreditvolumina aufgehoben worden war, hätten die japanischen Immobilienpreise daher niemals auch nur annähernd jenen Höhenflug antreten können, den sie in den späten achtziger Jahren erlebten.

Eine wichtige Rolle spielten außerdem mehrere internationale Abkommen (das Plaza-Abkommen des Jahres 1985 und das Louvre-Abkommen 1987), die den Dollarkurs nach seinem Höhenflug Anfang der achtziger Jahre ausdrücklich wieder schwächen sollten. In Erwartung einer Yen-Aufwertung flossen daher Unmengen an spekulativem Kapital aus aller Welt nach Japan und trugen zum Aufblähen der Blase bei.

Die Banken, die sich an dem prosperierenden Immobilienmarkt goldene Nasen verdienten, entwickelten Hypotheken mit hundertjähriger Laufzeit, um die irrwitzigen Preise für private wie gewerbliche Käufer bezahlbar zu halten. Auf dem Gipfel des Spekulationswahns war der kleine Fetzen Land unter dem japanischen Kaiserpalast wertvoller als alle Grundstücke im großen US-Bundesstaat Kalifornien zusammengenommen. Da viele, die im Häuserhandel reich geworden waren, Aktien kauften, und prosperierende Immobilienunternehmen und Banken selbst an der Börse gelistet waren, befeuerte der Immobilienboom auch den japanischen Aktienmarkt. Bald baute sich an der Tokioer Börse ebenfalls eine gigantische Blase auf. 1989 waren japanische Aktien in der Summe doppelt so viel wert wie amerikanische, obwohl Japan kaum halb so viel produzierte wie die Vereinigten Staaten.

Das außer Rand und Band geratene Hypothekenunwesen beunruhigte irgendwann doch die japanische Zentralbank. Sie setzte daher 1990 eine Obergrenze für den Anteil an Krediten fest, den die Banken in Form von Immobiliendarlehen vergeben durften. Infolge dieser Regulierung konnte das Hypothekenvolumen nicht mehr in jenem wahnwitzigen Tempo weiterwachsen wie in den Jahren zuvor. Das genügte, um das ganze Kartenhaus zum Einsturz zu bringen. Denn jetzt waren die Banken nicht mehr in der Lage, immer größere Immobilienkredite auf den Markt zu werfen, um den Aufwärtstrend der Häuserpreise zu stützen. Vor allem funktionierte das beliebte Modell, Zinsen auf alte Hypotheken durch neue Kredite zu finanzieren, jetzt nicht mehr. Das löste eine ähnliche Entwicklung aus, wie wir sie gerade in den USA erleben: Immer mehr Immobilien kamen zurück auf den Markt, der Preistrend zeigte plötzlich nach unten.

Je verzweifelter die Immobilienspekulanten versuchten, ihre Investments doch noch zu versilbern, desto schneller stürzten die Preise. Da viele, um ihre Kredite zurückzuzahlen, jetzt auch Aktien verkauften, waren damit auch die Tage der japanischen Aktienblase gezählt. Der Wert japanischer Aktien fiel 1990 und 1991 um jeweils dreißig Prozent. Die japanischen Banken saßen plötzlich auf einem riesigen Berg fauler Kredite und mussten außerdem zusehen, wie ihnen ihre Aktiendepots wegschmolzen. Nach kurzer Zeit waren die meisten japanischen Geldhäuser mehr oder weniger bankrott und mussten sich schließlich in die Arme des Staates retten. Die Wirtschaft begann zu schrumpfen und verfiel in eine lang anhaltende Lethargie, die später noch durch eine deflationäre Preisspirale verstärkt wurde. Über zehn Jahre danach, im Jahr 2002, lag der japanische Aktien-Index Nikkei immer noch bei gerade einem Viertel seines Wertes von 1989/90. Die Wirtschaft hat sich von den Folgen der Blase bis heute nicht erholt.

Die Südostasien-Blase

Mit dem Platzen der Spekulationsblase in Japan wurde bereits die Saat für das Entstehen der nächsten gelegt. Die in der krisengeschüttelten japanischen Wirtschaft nicht mehr rentabel anlegbaren Gelder flossen nach Südkorea, Indonesien, Malaysia und Thailand, zusätzlich stimuliert durch die Aufwertung der japanischen Währung, die Investitionen im Ausland besonders preiswert machte. Der reale Ausgangspunkt der sich nunmehr in Südostasien entwickelnden Blasen waren billige Arbeitskräfte, kapitalhörige Diktaturen und aufstrebende Wirtschaften, die zu dauerhaft hohen Wachstumsraten fähig schienen. Tatsächlich bewirkte der Ansturm internationaler Anlagegelder bei gleichzeitig hohen nationalen Sparquoten zunächst, dass diese Länder wirtschaftlich zu prosperieren begannen. Weit schneller als die Produktion realer Güter wuchsen allerdings die fiktiven Papierwerte, die sich über ihr aufzutürmen begannen. Während die realen Wachstumsraten bei sieben bis neun Prozent im Jahr lagen, schossen die Börsen in Thailand, Malaysia und Indonesien in der ersten Hälfte der neunziger Jahre um dreihundert bis fünfhundert Prozent nach oben. Auch die Immobilienpreise explodierten. Immer mehr internationale Finanzinvestoren und Privatanleger fragten südostasiatische Währungen nach, um sich auf dem dortigen Aktien- oder Immobilienmarkt zu engagieren. Nach einer gewissen Zeit wurde wieder verkauft, der Gewinn aus der Wertsteigerung eingestrichen und das kräftig vermehrte Geld in heimatliche Gefilde zurückgeholt.

Solange die enormen Gewinnchancen immer mehr internationale Anlagegelder in die gefeierten Tigerstaaten lockten, brummte deren Wirtschaft, die gefragten Währungen werteten auf und die Aktienmärkte boomten. Im Winter 1996 indessen meldeten einige thailändische Finanzinstitute, die vor allem Konsumentenkredite vergeben hatten, plötzlich Verluste. Außerdem begann sich das Exportwachstum zu verlangsamen. Das genügte, um Zweifel an der Perspektive der thailändischen Wirtschaft und dem künftigen Wert des thailändischen Bath zu säen. Eine im Frühsommer 1997 von wenigen Hedgefonds initiierte Spekulation gegen die Thai-Währung erschöpfte in kürzester Zeit die Verteidigungskapazitäten der Nationalbank. Im Juli 1997 wertete der Bath ab und eine Fluchtwelle ausländischer Anlagegelder aus sämtlichen Tigerstaaten setzte ein, die nicht nur die südostasiatischen Währungen in den Keller trieb, sondern auch die Börsen dieser Länder. Innerhalb eines halben Jahres verloren die südostasiatischen Währungen – mit Ausnahme der chinesischen, die nicht frei konvertierbar war – über ein Drittel ihres Wertes und die Aktienmärkte stürzten bis zu sechzig Prozent in die Tiefe. In der Folge gingen zahllose Unternehmen und Banken bankrott oder wurden von westlichen

Konzernen übernommen – aufgrund der entwerteten Währungen zu Billigpreisen.

Die einstige Wachstumsregion fiel in eine verheerende Wirtschaftskrise, Arbeitslosenzahlen und Armut schnellten nach oben und viele Menschen verloren wieder all den bescheidenen Wohlstand, den sie sich in der Aufschwungphase mit Fleiß und Mühe aufgebaut hatten.

Geldschwamm New Economy

Das internationale Geldkapital aber zog weiter zum Schauplatz der nächsten Blase. Deren Baustoff waren Aktien von Firmen, deren Geschäftsidee in irgendeiner Form mit den neuen Technologien zu tun hatte, die zu jener Zeit die Wirtschaft zu revolutionieren schienen: also insbesondere mit dem Internet, aber auch mit Mobiltelefonie, Computersoftware oder Medienbusiness. Dass solche Unternehmen Anleger anzogen, war an sich durchaus rational. Das sich gerade etablierende Internet etwa eröffnete völlig neue Geschäftsfelder und, anders als in den traditionellen Industrien, lauerten in diesem noch unaufgeteilten Markt selbst für Newcomer große Expansions- und Gewinnchancen.

Wie bei jeder Blase erlebten die Aktien dieser Unternehmen allerdings bald Wertsteigerungen, die jeden Bezug zu den realistisch erwartbaren Gewinnen verloren hatten. Während General Motors Ende der neunziger Jahre an den Börsen gerade mal doppelt so hoch bewertet wurde wie die in seinen Bilanzen ausgewiesenen Besitztümer, lag dieses Verhältnis für Microsoft bei eins zu zehn. Und Microsoft war wenigstens noch ein »New Economy«-Unternehmen, das tatsächlich Profite machte. Die meisten wurden hingegen für ihre Verluste honoriert.

Diese Idiotie hatte sogar eine eigene Theorie hervorgebracht, die besagt, dass das Wachstumspotenzial einer Firma umso größer ist, je defizitärer sie in der Gegenwart wirtschaftet. »Alle wollen Wachstum, nicht Wert. Wer Gewinne hat, hat ein Problem«[20], fasste damals ein Aktienhändler die Stimmung am Markt zusammen. Selbstredend fanden sich genügend smarte Jungunternehmer, die den Hunger auf rote Zahlen und gewinnfreie Geschäftsmodelle mit großem Vergnügen befriedigten.

1998 kam der Boom der New Economy-Aktien so richtig in Fahrt. Als dem Kollaps Südostasiens auch noch die Zahlungsunfähigkeit Russlands folgte und es auch in Lateinamerika kriselte, war der internationalen Geldelite die Lust auf risikoreiche Anlagen in Schwellenländern fürs erste vergangen und Liquidität in Billionenhöhe strömte in die Industriestaaten zurück. Um eine vom Beinahe-Kollaps des Hedgefonds-Giganten LTCM ausgelöste Finanzkrise zu vermeiden, hatte die amerikanische Zentralbank Fed zudem die Zinsen auf Sinkflug gebracht und die Banken mit Liquidität überhäuft, was sich in entsprechend weiten Kreditspielräumen niederschlug.

Wie bei jeder Blase spielten kreditfinanzierte Käufe auch bei dieser eine wichtige Rolle. Das Volumen an Effektenkrediten, welche die an der New Yorker Börse registrierten Investmentbanken und Wertpapierhändler an ihre Kunden vergaben, hatte sich allein 1999 annähernd verdoppelt und war in den ersten beiden Monaten des Jahres 2000, unmittelbar vor dem Gipfel des Booms, noch einmal um 25 Prozent angeschwollen. Ähnlich wie die Maklerkredite 1929 wurden solche Effektenkredite vor allem dazu genutzt, die privaten Aktienbestände aufzustocken. Auch Unternehmen fragten in jenen Tagen zunehmend Kredite nach. Weniger um Investitionen zu finanzieren, als um sich am Aktienmonopoly zu beteiligen und dadurch die Blase weiter anzuheizen. 1999 kam mehr als die Hälfte der Gesamtnachfrage nach Aktien von den Unternehmen selbst: entweder in Form des Rückkaufes eigener Aktien oder im Zuge der Übernahme anderer Unternehmen.

Sämtliche Börsenbarometer zeigten jetzt nach oben. In den zwölf Monaten nach dem Juni 1998 stieg der Dow Jones um vierzig Prozent und der Nasdaq, an der die New Economy-Firmen in erster Linie gelistet waren, um ganze neunzig Prozent. Mancher kleine Start-up wurde dank der hohen Börsenbewertung in kürzester Frist zum Großkonzern. Nicht, weil seine Geschäftsidee so erfolgreich war, sondern einfach, weil die teuren Aktien eine hervorragende Währung waren, um andere Firmen aufzukaufen. Die Internetfirma AOL etwa übernahm auf diesem Wege den ungleich größeren Konzern TimeWarner für 183 Milliarden Dollar. Die Unternehmen, denen die Anleger stapelweise Geld ins Kontor warfen, wurden immer kurioser. Am Ende genügten ein Büro, ein Schreibtisch und die Erklärung, irgendeine Idee im Bereich Internet oder Medien zu verfolgen, um beim Börsengang Milliarden einzusammeln. Die Filmproduktionsgesellschaft DreamWorks etwa kassierte für ihre Aktien zwei Milliarden Dollar, obgleich sie noch keinen einzigen Film produziert hatte und weder über Filmrechte noch über relevantes Eigentum an Sachgütern verfügte.

Verrückte, die ihr Geld begeistert in Firmen ohne Sachkapital, Gewinne und Geschäftsidee versenkten, tanzten aber nicht nur auf dem New Yorker Börsenparkett. In Deutschland wurde 1997 extra ein neues Börsensegment geschaffen, der »Neue Markt«, damit sich die Jünger des New Economy-Wahns austoben konnten. Die auf dem Neuen Markt notierten Titel erzielten in den ersten zwölf Monaten ein durchschnittliches Plus von 350 Prozent. Einsame Stars wie das Medienunternehmen EM.TV schossen sogar mehr als 3000 Prozent nach oben. Im Februar 2000 war dieses Unternehmen mit einem Umsatz von 320 Millionen Euro an der Börse knapp 14 Milliarden »wert«. Ebenso viel wie etwa der Stahlriese Thyssen-Krupp mit 200 000 Mitarbeitern und einem Jahresumsatz von 32 Milliarden Euro.

Der Nemax 50, der die Wertentwicklung der fünfzig größten Firmen des Neuen Marktes maß, verneunfachte sich in nur zwei Jahren.

Niemand konnte im Ernst erwarten, dass diese windigen Unternehmen irgendwann Gewinne einfahren würden, die eine solche Börsenbewertung auch nur annähernd rechtfertigen. Vielmehr lebte auch diese Blase davon, dass auf den nächstgrößeren Trottel spekuliert wurde, der einem die Aktien zu einem noch höheren Preis wieder abkaufen würde. Und die genannten Kursdaten zeigen, dass man bei dieser Spekulation steinreich werden konnte, vorausgesetzt, man hatte den richtigen Zeitpunkt zum Absprung nicht verpasst. Um diesen möglichst lange hinauszuschieben, wurden nicht zuletzt die Massenmedien eingespannt, die die Aktienzockerei – wie einst 1929 – als gesamtgesellschaftliches Ereignis inszenierten: als Königsweg zum schnellen Reichtum, der sich auch für Hausfrauen, Taxifahrer und Verkäuferinnen empfehle. Nicht wenige Angehörige solcher und ähnlicher Berufsgruppen, die vordem niemals auf die Idee gekommen wären, Aktien zu kaufen, ließen sich durch die Werbeaktionen von *Bild, USA Today* und Co. tatsächlich verführen, mit dem Inhalt ihrer Sparbücher den gewiefteren Spekulanten die New Economy-Aktien auf dem Gipfel des Booms abzukaufen.

Die meisten haben ihr Geld nicht wiedergesehen. Im Frühjahr 2000 war die Party zu Ende und die zuvor gefeierten Papiere stürzten ins Nichts. Der Nasdaq-Index verlor in den folgenden zwei Jahren 78 Prozent, der Neue Markt fast alles. Nachdem im September 2002 von den 233 Milliarden Euro, für welche die Aktien der deutschen New Economy auf dem Gipfel des Booms gehandelt worden waren, noch ganze 22 Milliarden Euro übrig waren, wurde der Neue Markt schließlich im Juni 2003 geschlossen.

Die Geschichte der New Economy in den Jahren nach dem Boom war eine Geschichte von Pleiten und Skandalen sowie kleinen und großen Betrügereien, die bald die Gerichte beschäftigten. Am Ende überlebten einige wenige Unternehmen, die sich als marktbeherrschende Konzerne in den neuen Geschäftsfeldern etablieren konnten. Die anderen existieren nur noch in den Albträumen ihrer einstigen Anleger.

Nachdem die New Economy-Blase geplatzt war und die Aktienmärkte insgesamt nach unten gerissen hatte, mussten sich die, die dort noch rechtzeitig Kasse gemacht hatten, neue Investitionsgelegenheiten suchen. Das waren die Jahre, in denen der US-Immobilienboom in Schwung kam und sich am US-Hypothekenmarkt wie am internationalen Kreditmarkt eben jene gewaltige Spekulationsblase aufzubauen begann, die im Sommer 2007 platzte und deren Folgen die Weltwirtschaft wohl nicht so schnell verkraften wird.

Finanzblasen und Kredit

Wie wir an den verschiedenen Beispielen sehen konnten, folgen alle Blasen mehr oder weniger demselben Muster. Meist gibt es zunächst tatsächlich irgendeine neuartige, Gewinn versprechende Investitionsgelegenheit. Das mögen neue Produkte und Technologien sein wie die Fließbandproduktion von Automobilen und anderen Massengütern in den zwanziger Jahren oder die mit einer neuen Prozessorgeneration und der Entstehung des Internets verbundene New Economy der neunziger Jahre. Es können auch attraktive Monopolgewinne aus neuen Handelswegen sein wie bei der Mississippi und der South Sea Company. Oft sind Blasen in aufstrebenden Volkswirtschaften entstanden, in denen Grund und Boden plötzlich wertvoll wurde und die Aussicht auf hohe Wachstumsraten die Aktien attraktiv machte. Das war die Situation in Japan und in den asiatischen Tigerstaaten. Andere Blasen scheinen wiederum einfach nur daher zu rühren, dass sich zu viel Geld in zu wenigen Händen angesammelt hat und krampfhaft nach Anlagemöglichkeiten sucht. Die reißende Nachfrage nach Kreditpapieren und -derivaten in den Jahren nach dem Platzen der Internet-Blase hatte mutmaßlich keinen tieferen Grund. Das gleiche gilt für die Tulpenmanie im alten Holland, denn Tulpenzwiebeln haben mit Subprime-ABSs zumindest das gemein, dass sie als solche keine bemerkenswerten Einnahmen versprechen.

So oder so: Wenn der Trend steigender Preise sich erst einmal verstetigt hat, wird der ursprüngliche Auslöser des Booms zunehmend bedeutungsloser. Dass immer mehr Anleger die prosperierenden Aktien, Immobilien oder Kreditderivate nachfragen, geschieht jetzt nicht mehr mit Blick auf attraktive Dividenden, hohe Mieteinnahmen oder andere Zahlungsversprechen, sondern ausschließlich in der Hoffnung, sie teurer weiterverkaufen zu können, als sie gekauft wurden. Das ist die Phase, in der die Blase sich selbst zu nähren beginnt. Weil die Preise steigen, wird immer mehr Geld angezogen, und weil Geld in rauen Mengen auf den Markt fließt, werden die Wertpapiere, Grundstücke oder auch Tulpenzwiebeln immer wertvoller und die Spekulanten reicher.

Bald wird die Nachfrage zusätzlich durch Kredite aufgeblasen. Dadurch können die Anleger nicht nur mit den Mitteln spekulieren, die ihnen tatsächlich zur Verfügung stehen, sondern mit einer durch Kredit vervielfachten Kaufkraft. Damit vervielfachen sich natürlich auch die durchsetzbaren Preissteigerungen. Spätestens, wenn eine Blase diese Stufe erreicht, hat sie jede Bodenhaftung verloren. Die Maklerkredite etwa erlaubten den Börsenspekulanten an der Wall Street, zehn Mal so viele oder zehn Mal so teure Aktien nachzufragen als sie es ohne diese Kreditmöglichkeit gekonnt hätten. Die irrwitzigen Preise, die für japanische Grundstücke 1989 oder für US-Einfamilienhäuser 2006 gefordert wurden, hätte niemand ohne exzessive Inanspruchnahme von Hypothekendarlehen zahlen können.

Eine Spezifik des jüngsten Kreditirrsinns besteht darin, dass die von den Banken gewährten Kredite gerade deshalb so rasant wachsen konnten, weil ihnen diese Kredite zum großen Teil wiederum mit kreditfinanziertem Geld abgekauft wurden. Etwa von Hedgefonds, die über neunzig Prozent der Mittel, mit denen sie die CDO-Tranchen kauften, von den Banken in Form von Kredit erhalten hatten. Oder von den Zweckgesellschaften, die den Kauf der ABSs mit der Ausgabe kurzfristiger Schuldpapiere finanzierten, die wiederum nicht zuletzt Banken nachfragten und bezahlten. Kredite dienten in dieser schönen Welt marktwirtschaftlicher Effizienz also dem Kauf von Krediten, als ob man mit Geld nicht auch sinnvolle Dinge finanzieren könnte. Es versteht sich, dass diese Selbstreferenz die Kreditblase in besonderer Weise angetrieben hat: Je mehr Kredite die Banken an die vergaben, die ihnen ihre verbrieften Kreditpakete abkauften, desto mehr Spielräume hatten sie, Kredite an Hausbesitzer oder Heuschrecken zu vergeben, die sie wiederum verbriefen und kreditfinanziert weiterverkaufen konnten. Dass dieser finanzielle Inzest das Potenzial besass, toxische Papiere und faule Kredite im Wert von vielen Billionen Dollar zu zeugen, ist an sich nicht erstaunlich.

Obwohl Kredite sich in früheren Finanzblasen nicht auf diese direkte Weise selbst potenzierten, haben sie in allen Spekulationsorgien eine zentrale Rolle gespielt. Denn immer wurde die Nachfrage im Verlauf der Blase durch Kredite aufgebläht, und in der Regel konnte das Kreditvolumen nur deshalb so schnell wachsen, weil nicht allein die Tilgung alter Kredite, sondern auch ein Teil der Zinsen immer wieder durch neue Kredite finanziert wurde. Viele Blasen lebten somit von einem exponentiellen Wachstum der Kreditvergabe und sie platzten, sobald dieser Wachstumsmotor zu stottern begann. Das war der Fall in Japan Ende 1989, als eine staatliche Regulierung die weitere Kreditexpansion limitierte, und ebenso in den USA 2007, als die Banken ihre Kreditpakete plötzlich nicht mehr weiterverkaufen konnten und daher aufhörten, exzessiv Darlehen zu vergeben.

Für den Spekulanten bleibt die Inanspruchnahme von Kredit so lange attraktiv, solange die erwartete Preissteigerung der Spekulationsobjekte höher liegt als der aktuelle Zinssatz. Das zeigt auch, dass es eine Illusion ist zu glauben, dass sich eine erst mal in Schwung gekommene Spekulationsblase durch höhere Zinsen abwürgen lässt. Denn in der Regel steigen die Preise im Verlaufe des Booms immer schneller. Kurz vor seinem Höhepunkt sind Preissteigerungen von fünfzig, einhundert oder noch mehr Prozent im Jahr nicht ungewöhnlich. Es gibt keinen volkswirtschaftlich ertragbaren Zinssatz, der die Händler in so einer Situation entmutigen könnte.

Dennoch sind alle Blasen irgendwann geplatzt. Manchmal ist es ein kleines und als solches unbedeutendes Negativereignis, das die Stimmung plötzlich zum Kippen bringt. In anderen Fällen verlangsamen sich einfach die Preissteigerungen, weil der Kreis der Käufer nicht mehr so schnell wächst. Sobald die explosive Dynamik, von der die Blase lebt, schwächer wird, ist die Umkehr eingeleitet. Denn schon die Aussicht auf möglicherweise nur noch langsam steigende Preise zwingt alle diejenigen zum Verkauf, die ihre Käufe über Kredit finanziert und darauf gehofft hatten, Zins und Tilgung über die Preissteigerungen wieder einzuspielen.

Die exzessive Nutzung von Kredit, welche die Spekulationsmanie erst so richtig zum Ausbruch gebracht hat, leitet daher auch ihr Ende ein. Hinzu kommt die bei nachlassendem Aufwärtsschwung bald umgehende Sorge vor einer Trendwende, die immer mehr Verkäufe motiviert, während weniger Interessenten kaufen wollen. Sobald der Preistrend dann tatsächlich seine Richtung verändert hat, verstärkt sich der Absturz nach der gleichen Logik, nach der sich vorher der Höhenflug aufgeschaukelt hatte. Jeder will jetzt verkaufen, die Kreditnehmer müssen es sogar, aber niemand will kaufen, denn mit dem Verlust der Hoffnung auf steigende Preise hat das Spekulationsobjekt ja den größten Teil seines Wertes verloren. Geblieben ist jetzt nur noch eine extrem überteuerte Aktie oder ein viel zu teures Haus. Oft stürzt der Markt dann ins Bodenlose, selbst wenn es sich um Gegenstände mit einem Eigenwert wie Immobilien oder Aktien handelt. So wie die Blase deren Werte zuvor ins Irrsinnige überzeichnet hatte, drücken verschuldungsbedingte Verkaufsdynamik und grassierende Angst – wer weiß, ob das Zeug morgen überhaupt noch verkäuflich ist! – ihre Preise am Ende weit unter das Niveau, das man bei vernünftiger Abwägung für gerechtfertigt halten kann.

Das Modell spekulativer Blasen, wie es hier wiedergegeben wurde, stammt von dem Ökonomen Hyman Minsky und wurde durch den Wirtschaftshistoriker Charles P. Kindleberger anhand des Verlaufs verschiedener historischer Spekulationsblasen überprüft und bestätigt. Zentrale Größe im Minsky-Modell ist die Aufblähung von Kredit, der, wie wir gesehen haben, sowohl beim Anheizen der Spekulation wie bei ihrem Zusammenbruch eine entscheidende Rolle spielt. Minsky unterscheidet in diesem Zusammenhang drei Formen der Verschuldung, die von unterschiedlicher Stabilität und Dauer sind: Hedge-Finanzierungen, spekulative Finanzierungen und Ponzi-Finanzierungen.

Ein Unternehmen betreibt Hedge-Finanzierung, wenn es nur solche Kredite aufnimmt, bei denen seine Gewinne sowohl zur Zahlung der Zinsen als auch für eine schrittweise Tilgung ausreichen. Für einen Häuslebauer bedeutet das, dass sein Einkommen hoch genug sein muss, um innerhalb eines überschaubaren Zeitraums Zins und Tilgung der Hypothek zu ermöglichen. Unter vernünftigen Erwägungen sollten eigentlich nur Kredite aufgenommen und auch nur solche vergeben werden, die dem Typus der Hedge-Finanzierung entsprechen. Allerdings haben wir schon bei Betrachtung der US-Hypothekenkrise gesehen, dass das Vernünftige keineswegs das Normale sein muss.

Eine schon wesentlich problematischere Finanzierung ist die spekulative. Hier reicht das erwartete Einkommen zwar aus, um die Zinsen zu zahlen, die Schulden selbst dagegen müssen mit immer neuen Krediten refinanziert werden. Viele Staaten weltweit befinden sich seit Jahren – bestenfalls! – in dieser Finanzierungsgruppe. Hier nennt man das einen ausgeglichenen Haushalt. Wenn das Einkommen nicht sinkt, kann eine Firma, Familie oder auch ein Staat sehr lange in dieser Finanzierungsart verbleiben, ohne dass etwas passiert. Es wird dann einfach nur das verfügbare Budget durch die ständigen Zinszahlungen reduziert und es gibt auch keine Hoffnung, dass sich daran je etwas ändern könnte. Instabil werden solche Finanzierungen allerdings in dem Augenblick, in dem die Refinanzierung der auslaufenden Kredite nicht mehr gewährleistet ist, weil die Finanziers, aus welchen Gründen immer, nicht mehr an die dauerhafte Zahlungsfähigkeit des Schuldners glauben. Dann ist der Bankrott fast unausweichlich, selbst wenn sonst gar nichts vorgefallen sein mag.

Wirklich explosiv schließlich sind Ponzi-Finanzierungen. Bei diesen sind die Schulden so hoch beziehungsweise die Einnahmen so niedrig, dass aus letzteren noch nicht einmal die Zinsen vollständig gezahlt werden können, von einer Tilgung der Schuld zu schweigen. Der Ponzi-Schuldner muss daher immer höhere Kredite aufnehmen, um davon sowohl die alten Schulden als auch einen Teil der Zinsen zu refinanzieren. Dieses Geschäftsmodell wurde von einem italienischen Geschäftsmann namens Charles Ponzi entdeckt, der Anfang des 20. Jahrhunderts in den Vereinigten Staaten und in Kanada sein Unwesen trieb und durch seine kreative Finanzakrobatik damals immerhin so auffiel, dass Schneeball-Finanzierungen der geschilderten Art fortan seinen Namen trugen. Es hat immer Geldhäuser gegeben, die Ponzi-Finanzierungen gegen hohe Zinsen zur Verfügung gestellt haben. Der Geldgeber geht unter solchen Bedingungen zwar davon aus, dass die Kredite irgendwann faul werden, aber er spekuliert darauf, den verliehenen Betrag plus Aufschlag durch die hohen Zinsen, von denen der verschuldete Unglücksrabe ja zumindest einen Teil tatsächlich zahlt, vor dessen Bankrott wieder in der Kasse zu haben.

Ponzi-Finanzierungen sind im Weltfinanzsystem unserer Tage nicht mehr die Ausnahme, sondern die Regel. Das Schuldenvolumen der Entwicklungsländer etwa ist in den vergangenen dreißig Jahren in erster Linie deshalb explodiert, weil sie einen Teil der aufgelaufenen Zinsen durch immer neue zusätzliche Schulden refinanzieren mussten. Den anderen Teil dieser Zinsen haben sie sich im wörtlichen Sinne abgehungert und mit einem stetigen Geldstrom in Richtung Norden bezahlt. Dieses Beispiel zeigt, dass Ponzi-Finanzierungen, wenn sie lange genug laufen, für den Geldverleiher überaus einträglich sein können. Das gilt selbst dann, wenn ein Löwenanteil der Kredite am Ende abgeschrieben werden muss.

Auch viele heute überschuldete US-Konsumenten sind in den vergangenen Jahren in Ponzi-Finanzierungen hineingerutscht, indem sie Zins und Tilgung des einen Kredits immer wieder durch den nächsten, größeren finanzieren mussten.

Es gibt auch Ponzi-Schuldner, die sich solche Kredite bewusst aufhalsen und dabei sogar recht gut fahren können. Zur letzteren Gruppe gehörten beispielsweise die Spekulanten am japanischen Immobilienmarkt, die Häuser auf Kredit kauften, obwohl deren Mieteinnahmen nicht ausreichten, auch nur die Zinsen auf diese Kredite zu zahlen, und die deshalb zusätzliche Kredite zur Zahlung dieser Zinsen aufnehmen mussten. In diesem Fall lag der Ponzi-Finanzierung das rationale Kalkül zugrunde, am Ende den Kredit samt Zinsen durch Weiterverkauf der Immobilie wieder loszuwerden und dabei immer noch einen satten Schnitt zu machen. Solange die Blase sich aufblähte und die Immobilienpreise in den Himmel schossen, konnte man mit diesem Geschäftsmodell in der Tat steinreich werden.

Generell spielen Ponzi-Finanzierungen im Verlauf spekulativer Blasen eine wichtige Rolle, denn die Wetten auf steigende Preise werden in der Regel mit Ponzi-Krediten finanziert. Diese Schuldner sind es dann auch, die die geringste Stockung im Aufwärtstrend in einen Absturz verwandeln, denn sie müssen sofort und massiv verkaufen, um ihre Schulden zu tilgen und nicht bankrott zu gehen.

Eine natürliche Grenze für Ponzi-Finanzierungen gibt es nicht. Solange das Kreditvolumen immer weiter wächst und dadurch Zins und Tilgung der vorangegangenen Kredite sicherstellt, tritt kein Zahlungsverzug ein und eine Ponzi-Finanzierung kann äußerlich völlig stabil und gesund wirken. Je größer die Kreditkapazitäten eines Finanzsystems, desto länger kann das gehen. Irgendwann allerdings kommt der Punkt, an dem der Kontrast zwischen der realistisch anzunehmenden Zahlungsfähigkeit des Schuldners und der Höhe seiner Schulden so groß geworden ist, dass er neue Kredite nicht mehr oder zumindest nicht mehr in dem nötigen Umfang erhält. Dann bricht das Kartenhaus zusammen.

Sind wir alle irre?

In der orthodoxen Standard-Volkswirtschaftslehre werden Blasen durch die Annahme wegdefiniert, dass niemand für ein Finanzpapier mehr zahlen würde, als die Einnahmen, die er in Zukunft von ihm erwartet, wert sind. Eine Aktie, die aller Voraussicht nach hundert Dollar Dividende im Jahr abwirft, wird sich, wenn der Zinsfuß für festverzinsliche Geldanlagen bei vier Prozent liegt, also vielleicht für 2000 Dollar verkaufen lassen. Das eine zusätzliche Prozent Verzinsung wird dabei als Honorar für das größere Risiko von Aktienanlagen im Vergleich zu Sparbüchern angesehen. Denn wer die Wahl hat zwischen einer Geldanlage, die ihm jährlich fünfzig Dollar bringt und einer, die ihm entweder hundert Dollar oder gar nichts bringt, beides mit gleicher Wahrscheinlichkeit, wird in der Regel die sichere Anlage wählen. Zumindest ist das eine der Fundamentalannahmen der gängigen Finanzmodelle, und eben wegen dieser Annahme hat Risiko in ihnen seinen Preis.

Standardmodelle – kein Platz für Blasen

Nach dieser Theorie gibt es also genau drei Größen, die den Wert eines Finanzpapiers unbestechlich regieren: erstens der herrschende Zinssatz für risikofreie Geldanlagen, zweitens die erwarteten Einnahmen aus dem betreffenden Papier und, drittens, die Schwankungsbreite dieser Einnahmen, also die Frage, mit welcher Wahrscheinlichkeit sie auch ausbleiben könnten. Da Menschen Verstandestiere sind und es immerhin um viel Geld geht, wird vorausgesetzt, dass jeder Marktteilnehmer alle

Informationen, die er zur Berechnung dieser Größen einsammeln kann, tatsächlich in Betracht zieht und am Ende einen rationalen Preis ermittelt. Ändern sich diese Informationen, ändert sich natürlich auch der Preis. Dabei mag der eine verlieren und der andere gewinnen, aber das fällt unter die Rubrik »Statistisches Rauschen«, und dafür gibt es eben keine Theorie.

Jedes Wertpapier hat in dieser wundervollen Welt der ökonomischen Orthodoxie also seinen fundamental gerechtfertigten Preis, und nur ein Irrer würde mehr zahlen, wie umgekehrt nur ein Verrückter für weniger verkaufen würde. Da Wertpapiere mit hohen Einnahme-Chancen folgerichtig höher bewertet werden als solche mit niedrigen, finanzieren die Anleger in erster Linie sinnvolle Investments, denn nur diese können ja hohe Einnahmen erwirtschaften. Aus all diesen Gründen bedürften Finanzmärkte keiner politischen Regulierung, sondern tendieren als hocheffiziente Informations-Verarbeiter immer von neuem zu einem stabilen Gleichgewicht, einer Welt also, in der alle Vermögenswerte zu ihrem fairen Preis gehandelt werden und es überhaupt gut, gerecht und vernünftig zugeht. Und wenn er nicht gestorben ist, arbeitet und konsumiert, investiert und spart der repräsentative homo economicus auf seinem Gleichgewichtspfad bis in alle Ewigkeit.

In der realen Welt werden unterdessen Tulpenzwiebeln oder Häuser zu irrwitzigen Preisen gehandelt, Aktien überschlagen sich in der Hausse und fallen anschließend ins Bodenlose, zweifelhafte Kreditpapiere werden den Banken zunächst aus den Händen gerissen und treiben sie und ihre Käufer anschließend in den Ruin. Sind die Finanzmärkte eine Anstalt, in der die Irren dieser Erde ihr Betätigungsfeld gefunden haben? Weshalb werden Papiere oder Immobilien selbst dann noch mit Begeisterung gekauft, wenn eigentlich jedem klar sein muss, dass sie überteuert sind und ihre Preise irgendwann fallen werden? Schon ein Jahr vor dem Höhepunkt des japanischen Immobilienbooms oder vor dem Gipfel der New Economy-Blase hatten die jeweiligen Preise ein Niveau erreicht, das niemand im Ernst für dauerhaft halten konnte. Dennoch ging die Party ungebrochen weiter und die Nachfrage nach den überteuerten Produkten wurde eher noch hitziger.

Was eine Blase ausmacht, ist ja gerade, dass bestimmte Vermögensgüter oder Finanzpapiere zu Preisen gehandelt werden, die jeden Zusammenhang zu ihren realen Werten verloren haben. Wären Investoren rational, müssten Blasen dann nicht generell unmöglich sein? Wie kommt es, dass sie trotzdem immer wieder auftreten und gerade in den vergangenen zwanzig Jahren in extremer Häufigkeit? Beschäftigen Investmentbanken und Hedgefonds in ihrer Handelsabteilung bevorzugt Leute, bei denen der Verstand ausgesetzt hat?

In Wahrheit sind Spekulanten keineswegs verrückt, sondern verhalten sich im gegebenen Marktumfeld durchaus rational. Für die Gewinnchancen des einzelnen Händlers spielt es nämlich keine Rolle, ob er über- oder unterbewertete Papiere kauft. Solange er davon ausgehen kann, dass die Kurse überteuerter Aktien zumindest noch eine gewisse Zeit weiter steigen, bevor der Absturz beginnt, ist es durchaus vernünftig, solche Aktien zu kaufen. Natürlich nur, um sie schnellstmöglich weiterzuverkaufen. Genau aus diesem Grund erreicht auf dem Gipfel eines Booms eben nicht nur der Preis, sondern auch der Umsatz in den entsprechenden Papieren Spitzenwerte. Das Grundproblem ist, dass niemand genau weiß, wann eine Blase wirklich platzt, und solange sie sich aufbaut, solange kann man an ihr verdienen. Einige haben sich am Ende verschätzt und sind zu spät eingestiegen. Aber wer weiß vorher, wann es zu spät ist?

Ein wesentlicher Fehler der ökonomischen Standard-Modelle liegt in der Annahme, künftige Entwicklungen ließen sich exakt berechnen. Zwar wird nicht angenommen, dass wir heute genau wissen, welche Gewinne Unternehmen X morgen macht oder wie der Wechselkurs der Währung des Landes Y zum US-Dollar übermorgen steht. Aber es wird angenommen, dass wir die Wahrscheinlichkeit, mit der das Unternehmen X in drei Jahren einen Gewinn von zwei oder fünf Millionen Dollar einfährt, ziemlich genau abschätzen können, und ebenso die Wahrscheinlichkeit, dass es bis dahin in Konkurs gegangen ist. Gewappnet mit all diesen Wahrscheinlichkeiten lassen sich der Erwartungswert und das Risiko eines Wertpapiers genau kalkulieren und anschließend in einen fundamental gerechtfertigten Preis verwandeln.

Die Analogie, von der diese Modelle leben, ist die Versicherungswirtschaft. Hier funktionieren solche Berechnungen tatsächlich, zumindest, solange sich keine größeren Katastrophen ereignen. Renten- oder Lebensversicherer, die unter Zuhilfenahme von Sterbetafeln und bei Annahme einer langsam steigenden Lebenserwartung ihre Policen gestalten, greifen selten völlig daneben. Das gleiche gilt für Krankenversicherer. Die Wahrscheinlichkeit, mit der bestimmte Krankheiten auftreten und ihre Häufigkeit in einzelnen Risikogruppen lässt sich mit ziemlicher Verlässlichkeit ermitteln. Und wenn die Wahrscheinlichkeit, dass jemand an Diabetes erkrankt, bei Menschen mit normalem Gewicht bei, sagen wir, fünf Prozent liegt, dann kann der Krankenversicherer schlussfolgern, dass etwa fünf Prozent der bei ihm versicherten Normalgewichtigen an diesem Leiden erkranken werden. Möglicherweise werden es auch sechs oder nur vier Prozent der Versicherten sein, aber ganz sicher nicht zwanzig Prozent oder gar keiner. Eine Wahrscheinlichkeitsverteilung, die solche Schlüsse zulässt, nennt man Normalverteilung, und wenn sich das Umfeld nicht wesentlich verändert, lässt sich in diesem Rahmen tatsächlich von der Vergangenheit auf die Zukunft schließen. Der plötzliche Ausbruch einer neuen Krankheit, die sich wie eine Epidemie verbreitet, würde freilich alle Kalkulationen der Krankenversicherer über den Haufen werfen.

Keynes' Beauty Contest – der rationale Irrsinn

In der Volkswirtschaft aber entsteht ständig Neues, und auf den modernen Finanzmärkten mit ihren massiven Selbstverstärkungsmechanismen kann der kleinste Virus eine Epidemie auslösen. Hinzu kommt: Selbst wenn es gelingt, die Zukunft in groben Umrissen richtig abzuschätzen: Die Finanzspekulation interessiert sich nicht für langfristige Verläufe, sondern für kurzfristige Ereignisse, die niemand exakt berechnen kann. Auch der modernste Computer mit der größten Rechenkapazität wäre nicht in der Lage, den genauen Zeitpunkt zu bestimmen, an dem eine Blase platzt. Je weiter sich die Preise von den durch reale Zahlungsströme bestimmten Fundamentalwerten entfernen, desto eher muss man annehmen, dass das Ende naht. Aber dann kann es trotzdem noch einen Monat oder fünf Monate, oder ein Jahr oder sogar noch länger dauern. Das hängt letztlich weniger von den realen Wirtschaftsdaten ab als davon, wie lange der Glaube an den weiteren Aufschwung unter den Marktteilnehmern immer noch verbreiteter ist als die Angst vor dem Zusammenbruch. Die für Reichtum oder Ruin eines Spekulanten letztlich entscheidende Frage ist also weniger eine ökonomische als eine psychologische.

Natürlich gibt es wirtschaftliche Gründe für die Kursentwicklung einzelner Aktien oder anderer Wertpapiere. Als Bush und sein Vize Cheney sich 1999 in den USA an die Macht geputscht hatten, sprach aus rationalem Kalkül viel dafür, Rüstungs- und Öl-Aktien zu kaufen, weil diese Branchen zu den voraussehbaren Profiteuren ihrer künftigen Politik gehören würden. Aber eine solche korrekte Prognose ist für eine erfolgreiche Spekulation gar nicht notwendig. Institutionelle Investoren kaufen Aktien in der Regel mit einem Anlagehorizont von wenigen Monaten, während die reale Gewinnentwicklung erst im Zeitablauf von Jahren ausschlaggebend ist. Die höchste Rendite auf kurze Frist macht nicht der, der in Aktien investiert, die ihm attraktiv erscheinen, sondern der die Papiere auswählt, die möglichst vielen attraktiv erscheinen, genauer: die Papiere, von denen möglichst viele denken, dass sie vielen attraktiv erscheinen.

Keynes hat diese Preisbildung einmal mit einem Schönheitswettbewerb verglichen, bei dem derjenige gewinnt, der die Frau auswählt, die die meisten anderen Mitspieler ebenfalls am schönsten finden. Es ist sehr wahrscheinlich, dass bei einem solchen Wettbewerb eine andere Frau Schönheitskönigin wird als bei einem, bei dem jeder seine eigene Favoritin bestimmt. Wenn die verbreitete Meinung vom Geschmack der Zeit schlecht ist, kann es sogar eine ausgesprochen unansehnliche Dame sein, die in Keynes' Wettbewerb das Rennen macht. Für einen kurzfristigen Anleger etwa ist es durchaus rational, im Falle einer Regierungsübernahme Aktien einer Branche zu kaufen, von der er annimmt, dass sie von dieser Regierung gar nicht profitieren wird, von der aber viele meinen, dass viele meinen müssten, dass sie von ihr profitieren könnte. Der Trick besteht dann darin, diese Papiere schnell genug wieder loszuwerden.

Als Gerhard Schröder 1998 in Deutschland Kanzler wurde, gab es beispielsweise einen kurzen Aufschwung deutscher Konsumaktien, der sich bald wieder in Luft auflöste. Der Grund für diese kleine Hausse lag nicht darin, dass viele wirklich erwarteten, Schröders Politik könnte die Massenkaufkraft stärken. Aber alle gingen davon aus, dass viele das eigentlich erwarten müssten, weil eine sozialdemokratische Regierungsübernahme traditionell Konsumtitel stützt, und wegen dieser Annahme tat sie das dann auch. Zumindest für kurze Zeit.

Ein anderes Beispiel aus diesem absurden Theater ist folgendes: Als US-Präsident Nixon in der amerikanischen China-Politik eine Kehrtwende in Richtung Entspannung einleitete, begann in London plötzlich ein intensiver Handel mit Staatsschuldverschreibungen aus den Zeiten des chinesischen Kaiserreichs, deren Preise plötzlich wieder zu steigen begannen. Auch in diesem Fall erwartete niemand im Ernst, dass China die Zahlungen für diese vergilbten Papiere je wieder aufnehmen könnte. Aber alle kalkulierten, dass bei einer Annäherung zwischen den USA und China solche Papiere wieder verstärkt nachgefragt würden, und genau deshalb wurden sie es. Wer ausstieg, bevor der Spuk platzte, der konnte mit seiner Investition in diese wertlosen Papierfetzen einen schönen Gewinn machen.

Hohe Profite aus »falschen Hypothesen«

George Soros, der selbst oft genug kleinste Schwankungen in Aktien- oder Wechselkursen in Millionengewinne verwandelt und solche Schwankungen zugleich durch seine Spekulation massiv verstärkt hat, fasst die Logik dieses Geschäfts folgendermaßen zusammen: »Im Gegensatz zu einer wissenschaftlichen muss eine finanzielle Hypothese […], um profitabel zu sein, keineswegs wahr sein. Es reicht aus, dass sie allgemein akzeptiert wird. Und doch kann sich eine falsche Hypothese nicht ewig halten. Deshalb investierte ich gern in fehlerhafte Hypothesen, die eine Chance auf allgemeine Akzeptanz hatten, vorausgesetzt, ich wusste, wo der Fehler lag und konnte rechtzeitig verkaufen.«[21] Durch Spekulationen nach diesem Muster ist der Mann immerhin Multimilliardär geworden.

Allerdings stapelt Soros hoch, wenn er den Eindruck erweckt, er wisse in der Regel, wann die falsche Hypothese platzt. Er hatte bei der Einschätzung letztlich nur mehr Glück als andere, deren Namen wir genau deshalb nicht kennen. Und er hatte einen weiteren großen Vorteil auf seiner Seite: Dank der Kapitalmassen, die seine Fonds in Bewegung setzen konnten, war er in der Lage, die Wendepunkte, auf die er wettete, zum Teil selbst herbeizuführen.

Als Soros 1992 mit seinem Quantum Fund durch eine endlose Folge von Leerverkäufen das britische Pfund aus dem europäischen Währungsverbund herauskatapultierte und daran eine Milliarde Dollar verdiente, funktionierte das natürlich nur, weil das Pfund zuvor tatsächlich stark überbewertet und dieser Umstand am Markt bekannt war. Dennoch hätte das Pfund ohne Soros' Attacke gut und gern noch eine Weile seinen alten Wert behalten können. Das Gleiche gilt für den thailändischen Bath, der ebenfalls infolge eines massiven Angriffs eines von Soros gesteuerten Fonds abgewertet wurde und damit die Südostasien-Blase zum Platzen brachte. Natürlich wäre diese Blase auch ohne Soros' Angriff irgendwann geplatzt. Aber das hätte auch erst im Herbst 1997 oder im Frühjahr 1998 passieren können. Der Vorteil sehr großer Fonds im Geschäft mit Finanzwetten besteht also darin, dass ihre eigene Spekulation just der Tropfen sein kann, der das Fass zum Überlaufen bringt. Dass viele kleinere Mitspieler darum wissen und sich an den Entscheidungen der Großen orientieren, verstärkt deren Einfluss. Aber selbst die ganz Großen können sich verschätzen, denn genau weiß eben niemand, wann eine Blase wirklich reif zum Abschuss ist.

Es gibt übrigens noch einen anderen Grund, weshalb Blasen zuweilen von ausgesprochen zäher Lebenskraft sein können: Es gibt immer tapfere Ökonomen, die der Öffentlichkeit allen Ernstes einreden, die Blase sei gar keine, sondern die hohen Bewertungen seien wegen neuartiger Sachverhalte des Wirtschaftslebens vollkommen gerechtfertigt. Nicht, dass die eingefleischten Finanzhaie diesen Unfug glauben würden. Aber er trägt dazu bei, dass die Käufer am Markt nicht ausgehen und außerdem die Stimmung positiv bleibt. Und solange das so ist, kaufen eben auch die, die es besser wissen.

Allmächtig freilich ist die Ökonomen-Zunft nicht. Sie kann mit derlei Voraussagen den Zeitpunkt des Crashs hinauszögern, aber sie kann ihn nicht verhindern. Irgendwann hilft auch das lauteste Pfeifen im Walde nicht mehr. Unvergessen ist beispielsweise das Statement des hochrenommierten Nobelpreisträgers für Ökonomie, Irving Fisher, der am 15. Oktober 1929 erklärte, dass die »Aktienwerte [...] jetzt anscheinend ein beständig hohes Niveau erreicht« hätten und er damit rechne, »dass der Aktienmarkt in einigen Monaten noch viel höher liegen wird«.[22]

Das war der Tag, an dem auch der Chef einer der größten amerikanischen Banken, Charles E. Mitchell, öffentlich erklärte: »Alle Märkte befinden sich zur Zeit in einer gesunden Verfassung [...], die Kurse haben eine gesunde Basis, eingebettet in den allgemeinen Wohlstand unseres Landes.«[23]

Weniger als eine Woche später endete das Spekulationsfieber im Absturz des Schwarzen Donnerstag, dem eine Reihe weiterer drastischer Abwertungen folgten. Erst nach Jahrzehnten wurden die Notierungen von Anfang Oktober 1929 an der Wall Street wieder erreicht. Nicht wenige der damals hochbewerteten Unternehmen gab es da schon lange nicht mehr.

Alan Greenspan, der langjährige Chef der amerikanischen Zentralbank, befand sich also in honoriger Gesellschaft, als er kurz vor dem Höhepunkt des New Economy-Wahns vom Produktivitätswunder der neuen Technologien schwärmte, das die hohen Aktienbewertungen der Internet- und Telekom-Firmen dauerhaft rechtfertigen würde. Die »Dauerhaftigkeit« dauerte von da an zwar gerade noch wenige Jahre, aber es steht außer Zweifel, dass Greenspan mit dieser und ähnlichen Äußerungen die Lebensspanne der Internet-Blase verlängert und ihr Volumen zusätzlich vergrößert hat.

So wie es immer rationale Gründe gab, sich an einer Spekulationsmanie zu beteiligen und an ihr zu verdienen, gab es eben immer auch einen guten Grund, ihre Existenz zu leugnen und noch die aberwitzigste Überhitzung in eine ganz normale Entwicklung umzulügen.

Nach der Blase ist vor der Blase –
die Demenz der Märkte

Finanzblasen hat es also immer gegeben. Sie sind nicht das Werk entlaufener Insassen der Irrenanstalten aller Länder, sondern klar und scharf kalkulierender Spekulanten, die heutzutage noch durch hochentwickelte Computersoftware unterstützt werden. Auch diese Software ist, bei aller mathematischen Finesse im Detail, im Kern just darauf programmiert, bei steigenden Preisen zu kaufen und bei fallenden zu verkaufen, also genau das zu tun, was Otto Normalverbraucher im täglichen Leben als ziemliche Idiotie empfinden würde. Aber anders als letzterer können Finanzjongleure, die diesem Prinzip folgen, sehr reich dabei werden.

Verrückt sind also nicht die, die in einer sich entwickelnden Blase überteuerte Aktien kaufen, sondern eher jene, die den Finanzmärkten einen Hang zu Stabilität und Gleichgewicht zuschreiben und dafür plädieren, dieses wilde Treiben möglichst ungehemmt und unkontrolliert auf die restliche Menschheit loszulassen. Der dem Herdentrieb eigene Selbstverstärkungsmechanismus ist geradezu ein Garant, dass kleinste Schwankungen in den Wirtschaftsdaten immer wieder völlig unverhältnismäßige Ausschläge in Wertpapierpreisen und Wechselkursen nach sich ziehen. Und es müssen noch nicht einmal die realen Daten sein, die sich ändern. Es genügt das Gerücht einer Änderung oder einfach nur das Empfinden, dass die Stimmung am Markt gerade umschlägt, um ernste Verwerfungen auf einem Finanzmarkt anzurichten, die oft nicht minder ernste realwirtschaftliche Folgen zeitigen.

Schon immer schwanken die Kurse der Aktien weit stärker als die Dividenden, die die Unternehmen an ihre Aktionäre tatsächlich auszahlen. Das Auf und Ab der Wechselkurse in der heutigen Welt hat mit der Entwicklung von Inflationsraten und realer Kaufkraft so viel zu tun wie der Brotpreis mit dem Standort von Mars und Venus am Abendhimmel. Der Überschwang ist nicht irrational. Er folgt aus der tiefsten inneren Logik, nach der auf den Handelsplätzen in New York, Frankfurt und London über Kauf und Verkauf entschieden wird.

Früher allerdings waren Spekulationsmanien mit extremen Ausschlägen eher singuläre Ereignisse. Wenn eine solche Manie in einem desaströsen Crash verendet war, brauchte es eine gewisse Zeit, ehe die Wunden vernarbt waren und die Freude am Spekulieren wieder aufkommen wollte. Der Ökonom John Kenneth Galbraith hatte einst für die Zeitspanne zwischen zwei Blasen vorausgesagt, »dass das finanzielle Erinnerungsvermögen als maximal zwanzig Jahre angenommen werden kann. Das ist normalerweise die Zeit, die gebraucht wird, bis die Erinnerung an die Katastrophe ausgelöscht wird, und eine neue Variante der Demenz entsteht, die die Finanzmärkte erobert.«[24]

Wenn Galbraith recht hat und dieser Abstand das normale Erinnerungsvermögen der Finanzmärkte beschreibt, leiden sie seit zwei Jahrzehnten an Alzheimer im fortgeschrittenen Stadium. Denn »Nach der Blase ist vor der Blase« lautet heute die Devise. Kaum ist eine Spekulationsmanie zusammengebrochen, hat auf einem anderen Feld schon die nächste begonnen. Dabei sind es überwiegend die gleichen Akteure, die das gleiche, allerdings stetig vermehrte Geld von einem Schauplatz zum nächsten schieben. So werden die Blasen nicht nur immer häufiger, sondern auch immer größer und die beteiligten Summen immer aberwitziger.

In den hinter uns liegenden knapp zwei Jahrzehnten gab es nicht weniger als fünf große Spekulationsblasen: die japanische Immobilien- und Aktienblase, die Südostasien-Blase, die New Economy-Blase, die Immobilienblase in den USA und die Blase auf dem internationalen Kreditmarkt. Nicht genannt sind hier die ungezählten kleineren Blasen, wie sie sich auf den Aktienmärkten einzelner Länder oder bezogen auf ihre Währungen immer wieder aufgebaut und schließlich in einem Crash mit meist erheblichen Krisenfolgen entladen haben. Viele Länder Lateinamerikas können ein Lied davon singen, aber nicht nur sie. Und die Wertschwankungen im Verlaufe dieser Blasen waren in der Regel mindestens so groß wie die an der Wall Street Ende der zwanziger Jahre, die immerhin als Prototyp schlimmster spekulativer Exzesse gelten.

Hinzu kommt eine immer stärkere Überbewertung »normaler« Aktien in den Industriestaaten, die sich in stetig höheren Aktienkursen in Relation zur realen Wirtschaftsleistung niederschlägt. Allein in den zwanzig Jahren zwischen 1980 und der Jahrtausendwende sind die Börsenkurse weltweit inflationsbereinigt um 1.032 Prozent gestiegen, während die reale Wirtschaftsleistung sich nur um achtzig Prozent erhöhte. Auch das durchschnittliche Kurs-Gewinn-Verhältnis hat für viele Aktien im Dow Jones oder Dax heute Werte erreicht, die in früheren Tagen als Indikator hochspekulativer Überhitzung gegolten hätten.

Wie dieser überquellende Geldschaum entstanden ist, der heute über die internationalen Finanzmärkte wabert, weshalb die spekulationsgetriebene Blasenökonomie zum wirtschaftlichen Normalzustand des modernen Kapitalismus werden konnte und welche Folgen das hat, diesen Fragen werden wir im nächsten Kapitel nachgehen.

Resümee

Auf den Gütermärkten dämpfen steigende Preise die Nachfrage und fallende erhöhen sie. Auf den Finanzmärkten gilt der umgekehrte Preismechanismus: Hier ist es rational, bei steigenden Preisen zu kaufen und bei fallenden zu verkaufen. Ersteres, um von weiteren Preissteigerungen zu profitieren, und letzteres, um die Verluste zu begrenzen. Die Finanzmärkte neigen deshalb zu extremen Ausschlägen und Blasenbildung.

Eine wichtige Voraussetzung von Finanzblasen ist die Ausdehnung von Kredit. Durch Kredit wird die Nachfrage vervielfacht und erst dadurch werden die für eine Blase typischen extremen Preissteigerungen am Markt durchsetzbar. Je höher die Kreditkapazität eines Finanzsystems, desto länger kann eine Blase wachsen und desto größer kann sie werden. Kommt es allerdings auch nur zu einer Verlangsamung des Aufwärtstrends, erzwingt ein hoher Grad an Verschuldung massenhafte Verkäufe und leitet damit die abrupte Umkehr ein. Je größer die Blase, desto tiefer der anschließende Fall im Wert der Spekulationsobjekte und desto höher der Berg an faulen Krediten, den sie hinterlässt.

Eine Spezifik der jüngsten Spekulationsblase am Kreditmarkt besteht darin, dass in ihr Kredite Mittel der Nachfragesteigerung und Spekulationsobjekt in einem waren. Dieses Zusammenspiel vergrößerte das Volumen der Blase in beispielloser Weise. Entsprechend groß ist damit aber auch der Umfang fauler Kredite nach dem Zusammenbruch.

Anmerkungen

20 *Frankfurter Allgemeine Zeitung,* 5. Februar 2000
21 Georg Soros, Die Krise des globalen Kapitalismus, Berlin 1998, S. 53 f.
22 Zitiert nach: Keneth Galbraith, Der große Crash 1929, München 2007, S. 111
23 Ebenda
24 Zitiert nach: Wolfgang Münchau, Vorbeben, München 2008, S. 46

3. Kapitel
Geldschaum ohne Ende

*[...] dass eine Anhäufung, eine Überreichlichkeit von Leih-
kapital stattfinden kann, die nur insofern mit der produktiven
Akkumulation zusammenhängt, als sie im umgekehrten Verhältnis dazu steht.*

Karl Marx

Zentralbanken – die vermeintlichen Geldschöpfer

Wenn etwas in der Welt von heute nicht knapp ist, dann scheint
es das Geld zu sein. Die gesamten globalen Finanzvermögen erreichten 2006 einen Wert von 167 Billionen Dollar, etwa vier-
zehnmal so viel wie im Jahr 1980 und das Dreieinhalbfache dessen, was alle Volkswirtschaften dieser Erde zusammen in einem
Jahr an Gütern und Diensten produzieren.[25] Angelegt ist dieses
Geld entweder auf Bankkonten oder in Wertpapieren, einfachen
wie Aktien, Unternehmensbonds oder Staatsanleihen und kom-
plizierteren wie den Asset Backed Securities oder diversen Derivaten, mit denen auf die Schwankung von Kursen, Zinsen und
Währungen oder eben auf Kreditrisiken gewettet wird.

Aber nicht nur diese unvorstellbare Aufblähung finanzieller
Vermögenstitel ist eine bisher nie dagewesene Entwicklung.
Neu ist auch der extrem hohe Teil dieser Gelder, die vollkom-
men liquide sind und tagtäglich für finanzielle oder auch reale
Transaktionen zur Verfügung stehen. Allein auf den globalen
Devisenmärkten werden heute pro Tag über drei Billionen Dol-
lar umgesetzt: Geld, das von einem Händler zum nächsten fließt
und daher als verfügbare Liquidität vorhanden sein muss. Der
Umsatz im täglichen Geschäft mit Derivaten beträgt sogar über

sechs Billionen Dollar. Die Geldmenge M3, die die Summe von Bargeld, Guthaben auf Girokonten und kurzfristig angelegten Spar- und Termingeldern misst, liegt derzeit im Euroraum bei über acht Billionen Euro und ist in den letzten Jahren mit einer Rate von etwa zehn Prozent jährlich angeschwollen.

Eigene Liquidität ist neben der Verfügung über großzügige Kreditlinien die wichtigste Voraussetzung dafür, sich an Spekulationswellen beteiligen und diese weiter antreiben zu können. Je liquider das angelegte Vermögen, desto leichter lässt es sich in eine neue aussichtsreiche Blase lenken und desto stärker, folgerichtig, kann diese Blase wachsen. Hinzu kommt: Spekulationen, die ausländische Geldvermögen anziehen, erreichen weit größere Volumina als solche, die nur die nationale Geldelite interessieren. Jede wirklich große Spekulationsmanie seit der holländischen Tulpenblase hat internationales Geld aufgesogen. Je umfangreicher und, vor allem, je beweglicher das globale Geldvermögen ist, desto größer sind daher auch die möglichen Blasen, die sich in den verschiedenen Winkeln der Finanzmärkte aufbauen können. Wer die Ursachen der spekulationsgetriebenen Bubble-Ökonomie unserer Zeit verstehen will, hat daher allen Grund, über die Ursprünge des Übermaßes an globaler Liquidität nachzudenken.

Geldschöpfung auf regulierten Märkten

Liquidität wird heute, so zumindest lehren es die ökonomischen Lehrbücher, von den Zentralbanken geschaffen. Der Mechanismus, auf dem diese Geldschöpfung beruht, ist international relativ ähnlich und besteht im Kern darin, dass die Zentralbank entweder Wertpapiere aufkauft und dafür Zentralbankgeld in den Markt wirft oder Kredite an einen bestimmten Kreis von Geschäftsbanken vergibt. Die Europäische Zentralbank (EZB) etwa verleiht zu normalen Zeiten einmal pro Woche frisches Geld, für das sie einen Mindestzinssatz festlegt und um das sich die Banken wie auf einer Auktion bewerben können. Die Laufzeit dieser Kredite kann zwischen wenigen Tagen und drei Monaten liegen und die Banken erhalten sie nur, wenn sie im Gegenzug Wertpapiere hoher Bonität als Sicherheit hinterlegen. Braucht eine Bank zwischen den Auktionen dringend von der Zentralbank Geld, muss sie dafür einen höheren Zinssatz, den Diskontsatz, zahlen. Da die Inanspruchnahme dieser Diskontkredite in Bankerkreisen jedoch als Peinlichkeit angesehen wird und der betreffenden Bank einen schlechten Ruf einbringt, wird dieser Weg nur beschritten, wenn es gar nicht anders geht.

Zu den von den Zentralbanken akzeptierten Papieren gehören traditionell vor allem Staatsanleihen oder andere Bonds mit Triple-A-Rating, in den letzten Jahren allerdings durchaus auch die Asset Backed Securities, sofern sie bestimmte Kriterien erfüllen. Im Zuge der Kreditkrise ist die amerikanische Zentralbank mittlerweile sogar dazu übergegangen, ABS mit zweifelhaftem Rating zu akzeptieren, um die Liquiditätsnöte der Geldhäuser zu lindern. Auch die EZB sieht sich mit dem Problem konfrontiert, dass die Banken seit Ausbruch der Finanzunruhen en masse jene Wertpapiere bei ihr abladen, für die es auf dem Markt keine Käufer mehr gibt.

So wurden 2008 etwa neunzig Prozent aller in Europa aufgelegten Asset Backed Securities an die Frankfurter Währungshüter weitergereicht, deren ABS-Bestand sich von sechs Prozent am gesamten EZB-Portfolio im Jahr 2005 auf 16 Prozent erhöhte. Und die europäischen ABS sind nicht unbedingt solider als die US-amerikanischen. Ein erheblicher Teil ist beispielsweise im Zuge des spanischen Immobilienbooms entstanden, und auch hier lassen fallende Preise und leerstehende Wohnimmobilien die Rückzahlungsaussichten der vergebenen Kredite nicht im besten Licht erscheinen. Wenn die betreffende Bank die Zentralbankkredite zurückzahlt, erhält sie natürlich auch die Wertpapiere wieder. Strauchelt sie indessen oder verlängert den Kredit immer von neuem, kann die öffentliche Hand schnell auf ihnen sitzen bleiben. Erweisen sich die Papiere dann als wertlos, hat der Steuerzahler das Nachsehen.

Bleiben wir bei dem, was uns die Lehrbücher über Geldschöpfung erzählen, geht es dann wie folgt weiter: Die Banken verwenden das Geld, das sie von der Zentralbank erhalten, um ihrerseits Kredite zu vergeben. Die Kreditnehmer sind jetzt Unternehmen oder Konsumenten, die sich verschulden, um irgendetwas zu kaufen: eine Maschine, ein Haus oder vielleicht auch nur eine Urlaubsreise. Sobald die Kreditnehmer für diese Produkte oder Leistungen bezahlt haben, wird das Geld von ihrem Konto auf das des neuen Besitzers umgebucht. Es gehört jetzt dem Maschinenbauer, dem Immobilienhändler oder dem Reisebüro. Deren Konto kann sich bei der gleichen Bank befinden, die den Kredit vergeben hat, oder bei einer anderen, in jedem Fall verbucht die betreffende Bank einen Zahlungseingang und kann mit dem zusätzlichen Geld jetzt ihrerseits einen neuen Kredit vergeben. Weil sich auch dieser Kredit wieder bei irgendeiner Bank als neue Einlage niederschlägt und das auch für den nächsten und übernächsten gilt, könnten die Banken theoretisch mit einer bestimmten Menge Zentralbankgeld in kürzester Zeit unendlich viele Kredite und damit auch unendlich viel Liquidität schaffen.

Man muss sich die Bilanz einer Bank so vorstellen, dass auf der einen Seite ihr Eigenkapital steht und außerdem das Geld, das Kunden bei ihr anlegen, sowie sonstige Verbindlichkeiten der Bank – also etwa auch der Kredit der Zentralbank. Auf der anderen Seite steht das, was die Bank mit all diesem Geld unternimmt. Beide Seiten der Bilanz sind notwendigerweise gleich groß, denn jeder Euro, den eine Bank erhält, wird von ihr irgendwo irgendwie wieder angelegt. Die am wenigsten lukrative Weise, ihn anzulegen, besteht darin, ihn auf das Konto der Bank bei der Zentralbank zu packen. Die Gelder, die eine Bank hier deponiert, sind ihre Liquiditätsreserve. Sie sind jederzeit in Bargeld umtauschbar oder können verwendet werden, um einen Negativsaldo zwischen ein- und ausgehenden Überweisungen auszugleichen. Allerdings bekommt die Bank für das Geld auf dem Zentralbankkonto entweder gar keine oder extrem niedrige Zinsen. Sie ist deshalb unter normalen Umständen bestrebt, jede neue Einlage möglichst schnell in einen neuen Kredit zu verwandeln, der ihr Zinsen bringt. Und genau das gleiche Bestreben hat auch die Bank, bei der sich die mit diesem neuen Kredit geleistete Zahlung als neue Einlage niederschlägt. Theoretisch kann das endlos so weitergehen.

Wenn jeder dieser Kredite von dem Kreditnehmer dann tatsächlich dazu genutzt würde, reale Güter nachzufragen, kann ein solches System schnell die Preise in die Höhe treiben, denn mit jedem Kredit erhöht sich die Güternachfrage, während die Produktion mit einer solchen Nachfrageexplosion kaum Schritt halten dürfte. Um also zu verhindern, dass mit einem Euro Zentralbankgeld unendlich viele Euro Kreditgeld geschaffen werden können, wurden nach dem Zweiten Weltkrieg in allen großen Industriestaaten gesetzliche Mindestreservebestimmungen eingeführt. Sie verpflichten eine Bank, einen bestimmten Prozentsatz des Geldes, das Kunden bei ihr kurzfristig angelegt haben, auf ihrem Zentralbankkonto zu hinterlegen. Diese Reserve darf die Bank also nicht in neue Kredite verwandeln.

In einem System, in dem sich die Banken ausschließlich über ihre Zentralbank mit Liquidität versorgen können, wäre mit dem Mindestreservesatz das maximal mögliche Volumen an Kreditgeld festgelegt, das die Banken mit Hilfe eines jeden Euro Zentralbankgeld schaffen können. Eine einst vor allem in der Bundesbank und auch heute noch in der EZB einflussreiche ökonomische Schule zog daraus den Schluss, die Zentralbank könne die umlaufende Geldmenge kontrollieren.

Gold- und Silberwährungen

In der Bestimmung des Geldvolumens, das sie den Banken zur Verfügung stellen, haben die Zentralbanken heute freie Hand. So konnten Fed und EZB seit dem Beginn der Finanzkrise immer wieder, wenn es im Finanzsystem kriselte, innerhalb weniger Tage Hunderte Milliarden Dollar und Euro in den Markt pumpen, ohne dass sich jemand daran störte.

Das war früher anders. In der Zeit vor dem Ersten Weltkrieg waren die meisten Währungen durch Edelmetalle unterlegt. Die Banknoten, die eine Notenbank (oder auch eine Privatbank) ins Publikum streuen durfte, mussten in einer bestimmten Relation zu dem Gold- oder Silberschatz stehen, der sich in ihrem Keller stapelte. Denn jeder Geldbesitzer hatte theoretisch das Recht, die betreffende Währung zu einem festgesetzten Kurs in Gold oder Silber einzutauschen. Leistungsbilanzungleichgewichte wurden in diesem System am Ende dadurch ausgeglichen, dass Schiffsladungen mit Edelmetallbarren durch die Ozeane fuhren.

Diese Gold- oder Silberwährungen hatten eine Reihe gravierender Nachteile. Zum einen wächst die globale Förderung von Gold und Silber seit Beginn des Industriezeitalters deutlich langsamer als die Wirtschaft, was immer wieder Liquiditätsprobleme und Perioden fallender Preise nach sich zog, mit allen krisenverschärfenden Folgen, die Deflationen in einem kapitalistischen System haben. (Man kann diesen Preisverfall auch korrekt durch das Wertgesetz und die schnellere Produktivitätsentwicklung der Industrie im Vergleich zu den Goldgruben erklären. Aber die Folgen werden dadurch nicht besser.) Eine Währung, die im Verhältnis zu Gold oder Silber überbewertet war, litt zudem bald an Auszehrung ihrer Metallbestände. Das war Großbritannien nach dem Ersten Weltkrieg widerfahren, als Churchill die Goldeinlöseverpflichtung des britischen Pfund zu einem völlig überholten Kurs wiederhergestellt hatte.

Der Mythos, dass eine stabile Währung die Rückendeckung glänzender Metalle braucht, hatte dennoch sogar den Zweiten Weltkrieg überlebt. Auch das Währungssystem, das mit dem Vertrag von Bretton Woods besiegelt wurde und für alle beteiligten Währungen fixe Wechselkurse im Verhältnis zum Dollar festschrieb, verpflichtete die amerikanische Zentralbank, jeden Dollar durch Gold zum festgelegten Preis von 35 Dollar je Feinunze einzulösen. Selbstverständlich konnte dieses System nur deshalb knapp 25 Jahre überleben, weil niemand von diesem Recht in großem Stil Gebrauch machte. Denn schon Ende der fünfziger Jahre waren weltweit so viele Dollar in Umlauf, dass sich die Goldbestände von Fort Knox, wo die amerikanische Edelmetallreserve lagerte, bei Einlösung auch nur eines Bruchteils von ihnen im Handumdrehen in Luft aufgelöst hätten.

Seit Mitte der sechziger Jahre, als die amerikanischen Exportüberschüsse sich in wachsende Defizite verwandelt hatten und in den USA die Inflation stieg, schwand allerdings das Vertrauen in den Dollar und es kam zu wachsenden Problemen auf dem unregulierten Londoner Goldmarkt. Der Abwertung des britischen Pfund um 14 Prozent im November 1967 folgte ein regelrechter Run auf Gold. Um wachsende Goldabflüsse aus den USA zu vermeiden, wurde die Einlösepflicht von Dollar in Gold 1968 auf die Zentralbanken der Mitgliedsländer des Bretton Woods-Systems beschränkt.

Aber selbst von dieser Seite drohte Ungemach. 1969 begann der französische Staatspräsident de Gaulle, Pakete mit den im Verhältnis zum Gold und auch zu den meisten europäischen Währungen hoffnungslos überbewerteten Dollarreserven der französischen Zentralbank gen Washington zu senden und dafür echtes Gold zu fordern. Da allein die französischen Ansprüche höher waren als die amerikanischen Goldbestände, waren die USA faktisch zahlungsunfähig und das System am Ende.

Endgültig aufgehoben wurde die Goldbindung durch Präsident Nixon am 15. August 1971.

Seither gibt es den metallenen Stabilitätsanker selbst zum Schein nicht mehr. Die großen Währungen mehr oder weniger stabil zu halten, liegt vielmehr in der alleinigen Verantwortung der Zentralbanken. Da zuviel umlaufendes Geld als inflationstreibend angesehen wird und, umgekehrt, Liquiditätsengpässe die Wirtschaftsaktivität abschnüren, wird von einer Zentralbank erwartet, beide Szenarien zu vermeiden. Die Instrumente, die ihr dabei zur Verfügung stehen, sind die Festlegung der Zinssätze, zu denen sie Geld verleiht, und die Steuerung des Volumens an Zentralbankgeld, das sie ins Finanzsystem pumpt.

Helden ohne Macht

Tatsächlich ist der Unterschied zwischen einem Trader, der für einen Hedgefonds hochriskante Finanzwetten abschließt, und einem Zentralbanker heute nicht mehr sehr groß. Der Erfolg von beiden hängt im Wesentlichen vom Glück ab. Denn die Instrumente der Zentralbanker sind auf dem globalisierten und deregulierten Finanzmarkt unserer Tage stumpf und rostig geworden. Zwar beeinflussen die großen Zentralbanken, wie die amerikanische Fed oder die EZB, mit ihrer Zinspolitik immerhin das Zinsniveau, zu dem Dollar oder Euro auf dem internationalen Geldmarkt verliehen werden. Aber selbst das kann ihnen in bestimmten Situationen entgleiten, wie sie im Verlauf der Finanzkrise, in der die Geldmarktsätze wegen der grassierenden

Sorge vor Bankenpleiten immer wieder nach oben schossen, erleben mussten.

Noch weniger Einfluss haben die Zentralbanker auf die realwirtschaftlich ungleich wichtigeren Langfrist-Zinsen, also auf die Verzinsung länger laufender Anleihen auf dem Kapitalmarkt und die von Krediten, die kleinere Unternehmen und Konsumenten am Ende tatsächlich bekommen. Zwar steigen diese Zinsen in der Regel, wenn die Zentralbank ihre Zinsen erhöht. Aber »in der Regel« ist nicht »immer«, und in umgekehrter Richtung funktioniert das Ganze noch viel weniger. In jedem Fall ist ein Zentralbankzins von zwei Prozent problemlos mit Dispozinsen von 14 Prozent oder Überziehungszinsen bei Kreditkarten von 19 Prozent vereinbar. Denn über all diese Zinsen entscheiden heute allein die Geschäftsbanken und dabei hat weder die Regierung noch die Zentralbank auch nur eine Silbe mitzureden.

Ist der Einfluss der Zentralbanken bereits in der Zinspolitik begrenzt, haben sie auf das Volumen der umlaufenden Liquidität schon gar keinen Einfluss mehr. Während die amerikanische Zentralbank das Vorhaben, die Geldmenge zu steuern, nach einer kurzen desaströsen Periode zu Beginn der Präsidentschaft von Ronald Reagan ausdrücklich aufgegeben hat, finden sich im Direktorium der Europäischen Zentralbank bis heute Leute, die genau darin ihre Aufgabe sehen. Jeder EZB-Jahresbericht enthält folgerichtig einen Abschnitt, in dem wortreich erläutert wird, warum es just im letzten Jahr wieder nicht geklappt hat. Denn natürlich hat die EZB nicht die Absicht, die Liquidität im Euroraum um zehn Prozent jährlich anschwellen zu lassen. Angesichts eines durchschnittlichen Wirtschaftswachstums von weniger als drei Prozent und einer angestrebten Inflation von unter zwei Prozent wären nach den Lehren der Geldmengen-Theoretiker fünf Prozent Liquiditätswachstum mehr als genug.

Auch wenn die von der Geldmengen-Schule postulierte schlichte Kausalbeziehung zwischen Geldmenge und Inflation grober Unfug ist, wäre es natürlich trotzdem wünschenswert, eine derart zentrale volkswirtschaftliche Größe wie die verfügbare Liquidität öffentlich kontrollieren zu können. In Wahrheit haben die heutigen Zentralbanken hier jedoch nichts mehr im Griff. Denn anders als in dem oben geschilderten Lehrbuchbeispiel, in dem die Banken sich ihr Geld brav bei ihrer Zentralbank leihen und zuverlässig auf ihre Einlagen Mindestreserven hinterlegen, besorgen sich die realen Finanzhäuser unserer Zeit den größten Teil ihrer Liquidität auf dem Interbankenmarkt.

Welche Bedeutung und welches Gewicht dieser Markt besitzt, ist im Verlauf der Finanzmarktkrise vielleicht zum ersten Mal ins öffentliche Bewusstsein gerückt: als er plötzlich nicht mehr funktionierte und das viele Banken in sehr ernste Liquiditätsnöte brachte. Der Interbankenmarkt ist ein Markt, auf dem die Banken dieser Welt sich Gelder auf kurze Frist und ohne Sicherheiten gegenseitig leihen. Für eine Bank, die gerade mehr Geld als lukrative Kreditmöglichkeiten hat, schafft dieser Markt eine verzinste Anlage für die überschüssigen Dollar oder Euro, die sonst zinslos auf dem Zentralbankkonto hätten lagern müssen. Umgekehrt kann sich unter normalen Bedingungen jede große Bank jederzeit auf diesem Markt Geld besorgen, braucht also über das gesetzliche Limit hinaus kaum noch eigene Reserven zur Sicherung ihrer Zahlungsfähigkeit vorzuhalten.

Im Grunde ist es immer das gleiche Geld, das die Banken auf dem Interbankenmarkt zwischen ihren Konten hin- und herbuchen und theoretisch können sie damit Schulden und Vermögen von unendlicher Zahl und Größe schaffen, wie wir im nächsten Kapitel noch genauer zeigen werden. Solange dieser Markt funktioniert, ist der Bedarf an »echtem« Zentralbankgeld zur Finanzierung zusätzlicher Kredite daher verschwindend gering. Trocknet er dagegen in einem Klima des Misstrauens aus, sind die Banken plötzlich wieder auf die Zentralbanken angewiesen.

Genau das ist der Grund für die Milliardensummen, die Fed und EZB seit über einem Jahr immer wieder in das Finanzsystem gepumpt haben, um es funktionsfähig zu halten.

Die Fähigkeit des heutigen Bankensystems, jeden Euro Zentralbankgeld in nahezu unendliche Euro Kreditgeld zu verwandeln, hat auch damit zu tun, dass die gesetzlich vorgeschriebene

Mindestreserve im Zuge der Deregulierung der Finanzmärkte und unter dem Druck der Finanzlobby in fast allen Ländern gravierend abgesenkt und in einigen sogar ganz abgeschafft wurde. Auch die diversen Offshore-Zentren der internationalen Finanzmärkte sind in der Regel nicht nur steuer-, sondern auch mindestreservefrei. Außerdem beziehen sich die Mindestreserve-Regelungen nur auf einen eng umgrenzten Teil von Bankeinlagen, die in der gesamten Bilanz der Banken eine immer geringere Rolle spielen. Werden im System der EZB immerhin noch die meisten kurzfristigen Einlagen von der Mindestreservepflicht erfasst, betreffen die Reserve-Bestimmungen in den USA lediglich Einlagen von der Art der Girokonten. Deren Gewicht aber ist in den zurückliegenden Jahrzehnten rapide geschrumpft. Bestanden 1960 noch über 60 Prozent der Verbindlichkeiten einer typischen amerikanischen Geschäftsbank in Girokonten, ist dieser Anteil auf mittlerweile nur noch sieben Prozent zurückgegangen.[26] Damit hat die Reservepflicht eine immer geringere Relevanz.

Im Ergebnis dieser Entwicklungen sind die Zentralbanker inzwischen viel machtloser als der Mythos, der sie umgibt, wahrhaben will. Ihr Zauberstab bestimmt heute weit mehr die Psychologie als die Ökonomie der Finanzmärkte. Da in einem hochspekulativen Markt die Psychologie eine entscheidende, manchmal sogar die ausschlaggebende Rolle spielen kann, ist auch dieser Einfluss nicht zu unterschätzen und muss mit Bedacht ausgeübt werden. Für die endlose Liquidität, die die Finanzmärkte der Gegenwart überschwemmt und sich in immer neuen, immer dramatischeren Spekulationsblasen niederschlägt, sind die Zentralbanker dennoch nicht verantwortlich zu machen. Allenfalls in dem Sinne, dass sie zugesehen und zum Teil aktiv dabei mitgeholfen haben, die heutige Situation herbeizuführen. Denn nicht die globalen Finanzmärkte haben die Zentralbanken entmachtet, sondern das haben diese im Verbund mit der herrschenden Politik Schritt für Schritt, Deregulierung für Deregulierung, höchstselbst getan.

Von den Euromärkten zum globalisierten Weltfinanzmarkt

Um besser zu verstehen, wie die modernen Finanzmärkte funktionieren, wollen wir uns zunächst einmal ansehen, wie sie entstanden sind. Tatsächlich ist die heutige Situation, in der jede Bank nach Belieben über Dispozinsen und Kreditvolumina entscheiden kann, jeden Tag Billionen von New York über London nach Singapur und von da zurück nach Frankfurt rasen, nahezu jede Währung in beliebiger Menge gegen jede andere getauscht werden kann und die Deutsche Bank Dollarkredite bereitstellt, während die Schweizer UBS Euro entgegennimmt, alles andere als eine langjährige Normalität. Vor weniger als einem halben Jahrhundert sahen die Gegebenheiten auf den nationalen Finanzplätzen grundsätzlich anders aus, und einen Weltfinanzmarkt im wirklichen Sinn des Wortes gab es noch nicht.

Eurodollar aus London

Die Erinnerung an den großen Crash von 1929 und die nachfolgende Weltwirtschaftskrise hatte den Befürwortern einer strikten Regulierung der nationalen wie internationalen Geldströme Rückenwind verschafft. Mit dem Glass Steagell Act von 1933 hatte die amerikanische Regierung das Zeitalter der Universalbanken auf US-Territorium fürs erste beendet. Fortan waren das Wertpapier- und das Emmissionsgeschäft den Investmentbanken vorbehalten, die allerdings keine Spareinlagen entgegennehmen durften und auch keinen direkten Zugang zu Zentralbankgeld hatten. Letzteres war Privileg der Geschäftsbanken, deren Geschäft sich im Gegenzug auf das Einsammeln von Einlagen und die Vergabe von Krediten zu beschränken hatte.

Auch Einlagen- wie Kreditzinsen unterlagen gesetzlicher Regulierung. So durften US-Banken ihren Kunden für Girokonten gar keine Zinsen zahlen, und auch der Zinssatz auf Termineinlagen war limitiert. Ähnliche Vorschriften gab es in den meisten Ländern. Zudem war der internationale Kapitalverkehr reguliert und Währungen konnten durchaus nicht in beliebiger

Menge ineinander umgetauscht werden. Unter diesen Bedingungen waren die umlaufende Liquidität und das Volumen der vergebenen Kredite im Großen und Ganzen politisch steuerbar.

Allerdings galten viele Bestimmungen, die die US-Banken etwa am Finanzplatz New York zu beachten hatten, keineswegs für ihre ausländischen Filialen. Genau diese Lücke wurde zum Ausgangspunkt der ersten unregulierten Bankzone der Welt, dem Eurogeldmarkt, der sich ab 1957 in London zu etablieren begann. Zweiter Geburtshelfer des Euromarktes war ein britisches Gesetz von 1957, das er ebenfalls zu umgehen half. Dieses Gesetz begrenzte die Kreditvergabe britischer Banken in Länder außerhalb des Sterling-Blockes, um das schwächelnde Pfund zu stützen.

Die Finanzierung der Handelsbeziehungen britischer Unternehmen, vor allem in den früheren Kolonialgebieten, war ein altes hochlukratives Geschäft der englischen Geldhäuser, das sie sich nicht gern von konkurrierenden Banken aus dem Ausland abjagen lassen wollten. In dieser misslichen Lage fanden sie eine einfache Lösung: Sie begannen, verstärkt um Dollar-Depositen zu werben und nutzten die US-Währung, die ihnen auf diese Weise zufloss, zur eigenen Kreditvergabe. Ausländische Kreditnehmer bekamen von britischen Banken also erstmals Kredite, die nicht auf Pfund Sterling, sondern auf US-Dollar lauteten. Auf diesem Wege entstand in London ein exterritorialer Markt für Dollar-Guthaben und Dollar-Kredite, der weder der britischen noch der US-amerikanischen Finanzmarktregulierung unterlag. Daher konnten die Dollar-Depositen in London auch höher verzinst werden als Spargelder in den USA, was sie für Anleger aus aller Welt, die über überschüssige Dollar verfügten, attraktiv machte.

Neben den britischen waren es zunächst vor allem amerikanische Banken, die über ihre Londoner Filialen ins Geschäft mit den Eurodollar einstiegen. Der Begriff »Eurodollar« hat nichts mit dem heutigen Euro zu tun, sondern steht einfach für einen Dollar, der außerhalb des amerikanischen Währungsgebietes angelegt ist. Bald wurden auf dem Londoner Euromarkt auch Deutsche Mark und andere Währungen gehandelt, die man entsprechend als Euro-DM oder Euro-Yen bezeichnete.

Auf dem heutigen Weltfinanzmarkt sind exterritoriale Depositen und Kredite in Fremdwährungen eine Selbstverständlichkeit. Damals hingegen gab es so etwas nicht, und die strikte Regulierung der nationalen Finanzplätze ließ auch gar keinen Raum dafür. Insofern war es eine bewusste Entscheidung der britischen Regierung, diesen Handel jenseits aller nationalen Zinsregulierungen, Quellsteuern, Reservebestimmungen und sonstigen Vorschriften zuzulassen und damit internationale Banken und viel Geld in die Londoner City zu locken.

Sorgten die höheren Zinsen für ein reichliches Angebot an Eurodollar-Depositen, wurde die Nachfrage nach Eurodollarkrediten und -anleihen durch eine US-Vorschrift aus dem Jahr 1963 nach oben getrieben. Bis dahin war New York der einzige Finanzplatz, auf dem Anleihen im Volumen von fünfzig Millionen Dollar oder mehr aufgelegt werden konnten. Die national abgegrenzten Finanzmärkte in Europa waren damals einfach noch zu klein, um Liquidität in solchem Umfang aufzubringen. Amerikanische und auch europäische Konzerne, die in den sechziger Jahren ebenfalls begannen, transnationale Produktions- und Vertriebsnetze aufzubauen, waren jedoch auf derartige Beträge zur Finanzierung ihrer Investitionen und ihrer internationalen Expansion angewiesen. Deshalb zog es auch die europäischen Wirtschaftsunternehmen an die Wall Street, wenn sie in größerem Stil Geld benötigten.

Mit den wachsenden Kapazitäten der europäischen Wirtschaft wurde allerdings ein immer geringerer Teil des in den USA geliehenen Geldes tatsächlich für Käufe von Produkten »Made in USA« verwandt. Immer mehr Geld wurde stattdessen in Europa selbst ausgegeben, und spätestens dessen Empfänger brauchten zumeist keine Dollar, sondern Deutsche Mark, französische Franc oder italienische Lira. Sie tauschten die Dollar also in ihre nationale Währung um, was damals nicht auf freien Devisenmärkten erfolgte, wo sich der Kurs einer Währung nach Angebot und Nachfrage richtet. Vielmehr wurde bei mangelnder Nachfrage die überschüssige US-Währung an die Zentralbank des betreffenden Landes weitergereicht, die nach dem Vertrag von Bretton Woods verpflichtet war, die Dollar zu einem festgelegten Wechselkurs aufzukaufen und dafür die jeweilige nationale Währung zu emittieren. Dieser Prozess hatte schnell anwachsende Dollar-Reserven der europäischen Zentralbanken zur Folge, die sich bilanztechnisch in einem chronischen Defizit der amerikanischen Zahlungsbilanz niederschlugen. Aus Prinzip oder vielleicht wegen der drohenden Verpflichtung, im Falle des Falles die Reservedollar gegen Gold einlösen zu müssen, erregte diese Situation Missfallen in Washington.

Man suchte daher den massiven Kapitalexport zu drosseln. Als Mittel zu diesem Zweck wurde 1963 die sogenannte Zinsausgleichsteuer eingeführt, die den Erwerb ausländischer Wertpapiere durch amerikanische Staatsbürger mit einem Aufschlag belegte. 1965 wurde diese Steuer auch auf Auslandskredite amerikanischer Banken ausgedehnt. Im Ergebnis wurde es für europäische Unternehmen wesentlich teurer, sich in den USA mit Kapital zu versorgen, und genau diese Kreditnehmer sollten ja auch entmutigt werden. Die Zinsausgleichsteuer galt allerdings nicht für Dollar-Kredite oder -Anleihen, die auf dem Euromarkt aufgelegt bzw. vergeben wurden. Letzterer entwickelte sich damit zu einer attraktiven Alternative für alle, die in größerem Maßstab Geld benötigten.

Die Versorgung des Euromarktes mit Anlagegeldern erfolgte übrigens nicht nur aus privaten Quellen. Zum einen gingen mehrere osteuropäische Länder und die Sowjetunion bald dazu über, ihre Dollar-Bestände statt in New York in London zu deponieren, weil sie sie dort in der Hochzeit des Kalten Krieges sicherer wähnten als beim Erzfeind USA. Zum anderen verlegten wegen der besseren Verzinsung mehrere westeuropäische Zentralbanken ihre Dollar-Reserven nach London. Zur Großanlegerin und wichtigen Geldquelle des Euromarktes entwickelte sich in den sechziger Jahren beispielsweise die Bundesbank, die wegen der anwachsenden Überschüsse der deutschen Handelsbilanz bald über umfangreiche Währungsreserven verfügte, mit denen sie das Wachstum dieses unregulierten Finanzmarktes alimentierte.

Wir haben oben das Prinzip besprochen, nach dem Zentralbanken Liquidität in Umlauf bringen und die Mindestreser-
ve-Vorschriften erwähnt, mit denen sie die Kreditschöpfung
der Banken auf dem nationalen Finanzplatz zu begrenzen suchen. Für Depositen, die auf dem Euromarkt angelegt waren,
gab es keine gesetzliche Mindestreserve. Sie wäre auch schwer
durchsetzbar gewesen, denn britische oder andere nicht-ameri-
kanische Banken, die in London mit Dollardepositen dealten,
hatten naturgemäß gar kein Konto bei der US-Zentralbank, der
einzigen, die Dollarliquidität schaffen und sichern konnte. Die
Eurobanken hielten ihre Dollar-Reserven auf Girokonten bei
US-Geschäftsbanken. Das Geld, mit dem auf dem Euromarkt
Kredite geschaffen wurden, blieb damit zugleich im US-Ban-
kensystem und stand dort für Kredite zur Verfügung.

Die Reservehaltung der Eurobanken war allerdings im
Verhältnis zu ihren Einlagen extrem gering, denn ohne vorgeschriebene Mindestreserve gab es ja keinen Grund, allzu
viel Geld unverzinst auf einem US-Konto zu lagern. Immerhin
stand jeder Euro-Bank im Falle von Liquiditätsengpässen der
sich zeitgleich mit dem Euromarkt entwickelnde Interbankenmarkt zur Verfügung. Es war daher viel lukrativer, jede Einlage
möglichst schnell in einen zinsträchtigen Kredit zu verwandeln.
Wenn die Kredit-Nachfrage stockte, wurde das Geld an eine
andere Bank, die Dollar-Liquidität brauchte, kurzfristig wei-
terverliehen. Und irgendeine Bank gab es immer, die gerade
Geld benötigte. Wegen der niedrigen Reservehaltung konnte
mit jedem Dollar, der einmal auf ein Euro-Konto überwiesen
worden war, also ein nahezu unendliches Volumen an neuen
Krediten und Einlagen geschaffen werden.

Praktisch muss man sich das wie folgt vorstellen: Nehmen wir an, der italienische Nudelhersteller Pasta Grande
erhält von einem US-Großhändler für seine Makkaroni-
Lieferung eine Zahlung von einer Million Dollar. Da der

Nudelhersteller für die Million gerade keine nützliche Verwendung hat, parkt er dieses Geld auf seinem Dollar-Konto bei der Londoner Bank Alpha, um wenigstens Zinsen zu beziehen. Sobald dieses Geld eingeht, bucht die Bank Alpha es auf ihr Reservekonto bei einer US-amerikanischen Bank.

Unter Umständen führt sie dieses Konto bei der gleichen US-Bank, bei der auch der US-Nudelimporteur seins hatte. Die Summe der Einlagen dieser Bank und ihre Fähigkeit zur Kreditvergabe ändert sich also durch diese Transaktion nicht, das Geld ist nur von einem Girokonto auf ein anderes geflossen.

Allerdings hat die Eurobank Alpha natürlich kein Interesse, das Geld, für das sie Zinsen zahlen muss, auf dem Reservekonto zu belassen. Also geht der verantwortliche Banker unverzüglich auf die Suche nach einer attraktiveren Verwendung. Diese bietet sich vielleicht dank Eurobank Beta, die gerade Liquidität benötigt, weil sie einen interessierten Kreditnehmer, aber augenblicklich nicht genug Einlagen hat. Eurobank Alpha verleiht das Geld also an Eurobank Beta, die damit dem holländischen Käsehersteller Blauschimmel einen Kredit geben kann. Der Käsehersteller Blauschimmel bezahlt mit dem Kredit eine Käserei-Anlage bei dem deutschen Maschinenbauer Eisenmichel, der ebenfalls ein Konto bei der Eurobank Beta hat. Diese Bank erhält die eine Million Dollar damit als Einlage zurück und kann so den kurzfristigen Kredit an Bank Alpha zurückzahlen. Damit hat letztere das Geld schon wieder auf ihrem Reservekonto und muss erneut nach einer zinstragenden Anlage suchen. Weil gerade kein Wirtschaftsunternehmen zur Stelle ist, das Geld braucht, kauft Bank Alpha eine Ein-Million-Dollar-Anleihe des polnischen Staates, der damit die neue Autoflotte für die Entourage des polnischen Staatspräsidenten bei BMW bezahlt.

Auch BMW hat möglicherweise sein Dollarkonto bei der Eurobank Alpha, die das Geld damit schon wieder am Hals hat. Zum Glück fragt Eurobank Delta in diesem Augenblick Liquidität nach, weil ein Importeur aus Japan, der ihr Kunde ist, dringend Kredit benötigt, um die Lieferung eines französischen Champagner-Händlers aus Reims zu bezahlen. Der stolze Franzose will nun aber gar keine Dollar haben, sondern tauscht die eine Millionen Dollar bei der französischen Zentralbank gegen Franc ein, die er bei seiner Bank in Reims deponiert.

Auch die französische Zentralbank allerdings lagert ihre Dollar-Reserven bei der Eurobank Alpha, deren gestresster Manager jetzt schon wieder einen Zahlungseingang verbucht und erneut irgendjemandem einen Kredit in Höhe von einer Million Dollar aufschwatzen muss.

Dieses Spiel können die Banken endlos weiter spielen. Wer dieses System verinnerlicht hat, der wundert sich nicht mehr über die Schuldenexplosion, die die Euromärkte nach ihrer Entstehung in kürzester Zeit produziert haben. Im geschilderten Beispiel sind immerhin innerhalb weniger Stunden aus den Exporteinnahmen des italienischen Nudelherstellers Pasta Grande in Höhe von einer Million Dollar neue Schulden von vier Millionen und neue Vermögen im Volumen von fünf Millionen Dollar entstanden, darunter das Franc-Guthaben des fröhlichen Champagner-Produzenten. Außerdem entstanden ist ein kurzfristiger Interbankenkredit in Höhe von einer Million Dollar, der bereits zurückgezahlt wurde.

Angenommen, alle beteiligten Eurobanken haben ihr Reservekonto bei der gleichen US-Bank, buchen sich die eine Million Dollar bei dieser ständig von einem Reservekonto auf ein anderes um, ohne die Summe ihrer Einlagen zu verändern. Der Kreditschöpfungsprozess auf dem Euromarkt bricht erst ab, wenn ein Kreditnehmer mit dem Geld jemanden bezahlt, der sein Konto nicht auf dem Euromarkt, sondern direkt in den USA hat. Aber sobald eine Eurobank von einer US-amerikanischen Bank wieder einen Interbankenkredit bekommt, geht es weiter.

Dass die Zentralbanken bereits mit der Entstehung des Euromarktes jede Möglichkeit, Liquidität und Kreditvolumen zu steuern, aus der Hand gegeben haben, ist zwanzig Jahre später auch der deutschen Bundesbank aufgefallen. Leicht frustriert notiert diese in ihrem Monatsbericht vom Januar 1983, dass die »Eurobanken bei einer Expansion ihres Einlagenvolumens praktisch kein zusätzliches Zentralbankgeld [brauchen], während eine Einlageexpansion im Inland den Bedarf an Zentralbankgeld erhöht, weil mit ihr die Mindestreservepflicht und über Barauszahlungen auch der Bargeldbedarf wächst. Dieser Bedarf an Zentralbankgeld, der naturgemäß nur von der Bundesbank gedeckt werden kann, zwingt die inländischen Banken bei ihrer Expansion ›in die Notenbank‹; am Euro-DM-Markt fehlt dieses geldpolitische Verbindungsglied.«[27] Mit anderen Worten: Auf dem Euromarkt können die Banken so viel Geld und so viele Kredite produzieren, wie sie wollen. Da man einer DM aber natürlich nicht ansieht, ob sie in Frankfurt oder in London in Umlauf gebracht worden ist, hat die Bundesbank am Ende nichts mehr im Griff.

Das hielt die Zentralbanken und die Politik allerdings nicht davon ab, der Entstehung immer neuer Offshore-Finanzplätze tatenlos zuzusehen, oder, schlimmer noch: sie ins Leben zu rufen. Weitere Euromärkte, auf denen frei von Mindestreserven, Zinsregulierungen und Quellsteuern mit Fremdwährungen gedealt werden konnte, entstanden unmittelbar nach London in den traditionsreichen Bankvierteln von Luxemburg, in Südostasien und in der Karibik. 1981 wurden in den USA, unter anderem am Finanzplatz New York, die »International Banking Facilities« gegründet, in denen in- und ausländische Banken internationale Kreditgeschäfte zu gleichen Bedingungen abwickeln konnten wie auf den übrigen Euromärkten. Im Unterschied zu letzteren waren hier Geschäfte in der Heimatwährung, die ja in diesem Fall der Dollar selbst war, natürlich eingeschlossen.

Hatte sich der unregulierte Euromarkt in den 60er Jahren eta-
bliert, begann seine hohe Zeit in den 70er Jahren. Zwei Faktoren
haben zu diesem Boom entscheidend beigetragen: der Zusammenbruch des Systems fester Wechselkurse nach Aufkündi-
gung des Vertrags von Bretton Woods 1973 und die erste große,
tiefe und andauernde Wirtschaftskrise seit Ende des Zweiten
Weltkriegs, die die Ökonomien der kapitalistischen Industrieländer in den Jahren nach 1973 fest im Griff hatte.

Mit dem Einsturz des Währungssystems von Bretton Woods
waren es fortan nicht mehr die Regierungen, sondern die Wäh-
rungshändler auf den internationalen Devisenmärkten, die über
den Kurs des US-Dollar zur D-Mark, zum französischen Franc
oder zur italienischen Lira entschieden. Da die Handelsbilanz
der USA Mitte der sechziger Jahre defizitär geworden war – sie
also mehr importierten als exportierten, eine Situation, die sich
in den darauffolgenden Jahrzehnten nicht mehr wesentlich geändert hat –, hätte die Umstellung auf freie Wechselkurse den
Außenwert des Dollar eigentlich immer tiefer in den Keller
treiben müssen.

Denn ein Land, das dauerhaft mehr Güter aus dem Ausland
nachfragt als es ins Ausland verkauft, spült immer größere Beträge der eigenen Währung in die Kassen ausländischer Unternehmen. Da diese Unternehmen aber, um Löhne zu zahlen, Zulieferer zu honorieren oder Dividenden auszuschütten, in erster
Linie ihre nationalen Währungen benötigen, tauschen sie in der
Regel einen Großteil der Exporterlöse in diese zurück. Wenn
keine Zentralbank mehr zur Stelle ist, um die überschüssigen
Devisen aufzukaufen, führt das zu einem Überangebot auf dem
Devisenmarkt, das normalerweise eine Abwertung der betreffenden Währung zur Folge hat.

Glauben wir den auch heute noch verbreiteten Lehren der
ökonomischen Orthodoxie, sollte genau dieser Mechanismus
bei flexiblen Wechselkursen zum Ausgleich der Leistungsbilanz führen. Denn wenn die Währung schwächer wird, werden
die Produkte des betreffenden Landes auf den internationalen
Märkten wettbewerbsfähiger. Also steigen die Exporte, wäh-

rend die Einfuhren teurer und daher weniger werden. Im Idealfall geht das so lange, bis das Defizit in der Handelsbilanz verschwunden ist.

Leider funktionierte diese schöne Theorie schon in den siebziger Jahren nicht mehr. Zwar wertete der Dollar nach dem Zusammenbruch des Fixkurs-Systems von Bretton Woods zunächst ab, stabilisierte sich dann aber erstaunlich schnell, obwohl sich das US-Handelsdefizit im Laufe der siebziger Jahre – nicht zuletzt wegen der rasant steigenden Ölpreise – immer weiter vergrößerte. Diese Stabilisierung hatte der Dollar in erster Linie den Euromärkten zu danken, die jedem, der größere Dollarbeträge hatte, mit denen er gerade nichts anzufangen wusste, attraktive Anlagemöglichkeiten eröffneten und die Dollar-Inhaber auf diesem Wege davon abhielten, ihr Geld in die jeweilige nationale Währung zurückzutauschen.

Zu denen, die in jenen Jahren plötzlich über sehr viele überschüssige Dollar verfügten, gehörten die großen internationalen Wirtschaftskonzerne. Angesichts weltweiter Überkapazitäten und einer tiefen Wirtschaftskrise waren lukrative Investitionsgelegenheiten rar geworden und Massenentlassungen setzten zusätzliche Mittel frei. Milliardenschwere Liquidität, die zuvor für den Kauf neuer Maschinen und die Zahlung von Löhnen verwandt worden war, fand im Produktionsprozess plötzlich keine profitable Verwendung mehr und suchte nach Anlagemöglichkeiten. Diese fand sie auf den Euromärkten, zu deren Großanlegern sich amerikanische und europäische Konzerne und Banken entwickelten.

Eine zweite wichtige Anlegergruppe waren die im Zuge der Ölpreisexplosion steinreich gewordenen Erdölscheichs der Golfstaaten, die ihre legendär gewordenen Petrodollar ebenfalls auf die Euromärkte kanalisierten, weil sie sie dort besser verwerten konnten als auf ihren nationalen Finanzplätzen, auf denen es sehr viel Geld, aber nur wenig Kreditnachfrage gab. Deshalb blieb auch den Öleinnahmen der Rückumtausch in saudische Riyal oder kuweitische Dinar weitgehend erspart und die amerikanischen Leistungsbilanzdefizite konnten der US-Währung zunächst nicht viel anhaben. Allerdings sollte der Anteil der Petrodollar am Aufstieg der Euromärkte nicht überschätzt werden. Quantitativ gehörten selbst auf dem Gipfel des Ölpreis-booms gut zwei Drittel der auf den Euromärkten deponierten Geldvermögen Anlegern aus den Industriestaaten, darunter vor allem Banken und Wirtschaftskonzernen.

Der Umfang der Euromarktdepositen wurde im Verlaufe der siebziger Jahre immer größer. Hatten Unternehmen und Privatanleger Mitte der sechziger Jahre Gelder im Volumen von gerade zehn Milliarden Dollar auf dem Euromarkt geparkt, waren es 1973 bereits 55 Milliarden. Nur zehn Jahre später hatten sich die Euromarktdepositen von Nicht-Banken auf 603 Milliarden Dollar mehr als verzehnfacht. Die Anlagen von Banken und das Volumen der Interbankenkredite waren von 220 Milliarden Dollar 1973 auf 1564 Milliarden Dollar im Jahr 1984 angeschwollen. Zur selben Zeit hatten die Zentralbanken Währungsreserven in Höhe von neunzig Milliarden Dollar auf den Euromärkten angelegt.

Die Eurobanken konnten allerdings nur deshalb verzinste Dollar-Anlagen anbieten, weil es ihnen gelang, ungeachtet der krisenbedingt nahezu vollständig ausgefallenen Kreditnachfrage investitionsfreudiger Unternehmen Abnehmer für die milliardenschwere und schnell anwachsende Dollarliquidität zu finden: Abnehmer, die Geld brauchten und willig waren, dafür Zinsen zahlen. Solche Abnehmer fanden sie zum einen in den Staaten der Industrieländer, die ihre mit der Wirtschaftskrise wegbrechenden Steuereinnahmen durch verstärkte öffentliche Kreditaufnahme kompensierten und zum anderen in den Entwicklungsländern, die jetzt plötzlich sehr großzügig mit Kreditgeld zu moderaten Zinsen bedacht wurden.

Mit den deregulierten Euromärkten explodierten somit nicht nur die internationalen Dollar-Vermögen, sondern auch die weltweite Verschuldung. Zwischen 1973 und 1982 stieg das über diese Märkte vermittelte Kreditvolumen in jährlichen Wachstumsraten von über zwanzig Prozent, mehr als fünfmal so schnell, wie die Weltwirtschaft wuchs. Zu einem der wichtigsten Kreditnehmer entwickelte sich Lateinamerika. Die Auslandsschulden Mexikos, Brasiliens, Argentiniens und anderer Länder des Kontinents wuchsen von 125 Milliarden 1972 auf 800 Milliarden 1982. Allein 1981, auf dem Gipfel des Booms, erhielten diese Länder noch einmal Kredite in Höhe von 41 Milliarden Dollar, was etwa sechs Prozent ihres Sozialprodukts entsprach. Der größte Teil des Geldes wurde allerdings bereits zu jenem Zeitpunkt nur noch von einem Konto der Eurobanken auf ein anderes umgebucht, weil die neuen Schulden überwiegend dazu dienten, die aufgelaufenen Zinsen für vergangene Kredite zu bezahlen.

Die Eurobanken hatten ihre Kreditnehmer also in kürzester Zeit in eine klassische Ponzi-Finanzierung hineingetrieben und zahlten ihre Gewinne und die Zinsen ihrer Anleger aus den neuen Krediten, die die Schuldner, schon allein um zahlungsfähig zu bleiben, aufnehmen mussten. Die spätere Katastrophe zeichnete sich damit bereits ab. Aber ganz ähnlich wie drei Jahrzehnte später die durch »moderne Finanzinnovationen« ermöglichte Hyperverschuldung einkommensschwacher US-Familien im Zuge des Subprime-Wahns zunächst zum Förderprogramm für Wohneigentum und Wohlstand umgelogen wurde, fanden sich auch in den Siebzigern gefeierte Wirtschaftsexperten, welche die von den unkontrollierten Euromärkten verursachte Schuldenexplosion zum neu entdeckten Heilmittel gegen Armut und Unterentwicklung verklärten und daraus, perfide genug, Argumente zugunsten einer generellen Deregulierung der internationalen Finanzströme ableiteten.

Wechselkurse nach den Launen der Spekulation

Nach dem Zusammenbruch des Festkurs-Systems von Bretton Woods wurde kein ernsthafter Versuch mehr unternommen, die Austauschverhältnisse der wichtigsten Währungen zum Dollar, der immerhin unverändert als Leitwährung diente, unter öffentlicher Kontrolle zu halten. In den siebziger und achtziger Jahren wurden vielmehr alle noch existierenden Beschränkungen des freien Kapitalverkehrs zwischen den Währungen der Industrieländer aufgehoben. Unter diesen Bedingungen war eine Politik stabiler Wechselkurse tatsächlich nur noch möglich, wenn die Finanzmärkte mitspielten. Das galt nicht nur für den Wechselkurs des Dollar, sondern auch für die Relationen der europäischen Währungen zueinander, welche die Europäische Gemeinschaft immer wieder zu stabilisieren suchte, was genau so lange funktionierte, wie sich die Wirtschaftspolitik der europäischen Länder den Interessen und Launen der Finanzjongleure unterwarf.

Als die französische Regierung Anfang der achtziger Jahre eine klassisch keynesianische Expansionspolitik zur Förderung von Wachstum und Beschäftigung durchzusetzen versuchte, wurde sie durch anhaltende Kapitalabflüsse und eine Abwertungsspekulation gegen den Franc abgestraft. Selbst die altehrwürdige Bank of England musste 1992 erleben, dass sie trotz Unterstützung durch andere europäische Zentralbanken nicht in der Lage war, das britische Pfund gegen die Attacke eines großen Hedgefonds im europäischen Währungsverbund zu halten.

Tatsächlich hatte sich der Umfang frei verfügbarer Liquidität mit der Einführung flexibler Wechselkurse und den Deregulierungen schnell so massiv erhöht, dass kaum eine Zentralbank der Welt mehr die Macht hatte, mit ihren Devisenreserven den Kurs ihrer Währung gegen eine ernsthafte Spekulation zu verteidigen. Umgekehrt waren solche Spekulationen natürlich auch erst lohnenswert und aussichtsreich geworden, seit die Kurse frei und unkontrolliert auf und ab schwankten und damit Spielraum für satte Gewinne, aber auch hohe Verluste eröffneten. Erst jetzt wurde die Devisenspekulation zu einem interessanten Geschäft, das im Laufe der Zeit immer mehr Geld anzog.

Hatte der tägliche Umsatz auf den Weltdevisenmärkten 1973 noch bei überschaubaren zehn bis zwanzig Milliarden Dollar und damit dem maximal Zweifachen des Welthandels gelegen, hatte sich dieses Verhältnis bereits 1980 auf zehn zu eins erhöht. Zehn Jahre später war die Relation zwischen Devisenumsatz und Welthandel auf fünfzig zu eins angeschwollen und 1995, als der Devisenumsatz 1260 Milliarden Dollar pro Tag erreichte, war das das Siebzigfache des tatsächlichen Warenhandels. Mittlerweile reden wir über tägliche Devisenkäufe und -verkäufe in der Größenordnung von mehr als 3000 Milliarden Dollar, die selbstverständlich keinerlei Bezug mehr zu realen Handelsströmen haben.

Auch der Wert des Dollar wurde mit den deregulierten Finanzmärkten zum Spielball der Launen von Devisenhändlern und Finanzjongleuren. Die über die Euromärkte kanalisierte Kreditvergabe hatte den Kurs der US-Währung zwar zunächst gestützt, weil sie Dollaranlagen attraktiver machte als den Rückumtausch in nationale Währung. Mit dem immer größeren Defizit in der amerikanischen Leistungsbilanz und einer horrenden Inflation in den Vereinigten Staaten, die im Frühjahr 1979 14 Prozent erreichte, wurde das Vertrauen in die Werthaltigkeit des Dollar jedoch zunehmend erschüttert. Da die meisten Anlagen auf den Euromärkten kurzfristiger Natur waren, konnten sie beliebig abgezogen und in andere Währungen, etwa in die weniger inflationsgeschüttelte DM, umgetauscht werden. Das brachte den Dollar während der siebziger Jahre immer wieder ins Schleudern und eine massive Spekulationswelle 1978/79 führte zu einem rapiden Wertverlust der US-Währung und einer Explosion des Goldpreises, der sich von dreihundert Dollar pro Unze Feingold auf 825 Dollar verteuerte. Zeitgleich verfiel der Dollarkurs natürlich auch gegenüber den europäischen Währungen und dem japanischen Yen.

Eine Abwertung der überteuerten US-Währung war zwar im Interesse der produzierenden US-Unternehmen, die damit wieder größere Chancen bekamen, ihre Erzeugnisse auf dem Weltmarkt abzusetzen. Der fortgesetzte Wertverlust gefährdete jedoch akut den Status des Dollar als internationaler Leit- und Reservewährung. Denn niemand legt gern sein Vermögen in einer Währung an, die ständig wertloser wird. Der Leitwährungsstatus des Dollar wiederum war die wichtigste Säule, auf die sich die USA in ihrer Rolle als ökonomische Weltmacht damals noch stützen konnten, während das Gewicht der US-Konzerne auf den internationalen Produktmärkten durch den Erfolg ihrer europäischen und teils auch schon japanischen Konkurrenten so oder so längst dahingeschmolzen war. Auch hatte das amerikanische Bankensystem ein massives Geschäftsinteresse daran, den Reservestatus des Dollar, der ihnen Milliardenanlagen und also sehr viel Geld brachte, zu erhalten.

Nur gab es für die herausgehobene Stellung des Dollar seit Ende des Systems von Bretton Woods keine vertragliche Grundlage mehr und diese Sonderrolle manifestierte sich damals auch noch nicht in billionenschweren Reserven der Zentralbanken aus aller Welt, wie das heute der Fall ist. Also holte die amerikanische Zentralbank unter ihrem gerade neu ernannten Chef Paul Volcker zum Gegenschlag aus und verteidigte die US-Währung, indem sie die Zinsen in aberwitzige Höhen trieb. Infolge der Leitzinserhöhungen der Fed lag der durchschnittliche Zins am Dollar-Geldmarkt 1980 bei 13 Prozent und sprang im Januar 1981 sogar auf unglaubliche 19 Prozent. Das bedeutete angesichts einer US-Inflation von gut acht Prozent Realzinsen von elf Prozent für kurzfristige Anlagen. Längerfristige Schatzanleihen des amerikanischen Staates brachten Zinsen von zwanzig Prozent. Unternehmen, die Geld brauchten, mussten noch mehr zahlen.

Das extreme Zinsniveau stürzte die US-Wirtschaft in eine tiefe Rezession, erreichte jedoch den gewünschten Effekt auf den Weltdevisenmärkten. Der Dollar stabilisierte sich nicht nur, sondern sein Kurs schnellte kräftig nach oben. Der Grund war einfach, dass es jetzt wieder konkurrenzlos attraktiv wurde, sein Geld in Dollar anzulegen, denn keine andere große Währung brachte derartige Zinsen, selbst wenn die hohe US-Inflationsrate abgezogen wurde. Dass dieses Zinsniveau nahezu jeder produktiven Wirtschaftstätigkeit in den USA den Garaus machte, ließ zudem auf sinkende Inflationsraten hoffen, eine Erwartung, die sich nach kurzer Zeit tatsächlich erfüllte. Die hohen Zinsen zusammen mit der Aussicht auf sinkende Inflation und die zufriedene Wahrnehmung der Fed als einer Zentralbank, die den Außenwert der US-Währung selbst unter Inkaufnahme schlimmster wirtschaftlicher Verheerungen zu verteidigen gewillt war, stoppte die Spekulation gegen den Dollar und motivierte die internationale Geldelite, den Vereinigten Staaten in Form anschwellender Dollarguthaben wachsenden Kredit zu gewähren.

Diesen Kredit freilich brauchten die USA auch, um das zeitgleich eskalierende Defizit in ihrer Handelsbilanz zu finanzieren. Verantwortlich für letzteres war vor allem der plötzlich wieder extrem starke Dollar und die mit ihm endgültig ruinierte Wettbewerbsposition amerikanischer Unternehmen auf dem Weltmarkt. Hinzu kam Reagans exzessiver Rüstungs-Keynesianismus, der durch steigende Staatsausgaben bei gleichzeitig massiven Steuersenkungen ein bis dahin beispielloses Minus im US-Staatshaushalt verursachte, das durch öffentliche Kreditaufnahme ausgeglichen werden musste.

Die ersten Ponzi-Kredite platzen –
Die Schuldenkrise der achtziger Jahre

Das berühmt gewordene Doppeldefizit in der amerikanischen Außenhandelsbilanz und den öffentlichen Kassen führte dazu, dass die USA allein in der ersten Hälfte der achtziger Jahre so viel Kapital einführen mussten, dass sie trotz internationaler Guthaben, die sich noch 1983 auf 887 Milliarden Dollar beliefen, bereits zwei Jahre später zu einer Schuldnernation geworden waren. Seither leben die USA von dem mit den Jahren immer weiter anschwellenden Kredit, den der Rest der Welt ihnen gewährt.

Leidtragende der Zinswende und des plötzlichen Kredithungers der Vereinigten Staaten waren vor allem die Entwicklungsländer, deren Ponzi-Finanzierungen reihenweise zusammenbrachen. Gerade jetzt, wo die mit den hohen Zinssätzen in die Höhe schnellenden Zinszahlungen auf ihre Schulden eine gewaltige Ausweitung des Volumens an Neukrediten erforderlich gemacht hätten, gaben sich die Banken plötzlich zugeknöpft. Denn die Zeiten, in denen diese verzweifelt nach Abnehmern für ihre endlose Liquidität suchen mussten, waren vorbei. Mit den USA gab es jetzt einen nahezu unersättlichen Kreditnachfrager, von dessen dauerhafter Zahlungsfähigkeit die Geldhäuser überzeugt waren. Die Entwicklungsländer hingegen waren zu jener Zeit bereits mit einer solchen Schuldenlast beladen, dass niemand ernsthaft erwarten konnte, dass sie diese Kredite jemals zurückzahlen würden. Zudem verschlechterte sich das Verhältnis ihrer Schulden zu ihrer Wirtschaftskapazität nicht nur durch die steigenden Zinsen, sondern zusätzlich durch den hohen Dollarkurs, denn ihre Schulden lauteten auf Dollar und mussten in Dollar zurückgezahlt werden. 1982 erklärte Mexiko seine Zahlungsunfähigkeit. Argentinien, Brasilien und viele andere folgten. Die von öffentlicher Kontrolle befreiten Finanzmärkte hatten ihre ersten Opfer zur Schlachtbank gebracht.

Für die Folgen ihrer verantwortungslosen Kreditvergabe mussten allerdings nicht die Finanzpaläste bluten, sondern Millionen Menschen vor allem in Lateinamerika, für die ein verlorenes Jahrzehnt unter dem Diktat des Internationalen Währungsfonds begann, mit explodierender Armut, schrumpfender Binnenproduktion und der grausamen Umstellung ihrer gesamten Wirtschaftstätigkeit auf steigende Exporterlöse. Mit diesen finanzierten die ausgepowerten Ökonomien des Südens fortan einen steten Geldstrom in Richtung Norden zur Begleichung von Zins und Zinseszins auf ihre trotz allem immer weiter wachsenden Schulden.

Deregulierung global –
Das Regiment der Finanzlobby

Der IWF betätigte sich allerdings nicht nur als globales Inkassobüro der Banken, das seinen Auftraggebern durch die Erzwingung drakonischer Sparprogramme beim Eintreiben der Zinsen half und sie durch seine eigene Kreditvergabe auch direkt auszahlte. Er nutzte seine mit der Schuldenkrise gewonnene Macht zugleich, um das generelle Interesse der Geldhäuser und Devisenspekulanten an der Abschaffung von Kapitalverkehrskontrollen und einer möglichst bedingungslosen Öffnung der nationalen Kapitalmärkte durchzusetzen. Die Deregulierung der globalen Finanzmärkte ist insofern auch ein Ergebnis des unheilsamen Wirkens dieser von den Regierungen der Industrieländer gesteuerten Institution.

Ein weiteres Mal kam der IWF in dieser Weise zum Einsatz, als die Südostasienblase platzte und en masse überschuldete Banken und bankrotte Unternehmen in den betroffenen Ländern hinterließ. Auch da halfen die gigantischen IWF-Kredite in erster Linie den internationalen Geldhäusern und Finanzinvestoren, die sich in den Tiger-Staaten verspekuliert und es nicht geschafft hatten, rechtzeitig vor dem Ende der Blase auszusteigen. Und auch in Südostasien wurden seitens des IWF nicht nur rabiate soziale Sparprogramme, sondern vor allem erhebliche Deregulierungen der nationalen Kapitalmärkte erzwungen, obwohl gerade diese Krise gezeigt hatte, dass die

Länder mit völlig unkontrolliertem Kapitalverkehr ihr am hilflosesten ausgeliefert waren.

Aber auch unabhängig von Druck und Erpressung mussten die expandierenden Euromärkte und Offshore-Zentren bei freiem Kapitalverkehr dazu führen, dass die öffentliche Kontrolle auch auf dem regulierten Terrain immer löchriger wurde. Denn regulierte und unregulierte Märkte waren faktisch durch nichts als einen Knopfdruck in den Rechnern der Banken voneinander getrennt. Mit dem Aufschwung der Euromärkte war somit der schleichende Abbau jeder öffentlichen Kontrolle über nationale wie internationale Finanzgeschäfte eingeleitet und beide Entwicklungen bestärkten sich gegenseitig. Je mehr Finanzströme jenseits des Einflussbereichs von Regierungen und Zentralbanken um den Globus flossen, desto leichter konnten bestehende Vorschriften umgangen und zahnlos gemacht werden. Das wiederum gab neoliberalen Forderungen Auftrieb, sich endlich ganz von solchen »marktverzerrenden« Regeln zu verabschieden.

1986 feierte die Londoner City mit dem »Big Bang« der britischen Regierungschefin Maggie Thatcher die umfassendste Deregulierung, die ein großer nationaler Finanzplatz bis dahin erlebt hatte. Fortan wurde in London nicht nur auf jede öffentliche Regulierung von Zinssätzen und Kreditvolumina verzichtet. Auch die in Großbritannien traditionelle Trennung zwischen Banken, Wertpapierhändlern und Börsenmaklern wurde mit dem »Big Bang« aufgehoben. In den USA überlebte das als Lehre aus der Finanzkatastrophe von 1929 eingeführte Trennbankensystem formal noch bis 1999, wurde aber seit Beginn der neunziger Jahre zunehmend ausgehöhlt. Endgültig begraben wurde es im Zuge der aktuellen Finanzmarktkrise, als das Geschäftsmodell der reinen Investmentbanken sich als nicht überlebensfähig erwies.

Vorschriften, die eine unverantwortliche Verschuldung von Konsumenten verhindern sollten, wurden im Zuge der Deregulierung ebenfalls bis zur Unkenntlichkeit aufgeweicht. Einen Durchbruch erzielte die kreditvergabe-hungrige US-Bankenlobby etwa im Jahr 2004, als der oberste amerikanische Bankenaufseher per Erlass sämtliche unter seiner Aufsicht stehenden Institute der Gesetzgebung der Bundesstaaten entzog, in denen sie ihre Filialen hatten und deren Verbraucherschutzvorschriften sie fortan nicht mehr beachten mussten. Ohne diese stetige Absenkung gesetzlicher Standards und Regeln wären die Subprime-Exzesse und all die abenteuerlichen Konsumentenkredite mit Zinssätzen von bis zu einhundert Prozent schlicht illegal und daher gar nicht möglich gewesen.

Eine wichtige Rolle in diesem Prozess der Deregulierung spielte Alan Greenspan persönlich, der als damaliger Chef der amerikanischen Zentralbank mehrfach aufgefordert wurde, die gewissenlosen Kredit-Praktiken genauer unter die Lupe zu nehmen. Greenspan lehnte nicht nur jede Kontrolle des wilden Treibens ab, sondern unterstützte es ausdrücklich, indem er beispielsweise höchstselbst die Vergabe variabel verzinster Hausdarlehen propagierte. »Die amerikanischen Konsumenten würden davon profitieren«, hatte Greenspan etwa im Februar 2004 geflötet, »wenn Kreditgeber mehr Alternativen zu traditionellen festverzinslichen Hypotheken anbieten würden. Diese traditionellen festverzinslichen Hypotheken scheinen eine teure Methode für den Kauf eines Hauses zu sein.«[28] dass die variabel verzinsten Darlehen nur so lange billiger waren, solange die Marktzinsen sich auf einem Tiefststand befanden und er, Greenspan, sich gerade anschickte, diese Situation zu ändern, hatte der Fed-Chef und Lobbyist der Wall Street nicht dazugesagt. Im normalen Geschäftsleben würde eine solche wissentliche Irreführung und Vorspiegelung falscher Tatsachen vermutlich als Betrug geahndet.

Greenspan wurde im Nachhinein zuweilen dafür kritisiert, die Kredit-Exzesse durch seine langjährige Niedrigzinspolitik mitverursacht zu haben. Tatsächlich gehört der Mann ganz sicher zu den Verantwortlichen für das entstandene Desaster. Allerdings nicht wegen seiner Zinspolitik, sondern weil er aktiv dabei mithalf, die Kredithaie von allen Zumutungen öffentlicher Kontrolle und Regulierung zu befreien. Denn in erster Linie dadurch und nicht wegen der niedrigen Zinsen war jene beispiellose Explosion auf dem US-Markt für Hypotheken und Konsumentenkredite überhaupt möglich geworden.

Auch die nationalen Finanzplätze anderer Industrieländer

wurden in den achtziger und neunziger Jahren immer stärker von öffentlicher Regulierung befreit, wobei zunehmend exotischere Anlagen und Kreditvarianten legalisiert wurden. Dem globalen Siegeszug der Hedgefonds etwa lagen klare politische Einschneidungen zu Grunde, ohne die sie ihre Anlagen einem größeren Publikum gar nicht hätten anbieten dürfen. Das gleiche gilt für die Private Equity-Piraten, denen mit Steuerprivilegien in besonderer Weise der rote Teppich ausgerollt wurde.

Eine ausgesprochen unerfreuliche Rolle bei der Deregulierung der europäischen Finanzmärkte spielte die EU-Kommission, die sich immer wieder für die Wünsche der Finanzlobby stark machte, genau jene Wildwest-Methoden, die in den USA inzwischen üblich geworden waren, auch auf den europäischen Kreditmärkten zu etablieren. Tatsächlich gab es mit den USA vergleichbare Hypotheken-Exzesse mindestens in Großbritannien, Irland und Spanien, auch wenn das Marktvolumen und damit die Auswirkungen auf das internationale Finanzsystem natürlich kleiner waren.

Dass die abenteuerlichsten Darlehen inzwischen auch in Europa angekommen sind, zeigen nicht zuletzt Meldungen über die Verbreitung sogenannter SMS-Kredite in Estland. Bei solchen Krediten reicht eine vom Mobiltelefon abgesandte Kurznachricht, und fünf Minuten später werden dem Betreffenden beträchtliche Summen aufs Konto gekippt. Freilich nur für kurze Zeit und die Zinsen für diesen Wahnwitz liegen in der Regel bei über einhundert Prozent. Rund 60 000 Esten sind solchen Kredithaien bisher auf den Leim gegangen, und nicht wenige von ihnen brauchten das Geld, um bei der Zahlung ihrer Hypotheken nicht in Verzug zu geraten. Werden die SMS-Kredite nicht rechtzeitig beglichen, treiben Inkassounternehmen, die oftmals Töchter der SMS-Kreditgeber sind, die Schulden skrupellos wieder ein.[29]

Im Ergebnis all dieser Deregulierungen steht der für den Lebensnerv jeder Volkswirtschaft so wichtige Finanzmarkt heute kaum noch unter öffentlicher Kontrolle. Er ist zudem immer stärker zu einem Weltmarkt geworden, auf dem global einheitliche Preise und Kurse ermittelt werden, Händler aus Singapur, Zürich, London und Los Angeles an einem virtuellen Tisch sitzen und sich eben deshalb jede kleine regionale Erschütterung in Windeseile auf die internationale Bühne überträgt.

Zwar ist der Grad der Globalisierung in den einzelnen Segmenten der Finanzmärkte unterschiedlich. Der Kreditmarkt beispielsweise ist nach wie vor zumindest in dem Sinne national organisiert, als die nationalen Regeln für Hypothekendarlehen oder Konsumentenkredite nach wie vor sehr unterschiedlich sind. Auch kann ein französischer Staatsbürger solche Kredite zwar ebensogut von einer amerikanischen wie einer französischen Bank erhalten, von ersterer aber nur, wenn sie in Frankreich nach französischem Recht solche Kredite anbietet. Hypothekenzinsen und -konditionen können sich daher erheblich unterscheiden, selbst wenn die Darlehen in Ländern mit der gleichen Währung – also etwa im Euroraum – aufgenommen werden. Bei Unternehmenskrediten ist die Vereinheitlichung schon wesentlich weiter fortgeschritten. Mit dem Übergang zu einer zunehmenden Verbriefung von Kreditforderungen und ihrer Absicherung über Credit Default Swaps schließlich haben sämtliche Bereiche des Kreditmarktes eine internationale Dimension erhalten. Auf diesem Wege sind eben auch die mit US-Hausdarlehen oder US-Kreditkartenschulden besicherten Wertpapiere in die Portefeuilles der Finanzinvestoren von Zürich, Frankfurt und Peking gelangt, und Kreditkrisen haben keine Chance mehr, ein nationales Ereignis zu bleiben.

Der Interbankenmarkt, über den die Geldhäuser sich gegenseitig mit kurzfristigen Krediten versorgen, war schon immer ein globaler Markt, dessen Zinssätze von der Währung abhängen, aber nicht von dem Ort, von dem aus sie nachgefragt wird. Der Devisenmarkt, auf dem über das Austauschverhältnis der Währungen entschieden wird, ist mit der Abschaffung der Kapitalverkehrskontrollen zu einem einzigen großen globalen Spielkasino verschmolzen. Das gleiche gilt für den Handel mit Anleihen und Derivaten. Die Aktienmärkte sind zwar nach wie vor in dem Sinne regional, als im Dow Jones andere Aktien gelistet sind als etwa im Dax und deshalb an der New Yorker Börse bevorzugt die Aktien amerikanischer Unternehmen umgesetzt werden, während in Frankfurt europäische und speziell deutsche Titel dominieren. Aber da jede Aktie jedes großen

Konzerns überall auf der Welt nachgefragt oder angeboten werden kann, hat sie tendenziell auch überall den gleichen Preis, abgesehen von kleinen Differenzen, die durch unterschiedliche Gebühren oder die Existenz oder Nichtexistenz von Börsenumsatzsteuern verursacht werden.

Arbitrage und Spekulation – ein globales Kasino entsteht

Diese globale Vereinheitlichung von Preisen und Kursen ist vor allem darauf zurück zu führen, dass es überwiegend die gleichen Akteure sind, die in New York, Frankfurt oder London mit Aktien, Devisen oder Derivaten handeln und die die kleinste Preisdifferenz gewinnträchtig ausnutzen und genau dadurch zum Verschwinden bringen. Wäre beispielsweise der Dollar in Euro gerechnet am Finanzplatz London auch nur einen halben Cent billiger als in New York, würden die Devisentrader der Deutschen Bank sofort beginnen, in großem Stil Dollar in London nachzufragen und in New York zu verkaufen. Auch andere Finanzhäuser würden in diesen lukrativen Handel einsteigen, der die Preisdifferenz in kürzester Zeit zum Ausgleich bringt.

Solche Geschäfte, die Preisdifferenzen an unterschiedlichen Orten ausnutzen und daraus risikolos Gewinne schlagen, nennt man Arbitrage. Spekulations-Geschäfte setzen im Gegensatz dazu auf Preisdifferenzen zwischen Gegenwart und Zukunft. Weil letztere niemand kennt, sind sie risikoreich und können schiefgehen.

Durch die Arbitrage- und Spekulations-Geschäfte der Finanzgiganten werden im Übrigen nicht nur Preise und Kurse international vereinheitlicht, sondern auch unterschiedliche Bereiche des globalen Finanzmarktes miteinander verbunden: Etwa die aktuellen Geldmarktzinsen und die Kurse der Währungen. Denn auch der Handel mit Währungen und das Leihen und Verleihen von Geld sind keine separaten Tätigkeiten, die von unterschiedlichen Instituten durchgeführt würden. Engagiert ist hier vielmehr die Trading-Abteilung ein und derselben Bank und ein schönes Geschäft für sie besteht darin, Geld in einer Währung, deren Zentralbank gerade eine Niedrigzinspolitik betreibt, für gewisse Zeit auszuleihen, es in eine andere, höher verzinste Währung umzutauschen und für diese Zeit-spanne weiterzuverleihen. Will der Händler jedes Wechsel-kursrisiko ausschließen, kann er den Betrag sogar schon heute auf dem Termin-Markt in die Niedrigzinswährung zurücktau-schen. Dieser Handel lohnt sich so lange, wie die Differenz zwi-schen Gegenwarts- und Zukunftswechselkurs geringer ist als die Zinsdifferenz zwischen beiden Währungen.

Nehmen wir an, eine Bank leiht sich einhundert Millio-nen Yen zu einem Zinssatz von einem Prozent in Tokio aus, tauscht diese Yen in eine Million Dollar um, verleiht letztere für ein Jahr zu drei Prozent weiter, tauscht sie so-fort auf dem Terminmarkt für Ende des Jahres wieder in Yen zurück und tilgt nach Ablauf dieser Zeit den Kredit, würde diese Bank bei einem Terminkurs, der dem aktu-ellen Kurs entspricht, einen risikolosen Gewinn von 200 Dollar im Jahr machen. Da diesen Gewinn allerdings auch alle anderen Banken und Fonds gern machen wür-den, wird man zumindest auf dem Terminmarkt – also dem Markt, wo man schon heute für einen Termin in ei-nem Jahr die Dollar in Yen zurücktauschen kann – für 1,3 Millionen Dollar nicht mehr 130 Millionen Yen be-kommen, sondern nur noch 101 Millionen, was den Zins-gewinn wieder zum Verschwinden bringt.

Der Termin- oder Forward-Kurs jeder Währung zu jeder an-deren Währung spiegelt daher die Zinsdifferenzen zwischen diesen Währungen wider. Oder man kann es auch anders for-mulieren: Auf längere Frist spiegeln die Zinsdifferenzen die er-wartete Wechselkursentwicklung wider. Was natürlich immer noch nicht heißt, dass die betreffenden Währungen in einem Jahr tatsächlich zu den Kursen gehandelt werden, die heute auf dem Termin-Markt gelten.

Zinsdifferenzen beeinflussen aber auch die aktuellen Wech-selkurse. Ist die Anlage in einer Währung dauerhaft weniger lukrativ als in einer anderen, motiviert das die Finanzjongleure, ihre Anlagen in der Niedrigzinswährung aufzulösen und in eine höher verzinsliche umzutauschen. Dadurch kommt die Niedrigzinswährung unter Abwertungsdruck. Zusätzlich verstärkt wird das durch die oben beschriebenen Carry-Trades, also die Kreditaufnahme in der niedrig verzinsten Währung und die Anlage des Geldes in der höher verzinsten. Solange die dadurch aufgebauten Positionen wachsen, steigt das Angebot der Niedrigzinswährung auf dem Devisenmarkt und ihr Wert sinkt. Umgekehrt kann die plötzliche Sorge vor einer Abwertung der höher verzinsten Währung zu einer massiven Auflösung solcher Positionen führen, die die Niedrigzinswährung abrupt nach oben treibt.

Im oben geschilderten Beispiel hieße das, die Trader befürchten, dass der Dollar in einem halben Jahr nicht einmal mehr hundertzehn, sondern vielleicht nur noch hundert Yen wert sein wird. Dann würde sich die Zinsspekulation in ein Verlustgeschäft verwandeln, sie wird daher schleunigst abgebrochen. Im Zuge der Finanzmarktkrise etwa wertete der Yen regelmäßig dann auf, als die Spannungen am Kreditmarkt größer wurden und mit der Verschärfung der Krise auch der künftige Wert des Dollar in unerfreulichem Licht erschien. Eine Ursache der Yen-Aufwertung in dieser Situation war die Auflösung solcher Carry-Trade-Positionen.

Dass die Finanzindustrie mit Hilfe ausgefeiltester Softwarepakete den globalen Finanzmarkt ständig nach Arbitragemöglichkeiten durchsucht, trägt wesentlich dazu bei, dass auf diesem Markt letztlich alles mit allem verbunden ist und macht einen Gutteil seiner Komplexität und Unübersichtlichkeit aus. Den Rest erledigt die Spekulation, die kleinste Veränderungen bis zum Exzess verstärken kann und die treibende Kraft hinter der weit überwiegenden Zahl aller heutigen Finanzbewegungen ist. Mit der realen Wirtschaft oder dem Welthandel haben solche Computerspiele nur insofern zu tun, als sie teils massive und oft sehr schädliche Rückwirkungen auf beide haben können.

Wir haben am Anfang dieses Kapitels beschrieben, wie Banken mittels Zentralbankgeld Liquidität erzeugen und erläutert, warum auf den Euromärkten fast unlimitierte Mengen an Kreditgeld geschaffen und so immer größere Schulden finanziert werden konnten.

Was für die Euromärkte galt, gilt heute für das gesamte globale Bankensystem. Wer bildliche Vergleiche mag, kann sich dieses System als ein gewaltiges Netz miteinander verbundener Röhren vorstellen, in denen das Wasser, das einmal hineingepumpt wurde, immer hin und her fließt. Jedes Mal, wenn das Wasser von einer Röhre in eine andere fließt, entsteht ein neuer Kredit: einer zwischen den Banken, oder einer von einer Bank an einen Maschinenproduzenten, einen Häuslebauer, einen Hedgefonds oder einen Staat. Aber das Wasser im System verringert sich dadurch nicht, sondern es bleibt immer in voller Höhe verfügbar und kann sofort in die nächste Röhre weiterfließen.

Dieses Röhrensystem ist der Interbankenmarkt und das Wasser ist die Liquiditätsreserve, mit der auf diesem Markt gehandelt wird. Zusätzliches Wasser ins System pumpen können nur die Zentralbanken, und wenn einige Röhren plötzlich ihr Wasser speichern und nicht mehr hergeben, werden die Zentralbanken tatsächlich wieder die zentralen Akteure des Geschehens. Denn dann fließt nur noch die Liquidität, die von ihnen bereit gestellt wird. Unter normalen Umständen dagegen reduziert sich ihre Rolle darauf, den Wasserstand zu kontrollieren. Wie oft und wie schnell das Wasser in den Röhren hin- und herfließt, darauf haben die Zentralbanken keinen Einfluss. Das bestimmen allein die privaten Banken. Letztere können mit sehr wenig Wasser durch hektisches Hin- und Herpumpen extrem viele Kredite schaffen und sie können sehr viel Wasser sehr langsam fließen lassen. Normalerweise neigen sie dazu, den Durchlauf zu beschleunigen, denn je öfter das Wasser durch die Röhren fließt, desto höher ist ihr Gewinn.

Die Neigung eines global deregulierten Finanzsystems, immer größere Kreditvolumina zur Verfügung zu stellen und damit eine immer größere Verschuldung zu finanzieren, war bereits in den siebziger und achtziger Jahren offensichtlich geworden. Eine Reaktion darauf war die Debatte über schärfere Eigenkapitalbestimmungen der Banken, die in den Baseler Regeln mündete, die die Kreditkapazität der Banken einschränken sollten. Die Antwort des Finanzsektors auf die Baseler Vorschriften war der Übergang zur Verbriefung und zum Weiterverkauf der Kredite beziehungsweise ihre Auslagerung in außerbilanzielle Schattenvehikel, die nicht unter die Baseler Vorschriften fielen. Das Interesse der Banken an wachsender Kreditvergabe blieb ebenso erhalten wie ihre Fähigkeit, Ponzi-Schulden von immer größerem Umfang zu finanzieren.

So konnte im Verlauf von drei Jahrzehnten jene gewaltige Schuldenblase entstehen, die heute auf der Weltwirtschaft lastet und irgendwann wohl endgültig platzen muss.

Fiktive Einkommen und virtuelle Vermögen

Die Frage, *woher* der billionenschwere Geldschaum kommt, der sich mal hier, mal dort zu riesigen Blasen zusammenklumpt, die irgendwann mit fatalen realwirtschaftlichen Folgen wieder zu platzen pflegen, ist mit dem Verweis auf die Deregulierung und Globalisierung der Finanzmärkte allerdings noch nicht beantwortet.

Auffällig ist, dass, sobald wir über die Finanzsphäre reden, wir plötzlich eine Welt betreten, in der alles um einige Maßeinheiten größer ist als in der normalen Wirtschaft, in der Autos produziert oder Frisuren geschnitten werden. Das zeigt sich schon in der Maßeinheit, die wir benutzen. Lassen sich die meisten realwirtschaftlichen Vorgänge – Umsätze großer Konzerne, reales Anlagevermögen – mit mehrstelligen Milliardensummen ganz gut beschreiben, bewegen wir uns auf den globalen Finanzmärkten fast nur noch in der Dimension von Billionen. 167 Billionen Dollar globales Finanzvermögen, drei Billionen Dollar täglicher Umsatz auf den Devisenmärkten, schätzungsweise 2,8 Billionen Dollar Abschreibungsbedarf infolge fauler Kredite – es gibt keinen anderen Wirtschaftszweig, dessen Zahlen sich auf einem auch nur annähernd vergleichbaren Niveau bewegen würden.

Die Frage steht also nach wie vor im Raum: Woher kommen die unglaublichen Summen, die auf den Finanzmärkten bewegt werden? Sind die 167 Billionen Geldvermögen, von denen sich etwa einhundert Billionen in der Verfügung privater Haushalte befinden, tatsächlich aus der Realwirtschaft abgezweigte Spargroschen, die statt für schöne Reisen, hübsche Autos und neue Designermodelle eben für Aktien oder Schuldpapiere verausgabt wurden? Und wenn es so ist, warum sind die Geldvermögen dann in den zurückliegenden 25 Jahren so unvergleichlich viel schneller gewachsen als die reale Wirtschaft?

Einkommenskonzentration als Geldquelle der Finanzmärkte

Die Antwort auf die Frage, ob die Geldvermögen aus der realen Wirtschaft entstanden sind, lautet: ja und nein.

Wir haben bereits gezeigt, dass die globale Wirtschaftskrise der siebziger Jahre zu einer bis dahin beispiellosen Akkumulation von Geldvermögen in den Kassen der großen Unternehmen geführt hat, die nicht, wie in früheren Krisen, entwertet wurden, sondern vor allem dank der Euromärkte lukrative Anlagemöglichkeiten gefunden haben. Wir haben auf die Hochzinsphase Anfang der achtziger Jahre verwiesen, die eine tiefe Rezession in den meisten Industrieländern ausgelöst und zugleich aufgrund des Zinseszins-Effektes ein explosives Wachstum sämtlicher Finanzanlagen zur Folge gehabt hat. Während in dieser Zeit allein das gigantische Doppel-Defizit in Staatshaushalt und Leistungsbilanz der Vereinigten Staaten für eine nahezu unerschöpfliche Kreditnachfrage sorgte, wurde das Angebot an anlagesuchendem Geld durch den weltweiten Siegeszug neoliberaler Politikkonzepte verstärkt, die die Einkommen massiv zugunsten derer umverteilten, die ohnehin schon mehr hatten als sie zur Finanzierung ihrer Konsumwünsche brauchten.

In der zweiten Hälfte der achtziger und vor allem in den neunziger Jahren wuchs die staatliche Kreditnachfrage hingegen nur noch moderat und die Zinsen verharrten auf einem vergleichsweise niedrigen Niveau. Dennoch hat sich der Anteil des Finanzsektors am Weltsozialprodukt in den zwanzig Jahren zwischen 1987 und 2007 noch einmal mehr als verdoppelt und der Anteil der Gewinne der Finanzinstitute an den gesamten Gewinnen der Wirtschaft ist noch wesentlich steiler angestiegen. Am extremsten in den Vereinigten Staaten, wo dieser Anteil vor der Finanzkrise bei etwa einem Drittel lag, also jeder dritte Dollar Gewinn, der in der US-Ökonomie erwirtschaftet wurde, aus Finanzgeschäften stammte.

Zwar verstärkte sich in dieser Zeit ebenfalls die weltweite Umverteilung der Einkommen zugunsten der oberen Zehntausend, und diese fortgesetzte Umverteilung zum Vorteil der mehr als Saturierten hatte zum Ergebnis, dass ein überproportional großer Teil dieser Einkommen eben nicht auf die Gütermärkte zurück, sondern auf die Finanzmärkte floss, mit allen Folgeproblemen für die reale Wirtschaft, mit denen wir uns im letzten Kapitel ausführlich beschäftigen werden. Die historisch beispiellose Explosion der Geldvermögen in dieser Zeit kann das aber nicht erklären, denn eine ähnliche Einkommensungleichheit gab es auch in den zwanziger Jahren des letzten Jahrhunderts und dennoch erreichte die Geldvermögensblase nicht annähernd die Dimension der heutigen.

Wir können also festhalten: Die Finanzmärkte wurden und werden durch eine immer ungleichere Verteilung der realen Einkommen mit ständig neuem Geld versorgt. Die Konzentration der Einkommen in immer weniger Händen hat insofern zur rasanten Expansion der Finanzsphäre wesentlich beigetragen, reicht aber zu ihrer Erklärung nicht aus.

Reale und fiktive Finanzeinkommen

Tatsächlich war ein derart explosives Wachstum des Finanzsektors und der Finanzvermögen nur möglich, weil die heutigen Finanzmärkte die Eigenschaft besitzen, aus eigener Kraft und in nahezu unbegrenztem Umfang Einkommen, Gewinne und Vermögen zu erzeugen, denen keinerlei Käufe und Verkäufe realer Güter zugrunde liegen, sondern, genau besehen, reine Luftbuchungen.

Um mehr Klarheit in dieses unübersichtliche Terrain zu bringen, wollen wir im Folgenden zwischen zwei Arten von Finanzeinkommen unterscheiden: realen und fiktiven. Reale Finanzeinkommen beruhen auf der Umverteilung realer Wertschöpfung, also auf Werten, die außerhalb des Finanzsektors entstanden sind. Reales Finanzeinkommen entsteht beispielsweise, wenn ein Parfümhersteller sich verschuldet und die Zinsen auf den Kredit anschließend aus dem Gewinn zahlt, den er mit dem Verkauf der schönen Düfte gemacht hat. Ebenso real sind die Dividenden, die ein Elektronikgüterproduzent aus dem Gewinn ausschüttet, den er mit Tausenden verkauften Mobiltelefonen, Videorekordern oder Fernsehgeräten erzielt hat. Sehr real sind auch die Anleihezinsen, die ein Staat aus seinen Steuereinnahmen begleicht. Reale Finanzeinkommen beruhen also darauf, dass jenseits des Finanzsektors eine Leistung erbracht wurde, zahlungsfähige Abnehmer gefunden hat und Teile des so erwirtschafteten Einkommens – auf welche Art immer – an die Inhaber von Aktien, Schuldscheinen oder anderen Vermögenstiteln weitergegeben werden.

Diese realen Finanzeinkommen sind über hohe Zinsen in den achtziger und über steigende Dividendenausschüttungen seit den neunziger Jahren stetig angewachsen. Da sie sich in wesentlich weniger Händen konzentrieren als etwa die Lohneinkommen, werden sie überwiegend wieder angelegt, akkumulieren sich also als zusätzliches Geldvermögen.

Im Gegensatz zu den realen liegen den fiktiven Finanzeinkommen keinerlei realwirtschaftliche Vorgänge zugrunde, sie entstehen vielmehr durch spekulative Finanztransaktionen oder reine Luftbuchungen. Luftbuchungen finden im Rahmen von Ponzi-Finanzierungen statt: Solange die Zinsen auf einen Kredit immer wieder durch neue Kredite bezahlt werden, werden Einkommen – nämlich eben jene Zinseinkommen – geschaffen, die nur in den Computern der Banken existieren und denen kein einziger real produzierter Wert zugrunde liegt. Je größer die Kreditkapazität eines Bankensystems, desto endloser kann es natürlich auch derartige Einkommen erzeugen, die in der Regel sofort wieder als Geldvermögen angelegt werden. Irgendwann freilich kommt der Punkt, wo die Banken von dem Schuldner tatsächlich Cash sehen, das heißt, reales Finanzeinkommen verdienen wollen.

Noch wichtiger, weil noch unlimitierter in seiner Fähigkeit zur Simulation von Wertschöpfung, ist daher die spekulative Erzeugung fiktiver Finanzeinkommen. Dass Spekulationsgeschäfte überhaupt Einkommen schaffen, mag auf den ersten Blick seltsam erscheinen, weil solche Geschäfte nach gängiger Auffassung Nullsummenspiele sind, bei denen der eine gewinnt, was der andere verliert, und sie die Volkswirtschaftsstatistik daher aus gutem Grund nicht als Wertschöpfung oder Einkommen zählt. Wenn beispielsweise ein Aktionär Kursgewinne durch den Verkauf eines Teils seiner Aktienpakete realisiert, ist das Geld, das ihm auf diese Weise zufließt, statistisch kein Einkommen, weil jedem Verkäufer solcher Papiere ein Käufer gegenübersteht und damit Geld lediglich von einem zum nächsten umverteilt wird. Trotzdem beruht ein erheblicher Teil der im Finanzsektor erwirtschafteten Gewinne und Einkommen auf nichts anderem als einem solchen Reihumhandel vorhandener Wertpapiere, der mit realer Wertschöpfung so viel zu tun hat wie die Sandkuchen, die Klein Hänschen in seinem Sandkasten backt.

Der Mechanismus, über den spekulative Geschäfte Einkommen und Gewinne schaffen und dem ein großer Teil der billionenschweren globalen Vermögen seine Existenz verdankt, lässt sich an einem extrem vereinfachten Beispiel erläutern.

Nehmen wir an, der Millionär Heinz möchte sein Geldvermögen, das er einer Erbschaft, einem Bankraub oder einem Lottogewinn verdanken mag, rentierlich mehren. Heinz legt also die eine Million Euro in dem Investmentfonds Schnellreich an. Der Investmentfonds Schnellreich freut sich über die Million, besorgt sich zusätzlich bei einer Bank 100 000 Euro Kredit, um die erzielbare Rendite zu hebeln, und kauft für die 1,1 Millionen Euro irgendwelche Wertpapiere, nehmen wir an: Aktien von Daimler.

Jetzt tritt der zweite Millionär auf den Plan, den wir Hans nennen wollen. Auch er verfügt über eine Million Euro, die er gern vermehren möchte. In diesem Fall ist es der Investmentfonds Gier, dem er sein Vermögen anvertraut. Der Investmentfonds Gier nimmt die eine Million Euro, außerdem, weil er etwas risikofreudiger ist als sein Konkurrent, einen Kredit von 200 000 Euro, und er kauft dem Investmentfonds Schnellreich die Daimler-Aktien, in die dieser Heinz' Million investiert hatte, für 1,2 Millionen Euro ab. Der Investmentfonds Schnellreich hat jetzt also seinem Namen Ehre und einen Spekulationsgewinn von 100 000 Euro gemacht, von dem er 50 000 Euro an Heinz als Verzinsung für seine Millionenanlage ausschüttet und von dem Rest die Zinsen auf den Bankkredit und die Gehälter seiner Manager zahlt.

Heinz freut sich über eine Rendite von fünf Prozent und legt die 50 000 Euro gleich wieder beim Investmentfonds Schnellreich an. Der verwaltet mittlerweile also schon 1,05 Millionen Euro, und weil alles so gut geklappt hat, nimmt er jetzt 300 000 Euro Kredit auf und kauft für 1,35 Millionen Euro wieder Daimler-Aktien.

Just eben jene, die er dem Investmentfonds Gier für 1,2 Millionen verkauft hatte.

Der Investmentfonds Gier hat jetzt also einen Spekulationsgewinn von 150 000 Euro gemacht, wovon er seinem Anleger Hans ebenfalls 50 000 als Verzinsung für seine Einlage ausschüttet, mit den restlichen 100 000 die Zinsen auf den Bankkredit begleicht und seine Manager bei Laune hält.

Auch Hans hat also jetzt eine Rendite von fünf Prozent eingestrichen, die er wieder beim Investmentfonds Gier anlegt. Der Investmentfonds Gier hat also jetzt gleichfalls Anlagegelder von 1,05 Millionen. Wagemutig geworden, holt er sich nun 450 000 Euro Kredit von der Bank und kauft dem Investmentfonds Schnellreich erneut die gleichen Daimler-Aktien für 1,5 Millionen Euro ab.

Der Investmentfonds Schnellreich hat jetzt einen schönen Gewinn von 250 000 Euro realisiert. Davon mag er 150 000 Euro an den Millionär Heinz ausschütten, der sein Vermögen jetzt schon um insgesamt 200 000 Euro vermehrt hat. Die restlichen 100 000 Euro mögen dem Investmentfonds Schnellreich genügen, um die Zinsen für die Bankkredite und seine Managementfees zu zahlen.

Weil es keinen Grund gibt, das wunderbare Spiel abzubrechen, legt Heinz die 1,2 Millionen, die er mittlerweile sein eigen nennt, wieder beim Investmentfonds Schnellreich an. Der wagt jetzt den großen Wurf, nimmt auf die 1,2 Millionen Anlagegeld noch einmal so viel Kredite auf und kauft dem Investmentfonds Gier das schon bekannte Päckchen Daimler-Aktien für satte 2,4 Millionen Euro ab. Der Investmentfonds Gier hat jetzt einen sagenhaften Schnitt von 900 000 Euro gemacht. Davon mag er dem Millionär Hans 600 000 Euro als Einlageverzinsung ausschütten und mit den restlichen 300 000 Euro seine Kreditzinsen zahlen und seine Manager beglücken.

Dieses Spiel kann endlos weiter gespielt werden. Einzige Bedingung ist, dass den beiden Fonds entweder zusätzliche Anlagegelder zufließen oder sie eben immer höhere Kredite aufnehmen, mit denen sie die Käufe des ewig gleichen Pakets von Daimler-Aktien zu immer höheren Preisen finanzieren können.

Es ist offenkundig, dass dieser ganze Vorgang volkswirtschaftlich ein einziger Schwachsinn ist. Hier wird nichts produziert, keine neue Technologie erfunden, keine einzige intelligente Idee ausgebrütet.

Es wird einfach immer nur dasselbe Aktienpaket hin- und hergeschoben. Trotzdem sind schon in dem kurzen Prozess, den wir uns angesehen haben, erhebliche Einkommen entstanden. Nämlich Zinseinkommen in Höhe von 200 000 Euro für den Millionär Heinz und in Höhe von 650 000 Euro für den Millionär Hans, außerdem die Zinsen, die an die Banken gezahlt wurden, und die Gehälter der Manager beider Fonds, die statistisch selbstverständlich ebenfalls als Einkommen zählen.

Insgesamt wurden 1,4 Millionen Euro Einkommen »erwirtschaftet«, ohne das sich der gesellschaftliche Reichtum in Form realer Güter und Leistungen um einen einzigen müden Euro erhöht hätte.

Das obige Beispiel mag banal und extrem vereinfacht erscheinen, beschreibt aber die Quintessenz jenes Mechanismus, dem ein Großteil der globalen Geldvermögen seine Entstehung verdankt. Solche gegenseitigen Käufe und Verkäufe immer gleicher Wertpapiere innerhalb eines überschaubaren Kreises von Finanzinstituten lagen der explosionsartigen Ausweitung der Finanzsphäre ebenso zugrunde wie den unglaublichen Gewinnen, die die diversen Finanzhaie von Banken bis Hedgefonds in den zurückliegenden zwei Jahrzehnten gemacht haben. Hier wurde also ähnlich wie bei den Ponzi-Finanzierungen mit nichts als heißer Luft gehandelt, die immer von einem Konto auf ein anderes umgebucht wurde und wird. Was von den produktiven Kapazitäten eines Wirtschaftssystems zu halten ist, in dem ein wachsender Teil der volkswirtschaftlichen »Wertschöpfung« auf Luftbuchungen und Spekulationsgeschäfte zurückzuführen ist, überlassen wir dem Urteil des Lesers.

Immerhin ist zu bedenken, dass die beiden Investmentfonds in dem obigen Beispiel in ihrer Kreditaufnahme außerordentlich bescheiden waren. Fonds Gier brachte es am Ende gerade auf ein Verhältnis von Kredit zu Eigenmitteln von eins zu eins. (Wir werten die Einlagen hier vereinfacht als Eigenkapital; streng genommen hätten die beiden Millionäre dafür mit ihrem Geld Aktien der Fonds erwerben und ihre Einnahmen als Dividenden beziehen müssen, was an der Substanz des Beispiels aber nichts ändern würde). Wir werden in den nächsten Abschnitten sehen, dass Investmentbanken in der Regel mit einem Kredithebel von zwanzig zu eins arbeiteten und bei Hedgefonds sogar Relationen von dreißig zu eins nicht außergewöhnlich sind.

Angenommen, dass alle so geschaffenen fiktiven Finanzeinkommen wieder als Anlagevermögen auf den Finanzmarkt zurückfließen, werden in dem geschilderten Prozess so viele virtuelle Vermögen geschaffen wie Kredite vergeben werden und eine Verzehn- oder Verzwanzigfachung des Vermögens in relativ kurzen Zeiträumen ist damit durchaus kein Kunststück mehr. In der Realität hat sich das globale Finanzvermögen zwischen 1980 und 2006 vervierzehnfacht, und es ist regelmäßig in jenen Jahren besonders schnell gewachsen, in denen auch die Kreditvergabe überdurchschnittlich stark ausgeweitet wurde.

Natürlich liegt der reale Kredithebel im Durchschnitt aller Finanzinstitute längst nicht bei zwanzig, sondern vielleicht bei zehn oder fünfzehn. Darüber hinaus sind Geldvermögen natürlich nicht nur virtuell auf den Finanzmärkten geschaffen worden, sondern immer auch aus Einkommen entstanden, denen der Kauf und Verkauf realer Güter zugrunde lag. Aber letztere können mangels zahlungskräftiger Nachfrage bei kapitalistischen Verteilungsverhältnissen nie in der Größenordnung expandieren wie die fiktiven Finanzeinkommen, die sich in fast beliebigem Umgang in den Computern der Finanzhaie erzeugen lassen.

Der dargestellte Prozess der Schaffung virtueller Vermögen erklärt im übrigen auch, warum die Geldelite in Ländern, in denen fiktive Finanzeinkommen eine größere Rolle spielen als reale Finanzeinkommen, kein Interesse an hohen Zinsen hat. Denn während sich reale Finanzeinkommen in Zeiten steigender Zinsen in der Regel erhöhen, sind Zinssteigerungen für die Erzeugung fiktiver Finanzeinkommen eher hinderlich, weil sie die stete Ausweitung der Kreditvolumina erschweren. Greenspan hatte also mit seiner Zinspolitik keineswegs in höherem Grade Beschäftigung und reales Wachstum im Auge als die Europäische Zentralbank, sondern seine Auftraggeber, die Wall Street und der amerikanische Geldadel, hatten einfach andere Interessen und Prioritäten. Dass eine Niedrigzinspolitik dessen ungeachtet für die reale Wirtschaft vorteilhafter ist als die Inflations-Hysterie und Zins-Borniertheit des EZB-Präsidenten Jean-Claude Trichet, soll damit nicht in Abrede gestellt werden.

Der moderne Kapitalismus hat sich mit dem geschilderten Mechanismus eine Geldmaschine geschaffen, die Einkommen, Gewinne und damit auch Renditen zu produzieren gestattet, ohne auf den beschwerlichen Weg der Suche nach zahlungskräftigen Käufern wirklicher Güter oder Leistungen angewiesen zu sein. Da es ihm genau an dieser zahlungskräftigen Nachfrage regelmäßig zu mangeln pflegt, hat er damit scheinbar eines seiner Grundprobleme gelöst. Allerdings gibt es zwei Voraussetzungen, die gewährleistet sein müssen, um den Motor dieser Geldmaschine am Laufen zu halten: Erstens dürfen die fiktiven Finanzeinkommen nicht in größerem Umfang zum Kauf realer Güter verausgabt werden, sie müssen sich also überwiegend als Geldvermögen akkumulieren, weil sie sonst inflationär entwerten würden (denn ihnen liegt eben keine Erhöhung der realen Produktion zugrunde). Und zweitens muss das Finanzsystem fähig sein, Kredit in immer größerem Umfang zur Finanzierung solcher spekulativen Käufe zur Verfügung zu stellen. Denn bricht dieser Kreditfluss plötzlich ab, ist nicht nur das wunderbare Geldeinstreichen vorbei, sondern auch in diesem Fall würden absehbar erhebliche Teile des virtuellen Vermögens entwertet.

In früheren Zeiten hat es eine derart anhaltende und umfangreiche Selbstalimentierung der Finanzsphäre durch die Erzeugung fiktiver Einkommen und virtueller Vermögen vor allem deshalb nicht gegeben, weil noch nie ein Finanzsystem existierte, dessen Fähigkeiten zur Krediterzeugung so unerschöpflich waren wie die des heutigen.

Sehen wir uns an, was passiert, wenn der Kreditmotor plötzlich stottert. Wir haben den fiktiven »Wertschöpfungsprozess« oben an dem Punkt abgebrochen, an dem der Investmentfonds Schnellreich auf Daimler-Aktien zu einem Kaufpreis von 2,4 Millionen Euro und einem Kredit in Höhe von 1,2 Millionen Euro sitzt und versuchen muss, die Aktien zu einem höheren Preis wieder abzustoßen, um den Kredit plus Zinsen zurückzuzahlen und außerdem seinem Anleger, dem Millionär Heinz, eine Verzinsung auf seine angelegten 1,2 Millionen Euro auszuschütten.

Sein Counterpart, der Investmentfonds Gier, hat nun zwar die auf mittlerweile 1,65 Millionen angewachsenen Anlagegelder des Millionärs Hans zur Verfügung. Bekommt er aber von den Banken plötzlich keinen Kredit mehr, ist das auch das Maximum, was er ausgeben kann. Er kann dem Investmentfonds Schnellreich also das schöne Paket von Daimler-Aktien nur für 1,65 Millionen Euro wieder abkaufen. Der Investmentfonds Schnellreich macht bei diesem Geschäft eine Dreiviertelmillion Euro miese, und da die Bank ihren Kredit plus Zins auf jeden Fall zurück haben will, muss der Millionär Heinz bluten, dessen Vermögen jetzt auf weniger als ein Drittel seines Anfangswertes, also etwa 300 000 Euro, zusammengeschrumpft ist. Der Millionär Heinz ist damit kein Millionär mehr und vermutlich frustriert.

Noch schlimmer ergeht es nun dem Millionär Hans. Dessen Investmentfonds Gier sitzt jetzt auf Daimler-Aktien, die er im Gegenwert von 1,65 Millionen mit Hansens Vermögen erstanden hat. Aber diese Aktien will jetzt schon gar keiner mehr haben. Selbst wenn Heinz seine 300 000 Euro Vermögen dem Investmentfonds Schnellreich noch einmal in Hoffnung auf bessere Zeiten zur Verfügung stellt, kann dieser, der nun auch keinen Kredit mehr bekommt, für das Daimler-Paket jetzt auch nur noch maximal 300 000 Euro zahlen. Der Investmentfonds Gier erhält also gerade noch diese 300 000 Euro, und da er sein Management nicht verhungern lassen mag, sieht der einst 1,65 Millionen Euro schwere Hans von diesem seinem Vermögen am Ende vielleicht noch 200 000 Euro wieder.

In der realen Welt natürlich würde man die beiden Ex-Millionäre mit ihrem Kummer nicht allein lassen, sondern es käme der Staat und würde beiden Investmentfonds die elenden Daimler-Aktien mit Steuergeld zu so einem Preis abkaufen, dass Heinz und Hans weiter Millionäre wären, ihre Millionen allerdings fürs erste wohl lieber in Staatspapiere statt in Investmentfonds investieren würden. Auf einen kurzen Nenner gebracht, ist das das Stadium, in dem wir uns gegenwärtig befinden.

Tatsächlich hat diese Scheinwelt nicht nur die statistische Wertschöpfung der großen Volkswirtschaften dieser Erde in den zurückliegenden Jahren erheblich aufgeblasen, also Produktion vorgetäuscht, wo gar keine stattfand. Die erzeugten fiktiven Gewinne haben auch dazu beigetragen, die Kapitalrenditen in den nichtfinanziellen Sektoren wieder nach oben zu treiben, da, wie wir im nächsten Kapitel noch genauer sehen werden, auch Autobauer, Elektronikhersteller und andere Unternehmen des Nichtfinanzsektors zur Steigerung ihrer Gewinne in zunehmendem Maße an dem beschriebenen Finanzmonopoly teilgenommen und so von den spekulativen Luftbuchungen ebenfalls profitiert haben.

Nun mag man einen Kapitalismus, der sich seine Profite und Renditen teilweise einfach erschwindelt und sich damit im Grunde selbst belügt, alles in allem sympathischer finden als einen, der Hunger und Elend über seine Arbeiter bringt, um die gewünschten Profite aus ihnen herauszupressen. Das Problem ist nur, dass der virtuelle Finanzschaum eben nicht neutral ist und sich brav Jahr für Jahr selbst vermehrt, sondern auf die reale Wirtschaft zurückwirkt, indem er für eine angemessene Verwertung der immer aufgeblaseneren Vermögen eine schärfere Ausbeutung, niedrigere Löhne und reduzierte Steuern verlangt. Steigende fiktive Finanzeinkommen erzwingen daher über kurz oder lang auch steigende reale Finanzeinkommen.

Wenn der Investmentfonds Gier etwa Daimler-Aktien im Wert von 2,4 Millionen Euro hält, erwartet er selbstredend eine höhere Dividenden-Ausschüttung auf diese gleichen Aktien als zu einer Zeit, als er sie für 1,2 Millionen Euro erstanden hat. Auch ist wahrscheinlich, dass derselbe Fond am Ende versuchen würde, die Aktien, die er für 1,65 Millionen Euro gekauft hatte, statt sie für 300 000 Euro wieder zu verkaufen, lieber zu halten und das Unternehmen unter Druck zu setzen, seine Dividenden so zu erhöhen, dass er daraus dem Millionär Hans und seinem Management anständige Bezüge zahlen kann.

Die Umverteilung, die der über der Realwirtschaft sich auftürmende Geldschaum bewirkt, ist daher keineswegs fiktiv, sondern ganz real. Ebenso real wie die wirtschaftlichen Zerstörungen, die er anrichtet und die am Ende alle ärmer machen.

Die großen Cash-Jongleure

Mit den wachsenden Anlagevermögen erhöhten sich im Verlaufe der zurückliegenden drei Jahrzehnte natürlich auch Gewicht und Einfluss der Institutionen, die mit der Verwaltung und Verwertung dieses Geldes betraut waren. Dabei sind die globalen Finanzmärkte durchaus nicht so anonym, wie in der beliebten Rede von »den Märkten« oder vom »Urteil der Märkte« suggeriert wird. Tatsächlich ist dieses Urteil das einer äußerst überschaubaren Zahl von Finanzgiganten, die eben durch ihre Größe und ihren internationalen Handlungsradius die globale Vereinheitlichung von Preisen und Kursen herbeiführen und mit ihren Aktionen und Spekulationen den Pulsschlag des Lebens auf den globalen Finanzmärkten bestimmen. Weil die Richtung und Logik der Finanzströme wesentlich von den Motiven, Anreizen und Interessen derer abhängt, die sie bewegen, wollen wir uns in diesem Abschnitt die einflussreichen Cash-Jongleure unserer Zeit und deren Geschäftsmodelle etwas genauer ansehen.

Die großen Kapitalsammler

Noch in den siebziger Jahren hatte die globale Geldelite ihr Geld überwiegend entweder auf Bankkonten deponiert oder Aktien von Produktionsunternehmen und Schatzwechsel des Staates gekauft. Das änderte sich ab Mitte der achtziger. Von jetzt an floss ein wachsender Teil der Geldvermögen in Firmen, deren Geschäft ausschließlich darin bestand, wiederum Aktien anderer Firmen zu kaufen oder in sonstigen Wertpapieren herumzuspielen, um aus jedem eingesammelten Dollar in möglichst kurzer Zeit zwei oder drei zu machen. Die alten Investmenttrusts, die nach der Katastrophe von 1929 zunächst ausgestorben waren, erlebten ein beispielloses Comeback, allerdings unter neuen Namen und mit differenzierteren Geschäftsmodellen. Sie heißen heute Hedgefonds, Mutual Fonds, Investmentfonds oder einfach Finanzinvestoren. Die Privatisierung der Altersvorsorge, zunächst vor allem in den angelsächsischen Ländern, brachte eine weitere spezifische Art von Finanzinvestoren hervor, die ebenfalls bald riesige Summen dirigierten: die Pensionsfonds.

Die wichtigsten Akteure auf den heutigen Finanzmärkten sind daher zum einen die großen internationalen Bankhäuser und zum anderen die institutionellen Investoren, zu denen neben Hedge-, Pensions- und sonstigen Investmentfonds auch die Versicherungen gehören. Hatten alle institutionellen Investoren zusammen 1985 gerade 5,9 Billionen Dollar auf ihren Konten, verfügen sie heute über das mehr als Zehnfache. Im Geschäft mit den globalen Finanzanlagen haben die institutionellen Investoren die Banken damit inzwischen überholt. Der Anteil des Vermögens aller Finanzinvestoren am Bruttosozialprodukt der USA lag 1990 bei 127 Prozent und im Jahr 2000 schon bei 195 Prozent. In Großbritannien ist diese Relation im gleichen Zeitraum von 131 Prozent auf 226 Prozent angeschwollen und in Deutschland von 34 auf 80 Prozent.

Die vergleichsweise niedrigen Zahlen für Deutschland sind nicht darauf zurückzuführen, dass die deutsche Oberschicht etwa weniger vermögend wäre als die US-amerikanische, sondern widerspiegeln zum einen das nach wie vor hohe, wenngleich auch hier schwindende Gewicht traditioneller Bankanlagen und zum anderen die trotz Riester und Rürup eher dümpelnde private Rentenvorsorge. Angelegt sind die gewaltigen Vermögen, über welche die institutionellen Investoren verfügen, in Aktien, Anleihen und allen möglichen und unmöglichen Wertpapieren und Derivaten.

Die Großbanken

An der Spitze der globalen Finanzmärkte stehen wenig mehr als ein Dutzend internationaler Finanzkonzerne. Dazu gehören Universalbanken wie die Citigroup, die JP Morgan Chase und die Bank of Amerika, die schweizerische UBS, die britische HSBC oder auch die Deutsche Bank. Bis zur aktuellen Finanzkrise zählten zu den führenden Adressen, die an allen wichtigen Finanzplätzen dieser Welt präsent waren, auch die fünf großen Wall Street-Broker Bear Stearns, Merrill Lynch, Lehman Brothers, Morgan Stanley und Goldman Sachs.

Einfluss und Rolle der internationalen Großbanken sind mit dem Aufkommen der institutionellen Investoren nicht kleiner geworden. Vielmehr gibt es ein intensives Zusammenspiel zwischen Banken und Finanzinvestoren, und darüber hinaus enge institutionelle Verflechtungen. Banken managen eigene Hedgefonds und stehen als milliardenschwere Kreditgeber hinter anderen, sie stecken ihr Geld in Private Equity-Piraten und entwickeln Investmentkonzepte für Pensionsfonds.

Denn was die großen internationalen Bankhäuser zu dem gemacht hat, was sie heute sind, ist nicht das Einsammeln von Spargeldern und die Kreditvergabe an Mittelständler, sondern das sogenannte Investmentbanking. Dazu gehört vor allem die Beratung und Betreuung von Unternehmensübernahmen, Fusionen und Börsengängen, das Umsorgen von Hedgefonds und anderen Finanzinvestoren, das Konstruieren und Emittieren von Derivaten oder strukturierten Produkten wie den CDOs und der spekulative Handel auf eigene und fremde Rechnung mit fast allem, was auf den globalen Finanzmärkten zu haben ist. Mit der Finanzierung realer Investitionen hat das sogenannte Investmentbanking nur zu tun, dass es sie erschwert und verteuert, indem es immer mehr Geld aus diesem Bereich abzieht.

Es gibt kaum einen Wirtschaftszweig, der sich global in so wenigen Händen konzentriert wie das Investmentbanking. Die zehn größten Finanzhäuser dieser Welt stehen bei rund achtzig Prozent aller nicht-börslichen Derivate-Geschäfte auf einer Seite des Deals. Drei Viertel aller Geschäfte mit Hedgefonds gehen über ihren Tisch. Mehr als ein Viertel des weltweiten Devisenhandels findet allein in den Computern der drei größten internationalen Banken statt.

Aber nicht nur die wichtigsten Global Player, sondern jede größere Bank, die etwas auf sich hält, beschäftigt heute ein ganzes Bataillon von Tradern, die den lieben langen Tag nichts anderes tun, als zu versuchen, aus kleinsten Preis-, Kurs- oder Währungsschwankungen größtmögliche Gewinne zu ziehen. Wie man seit dem Untergang der alten englischen Barings Bank weiß, können dabei freilich auch immense Verluste entstehen, eine Erfahrung, die vor kurzem erneut die französische Société Générale machen musste. Für letztere verzockte ein einziger Händler durch spekulative Wetten ganze 6,3 Milliarden Euro. Der Betrag zeigt, in welcher Größenordnung selbst in einer mittelgroßen Bank spekuliert und gewettet wird.

Auch das Basteln und der Verkauf von Derivaten trägt seit Jahren erheblich zum Gewinn der Geldhäuser bei. Groß im Geschäft waren hier vor allem die amerikanischen Investmentbanken, aber auch die Deutsche Bank hat in den zurückliegenden Jahren bestens daran verdient, anderen Banken oder auch Mittelständlern und Kommunen selbstgestrickte Derivate zu verkaufen, die etwa gegen Zinsschwankungen absichern sollten. Diese kleinen Finanzbomben, die alles brachten nur keine Sicherheit, haben manchem Unternehmen so viel von seiner Substanz weggefressen, dass es trotz guter Auftragslage beinahe Konkurs gegangen wäre. Einige Kommunen wurden durch solcherart Produkte aus dem Hause Ackermann ebenfalls in die finanzielle Auszehrung getrieben. Auch ein Gutteil des ABS-Schrotts, an dem die deutsche Mittelstandsbank IKB schließlich erstickte, hatte sie sich von Tradern der Deutschen Bank aufschwatzen lassen, die im Handel mit solchen Hochrisiko-Papieren einen guten Schnitt machten, aber offenbar klug genug waren, nicht allzu viele von ihnen in den eigenen Büchern zu behalten.

(Eine besondere Finesse dieser Geschichte besteht darin, dass es am Ende auch die Deutsche Bank war, die die IKB ins Trudeln brachte, weil sie deren Conduit im Jahr 2007 wegen eben dieser zweifelhaften ABS-Papiere die Kreditlinie kappte. Ganz böse Gerüchte besagen sogar, dass die Deutsche Bank in Erwartung des absehbaren Kursverfalls der IKB zuvor noch ein schönes Päckchen IKB-Aktien leerverkauft habe, bevor sie die Bundesanstalt für Finanzdienstleistungsaufsicht (BaFin) über die Schieflage des Instituts informierte, was bei Bekanntwerden die Aktien erwartungsgemäß in den Keller und den Gewinn der Deutschen Bank nach oben trieb.[30])

Die frühere gesetzliche Trennung zwischen Investment- und Geschäftsbanken, die in Großbritannien traditionell bestand und in den USA 1933 eingeführt worden war, hatte in erster Linie den Zweck, die Spareinlagen von Kleinsparern davor zu bewahren, zum Spielgeld hochspekulativer und damit eben auch hochriskanter Wertpapiergeschäfte zu werden. Wie beschrieben, wurde diese Trennung in beiden Ländern im Zuge der Deregulierung aufgehoben. Das hatte zunächst zur Folge, dass frühere Geschäftsbanken wie die Citigroup und die Bank of America sich verstärkt im Investmentbanking engagierten und damit immer größere Teile ihrer Erträge erwirtschafteten. Die Deutsche Bank, die schon immer beides durfte, Spargelder einsammeln und mit Wertpapieren spielen, hat Mitte der neunziger Jahre begonnen, ihr Investmentbanking schwerpunktmäßig auszubauen, um zu den Giganten der globalen Finanzszene aufzuschließen.

Die fünf großen Wall Street-Brokerhäuser behielten zunächst ihren Status als reine Investmentbanken. Das hatte für sie den Vorteil einer wesentlich großzügigeren Regulierung, vor allem im Hinblick auf die Möglichkeit, ihr Geschäft mit Fremdkapital zu hebeln und so ihre Renditen zu erhöhen. Während die amerikanischen Geschäftsbanken in der Regel mit einem Verschuldungsgrad von zehn arbeiteten, also für jeden Dollar Eigenkapital zehn geliehene Dollar einsetzten, lag dieser Faktor bei den Investmentbanken bei zwanzig. Entsprechend höher waren die Renditen bei Goldman und Co., die in den letzten Jahren zwanzig bis dreißig Prozent erreichten, während Citigroup und Bank of America sich mit etwa elf Prozent begnügen mussten. Der Preis, den die Investmentbanken dafür zahlten, war der Verzicht auf den direkten Zugang zu Zentralbankgeld und auf das Einsammeln von Spareinlagen, da beides reinen Investmentbanken nicht erlaubt war.

Da die Renditen im mühsamen Kleinkundengeschäft aber ohnehin eher dürftig waren und der Kapitalmarkt jederzeit hinreichend Liquidität bereitzustellen schien, war das Geschäftsmodell der Brokerhäuser über Jahre hochrentabel. Die dünne Luft in den lichten Höhen des Investmentbankings war immerhin so attraktiv, dass die Deutsche Bank ihre Kleinkunden jahrelang willentlich vergraulte, um diesen renditeschwachen

Geschäftszweig loszuwerden und sich möglichst ganz auf das große Rad der Finanzwetten und Fusionsbetreuungen konzentrieren zu können. Eine Eigenkapitalrendite von sagenhaften 41 Prozent im ersten Quartal 2007 schien dieser Strategie recht zu geben.

Aber dann kam die Krise und der Absturz. Die erste Investmentbank, die aufgeben musste, war der Broker-Gigant Bear Stearns, der über die toxischen Portfolios seiner Hedgefonds im Frühjahr 2008 in die Zahlungsunfähigkeit taumelte und schließlich, ausgestattet mit einer dreißig Milliarden-Dollar-Garantie der amerikanischen Zentralbank, zu einem Spottpreis von der Geschäftsbank JP Morgan Chase übernommen wurde. Im Herbst 2008 war es dann auch für die verbliebenen vier einst so strahlenden und mächtigen Wall Street-Häuser vorbei. Sie sind heute entweder tot wie Lehman Brothers oder wurden von großen Geschäftsbanken übernommen wie Merrill Lynch von der Bank of America (BoA). Oder sie haben sich selbst in Geschäftsbanken umgewandelt wie Goldman Sachs und Morgan Stanley.

Dass die Brokerhäuser zusammenbrachen, während Großbanken wie die Bank of America sogar noch große Übernahmen stemmen konnten, hat nichts damit zu tun, dass letztere etwa weniger wild mit Schrottpapieren gehandelt und spekuliert hätten. Im Gegenteil, die globale Liste der größten Geldvernichter wird nicht von den reinen Investmentbanken angeführt, sondern von der Citigroup mit Abschreibungen im Wert von 55,1 Milliarden Dollar und der schweizerischen UBS mit 44,2 Milliarden Dollar. Die Bank of Amerika hat ebenfalls bereits im ersten Jahr der Krise 21,2 Milliarden Dollar in den Sand gesetzt. Der Pleitier Lehman Brothers brachte es mit Abschreibungen von 13,8 Milliarden Dollar auf kaum mehr als die Hälfte dessen.

Die Geschäftsbanken allerdings konnten und können zur kurzfristigen Finanzierung auf die Spareinlagen von Millionen Kleinsparern zurückgreifen, während die Investmentbanken ausschließlich auf den Kapitalmarkt und den Interbankenmarkt verwiesen sind. Das Austrocknen dieser Quellen war deshalb für letztere tödlich. Auch dem britischen Baufinanzierer Northern Rock war diese Kapitalmarktabhängigkeit, die

in Zeiten flüssiger Liquidität und niedriger Zinsen überdurchschnittliche Renditen garantiert hatte, nach Ausbruch der Krise
bereits zum Verhängnis geworden.

Inzwischen ist klar, dass die Spekulations- und Fusionser-
träge, von denen das Investmentbanking lebt, hochzyklisch sind
und jedenfalls in nächster Zeit spärlicher fließen werden. Um
solche Dürreperioden zu überstehen, rücken die klassischen
Felder des Bankgeschäfts wie die Erwirtschaftung von Zinser-
trägen wieder stärker ins Blickfeld. Vor allem hat sich gezeigt,
wie wichtig Spargelder sein können, um auch Phasen missge-
stimmter Kapitalmärkte zu überleben. Dass sich mit der Ein-
bettung der Brokerhäuser in Großbanken, die zugleich die Ersparnisse von Millionen Kleinkunden verwalten, das wirklich
gefährliche Krisenpotenzial erst zusammenbraut, steht auf einem anderen Blatt. Die Investmentbank Lehman Brothers etwa
konnte man gerade noch untergehen lassen. Bei einer Bank wie
der BoA mit 59 Millionen Kunden wäre das undenkbar, und das
Management der Bank weiß, dass das so ist.

Auch in Deutschland führen die heftigen Unruhen und die
aktuelle Flaute im Spekulationsgeschäft zu einer verstärkten
Rückbesinnung auf jene Bereiche, mit denen man zwar nicht
vierzig Prozent Rendite, aber vielleicht doch annähernd zwanzig Prozent verdienen kann. Die zwei großen Fusionen der
letzten Monate, die Übernahme der Dresdner Bank durch die
Commerzbank und der Kauf der Postbank durch die Deutsche
Bank gehören in diesen Kontext. Das Privatkundengeschäft ist
wieder in Mode: als Stabilitätsanker und Kraftfutter in Krisenzeiten. Was nicht bedeutet, dass die großen Geldhäuser, die
dank der Übernahmen heute noch um einiges größer sind als
vor einem Jahr, sich in Zukunft beim Spekulieren zurückhal-
ten werden.

Die Versicherungen und Pensionsfonds –
Rente nach der Stimmung der Märkte

Kapitalgiganten unter den institutionellen Investoren sind vor
allem die Versicherungskonzerne und die Pensionsfonds. Alle
Versicherer zusammen verwalteten im Jahr 2005 Kapitalmas-

sen in Höhe von 17 Billionen Dollar. Für das in Pensionsfonds angelegte Vermögen gibt es unterschiedliche Zahlen. Die Bank für Internationalen Zahlungsausgleich beziffert das Vermögen aller Pensionsfonds für das Jahr 2005 auf 13 Billionen Dollar, wobei knapp neun Billionen davon allein dem Bestand US-amerikanischer und britischer Pensionsfonds zugeschrieben werden. Nach Angaben der Consultingfirma Watson Wyatt dagegen lag der internationale Pensionsfondmarkt Ende 2007 sogar bei 24,9 Billionen Dollar und hatte gegenüber dem Vorjahr um zwei Billionen Dollar zugelegt.

Ganz gleich, welche dieser beiden Zahlen der Realität näher kommen, sie zeigen, welche Größenordnung an Geldzuflüssen die Finanzhaie zu Recht erwarten können, wenn es ihnen gelingt, eine weitgehende oder sogar vollständige Privatisierung der Alterssicherung auch in den kontinentaleuropäischen Ländern durchzusetzen. Nutznießer einer solchen Entwicklung wären keineswegs nur die Pensionsfonds, sondern sämtliche Finanzvehikel, in denen die Pensionsfonds ihre riesigen Mittel wiederum investieren. Am Ende profitieren alle, die bereits über Aktien oder Anleihen verfügen und sich dank wachsender anlagesuchender Rentengelder über steigende Nachfrage und weitere Kurssprünge freuen können.

Die *Frankfurter Allgemeine Zeitung* hatte daher gute Gründe, den gerade abgeschlossenen Riester-Deal im Oktober 2000 mit den Worten zu feiern: »Die Rentenreform ist ein positiver Liquiditätsimpuls für Aktien.«[31] Zwar fließen die deutschen Riester-Gelder nicht unmittelbar auf den Aktienmarkt, sondern zunächst einmal in die Kassen von Banken und Versicherungen, die dieses Geld auch nur begrenzt in Aktien anlegen dürfen. Aber je liquider diese Institute sind, desto freudiger können sie ihrerseits an den Finanzmärkten herumspekulieren, und genau das treibt am Ende den Wert sämtlicher Papiere, die dort gehandelt werden, nach oben.

In den USA und in Großbritannien ist der Bezug zwischen Rentensparen und Börsenstimmung noch wesentlich direkter – und zwar in beide Richtungen. Von den insgesamt etwa einhundert Millionen US-Bürgern, die Gelder in private Pensionssparpläne einzahlen, nehmen 58 Prozent an sogenannten

401(k)-Sparplänen teil. Mit diesen Sparplänen können Beschäftigte einen Teil ihres Gehalts steuerfrei für die Altersvorsorge zurücklegen. Drei Viertel dieser Gelder werden von den betrieblichen Pensionsfonds in Aktien angelegt, in der Regel bevorzugt in eigenen Aktien des betreffenden Unternehmens. Im Unterschied zu den defined benefit-Sparplänen, bei denen immerhin der erworbene Rentenanspruch vertraglich festgelegt wird, handelt es sich bei den 401(k)-Sparplänen um defined contribution-Systeme. Hier stehen nur die monatlichen Einzahlungen fest, die am Ende ausgezahlte Rente dagegen hängt von der Stimmungslage auf den Finanzmärkten, speziell am Börsenparkett, ab. Steppt dort der Bulle, können die Senioren ganz gut leben. Trottet er dagegen, erwartet Millionen ein karges Alter.

Im Schnitt liegt die Aktienquote aller US-amerikanischen Pensionsfons bei etwas weniger als der Hälfte ihrer gesamten Anlagen. Die restliche Pensionsvorsorge fließt in festverzinsliche Wertpapiere oder wiederum in andere Fonds, wobei nicht zuletzt Hedgefonds und Private Equity-Gesellschaften in wachsendem Maße von anlagesuchenden Rentengeldern profitiert haben. Und selbst wenn der erworbene Rentenanspruch vertraglich fixiert wurde: Gibt die Marktentwicklung ihn nicht her, sind solche Verträge das Papier nicht wert, auf dem sie stehen.

Einen Vorgeschmack, welche Folgen Turbulenzen auf den Finanzmärkten für die Rentenperspektive von Millionen Menschen haben können, gab es in der Zeit nach der Jahrtausendwende, als die geplatzte Internetblase und der folgende Börsencrash eine Deckungslücke von über dreihundert Milliarden Dollar in den Bilanzen der US-Pensionsfonds hinterlassen hatten. Die britischen Pensionsfonds klagten über ein Pensions-Defizit in Höhe von siebzig Milliarden Pfund. Noch 2003 lag der Wert aller amerikanischen Pensionsfonds weit unter dem Barwert ihrer Zahlungsverpflichtungen. Selbst das *Handelsblatt* stellte damals fest: »Das einst hochgelobte System – die Finanzierung der Altersvorsorge über den Aktienmarkt – erweist sich als Strukturproblem.«[32] Besonders dramatisch traf es damals zwanzigtausend Mitarbeiter des Enron-Konzerns, deren Alterssicherung über 401(k)-Sparpläne zum großen Teil in Enron-Aktien geflossen war, die nach dem Bilanzskandal und Bankrott des Unternehmens jeden Wert verloren hatten.

Auch die OECD warnte seinerzeit vor einer sich selbst verstärkenden Abwärtsspirale, indem die sich ausweitenden Fehlbeträge in den betrieblichen Pensionsfonds die Aktienbewertungen der Unternehmen noch weiter nach unten zu drücken drohten, was wiederum die Defizite der in Aktien investierten Pensionskassen zusätzlich erhöhte. Generell sollten daher nach Meinung der OECD Reformen der Alterssicherung »nicht mehr unter der Annahme sicherer Mindestrenditen und nachhaltig steigender Vermögenswerte an den Kapitalmärkten vorgenommen werden«. Kompliziert würde die Reform »zusätzlich durch den Mangel an qualitativ hochwertigen festverzinslichen Papieren, die ein angemessenes Einkommen für Pensionäre bieten«.[33]

Als die Börsen nach 2003 erneut an Fahrt gewannen, verschwanden derlei Nachdenklichkeiten wieder in den Schubladen und Aktenordnern. Im übrigen waren es gerade die in den Folgejahren boomenden Asset Backed Securities, die den Hunger der Pensionsfonds nach festverzinslichen Papieren mit höherer Rendite und scheinbar niedrigem Risiko zu stillen versprachen und in die eben deshalb kräftig investiert wurde. Die Lebensperspektive der amerikanischen Senioren in spe dürfte dadurch nicht besser geworden sein.

Nach anderthalb Jahren Finanzmarktkrise, melden sich die Probleme jetzt mit aller Wucht und Brutalität zurück. Aufgrund taumelnder Aktienkurse und schwindender Werte der strukturierten Kreditpapiere haben die US-Pensionskassen nach eigenen Angaben in nur fünfzehn Monaten zwei Billionen Dollar verloren.[34] Viele Beschäftigte, so wird nüchtern festgestellt, müßten deshalb später in Rente gehen und würden trotzdem weniger bekommen, als sie angenommen und geplant hatten. Ähnliche Warnmeldungen kommen aus Großbritannien. Auch dort wachsen die Löcher in den Rentensparverträgen. Knapp ein Fünftel ihres Werts haben die britischen Pensionsfonds, in die rund fünf Millionen Briten einzahlen, in den zurückliegenden dreizehn Monaten verloren.[35] Auch hier wird das Risiko überwiegend auf die Sparer abgewälzt, die sich jetzt eben auf spärliche Renten einzustellen haben.

Ungemach verheißen inzwischen auch die deutschen privaten Renten- und Lebensversicherer. Beide haben kürzlich verlauten lassen, nur noch die festgelegte Mindestverzinsung von 2,25 Prozent im Jahr zu garantieren. Das ist weniger als die Inflationsrate und mit Sicherheit nicht das, was die meisten Rentensparer erwarten – und was ihnen im Zuge der Teilprivatisierung der Rente versprochen wurde! Noch schlimmer sieht es für die sogenannten Rürup-Sparer aus, die sich – ähnlich den britischen und amerikanischen Pensionssparern – noch nicht einmal auf den Erhalt des eingezahlten Geldes verlassen können. Was den deutschen Versicherern die Zahlen verhagelt, ist keineswegs nur die Entwicklung der Aktienmärkte, in denen sie eher unterdurchschnittlich engagiert sind. Umso freudiger hatten sie sich dagegen in Bankschuldverschreibungen eingekauft. Wenn jetzt das vorher Undenkbare eintritt und Banken pleite gehen wie Lehman Brothers oder nur dank öffentlicher Beihilfen knapp am Untergang vorbeischmarren wie die Hypo Real Estate, sieht es schnell zappenduster aus. Zumal die Krise im Bankensektor noch lange nicht ausgestanden ist.

All diese Entwicklungen zeigen, wie verantwortungslos und ignorant es ist, die Alterssicherung von Millionen Menschen auf die Launen der Finanzjongleure und die Stabilität fragiler Finanz-Kartenhäuser zu bauen. Der einzige Ausweg, der die Katastrophe eskalierender Altersarmut verhindern kann, ist die sofortige Wiederherstellung des alten, paritätisch finanzierten Umlagesystems mit Beiträgen, die eine armutssichere Rente tatsächlich gewährleisten.

Hedgefonds – globale Wettbuden der Geldelite

Die Hedgefonds, die aggressivsten und spekulationswütigsten unter den Finanzinvestoren, verwalteten Ende 2007 weltweit Anlagegelder in Höhe von knapp 2,7 Billionen Dollar. Etwa 9000 solch professioneller Wettbuden gibt es derzeit, wobei ständig neue entstehen und andere Pleite gehen. Die durchschnittliche Lebensdauer eines Hedgefonds liegt bei gerade vierzig Monaten, sechzig Prozent aller Fonds verschwinden innerhalb von drei Jahren.

Wie andere Bereiche des Finanzgeschäfts auch, wird die Hedgefonds Industrie von wenigen Giganten dominiert. Die hundert größten dieser Spekulationsvehikel haben allein knapp 1,8 Billionen Dollar unter ihrer Verwaltung, also etwa zwei Drittel aller in Hedgefonds angelegten Gelder. Zu den ganz großen Spielern in diesem Geschäft gehören etwa die britische Man Group, die allein über Anlagegelder von knapp sechzig Milliarden Dollar verfügt, oder die Hedgefonds JP Morgan Asset Management und Goldman Sachs Asset Management, die Spekulationsgelder in Höhe von je etwa 35 Milliarden Dollar zu mehren suchen, und die, wie der Name schon sagt, mit den Finanzhäusern JP Morgan und Goldman Sachs eng verbunden sind.

Die Bezeichnung Hedgefonds wurde das erste Mal 1966 benutzt. Damals bezeichnete das US-Magazin *Fortune* mit diesem Titel den 1949 gegründeten Fonds eines gewissen Alfred Winslow Jones, der als Soziologe an der Columbia University arbeitete. Jones' Fonds handelte mit Wertpapieren und versuchte dabei, unterbewertete Papiere zu kaufen und zeitgleich überbewertete zu leihen und zu verkaufen, wobei beide Transaktionen nach Ablauf einer gewissen Zeit wieder rückgängig gemacht wurden. Der Fonds setzte also darauf, Gewinne zu generieren, die nicht von der Gesamtentwicklung am Aktienmarkt abhingen.

Im Prinzip ist das eine für Hedgefonds auch heute noch typische Art von Spekulation. Mit »Hedgen« im wörtlichen Sinn freilich hatte das schon damals nichts zu tun, denn darunter versteht man eigentlich ein Absicherungsgeschäft, also beispielsweise, wenn jemand sich gegen Wechselkursveränderungen absichert, indem er eine Währung bereits heute für ein bestimmtes Datum in der Zukunft in eine andere umtauscht. Die Hedgefonds sichern nichts ab, sondern spekulieren auf Messers Schneide. Dabei vergrößern sie ihren Aktionsradius durch den geballten Einsatz von Fremdkapital.

Bei dem Katastrophen-Hedgefond Long Term Capital Management (LTCM), dessen Beinahe-Zusammenbruch 1998 das globale Finanzsystem erschütterte, lag das Verhältnis zwischen Kredit und Eigenkapital bei zwanzig zu eins. Auf ein verwaltetes Vermögen von weniger als fünf Milliarden Dollar hatte

LTCM Kredite in Höhe von 125 Milliarden Dollar aufgenommen. Von den beiden Hedgefonds, die die Investmentbank Bear Stearns in den Untergang rissen, arbeitete der eine mit einem Kredithebel von zehn, der andere sogar von dreißig. Auf jeden Dollar eigenen Kapitals kamen hier also bis zu dreißig Dollar Fremdkapital.

Die bei den meisten Hedgefonds heute übliche Relation zwischen Eigen- und Fremdkapital ist nur wenig moderater. Aufgrund dieses starken Kredithebels können diese Fonds kleinste Kursschwankungen in extrem hohe Renditen verwandeln. LTCM beispielsweise brachte seinen Anlegern zunächst tatsächlich sagenhafte vierzig Prozent Rendite pro Jahr ein. Ein Zugewinn von zwanzig Prozent jährlich wird von dieser Art Investmentvehikeln auf jeden Fall erwartet.

In der Regel haben Hedgefonds bestimmte Schwerpunkte, was die Art ihrer Spekulation anbetrifft. Sogenannte Global Macro-Fonds beispielsweise wetten auf die Veränderung makroökonomischer Variablen, also auf steigende oder fallende Wechselkurse oder die Entwicklung von Zinssätzen, auf eine Aktienrallye oder einen Börsencrash. Dabei können sie mit letzterem nicht weniger Geld verdienen als mit ersterer, entscheidend ist nur, die Entwicklung richtig vorhergesehen zu haben. Auch der Absturz der Asset Backed Securities, der nicht wenige Hedgefonds bereits in den Ruin getrieben hat und noch mehr voraussichtlich in den Ruin treiben wird, hat andere wiederum steinreich gemacht. Der Hedgefonds Lahnde Capital etwa hatte im Sommer 2007 korrekt auf einen Wertverlust der mit Subprime-Krediten besicherten Papiere gewettet und dabei wunderbare 1000 Prozent Rendite eingestrichen. Eine andere Spezies von Hedgefonds, die sogenannten Geierfonds, kaufen bevorzugt notleidende Kredite oder Aktien von bankrottgefährdeten Unternehmen zu Niedrigpreisen auf, in der Hoffnung, am Ende doch noch mehr herausschlagen zu können.

Eine Vielzahl von Hedgefonds folgt sogenannten »marktneutralen« Strategien, die auf Differenzen in der Wertentwicklung oder Rendite unterschiedlicher Papiere setzen, wobei die Gewinnchancen gegenüber der allgemeinen Marktentwicklung – etwa einer Hausse oder Baisse am Aktienmarkt – abgesichert werden. Das ist im Grunde das, was bereits Alfred Winslow Jones' Hedgefonds gemacht hat. Marktneutrale Strategien beruhen nahezu immer auf einer sogenannten long-short-Spekulation: Ein Wertpapier wird gekauft, was im plumpen Trader-Englisch heißt, der Fonds geht »long« in diesem Papier. Ein anderes wird zeitgleich leerverkauft, also geliehen und verkauft, hier ist man also »short«. Nach einer gewissen Zeit wird das gekaufte Papier wieder verkauft und das geliehene gekauft und zurückgegeben. Es ist klar, dass die »long«-Position Gewinne bringt, wenn der Preis des Papiers in der Zwischenzeit gestiegen ist, während der Leerverkauf und anschließende Rückkauf sich bei fallenden Kursen auszahlen.

Eine long-short-Spekulation macht beispielsweise Sinn, wenn es sich in beiden Fällen um Aktien von Unternehmen desselben Landes handelt, von denen die einen relativ zum Durchschnitt über- und die anderen unterbewertet erscheinen. Oder im Falle von Anleihen, deren Renditeunterschiede als ungewöhnlich hoch oder ungewöhnlich gering erachtet werden, wobei der Hedgefonds dann auf eine Annäherung oder ein stärkeres Auseinanderdriften wettet.

Long-short-Strategien kommen auch da zum Einsatz, wo zwei Papiere aufgrund unterschiedlicher Risiken generell unterschiedliche Renditen abwerfen. Eine beliebte Spekulation besteht beispielsweise darin, Aktien eines Unternehmens zu kaufen und gleichzeitig die Anleihen dieses Unternehmens leerzuverkaufen. Die Idee hinter dieser Spekulation ist, dass sich Aktien- und Anleihekurse desselben Unternehmens im Regelfall in die gleiche Richtung bewegen. Damit wird ein möglicher Kursverlust der long-Spekulation durch die short-Spekulation ausgeglichen. Bringt das gekaufte Papier eine höhere Rendite als das geliehene kostet, kann diese Differenz scheinbar risikofrei bei fallenden wie steigenden Kursen eingestrichen werden. Long-short-Strategien wurden auch bezogen auf die einzelnen Tranchen der CDOs praktiziert. Hier wurden in der Regel die renditeträchtigen Equity-Tranchen gekauft und Mezzanine leerverkauft, wobei diese Spekulation auf der Annahme beruht, dass der generelle Trend beider Papiere am Markt der gleiche ist.

Selbstverständlich sind solche Geschäfte alles andere als risikolos. Externe Faktoren können Bond- und Aktienkurse desselben Unternehmens weit auseinander treiben, und unverhältnismäßige Renditeunterschiede zwischen verschiedenen Wertpapieren müssen sich keineswegs in einem bestimmten Zeitraum ausgleichen. Sie können sich unter bestimmten Umständen sogar vergrößern. Genau so eine Entwicklung hatte dem Giganten LTCM 1998 das Genick gebrochen, worauf wir später noch einmal zu sprechen kommen. Sämtliche von den Hedgefonds praktizierten Strategien sind also hochspekulativ. Sie können beträchtliche Renditen eintragen oder den gesamten Fonds in den Abgrund ziehen.

Ihren Aufschwung erlebte die Hedgefonds-Industrie seit Mitte der neunziger Jahre. Allein seit 1995 haben sich die von den Hedgefonds verwalteten Vermögen fast vertausendfacht. Für dieses rasante Wachstum gibt es verschiedene Gründe: Zum einen ist die Spielwiese der Hedgefonds natürlich mit jeder Deregulierung auf den globalen Finanzmärkten größer geworden. Zum anderen sind die Vermögen der typischen Anleger dieser Investitionsvehikel seit Anfang der neunziger Jahre regelrecht explodiert. Denn achtzig Prozent der in den Hedgefonds angelegten Gelder stammen von sogenannten High Net Worth Individuals, also Leuten, die über ein Finanzvermögen von mehr als eine Million Dollar verfügen. Überdurchschnittlich in Hedgefonds engagiert ist vor allem die Crème de la Crème dieser Geldelite, die Ultra High Net Worth Individuals, die jeweils mehr als dreißig Millionen Dollar auffahren können. Gerade 100 000 Leute von dieser Sorte gibt es derzeit weltweit, die allerdings zusammen ein viele Billionen schweres Geldvermögen dirigieren. Die restlichen zwanzig Prozent der in Hedgefonds geparkten Gelder gehören anderen institutionellen Investoren, darunter, wie erwähnt, auch Pensionsfonds, die mindestens ein Prozent der ihnen anvertrauten Rentengelder an die Manager der Hedgefonds weiterreichen.

Die von den Hedgefonds praktizierten Finanzwetten führen zu gewaltigen Umsätzen auf den verschiedenen Märkten, zumal diese Spekulationsvehikel ihren Handlungsradius in der Regel nicht nur durch Kredit, sondern auch durch den Einsatz von Derivaten weit über das eigene Kapital hinaus zu vergrößern pflegen. Obwohl die Hedgefonds zusammen weniger als zwei Prozent des globalen Anlagevermögens verwalten, sind sie nach Schätzungen des deutschen Bankenverbandes für 25 bis 50 Prozent der Tagesumsätze auf den globalen Aktienmärkten verantwortlich und für 15 Prozent des Transaktionsvolumens festverzinslicher Wertpapiere. Bei Kreditderivaten wie den Credit Default Swaps wird ihr Marktanteil sogar auf 58 Prozent geschätzt, bei Junk Bonds auf 25 Prozent und am Markt für notleidende Kredite wird ihnen ein Anteil von 47 Prozent zugeschrieben. Im Handel mit den Tranchen der CDOs waren Hedgefonds für etwa ein Drittel aller Umsätze verantwortlich. Solche Zahlen zeigen, dass der Einfluss dieser hochspekulativen Finanzvehikel auf Bewegungen und Entwicklungen des gesamten Finanzmarkts ausschlaggebend sein kann und in jedem Fall weit über ihren Anteil an den verwalteten Vermögen hinausreicht.

Die neuen Großaktionäre: Jagd nach dem schnellen Geld

Das Aufkommen der institutionellen Investoren als großer Kapitalsammelstellen hat die Aktionärsstruktur der Wirtschaftsunternehmen in vielen Ländern grundlegend verändert. Befanden sich in den USA 1960 noch fast neunzig Prozent des Aktienkapitals in den Händen reicher Privatleute, besitzen Pensions- und Investmentfonds heute zusammen über sechzig Prozent dieser Aktien. Dabei halten die zwanzig größten Fonds allein fast jede zweite Aktie eines US-Unternehmens.

Auch die typische Aktionärsstruktur deutscher Unternehmen hat sich gewandelt. Bis weit in die neunziger Jahre hinein waren die großen deutschen Banken, allen voran die Deutsche Bank, die maßgeblichen Halter großer Aktienpakete, die wegen des Depotstimmrechts zudem die Stimmen vieler Kleinaktionäre auf den Hauptversammlungen mitvertreten konnten. Dieses System sicherte ihnen massiven Einfluss auf deutsche Industrieunternehmen, störte aber beim Vordringen in die geweihten Höhen des globalen Investmentbankings. Nicht, weil die Industriebeteiligungen die Mittel der Banken zu stark gebunden hätten und damit kein Spielgeld für andere Verwendungen mehr verfügbar gewesen wäre. Sondern vor allem, weil eine Bank, deren Interesse als Großaktionär oder sogar Aufsichtsratschef mit dem Schicksal einzelner deutscher Industriekonzerne aufs engste verbunden ist, als parteilich gilt und daher die begehrten Aufträge bei der Beratung internationaler Übernahmen nicht erhält.

Die von SPD-Kanzler Schröder durchgesetzte Steuerbefreiung für Veräußerungsgewinne war deshalb ein wahres Gottesgeschenk für die deutschen Finanzhäuser, die sich so von ihren Industriebeteiligungen trennen konnten und die immensen Wertzuwächse, die sie dabei realisierten, noch nicht einmal versteuern mussten. An die Stelle der Banken sind auch in der Bundesrepublik mittlerweile mehrheitlich internationale Finanzinvestoren und Pensionsfonds als Aktionäre getreten.

Ob Finanzinvestor, Bank oder Privataktionär – das Grundinteresse, aus jedem Unternehmen möglichst hohe Renditen herauszuholen, ist natürlich immer das gleiche. Ein Unternehmen wie BMW ist um nichts zimperlicher als etwa der Daimler-Konzern, wenn es darum geht, durch Entlassungen, Lohndumping oder Produktionsverlagerungen die Gewinne weiter in die Höhe zu treiben, auch wenn bei BMW nach wie vor eine Familie – nämlich die zu Nazizeiten groß gewordenen Quandts – das Sagen hat, während bei Daimler heute internationale Fonds den Ton angeben. Der entscheidende Unterschied zwischen diesen verschiedenen Aktionärstypen liegt nicht in der generellen Profitorientierung, sondern in dem Zeithorizont, unter dem sie die Maximierung des Shareholder Value betreiben.

Weil der Erfolg der Investmentfonds nicht an ihrer Wertentwicklung über Jahrzehnte, sondern an ihren jährlichen Renditezahlen gemessen wird, achten sie darauf, sich nie mit einem Unternehmen auf Dauer zu verbinden, sondern nur in Anlagen zu investieren, die sich relativ schnell wieder liquidieren lassen. So halten sie in der Regel nicht mehr als zwei bis drei Prozent der Aktien eines Unternehmens, und sie stecken ihr Geld in unterschiedlichste Firmen mit völlig divergierender Produktpalette. Der zentrale Grund für solche breit gefächerten Portfolios ist neben der Risikostreuung vor allem das Ziel, stets liquide zu bleiben und auf neue Marktnachrichten sofort mit Aktienkäufen oder -verkäufen reagieren zu können. Den Finanzinvestor interessieren daher auch nicht die Profite, die eine Firma in drei oder vier Jahren machen könnte. Gegenstand seines Interesses ist ausschließlich die Rendite, die sich in kürzester Zeit aus einem Unternehmen herausholen lässt. Danach kann er sich schließlich ein neues Anlageobjekt suchen.

Diese Motivation bewirkt zum einen eine besonders aggressive Blockade gewerkschaftlicher Lohnforderungen und das Bestreben, die Lohnsumme im Unternehmen mit allen verfügbaren Mitteln – Auslagerungen, Entlassungen, Leiharbeit – nach unten zu drücken. Das allerdings unterscheidet den institutionellen Investor nicht unbedingt vom privaten Großaktionär. Aus dem kurzfristigen Anlagehorizont der Finanzinvestoren folgt aber zum anderen – und das ist tatsächlich eine Spezifik ihres Interesses – ein massiver Druck, alle Investitionen, die sich erst in längeren Zeiträumen auszahlen, einzuschränken oder ganz aufzugeben und anstelle dessen die Dividendenausschüttungen zu erhöhen oder durch Aktienrückkäufe des Unternehmens die Kurse hochzutreiben. Zu den Ausgaben, die sich kurzfristig nicht auszahlen, gehören vor allem solche für Forschung und Entwicklung, aber auch Großinvestitionen in neue Anlagen, die zwar produktiver und technologisch fortgeschrittener sein mögen, aber erhebliche Mengen an Kapital binden und sich erst nach Jahren rentieren.

War es im Kapitalismus schon immer selbstverständlich, dass nur investiert wurde, wenn höhere Profite lockten, wird dieses Prinzip jetzt bis zu der Perversion getrieben, dass eine kurzfristig erhöhte Rendite in Aussicht stehen muss, um eine Investition zu rechtfertigen. Dass die Investitionsquote in den meisten Industriestaaten seit zwanzig Jahren sinkt und heute teilweise extrem niedrige Werte erreicht hat, ist zwar sicher nicht die alleinige Folge solchen Drucks, aber er hat zu dieser ökonomisch fatalen Entwicklung das Seine beigetragen. Die negativen Folgen für Innovation, Produktivität und technologischen Fortschritt liegen auf der Hand.

Seit einigen Jahren ist auf den globalen Märkten verstärkt eine neue Gruppe von Anlegern in Erscheinung getreten, die wie normale Investmentfonds in Anleihen und Kreditpapiere, vor allem aber in Aktien investieren und mittlerweile nach konservativer Schätzung etwa 1,5 Prozent des weltweiten Anlagevermögens – also etwa 2,5 Billionen Dollar – repräsentieren. Die Rede ist von den Staatsfonds, auch Sovereign Wealth Funds genannt. In den erdölexportierenden Ländern wurden solche Fonds schon vor langer Zeit gegründet, um die Exporterlöse zu neutralisieren und rentabel anzulegen, zumeist in Aktien großer Konzerne. Das verstärkte Auftreten solcher Staatsfonds in jüngster Zeit hat seine Ursache aber nicht allein und nicht primär in hohen Ölpreisen und daraus resultierenden Rohstofferlösen. Es ist vielmehr aufs engste mit dem Währungssystem verbunden und zugleich eine Folgeerscheinung anhaltender weltwirtschaftlicher Ungleichgewichte, vor allem des gigantischen Leistungsbilanzdefizits der USA.

Wegen der wiederholten Erfahrung, einer Abwertungsspekulation gegen die eigene Währung ohne ausreichende Devisenreserven hilflos ausgeliefert zu sein, haben viele Schwellen- und Entwicklungsländer seit Mitte der neunziger Jahre massiv daran gearbeitet, sich immer größere Polster in Form von Währungsreserven zuzulegen. So sind die Devisenreserven allein der Entwicklungsländer bereits in den neunziger Jahren um 267 Prozent angeschwollen, die gesamten internationalen Reserven um 141 Prozent. Noch wesentlich rasanter vollzieht sich das Wachstum der Währungsreserven seit der Jahrtausendwende. Den Rekord hält bisher das Jahr 2006, in dem sich die Weltwährungsreserven auf einen Schlag um 859 Milliarden Dollar erhöhten. Dabei steht allein Asien für knapp vierhundert Milliarden Dollar dieser neu aufgetürmten Reservegelder.

Nach wie vor wird ein großer Teil dieser Reserven in der US-amerikanischen Währung gehalten, woran die betreffenden Zentralbanken kurzfristig auch wenig ändern können. Immerhin könnte jede größere Umschichtung, etwa durch Umtausch von Dollar in Euro, ersteren massiv unter Druck bringen und so die Gefahr einer unkontrollierten Entwertung der gesamten Dollarreserven heraufbeschwören. Eine deutliche Dollarabwertung würde darüber hinaus den Export der betreffenden Länder in die USA erheblich belasten und wäre schon deshalb für sie alles andere als wünschenswert. Aus diesen beiden Gründen – Absicherung gegen Währungsspekulation und Stützung des Dollarkurses zur Förderung des eigenen Exports – entschieden sich viele Zentralbanken in den letzten Jahren, immer höhere Dollarreserven aufzutürmen.

Im Ergebnis reden wir heute über einen internationalen Bestand an Reservedollar in Höhe von mehr als fünf Billionen, von denen sich 1,2 Billionen allein in den Büchern der chinesischen Zentralbank befinden. Etwa gleich hoch ist der Wert der gemeinsamen Dollarreserven aller anderen asiatischen Länder. Den OPEC-Staaten werden sechshundert Milliarden zugeschrieben, Russland verfügt mit Reserven von vierhundert Milliarden Dollar über fast ebenso viel. Selbst viele lateinamerikanische Länder haben sich inzwischen dicke Reservepolster zusammengespart.

Möglich wurde diese unglaubliche Akkumulation internationaler Reservegelder durch die hohen Exportüberschüsse der betreffenden Länder, deren Gegenstück das riesige US-Leistungsbilanzdefizit bildet, das in zunehmendem Maße und in den letzten Jahren hauptsächlich über eben diese Währungsreserven finanziert wurde. Die internationalen Zentralbanken gehören so zu den mittlerweile wichtigsten Kreditgebern der Vereinigten Staaten. Es spricht viel dafür, dass der Dollar nur deshalb trotz Finanzkrise bisher so wenig unter Druck geraten ist, weil die Zentralbanken aus den genannten Gründen einen beschleunigten Wertverfall um jeden Preis verhindern wollen und müssen.

Ob dieses instabile System die bevorstehende Weltwirtschaftskrise überleben wird, ist fraglich, aber an dieser Stelle nicht unser Thema. Hier geht es uns nur um die Geburt jener neuen Generation von Staatsfonds, die sich aus dem Problem erklärt, für wachsende Devisenreserven – zumal in einer stark abwertungsverdächtigen Währung – lukrative Anlagemöglichkeiten zu finden. Traditionell wurden die Dollarreserven der Zentralbanken vor allem in amerikanische Staatsanleihen angelegt. Diese bringen aber mittlerweile nicht nur eine extrem niedrige Verzinsung, sie würden im Falle eines massiven Wertverlusts des Dollar auch nahezu wertlos werden. Die strukturierten Kreditpapiere, für die viele Zentralbanken ebenfalls einen erheblichen Teil ihrer Reserven verschleuderten, sind es sogar schon ohne Dollarverfall geworden.

Die Gründung der Staatsfonds erlaubt, was den Zentralbanken nicht gestattet wäre: die Währungsreserven in Aktien amerikanischer und europäischer Unternehmen zu investieren, der einzigen Anlageart, die auch bei einem drastischen Wertverlust der Währung einen Eigenwert behält. Es kann davon ausgegangen werden, dass die aktuelle Finanzmarktkrise und die sehr berechtigte Sorge vor einer Inflationierung des Dollar die Umlenkung der Währungsreserven in solche Fonds weiter beschleunigen wird.

Dass Aktien auch eine Hyperinflation überleben würden, heißt freilich nicht, dass sich solche Investments immer auszahlen müssen. Gerade die chinesischen Staatsfonds hatten in den letzten Jahren an ihren amerikanischen Investments eher wenig Freude. So hatte sich die staatliche China Investment Corp. (CIC) im Sommer 2007 mit drei Milliarden Dollar beim Börsengang der Heuschrecke Blackstone engagiert, und muss seither den steten Fall des Börsenkurses dieses Unternehmens miterleben, der inzwischen ein Drittel der investierten Summe in Luft aufgelöst hat. Chinesische Staatsfonds nutzten die Finanzkrise auch, um sich bei den großen amerikanischen Brokerhäusern einzukaufen. Auch diese Investments haben sich bisher nicht sonderlich ausgezahlt.

Internationale Staatsfonds sind auch in Deutschland aktiv und halten beispielsweise Anteile an Daimler, ThyssenKrupp und der Deutschen Bank. Beim Management der großen Unternehmen sind sie normalerweise deutlich beliebter als private Investmentfonds oder gar Hedgefonds, da sie weit weniger Druck in Richtung kurzfristiger Renditesteigerung ausüben. So teilte der Finanzvorstand des Siemens-Konzerns der Öffentlichkeit unumwunden mit, dass das Unternehmen »eine aktive Beteiligung eines solchen Investors [eines Staatsfonds] begrüßen« würde.[36]

Insgesamt bedeuten die Staatsfonds, die Sarkozy inzwischen auch mit europäischem Staatsgeld schaffen möchte, eine völlige Perversion der ursprünglichen Idee von öffentlichem Eigentum und Vergesellschaftung, indem sie an der Geschäftspolitik und Renditeorientierung der Unternehmen ausdrücklich nichts verändern sollen. Zumal Sarkozys Vorschlag letztlich nur darauf hinausläuft, mit Staatsgeld die Kapitaldecke europäischer Aktiengesellschaften in Zeiten von Verlusten und Krisen zu stärken und die staatlichen Anteile in dem Augenblick zu privatisieren, in dem tatsächlich wieder Gewinne zu verteilen wären.

Eine vernünftige Strategie wäre dagegen, das Kasinospiel mit Aktienwerten und Arbeitsplätzen durch staatliche Mehrheitsbeteiligungen an den großen, volkswirtschaftlich entscheidenden Unternehmen zu beenden, allerdings nicht nur als Überbrückungshilfe in Krisenzeiten, sondern auch zur Sozialisierung der Gewinne und vor allem mit dem Ziel, die Prioritäten der Unternehmensführung von einer blinden Profitorientierung in Richtung volkswirtschaftlich vernünftiger Investitionen, sicherer Arbeitsplätze und ausreichender Mitspracherechte der Beschäftigten zu verschieben. Das schließt die anhaltende Ausrichtung an betriebswirtschaftlichen Effizienzkriterien nicht aus, wohl aber die sklavische Unterwerfung unter das Diktat der kurzfristigen Maximalrendite.

Balancieren am Abgrund

Die Dominanz kurzfristiger Anlagehorizonte und das wachsende Gewicht der Spekulation auf Kursgewinne seit Mitte der achtziger Jahre lässt sich an den immer höheren Umsätzen in Aktien und anderen Wertpapieren ablesen. In den sechziger Jahren etwa lag die Umschlaghäufigkeit amerikanischer Aktien bei gerade mal zwölf Prozent. Das heißt, im Schnitt hielten die Aktionäre ihre Aktienpakete über acht Jahre lang. Schon bis 1987 war der jährliche Aktienumsatz auf über 73 Prozent des Aktienbestandes angestiegen, Aktien wurden also jetzt bereits nach durchschnittlich anderthalb Jahren wieder verkauft. Im Jahr 2000, als die Dotcom-Blase ihren Gipfel erreichte und schließlich platzte, überstieg das Volumen des globalen Aktienhandels das der Aktienbestände um fast das Doppelte. Jede Aktie wurden also jetzt im Schnitt schon nach sechs bis sieben Monaten wieder verkauft. 2006 und 2007 wurde selbst dieser Wert noch einmal übertroffen.

Spekulieren mit Monatshorizont

Das steigende Umsatzvolumen an den Weltbörsen hat zum einen mit dem größeren Gewicht strategischer Finanzinvestoren zu tun, die gezielt Aktienpakete bestimmter Unternehmen aufkaufen, um auf kurze Frist maximale Renditen zu erzwingen, und dann wieder zu verkaufen. Aber auch reiche Privataktionäre arbeiten heute wesentlich rühriger daran, ihr Aktiendepot unter Renditegesichtspunkten immer wieder neu zu strukturieren und die global am lukrativsten erscheinenden Papiere zu kaufen. Das belegt etwa der jährlich erscheinende World Wealth Report der Investmentbank Merrill Lynch, der sich mit dem Anlageverhalten des globalen Geldadels befasst. Auch der von der amerikanischen Fed erstellte Survey of Consumer Finances (SCF), der im Unterschied zu den meisten vergleichbaren Erhebungen in einem speziellen Panel auch die Geldvermögen der Reichsten untersucht, kommt zu dem Schluss, dass die oberen Zehntausend »much more frequently«[37] als der Rest der Gesellschaft Aktien kaufen und wieder verkaufen. Je größer die Vermögenskonzentration, desto höher daher auch die von Privatanlegern getätigten Finanzmarktumsätze, was auch damit zu tun haben mag, dass sich diese Spielerei wegen der erhobenen Gebühren nur bei großen Einsätzen wirklich lohnt.

Darüber hinaus wurden und werden Aktien natürlich auch von Hedgefonds, Investmentbanken und sonstigen Finanzvehikeln in immer größerem Umfang einfach zu spekulativen Zwecken gekauft und wieder verkauft. Wir haben uns oben einige typische Finanzwetten der Hedgefonds angesehen. Jede long-short-Spekulation etwa ist mit dem zweimaligen Kauf und Verkauf von Wertpapieren verbunden. Und gerade weil es um das Ausnutzen kleinster Kurs- oder Renditedifferenzen geht, werden solche Spekulationen oft in kürzesten Zeiträumen wiederholt. Spekuliert wird dabei natürlich nicht nur in Aktien, sondern auch in Unternehmensbonds, Staatsanleihen und in allen Arten von Derivaten. Eben deshalb ist auch das Umsatzvolumen dieser Finanztitel in den vergangenen zwei Jahrzehnten regelrecht explodiert.

So sind die Finanzmärkte seit den neunziger Jahren der Wirtschaftsbereich, der weltweit die mit Abstand höchsten Zuwächse aufzuweisen hat. Während das Weltsozialprodukt zwischen 1990 und 1999 jährlich um 3,8 Prozent gewachsen ist und die Investitionen sogar nur noch um drei Prozent, sind die Umsätze auf den Aktienmärkten in diesem Zeitraum um 23,3 Prozent pro Jahr nach oben geschossen. Beim Kauf und Verkauf von Anleihen lag der jährliche Zuwachs bei fast 25 Prozent. Die gehandelten Derivate haben sich alle zwei Jahre fast verdoppelt. Nach der Jahrtausendwende hat sich die Kluft zwischen den Umsatzdaten der Finanzmärkte und der Entwicklung der realen Wirtschaft weiter vergrößert. Allein zwischen 2004 und 2007 sind die Umsätze am internationalen Devisenmarkt um nochmals siebzig Prozent angeschwollen. Mit heute über drei Billionen Dollar täglich haben sie eine kaum mehr vorstellbare Dimension erreicht. Nicht wesentlich niedriger liegt der tägliche Umsatz in den ausserhalb der Börse gehandelten Finanzderivaten. Der börslich abgewickelte Derivatenhandel ist sogar von täglich 2,1 Billionen Dollar 2001 auf über sechs Billionen Dollar am Tag im Jahr 2007 explodiert.

Die Leistung all dieser in Finanztiteln herumspielenden Fonds wie auch die der Trading-Abteilungen der Banken wird im Zeithorizont von Quartalen, maximal von einem Jahr gemessen. Das gilt in extremer Weise natürlich für Hedgefonds und andere von vornherein auf kurze Frist orientierte Spekulationsvehikel, die meist schon nach zwölf Monaten schlechter Performance durch Abzug von Anlagegeldern bestraft werden. Zwei oder gar drei Jahre dürftiger Rendite – was noch nicht einmal Verluste bedeuten muss – überleben Hedgefonds in der Regel nicht. Aber selbst Versicherer und Pensionsfonds, die Gelder mit einem ausdrücklich langfristigen Anlagehorizont verwalten, müssen Quartal für Quartal, Jahr für Jahr ihre Erfolgsrechnung veröffentlichen und rechtfertigen. Fällt diese schlechter

aus als die Ergebnisse vergleichbarer Institute, mögen Finanzgiganten dieser Art zwar nicht gleich Kapital verlieren, aber die
glücklosen Manager sehr wahrscheinlich ihren Job. Das genügt
als Anreiz, alles dafür zu geben, unterdurchschnittliche Renditen in jedem einzelnen Quartal zu vermeiden.

Rationale Herdentiere

Wir haben im letzten Kapitel die Logik von Finanzblasen untersucht und festgestellt, dass es gerade der kurzfristige Horizont
von Spekulationsgeldern ist, der es rational macht, auch völlig überteuerte Papiere zu kaufen, solange man davon ausgeht,
dass die Blase noch nicht unmittelbar vor dem Platzen steht.
Früher waren Blasen eher singuläre Ereignisse, weil es einfach
nicht so viele Anlagegelder gab, die von kurzfristigem Spekula-
tionskitzel getrieben in eine sich aufblähende Blase kanalisiert
werden konnten. Das heutige System konkurrierender Fonds
und Investmentbanken, die alle an der Rendite vergleichbarer
Fonds und Banken gemessen werden, bedeutet dagegen einen
massiven Druck, sich an jeder großen oder auch kleinen Spekulationsmanie zu beteiligen und sie bis zur äußersten Grenze
auszureizen.

Ein Fondsmanager, der überbewertete Papiere zu lange hält
und beim Platzen der Blase hohe Verluste einfährt, wird zwar
am Ende vielleicht auch gefeuert. Aber er kann doch auf milde
Bewertung hoffen, denn nach dem Absturz rutschen die meisten Konkurrenten ebenfalls in die Miesen. Ein Fondsmanager
dagegen, der zu früh aus einer Blase aussteigt und damit riesige Gewinnmöglichkeiten verschenkt, die die konkurrierenden Fonds noch machen, hat sein berufliches Todesurteil unterschrieben. »It is better for reputation to fail conventionally
than to succeed unconventionally«[38] – es ist besser, auf konven-
tionellem Wege zu scheitern als auf unkonventionellem Erfolg
zu haben – hatte schon Keynes über die eigentümliche Moti-
vationslage eines kurzfristig orientierten, an der Konkurrenz
gemessenen Investors vermerkt.

In der Tat gibt es Beispiele für Investmentfonds, die deshalb bankrott gingen, weil sie sich an einem gerade aktuellen

Spekulationswahn nicht beteiligen wollten und stattdessen in solide Papiere mit vernünftigem Kurs-Gewinn-Verhältnis investierten. Ein solches Beispiel sind die Hedgefonds der Tiger Managment LLC, die von dem in Finanzkreisen hochangesehen Manager Julian Robertson gegründet und verwaltet wurden. Letzterer hatte sich stur geweigert, den New Economy-Irrsinn mitzumachen und anstelle dessen auf eine Annäherung der Aktienkurse an die realen Gewinnaussichten der betreffenden Unternehmen gewettet: also auf die Aufwertung der unterbewerteten Aktien der Old Economy und die Abwertung der schon 1998 hoffnungslos überteuerten Technologie- und Internet-Papiere. Mit dieser an sich rationalen Strategie hatte Robertson in den Jahren 1998 und 1999 immer höhere Verluste eingefahren und einen Großteil seiner Anlagegelder verloren. Als in den ersten drei Monaten des Jahres 2000 die Verluste gänzlich zu eskalieren drohten und auch die letzten Anleger das Weite suchen wollten, leitete Robertson – mit lauten Klagen über einen »irrationalen Markt«[39] – die Liquidation seiner Tiger-Fonds ein und gab den verbliebenen Investoren die Reste ihres Vermögens zurück. Ironischerweise platzte weniger als einen Monat später die Internet-Blase tatsächlich und Robertsons Anlagestrategie hätte nunmehr Traumrenditen gebracht.

Ein anderes Beispiel für das grandiose Scheitern einer Strategie, die auf die Vernunft der Finanzmärkte setzt, war der bereits erwähnte Hedgefond-Gigant Long Term Capital Management, zu dessen Gründern und Managern immerhin mit Myron Scholes und Robert Merton zwei Nobelpreisträger für Ökonomie gehörten. Sinnigerweise hatten sie diesen Nobelpreis ausgerechnet für ein Modell rationaler Preisbildung bei bestimmten Finanzderivaten erhalten, das auch heute noch zu den Standardmodellen gehört, mit denen die orthodoxe Volkswirtschaftslehre das Finanzmarktgeschehen analytisch in den Griff zu bekommen glaubt.

Die Finanzwetten, in die LTCM sein Vermögen investiert hatte, vergrößert durch einen beispiellosen Kredithebel und verstärkt durch den Einsatz von Derivaten, waren an sich ebenfalls völlig rational. Der Hedgefonds setzte nämlich darauf, dass sich die extremen Renditeunterschiede zwischen Anleihen guter und schlechterer Bonität, die im Gefolge der Südostasien-Krise entstanden waren und die die tatsächlichen Differenzen in der Ausfallwahrscheinlichkeit weit überzeichneten, allmählich wieder angleichen würden. LTCM kaufte also eine ganze Palette von Hochrendite-Bonds, deren einzige Gemeinsamkeit darin bestand, dass ihr Fundamentalwert sehr wahrscheinlich höher war als ihr aktueller Kurs. Zu seinem Portefeuille gehörten neben Anleihen von Schwellenländern auch dänische Mortgage Backed Securities oder Junk Bonds internationaler Unternehmen. Im Gegenzug leerverkaufte der Hedgefonds insbesondere US-Schatzanleihen, die damals sehr geringe Renditen brachten. Faktisch wettete LTCM damit auf den im Sinne der Standardmodelle rationalen Investor, der die unterbewerteten Anleihen verstärkt nachfragen, die überbewerteten verkaufen, und damit den Preis von beiden wieder mit ihrem Fundamentalwert in Übereinstimmung bringen würde.

Das Unglück für LTCM bestand darin, dass diese Spezies von Investoren auf den realen Märkten einfach nicht auftauchen wollte. Stattdessen vergrößerten sich die Renditeunterschiede immer weiter. Als der Südostasienkrise schließlich auch noch der Staatsbankrott Russlands folgte, stürzten die Preise sämtlicher Anleihen, die sich nicht mit einem erstklassigen Rating schmücken konnten, hoffnungslos in die Tiefe, obwohl die meisten von ihnen mit Russland oder der russischen Wirtschaft nicht das Geringste zu tun hatten. Anders als von LTCM erwartet, entfernten sich die Bondpreise damit immer weiter von ihren vermuteten Werten. Der Hedgefonds hatte also genau auf die falsche Karte gesetzt, und das in einer Größenordnung, die die amerikanische Federal Reserve auf den Plan rief, die eine milliardenschwere Rettungsaktion der Banken organisierte, um eine Kettenreaktion mit gefährlichen Folgen für das gesamte globale Finanzsystem zu vermeiden.

Der Hedgefonds-Manager Georg Soros hat den Kern des Spekulationsgeschäfts einmal so zusammengefasst: »So wie bestimmte Tiere gute Gründe haben, Herden zu bilden, gilt das auch für Investoren: Nur an Wendepunkten kommen Trendfolger zu Schaden. […] Anders gewendet: Investoren, die sich aus Prinzip absondern und ihr Glück strikt an die Fundamentaldaten binden, werden nicht selten von der Herde niedergetrampelt.«[40] Genau das war Julian Robertson, aber auch Myron Scholes und Robert Merton passiert.

Es ist also völlig rational, sich auf abgefressene Wiesen zu drängen und die saftigen zu verschmähen, solange alle anderen Schafe das gleiche tun. Weil der Erfolg oder Misserfolg kurzfristiger Finanzanlagen nicht von der korrekten Einschätzung fundamentaler ökonomischer Daten, sondern vom richtigen Instinkt für verbreitete Stimmungen und Erwartungen abhängt, ist die Orientierung am Verhalten der Herde selbst dann eine gute Entscheidung, wenn diese ganz offensichtlich auf einen Abgrund zurennt. Man muss eben nur versuchen, unmittelbar vor der Klippe den Absprung zu schaffen.

Ansteckende Stimmungen

Der kurzfristige Horizont ist der, in dem nicht ökonomische Analyse, sondern die Logik von Keynes' Beauty Contest die Anlageentscheidungen bestimmt. Wenn sehr viele und vor allem sehr große Akteure am Markt sich nach dieser Logik verhalten, hat das zur Konsequenz, dass kleinste Veränderungen in den realökonomischen Daten extreme Ausschläge nach oben oder unten auf den Finanzmärkten nach sich ziehen können. Genau darin liegt eine wesentliche Ursache der Fragilität und Instabilität des heutigen Finanzsystems. Es muss außerdem noch nicht einmal eine reale Schwankung in den ökonomischen Daten sein, die erratische Fluktuationen milliardenschwerer Kapitalmassen auslöst. Wie wir im Kapitel über Blasen gesehen haben, genügen schon Gerüchte über Schwankungen oder einfach nur die verbreitete Annahme, dass eine bestimmte Annahme verbreitet ist, um Aktien- oder Bondkurse bestimmter Länder oder Unternehmen zum Höhenflug oder zum Zusammenbruch zu bringen.

Vor allem auf dieser Logik beruht der in den letzten Jahren mehrfach beobachtete »Ansteckungseffekt« von Finanzkrisen, bei denen sich Kapitalabzüge von einem Land auf andere übertragen, die bestimmte ähnliche Merkmale haben, ansonsten aber in keiner Weise über einen Kamm zu scheren sind. Als der thailändische Bath abwertete, setzte eine milliardenschwere

Kapitalflucht aus sämtlichen Ländern Südostasiens ein, obwohl die wirtschaftlichen Bedingungen in den einzelnen Ländern ziemlich unterschiedlich waren. Nachdem diese abrupte Umkehr der Geldströme die Aktienbörsen der Region in den Keller getrieben und ihre Währungen entwertet hatte, befanden sich natürlich alle einstigen Tigerstaaten in einer wirtschaftlichen Depression, aber Ursache und Wirkung sollten hier nicht verwechselt werden.

Als Russland 1998 seine Zahlungsunfähigkeit erklärte, kam es unversehens auch zu einer massiven Kapitalflucht aus Lateinamerika, die insbesondere Brasilien traf und das brasilianische Finanzsystem in eine tiefe Krise stürzte. Natürlich war Brasilien weder Anleger in russischen Bonds noch unterhielten die Brasilianer überdurchschnittlich enge Wirtschaftsbeziehungen zu Russland. Es genügte völlig, dass Brasilien ein Schwellenland wie Russland war und die Finanztrader offenbar davon ausgingen, dass der Kollaps im Osten auch das Standing brasilianischer Bonds und Aktien massiv verschlechtern würde. Genau deshalb tat er das dann auch.

Das gleiche gilt für Kapitalbewegungen, die Konzerne der gleichen Branche betreffen. Während der New Economy-Blase genügte der Umstand, dass ein Unternehmen mit dem Telekommunikationsgeschäft zu tun hatte, um seine Kurse in aberwitzige Höhen zu treiben. Nach dem Platzen der Blase und spätestens, nachdem der Telekom-Riese Worldcom mit massiven Bilanzfälschungen in die Schlagzeilen geraten war, verfielen die Kurse sämtlicher Telekom-Firmen, und Telekom-Aktien wurden fast unverkäuflich. Zugleich verteuerten sich die Anleihezinsen erheblich, die Firmen der Telekombranche zu zahlen hatten.

Wo immer ein Unternehmen strauchelt, wird in der Regel die Branche abgestraft. So waren spätestens mit der Insolvenz des US-Brokerhauses Lehman Brothers auch die Tage aller anderen US-Investmentbanken gezählt, obwohl sie, wie im Fall Morgan Stanley oder Goldman Sachs, noch nicht einmal Verluste schrieben, sondern positive Quartalsergebnisse ausweisen konnten. Dennoch erhielten die Brokerhäuser auf den Kapitalmärkten fortan weder neues Kapital noch kurzfristige Liquidität und waren dadurch nach kurzer Zeit zur Aufgabe gezwungen. Als Nachrichten über existentielle Schwierigkeiten des amerikanischen Versicherungsgiganten AIG die Runde machten, fiel unversehens auch der Börsenkurs der deutschen Allianz um mehr als drei Prozent und anderen Versicherern ging es ähnlich. Unzählige weitere Beispiele ließen sich nennen.

Vermutlich um das Gespür für den Trott der Herde zu schärfen, wird der Wertpapierhandel der großen Finanzhäuser heute extra so organisiert, dass jeder verfolgen und sich daran orientieren kann, was andere tun. So sitzen in der Handelsetage der Investmentbanken etwa zweihundert Händler, die jeweils mit Aktien, Bonds oder Währungen herumspielen, in einem einzigen großen Raum. In diesen gemeinsamen Raum werden sie nicht aus Geiz und Kostengründen gesteckt, sondern weil sie wahrnehmen sollen, was an den anderen Schreibtischen vor sich geht und so ein Gefühl für die »Stimmung des Marktes« bekommen. Es hat sich offenbar herausgestellt, dass Händler mit diesem Feedback erfolgreicher spekulieren als solche, die sich allein auf ihr eigenes Urteil verlassen.

Verstärkt wird die Uniformität der Handlungen zudem durch die hochgradige Computerisierung des heutigen Wertpapierhandels. Denn trotz der Unterschiede im Detail ist die Software all dieser Computer im Kern ähnlich programmiert und wirft damit auch regelmäßig ähnliche Kauf- beziehungsweise Verkauf-Order aus.

Der Kredithebel –
Maximale Rendite mit maximalem Risiko

Jede Spekulation läuft letztlich darauf hinaus, aus der Preisveränderung von Wertpapieren, Häusern oder anderen Dingen Gewinn zu schlagen. Wenn der Preistrend richtig eingeschätzt wurde, ist der dabei erzielbare Gewinn natürlich umso größer, je mehr Aktien, Anleihen oder Immobilien tatsächlich gekauft wurden und damit am Ende auch wieder verkauft werden können. Wir haben in dem Kapitel über Finanzblasen gesehen, dass aus diesem Grund schon immer versucht wurde, durch die Inanspruchnahme von Kredit eine Spekulation über das Volumen des verfügbaren eigenen Kapitals hinaus auszudehnen, und dass diese Kreditvergabe umgekehrt dazu beitrug, die am Markt durchsetzbaren Preissteigerungen erheblich zu erhöhen.

Die exzessive Ausweitung von Kredit war also für alle Spekulationsmanien der Geschichte typisch und eine entscheidende Voraussetzung für das Entstehen jeder wirklichen Blase. Aber nie zuvor gab es ein Finanzsystem, das in der Lage war, Kreditgeld in faktisch unbegrenzter Menge zur Finanzierung jeder Art von Finanzakrobatik zur Verfügung zu stellen. Wie gezeigt, haben die Banken heute ein ausgesprochenes Interesse daran, jeden Euro oder Dollar, der auf ihren Konten eingeht, möglichst sofort weiterzuverleihen. Die diversen Finanzinvestoren sind dabei zu ihren wichtigsten Kunden geworden. Die Fähigkeit eines deregulierten und globalisierten Finanzsystems zur nahezu endlosen Kreditgeldschöpfung ist somit ein weiterer Faktor, der dazu beiträgt, den Umfang und die Ausmaße spekulativer Finanzbewegungen massiv zu verstärken.

Für die Hedgefonds, Zweckgesellschaften und sonstigen Finanzinvestoren unserer Tage gehört die ausgiebige Nutzung von Fremdkapital zum elementaren Handwerkszeug. Der durch den Kredit erzeugte Hebeleffekt ist die Grundbedingung dafür, selbst mit kleinsten Kursdifferenzen hohe Renditen zu erzielen. Wer etwa mit einer Million Dollar eigenen Kapitals Aktien kauft und sie nach einem Jahr für 1,2 Millionen Dollar wieder verkauft, hat zwanzig Prozent Rendite gemacht. Wer dagegen mit einer Million Dollar eigenen Geldes und noch einmal so viel Kredit die doppelte Menge an Aktien kauft und diese nach einem Jahr für 2,4 Millionen Dollar wieder verkauft, glänzt – je nach dem Zinssatz für den Kredit – mit einer Rendite von bis zu vierzig Prozent.

Und kein anständiger Hedgefonds würde sich heute mit einem Verhältnis zwischen Kredit und Eigenkapital von eins zu eins begnügen. Wir haben oben erwähnt, dass der Gigant LTCM für seine Spekulationen auf ein Eigenkapital von weniger als fünf Milliarden Dollar Kredite in Höhe von 125 Milliarden Dollar aufnahm, also eine Hebelwirkung von zwanzig zu eins erzielte. Für unser Beispiel würde das heißen, mit einem Eigenkapital von einer Millionen Dollar Aktien im Gesamtwert von 21 Millionen Dollar zu kaufen. Steigen auch diese Aktien um zwanzig Prozent, bedeutete das auf das eingesetzte Kapital berechnet eine Rendite nicht von zwanzig oder vierzig, sondern von annähernd vierhundert Prozent. Selbst wenn die Aktien nur um zwei Prozent steigen, sind damit fast vierzig Prozent Rendite drin.

Ein Spezifikum der modernen Finanzmärkte im Unterschied zu den übersichtlichen Tagen früherer Spekulation besteht darin, dass man heute nicht nur auf steigende, sondern auch auf fallende Kurse wetten und dabei hohe Gewinne machen kann. Ein wichtiges Instrument solcher Wetten sind die Leerverkäufe, denen wir bereits an verschiedenen Stellen begegnet sind. Auch Leerverkäufe beruhen auf der Inanspruchnahme von Kredit: Allerdings werden in diesem Fall nicht die Finanzmittel, sondern die Papiere selbst geliehen, deren Wertverlust der Trader erwartet. So wie beim Kredit der Zins, wird hier eine Gebühr fällig, verbunden mit der Zusage, die Finanztitel zu einem bestimmten Zeitpunkt zurückzugeben. Im Falle von Leerverkäufen können mit niedrigem eigenen Kapitaleinsatz gewaltige Umsätze getätigt werden. Denn das einzige, was der Leerverkäufer wirklich vorstrecken muss, ist die Leihgebühr.

Liegt die Leihgebühr beispielsweise bei einem Prozent pro Monat, kann ein Händler mit einem Einsatz von 10 000 Dollar Aktien oder Anleihen im Volumen von einer Million Dollar bewegen. Entsprechend hoch sind die Renditechancen, wenn die Spekulation aufgeht und die leerverkauften Papiere tatsächlich an Wert verlieren.

Angenommen, es wurden Aktien gekauft, die nach einem Monat um zehn Prozent gefallen sind. Der Leerverkäufer, der für den Verkauf dieser Aktien eine Million Dollar erlöst hat, braucht jetzt also nur noch 900 000 Dollar, um sie zurückzukaufen. Abzüglich der verauslagten Gebühr ergibt das einen Reingewinn von 90 000 Dollar oder eine Rendite von neunhundert Prozent in nur dreißig Tagen.

Ausgesprochen beliebt sind Leerverkäufe auch bei Währungsspekulationen. In diesem Fall werden Kredite in einer abwertungsverdächtigen Währung aufgenommen und diese so lange auf den Devisenmarkt geworfen, bis der erhoffte Wertverlust eingetreten ist. Anschließend wird zu dem niedrigeren Kurs zurückgetauscht, der Kredit plus Zins zurückbezahlt und die Differenz eingestrichen. Auch dabei sind Renditen von mehreren hundert Prozent keine Seltenheit. Der Quantum Fund von George Soros etwa verdiente allein an seiner Spekulation gegen das britische Pfund 1992, die exakt diesem Muster folgte, insgesamt eine Milliarde Dollar.

Es sind nicht zuletzt solche Leerverkäufe auf den Devisenmärkten, die Wechselkursschwankungen bis zum Exzess verstärken können. Denn das Volumen an Pfund, Bath oder welcher Währung auch immer, das auf diese Weise den Markt überflutet, ist im Grunde durch nichts als die Kreditwürdigkeit der spekulierenden Finanzinvestoren limitiert. Ist letztere hoch und glauben auch die Banken an den Erfolg der Spekulation, kann das Spiel fast immer so lange weiter getrieben werden, bis die Verteidigungskapazitäten der Zentralbank erschöpft sind. Auch das ist eine Folge der unerschöpflichen und von keiner öffentlichen Instanz mehr kontrollierbaren Kreditkapazität des heutigen Finanzsystems.

Dass der hohe Kredithebel die Rendite vervielfacht, die sich aus einer bestimmten Preisschwankung ziehen lässt, ist allerdings nur die eine Seite der Medaille. Die andere ist, dass eine einzige Fehlspekulation unter solchen Bedingungen existenzbedrohend werden kann, weil der Hebel dann in umgekehrter Richtung wirkt. Wer auf steigende Kurse setzt und mit eigenem Geld Aktien kauft, um sie später wieder zu verkaufen, kann maximal sein eingesetztes Kapital verlieren. Und selbst das ist unwahrscheinlich, denn dafür muss das betreffende Unternehmen schon Konkurs machen und die Aktie jeden Wert verlieren. Wer hingegen mit einem Eigenkapital von einer Million Dollar Aktien im Wert von 21 Millionen kauft und deren Kurse steigen nicht, sondern sinken beispielsweise um zehn Prozent, der kann mit dem Verkaufserlös bei weitem nicht mehr die aufgenommenen Kredite zurückzahlen. Gibt es keine sonstigen Reserven, bedeutet das Überschuldung und Bankrott. Nicht minder hoch ist das eingegangene Risiko im Falle von Leerverkäufen. Immerhin können auch hier mit niedrigstem Einsatz riesige Volumina an Wertpapieren bewegt werden. Wenn deren Preise dann allerdings nicht fallen, sondern steigen, drohen Verluste in Höhe eines Vielfachen des eigenen Kapitals.

Derivate – Hochseilakrobatik ohne Netz

Ins Extrem getrieben wird das Grundprinzip, mit möglichst wenig Kapital ein möglichst großes Volumen an Wertpapieren zu bewegen, durch den Einsatz von Derivaten. Diese abgeleiteten Instrumente reduzieren die Finanzwette auf ihren eigentlichen spekulativen Kern. Wer Aktien kauft, um sie zu höheren Preisen wieder zu verkaufen, den interessieren nicht die Aktien, sondern allein die Kurssteigerung. Also liegt es nahe, gleich nur ein bestimmtes Kursniveau oder einen bestimmten Wechselkurs der Zukunft zu kaufen. Genau diesem Zweck dienen die Forwards und Futures, die sich heute auf nahezu alle Preise, Kurse oder sogar auf ganze Indizes abschließen lassen.

Derivate schreiben in der Regel einen bestimmten Handel zu einem festgelegten Preis für einen bestimmten Zeitraum oder einen Tag in der Zukunft fest. Der Verkäufer eines Derivats kann sich beispielsweise verpflichten, dem Käufer des Derivats zweitausend Aktien von General Motors zwei Monate später zum Preis von je 100 Dollar abzukaufen. Ist der zum Zeitpunkt der Fälligkeit aktuelle Kurs der General Motors-Aktien niedriger als einhundert Dollar, hat sich das Derivat für seinen Käufer gelohnt, der die Differenz als seinen Gewinn verbucht.

Die vorab notwendigen Auslagen für den Erwerb solcher Futures und Forwards sind im Verhältnis zum nominellen Wert der Kontrakte relativ gering. Mit kleinstem Kapitaleinsatz lassen sich also über Derivate gigantische Wertpapierumsätze auslösen. Selbst minimale Kursveränderungen in der erwarteten Richtung können daher Traumrenditen bescheren. Bei einer Fehlspekulation allerdings drohen praktisch unbegrenzte Verluste.

Eine andere Art von Derivaten sind die Optionen. Wer eine Aktienoption kauft, der hat die Möglichkeit, Aktien zu einem bestimmten Zeitpunkt zu einem bestimmten Preis zu kaufen oder zu verkaufen, kann davon aber auch Abstand nehmen. Eine Kaufoption lohnt sich, wenn die tatsächlichen Kurse bei Fälligkeit höher sind als die in ihr festgeschriebenen. Der Trader löst dann die Option ein und verkauft die Papiere sofort wieder. Bei einer Verkaufsoption sind die Verhältnisse umgekehrt: sie lohnt sich in einem fallenden Markt. Geht die Wette nicht auf, ist der Verlust bei Optionen zwar auf das eingesetzte Kapital begrenzt, das aber ist dann immer in Gänze verloren.

Beliebte Derivate sind auch verschiedene Arten von Swap-Geschäften. Auf dem Swap-Markt tauschen die Trader Zinssätze, Währungen oder auch Kreditrisiken mit mindestens ebenso viel Begeisterung wie einst Grundschüler Briefmarken oder Abziehbilder. Geradezu explodiert ist in den letzten Jahren das Volumen eines Swaps, dem wir bereits bei der Behandlung der synthetischen CDOs begegnet sind: des Credit Default Swaps (CDS). Bei einem Credit Default Swap zahlt der Käufer dem Verkäufer eine Gebühr dafür, dass letzterer ihm das Ausfallrisiko bestimmter Kredite abnimmt. Werden keine Kredite faul, hat der Verkäufer des Swaps mit geringstem Kapitaleinsatz regelmäßige Einnahmen. Muss er allerdings tatsächlich in größerem Umfang für faule Kredite gerade stehen, kann das das eigene Kapital schnell erschöpfen.

Credit Default Swaps wurden in den letzten Jahren auf nahezu alle größeren Anleihen und Kreditpapiere abgeschlossen, und es wurden sogar eigene Indizes eingerichtet, auf denen der Wert solcher CDS für bestimmte Anleiheprodukte gemessen wird und auf deren Verlauf wiederum eigenständige Wetten abgeschlossen werden können.

Die Existenz von Credit Default Swaps, die sich mittlerweile im Volumen von 62 Billionen Dollar auf dem Markt befinden, hat zur beispiellosen Explosion des Kreditmarktes in den letzten Jahren wesentlich beigetragen. Denn sobald eine Anleihe mit einem Credit Default Swap abgesichert wurde, konnte jeder Investor sie als risikolose Anlageform betrachten, da im Falle eines Zahlungsverzugs oder gänzlichen Ausfalls ja der Sicherungsgeber einspringen muss. Diese Möglichkeit, hochriskante Kreditprodukte zu kaufen, ohne das Risiko tragen zu müssen, hat die Nachfrage nach solchen Papieren erheblich nach oben getrieben und zugleich deren Verzinsung abgesenkt.

Tatsächlich sind die mit den Hochrisiko-Krediten verbundenen Gefahren durch die CDS natürlich nicht verschwunden, sondern wurden nur an andere weitergereicht. Dass sie sogar ganz unvermittelt auf die Inhaber der Anleihen und Kreditpapiere zurückschlagen können, mussten letztere beim Untergang des Brokerhauses Lehman Brothers erleben, der alle von Lehman verkauften Credit Default Swaps auf einen Schlag entwertete. Wer sein Portfolio durch solche CDS abgesichert hatte, hatte also plötzlich wieder das volle Ausfallrisiko selbst am Hals.

Es gibt tausend Varianten von Derivaten, auch solche, in denen diese Instrumente wiederum miteinander verknüpft und verschachtelt werden. Insgesamt sollen derzeit Derivate im unglaublichen Volumen von sechshundert Billionen Dollar auf dem Markt sein. Weniger als dreißig Prozent solcher Finanzwetten sind standardisiert und werden an Börsen gehandelt. Der Rest wird auf einem völlig unregulierten Markt im direkten Kontakt zwischen Trader und Trader zurechtgebastelt und over the counter (OTC) verkauft. Natürlich werden Derivate auch nicht nur wegen der ihnen zugrunde liegenden Finanzwetten gekauft, sondern sie sind selbst eine spekulative Anlage, die vor Fälligkeit oft mehrfach weiterverkauft wird.

Insbesondere der Markt für OTC-Derivate ist extrem unübersichtlich und die Zahlen über seine Ausmaße schwanken. Sicher ist eigentlich nur, dass die Erzeugung solcher abgeleiteten Finanzbomben, die der Milliardär und Finanzinvestor Warren Buffett nicht unzutreffend als »finanzielle Massenvernichtungswaffen« bezeichnet hat, seit Mitte der 90er Jahre explosionsartig zugenommen hat. Geschätzt wird, dass 2003 auf den over the counter-Märkten Derivate im Volumen von knapp zweihundert Billionen Dollar im Umlauf waren. Seither wuchs das Volumen an gehandelten Derivaten um knapp vierzig Prozent jährlich. Allein over the counter werden heute täglich Derivate im Nominalwert von über zwei Billionen Dollar umgesetzt. Das Handelsvolumen auf dem börslichen Derivate-Markt liegt bei sechs Billionen Dollar am Tag.

Hauptarrangeure und Anbieter der Derivate sind eine Handvoll großer Banken und Brokerhäuser. Wie erwähnt, sind allein die zehn größten Banken eine der beiden Vertragsparteien für etwa die Hälfte aller auf dem Markt befindlichen Derivate. Diese hohe Konzentration macht den Markt selbstverständlich nicht stabiler. Sie bedeutet, dass der Konkurs auch nur eines Hauses eine massenhafte Entwertung solcher Derivate nach sich zieht und damit viele andere Investoren in den Konkurs reißen kann. Bis heute werden wohlweislich keine genauen Zahlen etwa über die von Lehman garantierten CDS oder andere von der Bank gehaltene Derivate veröffentlicht.

Ein besonderes Problem der OTC-Derivate besteht darin, dass sie jenseits ihres unmittelbaren Verkaufs keinen gültigen Preis oder Wert haben. Denn hier gibt es eben keine zentralisierte Kursfeststellung und auch keine allgemeine Handelsplattform. Die Investition in solche Derivate ist daher auch nicht wirklich liquide, ihr Weiterverkauf hängt vielmehr immer davon ab, einen anderen Trader zu finden, der Interesse an genau diesem speziellen Finanzkonstrukt hat.

Wie verwickelt und unübersichtlich die Derivate im Einzelnen auch gestrickt sein mögen, ihr entscheidendes Merkmal ist immer das gleiche: sie gestatten dem Finanzinvestor, mit vergleichsweise niedrigem Kapitaleinsatz auf irgendwelche Finanzereignisse – steigende Kurse, fallende Zinsen oder die Zahlungsunfähigkeit von Kreditnehmern – zu wetten, die ein ungleich größeres Wertpapier- oder Währungsbündel betreffen.

Derivate ermöglichen damit, kleine Preisdifferenzen in hohe Renditen zu verwandeln – oder aber bankrott zu gehen. Tatsächlich zeigt der Hedgefonds LTCM auf besonders eindrucksvolle Weise, wie durch den Einsatz von Derivaten mit verhältnismäßig kleinem Kapital gigantische Volumina an Wertpapieren bewegt werden können. Wir haben bereits erwähnt, dass LTCM sein Eigenkapital von unter fünf Milliarden Dollar mit dem Zwanzigfachen an Kreditgeld aufgebläht hatte. Mit diesen knapp 130 Milliarden Dollar wiederum war LTCM in der Lage, dank des Einsatzes von Derivaten spekulative Geschäfte im Umfang von über einer Billion Dollar zu finanzieren. Konkret hatte LTCM Swaps im Nominalwert von siebenhundert Milliarden Dollar und Futures im Wert von knapp fünfhundert Milliarden in seinen Büchern.

Es ist diese Grundeigenschaft der Derivate, den Spekulationsradius fast grenzenlos auszuweiten, die sie bei den Finanzhaien so beliebt, aber eben auch so gefährlich macht. Und zwar nicht so sehr für die Anleger, die meistens ihre Schäfchen sowieso auf vielen Wiesen weiden lassen, als vor allem für diejenigen, die die Folgen massiver Schwankungen von Aktien- und Währungskursen ausbaden und ein auf morschen Fundamenten aufgebautes und daher stets einsturzgefährdetes Weltfinanzsystem mit billionenschwerem Steuergeld am Ende wieder stabilisieren müssen.

Morbide Finanzpyramiden

Ein wichtiger Faktor, der dazu beiträgt, das Finanzsystem unserer Tage in ein von Dominoeffekten und Kettenreaktionen gezeichnetes Kartenhaus zu verwandeln, sind die Verschachtelungen der Finanzanlagen der verschiedenen Finanzinvestoren und Banken, die die Wellen jeder kleinen Erschütterung nicht nur als Stimmung, sondern ganz real über tausend Kanäle auf andere Institute, andere Märkte und sogar andere Kontinente weiter tragen. Die jüngsten Beben auf dem Weltfinanzmarkt und die Sturmwellen an Verlusten, die die Pleite von Lehman Brothers bei Instituten verschiedener Couleur ausgelöst hat, haben davon ein eindrucksvolles Beispiel gegeben.

Und dabei war Lehman mit 640 Milliarden Dollar Vermögenswerten und 613 Milliarden Dollar Verlusten sogar noch ein eher überschaubarer Fall, dessen Pleite immerhin riskiert werden konnte. Der Versicherer AIG, die Hypothekenriesen Fannie Mae und Freddie Mac und mittlerweile große Teile der gesamten US- und europäischen Finanzindustrie wurden dagegen unter Einsatz billionenschwerer Steuergelder mit der ausdrücklichen Begründung verstaatlicht, die Dominoeffekte eines Konkurses verhindern zu müssen, weil das globale Finanzsystem sie nicht überleben würde.

Natürlich gab und gibt es genügend Fälle, bei denen diese Begründung nur ein Vorwand war. Bei der deutschen IKB etwa ging es einfach darum, andere Banken und am Ende wohlhabende Anleger mit sprudelnder Staatshilfe vor Verlusten zu schützen, die für sie schmerzhaft und ärgerlich gewesen wären, aber niemals das Potenzial gehabt hätten, das gesamte Finanzsystem in den Untergang zu ziehen. Bei Konzernen wie dem Versicherungsgiganten AIG allerdings, der allein Credit Default Swaps über 441 Milliarden Dollar garantierte, von anderen Verbindlichkeiten zu schweigen, war das Argument der Systembedrohung schon weit weniger von der Hand zu weisen.

In jedem Fall ist die heutige Finanzindustrie mit ihren unterschiedlichen Akteuren so eng ineinander verwoben und miteinander vernetzt, dass das alte Prinzip »mitgefangen-mitgehangen« tatsächlich für sehr viele Bereiche gilt. So verdienen die großen Banken einen erheblichen Teil ihrer Gewinne damit, Hedgefonds mit milliardenschweren Krediten für deren Spekulationsgeschäfte zu versorgen, sind also selbst in das Risiko dieser Geschäfte eingebunden. Auf dem Interbankenmarkt wird sehr viel Geld ohne größere Sicherheiten weitergegeben, weshalb eine Pleite-Bank andere mit sich in die Tiefe reißen kann. Genau das ist der Grund, warum dieser Markt in Krisenzeiten austrocknet.

Auch institutionelle Investoren kaufen keineswegs nur Industriebeteiligungen, sondern legen ihr Geld gern und ausgiebig wiederum bei anderen institutionellen Investoren an. So spielen Hedgefonds mit den Aktien von Pensionsfonds, die wiederum einen Teil ihrer Kapitalmassen eben diesen Hedgefonds als Einlage zur Verfügung stellen. Einen anderen Teil ihres Geldes mögen die Pensionsfonds in den Aktien eines Versicherers parken, der seinerseits die Commercial Paper kauft, mit denen die Conduits einer Bank sich refinanzieren, zu der auch eben jene Hedgefonds gehören. So entstehen verzweigte Finanzpyramiden mit Ansteckungs- und Verstärkungsdynamiken, die kaum noch einer wirklich überblickt und versteht. Im Normalfall ist das auch nicht nötig. Bricht aber ein Glied dieser Kette, zieht es alle anderen mit nach unten. Jede Bank ist daher heute mit dem Schicksal der konkurrierenden Banken und großer

Finanzinvestoren über tausend Fäden verbunden, und die Finanzinvestoren wiederum mit dem der Banken. Nicht wenige Hedgefonds sind im Herbst 2008 deshalb kaputt gegangen, weil ihre Kreditlinien wegen der Pleite von Lehman Brothers nicht erneuert wurden oder die von ihnen bei dem Institut hinterlegten Sicherheiten von ihm weiter verpfändet worden und daher nach dem Konkurs nicht mehr zurückzubekommen waren.

Der klassische Typus einer solchen Pyramide waren die Investmenttrusts der zwanziger Jahre. Auch damals schon hat das Aufkommen dieser Investitionsvehikel das Volumen des vorhandenen Aktien- und Geldvermögens um ein Vielfaches vergrößert, und zugleich die Dynamik der Spekulationsblase extrem verstärkt. Und zwar in beide Richtungen: im Aufschwung, aber auch im folgenden Crash. Denn das Grundproblem solcher Verschachtelungen ist, dass gute oder eben auch schlechte Nachrichten sich von einem einzelnen Unternehmen oder begrenzten Teilmarkt sofort auf andere Bereiche übertragen, und dass sich ihre Auswirkungen durch die eingebauten Selbstverstärkungsmechanismen drastisch vergrößern können.

Wenn beispielsweise die Aktien des Automobilbauers Chrysler eintausend Privatleuten gehören, dann interessieren Verkaufsrückgänge dieses Automobilbauers genau diese tausend Aktionäre, außerdem natürlich die Beschäftigten und vielleicht noch die Zulieferer. Alle anderen Leute haben andere Sorgen.

Werden hingegen Chrysler-Aktien in größerer Zahl von einem Pensionsfonds gehalten und hat außerdem ein Hedgefonds ein großes Paket dieser Aktien in der Hoffnung auf steigende Kurse auf Termin gekauft, um sie sofort wieder zu verkaufen, haben die dümpelnden Autoverkäufe wesentlich weitreichendere Folgen. Zunächst einmal fallen mit den Aktien der Chrysler AG natürlich auch die Kurse des Pensionsfonds, in dessen Kassen die Chrysler-Verluste ja als Dividendenausfälle zu Buche schlagen. Die Anleger des Hedgefonds mögen wegen einer Einlagenbindung vorerst keine Chance haben, auf die absehbaren Verluste zu reagieren, wohl aber die kreditgebenden Banken, die Sorge haben müssen, wegen des Verlustgeschäfts ihr Geld nicht zurück zu bekommen. Sollte eine dieser Banken durch Kündigung der Kreditlinie den Hedgefonds in seiner Existenz gefährden, werden freilich auch alle alten Kredite zweifelhaft, die sie oder eine andere Bank diesem Hedgefonds bereits gegeben haben.

Handelt es sich um einen großen Hedgefonds und ist mindestens eine Bank stark engagiert, wird vermutlich auch ihr Aktienkurs unter der drohenden Hedgefonds-Pleite leiden. Vielleicht schädigt das Ereignis die Reputation der Bank sogar so stark, dass ihr Rating sinkt und sich so ihre Refinanzierung erheblich verteuert. Weil diese Bank jetzt dringend Geld braucht, wirft sie womöglich einen Teil ihres eigenen Aktienportefeuilles auf den Markt. Damit bringt sie auch die Aktien eines Energieversorgers und eines Luxusuhrenproduzenten, an denen sie besonders hohe Bestände hat, unter Druck. Am Ende fallen also wegen der lahmenden Absätze des Automobilherstellers Chrysler nicht nur dessen Aktien, sondern auch die eines Pensionsfonds, die einer Bank und außerdem noch die eines Energieversorgers und eines Luxusgüterherstellers, die beide mit den Chrysler-Autos allenfalls so viel zu tun haben mögen, dass sie diese als Firmenwagen nutzen.

Und dieses Beispiel untertreibt die realen Verflechtungen erheblich. In der Realität wären in den Chrysler-Aktien vermutlich nicht nur ein Hedgefonds, sondern zehn oder zwanzig engagiert, und der Pensionsfonds hätte in mindestens einem dieser Fonds Rentengelder geparkt, die er jetzt auch abschreiben könnte. Und Chrysler hätte natürlich selbst auch einen Pensionsfonds, der primär in Chrysler-Aktien investiert wäre und bei einem Wertverlust dieser Aktien Defizite anhäufen würde, die das Unternehmen zusätzlich belasten. Und vielleicht hätte die zu Chrysler gehörige Autobank, die Ratenkredite und Leasingverträge verwaltet, auch ihrerseits Geld in den Aktien jener Bank geparkt, die wegen der Hedgefonds gerade erheblich an Wert verlieren, und würde daher ebenfalls Verluste machen.

Und so weiter.

Ein reales Beispiel für die Übertragung eines Abwärtstrends von einem Markt auf einen anderen, der mit ihm in keinem realwirtschaftlichen Zusammenhang steht, ist folgendes: Mit dem Zusammenbruch des ABS-Marktes im Sommer 2007 gingen weltweit auch die Aktienbörsen auf Talfahrt. Das hatte nichts damit zu tun, dass bereits damals vermutet wurde, die Finanzkrise könnte eine weltweite Rezession auslösen. Die Kurse hatten sich seither vielmehr immer wieder erholt, obwohl die Wirtschaftsaussichten im Sommer 2008 wesentlich trüber waren als im Sommer 2007. Der Grund für den damaligen Kursverfall war in erster Linie, dass eine Reihe großer Hedgefonds zu massiven Aktienverkäufen gezwungen waren, weil sie in der Spekulation mit den ABS erhebliche Verluste eingefahren hatten und dringend Liquidität brauchten. Da die ABS vorläufig nicht mehr verkäuflich waren, warfen sie ihre Aktienbestände auf den Markt und verursachten damit einen Fall der Kurse.

Verstärkt wurde dieser Trend damals noch durch sogenannte Quants. Das sind Fonds, die Computermodelle und Softwarepakete nicht nur, wie alle anderen, zur Entscheidungsfindung nutzen, sondern bei denen die Computer selbst nach mathematischen Modellen entscheiden, welche Wertpapiere gekauft und welche verkauft werden. Die durch keinerlei Nachrichten aus dem Aktienmarkt motivierten Notverkäufe der Hedgefonds führten zu einer massiven Fehlsteuerung dieser Modelle und lösten eine Verkaufswelle der Quants in Aktien aus, was den Kursverfall weiter verstärkte.

Ein Beispiel für einen Selbstverstärkungsmechanismus haben wir im Abschnitt über die Pensionsfonds kurz erwähnt. Als unmittelbar nach der Jahrtausendwende die Bären auf dem

Aktienparkett tanzten und den betrieblichen Pensionsfonds in den USA erhebliche Verluste bescherten, wurde die Abwärtsspirale dadurch verstärkt, dass die Defizite dieser Fonds ihrerseits auf die Aktienbewertung der Unternehmen drückten, zu denen sie gehörten und die für ihre Deckung hafteten. Da diese Fonds selbst überproportional in den Aktien des eigenen Unternehmens investiert waren, vergrößerte dieser Druck ihre Verluste und verschlechterte damit wiederum das Standing der Unternehmen. Ein selbstverstärkender Zirkel, der damals noch rechtzeitig durch eine erneute Aktien-Hausse durchbrochen wurde, der aber auch zu einem Absturz ohne Halt und Boden hätte werden können und jederzeit wieder werden kann.

Kleinste Erschütterungen können sich auch gerade deshalb auf ganze Märkte übertragen, weil niemand genau weiß, wer wo in welcher Höhe engagiert ist. Welche Banken und Fonds beispielsweise ein strauchelnder Hedgefonds oder ein bankrottes Unternehmen mit in die Tiefe zieht, ist nie wirklich klar. Der Verdacht trifft daher vorsichtshalber alle, die in der entsprechenden Region oder Branche oder Geschäftsart tätig sind. Als im Sommer 2007 die Finanzkrise zu wüten begann und sich herumsprach, dass die Assets in den Asset Backed Securities ausgesprochen zweifelhafter Natur waren, standen unversehens sämtliche Banken unter Generalverdacht, sich über Zweckgesellschaften, Hedgefonds oder auf andere Weise in den entsprechenden Papieren verspekuliert zu haben. Folgerichtig wurden Interbankenkredite rar und teuer.

Als im Herbst 2008 nach dem Untergang von Lehman Brothers die Angst vor weiteren Bankenpleiten um sich griff, war auf dem ungesicherten Interbankenmarkt schon gar kein Geld mehr zu haben, und die Banken hatten auch kaum noch eine Chance, ihr Kapital über den Aktienmarkt zu erhöhen. Das hatte auch damit zu tun, dass niemand wusste, welches Institut wie viel Geld durch die Lehman-Pleite verloren hatte und damit möglicherweise selbst gefährdet war. »Niemand hat den Überblick, wer wie viel Exposure bei Lehmann hat. Das Ganze ist eine Black Box«, erklärte ein Analyst die fragile Lage.[41] Ins gleiche Horn blies Gordon Charlop von Rosenblatt Securities zur Erklärung der allgemeinen Verunsicherung, die die Risikoprämien sämtlicher Bankanleihen in extreme Höhen getrieben hatte: »Niemand weiß, welche Institution bei welchem Pleitier wie stark engagiert ist.«[42]

Von einem Markt, auf dem niemand nichts genaues weiss, es aber zugleich um sehr viel Geld und letztlich um Sein oder Nichtsein milliardenschwerer Institute geht, sollte man nicht erwarten, dass er auch nur einigermaßen vernünftig funktioniert. Dass ausgerechnet so ein Markt in der Mainstream-Ökonomie unter der Annahme »vollständiger Information« modelliert wird und Modelle, die auf dieser Annahme beruhen, fast drei Jahrzehnte lang die Wirtschaftspolitik bestimmten, gehört zu den traurigen Treppenwitzen der Geschichte.

Fragile Schuldentürme

Der wichtigste Krisenbeschleuniger, der die heutigen Finanzmärkte auf allen Ebenen durchzieht, ist der umgekehrte Preismechanismus. Wer stark erscheint, wird dadurch noch stärker gemacht; wer leichte Schwäche zeigt, wird schnell ganz fallen gelassen. Gerät ein Institut ins Taumeln oder wird auch nur vermutet, es könnte ins Taumeln geraten, fällt der Wert seiner Aktien und Anleihen. Mit dem fallenden Preis wird die Nachfrage nach diesen Aktien oder Anleihen aber nicht größer, sondern noch kleiner. Besonders dramatisch wird der Absturz, wenn auch noch das Rating herabgestuft wird. Denn institutionelle Investoren stoßen Papiere, deren Bonität sich verschlechtert, oft automatisch ab. Gerade in einer Zeit, in der ein Unternehmen oder eine Bank besonders dringend Geld braucht, wird neues Geld damit extrem verteuert und ist oft gar nicht mehr zu haben. Dadurch kann aus einer kleinen Schieflage ein existenzbedrohendes Drama werden.

Der Zusammenbruch des Versicherungsriesen AIG etwa war die direkte Folge einer Herabstufung seines Ratings: Dieser Bonitätsverlust zwang den Konzern, höhere Sicherheiten für seine Kreditversicherungen zu hinterlegen und verbaute ihm zugleich den Zugang zu der Liquidität, die er dazu benötigte. Natürlich hatte AIG Schrottpapiere in Milliardenhöhe versichert und damit enorme Verluste zu verkraften. Aber wann, bei wem und ob die Bankrott-Falle zuschnappt, hängt nicht so sehr von den Verlusten ab als davon, ob der Zugang zu neuem Kapital erhalten bleibt oder nicht. Während deregulierte Finanzmärkte dazu neigen, in krisenfreien Zeiten die irrwitzigsten Schuldentürme bereitwillig zu finanzieren, schlägt ihr Pendel im Falle einer Krise ebenso radikal ins Gegenteil um: Wer auch nur einen Anflug von Schwäche zeigt, dem wird der Geldhahn zugedreht.

Diese Situation ist besonders gefährlich aufgrund der verbreiteten Hedge- und Ponzi-Finanzierungen. Manche Unternehmen, die meisten Banken und Finanzinvestoren sowie nahezu alle Staaten müssen auslaufende Anleihen oder Kredite immer wieder durch Aufnahme neuer Kredite refinanzieren. Funktioniert das reibungslos, bleibt alles stabil und der Schuldner zahlungsfähig. Wird die Refinanzierung dagegen plötzlich vom Kapitalmarkt verweigert oder extrem verteuert, kann das selbst Schuldner in den Bankrott treiben, deren Geschäftslage und Gewinn sich nicht im Mindesten verschlechtert haben.

Diese Mechanismen, nicht die Schrottpapiere als solche, waren auch für das Bankensterben und den Finanzcrash im Herbst 2008 verantwortlich. Lehman ging kaputt, weil das Institut keine Kapitalerhöhung mehr durchsetzen konnte und ihm durch eskalierende Abschreibungen auf seine Hypothekenportfolios das Eigenkapital weggeschmolzen war. Die anderen Brokerhäuser mit Ausnahme von Merrill Lynch hatten gar keine allzu hohen Abschreibungen und machten im aktuellen Geschäft sogar Gewinne. Sie mussten aufgeben, weil ihre kurzfristige Refinanzierung auf dem Kapitalmarkt so teuer geworden war, dass sie damit tatsächlich bald tief in die roten Zahlen gekommen wären. Längerfristig lebt jede Geschäftsbank in der gleichen Gefahr.

Selbst die Staaten der Industrieländer können nur deshalb jene ungeheuerlichen Billionensummen in das marode Finanzsystem pumpen, weil sie im Unterschied zu den Finanzinstituten immer noch als kreditwürdig gelten. Deshalb sind sie in der Lage, problemlos ihre Schulden zu refinanzieren und sie sogar noch einmal drastisch auszuweiten. Aber auch dieser Bogen könnte irgendwann überspannt sein. Die gegenwärtigen Rettungsaktionen erfordern eine solche Neuverschuldungswelle, dass die Gesamtschulden nicht allein von Kleinstaaten wie Island, sondern auch der großen Industrieländer einen Umfang erreichen könnten, bei dem es auch dem Letzten auffällt, dass kein Steuerzahler für solche Beträge je auch nur die Zinsen zahlen kann. Sollte das eintreten, wäre selbst dieser letzte Rettungsanker verloren und die Finanzmärkte würden sich und die auf ihnen angelegten Vermögen selbst zerstören.

Tödlicher Schaum

Die Existenz hochliquider Banktrader, Hedgefonds, Investmentgesellschaften und anderer Finanzvehikel, ihr Wettbewerb um Anlagegelder, in dem die Leistung jedes einzelnen an der durchschnittlichen Marktrendite gemessen wird, die ähnlich strukturierten Computerprogramme, die ihren Handel lenken, das alles hat zur Folge, dass riesige Geldströme auf den heutigen Finanzmärkten immer wieder exakt in die gleiche Richtung fließen und sich gegenseitig verstärken. Zusätzlich destabilisierend wirken die schlichte Größe der wichtigsten Spieler, ihre gegenseitige Verflechtung und damit Abhängigkeit, außerdem die Fähigkeit des heutigen Finanzsystems, die Spekulation durch faktisch unbegrenzte Kredite zu hebeln, und schließlich der Wildwuchs der Derivate, die den Radius möglicher Transaktionen auf das mehr als Hundertfache des eingesetzten Kapitals vergrößern. Kleinste Veränderungen in der Realökonomie können so völlig unverhältnismäßige Schwankungen von Aktien-, Bond- und Wechselkursen nach sich ziehen und dadurch immer neue Spekulationsblasen zeugen.

Wenn der über die Welt wabernde Finanzschaum keine schlimmeren Auswirkungen hätte als die, den einen Finanzinvestor reich zu machen und den anderen in den Bankrott zu treiben, den einen Milliardär in der Forbes-Liste weiter nach oben zu schieben und den anderen um einen Teil seines Vermögens zu bringen, könnte das Geschehen auf diesen Märkten uns relativ gleichgültig lassen. Die Verteilung und Umverteilung der Gelder innerhalb des globalen Geldadels ist ganz sicher kein Gegenstand von besonderem Interesse.

Dass nur die Reichsten der Reichen ihr Geld beispielsweise

in Hedgefonds mehren würden, ist tatsächlich eine übliche Begründung dafür, warum diese Finanzvehikel frei von jeder Regulierung, Offenlegungspflicht und Kontrolle ihre Hochrisikowetten bestreiten dürfen. Auch Derivate scheinen vordergründig nur die etwas anzugehen, die mit ihnen spielen. Egal ob die Kurse steigen oder fallen, wird am Ende der eine Trader genau das gewinnen, was der andere verliert. Viele Finanzwetten sind auf den ersten Blick solche Nullsummenspiele, die die reale Ökonomie und die große Mehrheit der Menschen gar nicht zu berühren scheinen. Aber genau das ist in doppelter Hinsicht nur Schein. Erstens stimmt es nicht, dass die großen Spekulationsagenturen allein mit dem Vermögen der Reichsten spielen. Und zweitens hat die Spekulation gravierende realwirtschaftliche Auswirkungen, die die am Ende verteilbaren Einkommen erheblich dezimieren können.

Zum ersten: Wir haben gesehen, dass selbst die Pensionsfonds etwa ein Prozent ihrer Gelder in Hedgefonds anlegen. Fleißige Anleger in diesen Spekulationsvehikeln sind auch die Versicherungen. Und Finanziers der Hedgefonds sind die Banken, bei denen Millionen Kunden ihre Spargroschen mehren. Hier wird also durchaus mit dem Geld von Kleinsparern gezockt. Vor allem aber haftet am Ende die gesamte Gesellschaft, wenn es wieder einmal darum geht, das Schlimmste zu verhindern, weil der institutionalisierte Wahnsinn das System der Weltfinanzen an den Rand eines Abgrunds getrieben hat.

Zum zweiten: Jede Spekulationswelle hat massiven Einfluss auf den Stand der Börsenbarometer oder das Tauschverhältnis der Währungen. Und beide interessieren eben nicht nur die Trader. Der Wechselkurs bestimmt reale Exportchancen, Inflationsraten und die Last öffentlicher wie privater Auslandsschulden. Ein Kursanstieg von einem Yen pro Dollar kostet etwa den japanischen Automobilhersteller Toyota aufs Jahr gerechnet rund 35 Milliarden. Abrupte Wendungen in den globalen Kapitalströmen können nationale Finanzsysteme zum Einsturz bringen und ganze Volkswirtschaften in die Depression treiben.

Nahezu alle mexikanischen Banken waren bankrott, als 1994 der Peso einen Großteil seines Wertes verlor. Das gleiche Schicksal widerfuhr den Banken der südostasiatischen Tigerstaaten 1997. Und mit den Banken kollabierte die Wirtschaft. In Indonesien verringerte sich die Produktion nach Ausbruch der Krise um 15 Prozent. Die Inflation schnellte auf sechzig Prozent nach oben, die Arbeitslosigkeit verdreifachte sich und Millionen Menschen verarmten.

Unzählige Kinder konnten nicht mehr zur Schule gehen, sondern mussten arbeiten, um das Überleben ihrer Familien zu sichern. Auch die jetzt ins Haus stehende Weltwirtschaftskrise wird durch den großen Finanzmarkt-Kater wesentlich verschlimmert. Gefeiert haben in den letzten Jahren vor allem die oberen Zehntausend. Die Rechnung für deren Party sollen heute hunderte Millionen Menschen übernehmen, als Steuerzahler und als Beschäftigte, die um ihren Arbeitsplatz fürchten müssen oder ihn schon bald verloren haben könnten.

Resümee

Eine Quelle, die die Finanzmärkte mit immer neuem Anlagegeld versorgt und zu deren Expansion in den vergangenen dreißig Jahren wesentlich beigetragen hat, ist die zunehmend ungleichere Verteilung der realen Einkommen. Die zweite Bedingung für die historisch beispiellose Expansion des Finanzsektors war und ist seine Fähigkeit, fiktive Einkommen zu erzeugen, die nicht durch die zahlungsfähige Nachfrage auf realen Gütermärkten limitiert werden und deren einzige Voraussetzung stetig wachsende Kredite sind. Die von den Zentralbanken nicht mehr steuerbare Kapazität eines deregulierten und globalisierten Finanzsystems, Kreditgeld in fast unbegrenztem Umfang bereitzustellen, war daher eine wichtige Grundlage seines explosiven Wachstums und der gigantischen Vermögensblase, die sich in den zurückliegenden Jahrzehnten aufgebaut hat.

Der Umfang und die hohe Liquidität der Gelder, die die großen Kapitalsammler heute dirigieren, die Gleichförmigkeit ihrer Bewegungen, die filigrane Verschachtelung ihrer Anlagen, ihre schlichte Größe und in der Regel hohe Verschuldung sowie der umgekehrte Preismechanismus erklären zugleich die zutiefst instabile Verfassung des Weltfinanzsystems unserer Zeit: seinen Hang zu Blasen, Exzessen, Übertreibungen und Zusammenbrüchen.

Die Krisenanfälligkeit der heutigen Finanzmärkte ist nicht deshalb ein Problem, weil Krisen das Vermögen einiger Millionäre vernichten können. Sie ist ein Problem, weil ein funktionstüchtiges und stabiles Finanzsystem zu den Grundbedingungen einer stabilen Wirtschaft gehört. Die Finanzmärkte unserer Tage tun genau das nicht, was ihre Aufgabe wäre: die Ersparnisse der Gesellschaft in jene Investitionen zu lenken, die die Wirtschaft produktiver, umweltverträglicher oder auf irgendeine andere Art reicher machen. Statt dessen leiten sie tausende Milliarden in die Finanzierung aberwitziger Finanzwetten und hochspekulativer Investmentvehikel, die volkswirtschaftlich so überflüssig sind wie der Wiener Opernball.

Und die hyperliquiden Anlagemonster sind nicht nur überflüssig, sie richten Schaden an. Sie erzwingen die Ausrichtung der realen Wirtschaft an ihrem eigenen, extrem kurzfristigen Zeithorizont und setzen Unternehmen unter Druck, die Löhne zu kürzen und Investitionen in Forschung und Innovation zurückzufahren, um die Ausschüttungen an die Aktionäre zu erhöhen und so die Vermögensblase immer weiter zu vergrößern.

Das heutige Finanzsystem ist – im Wortsinn – gemeingefährlich. Gefährlich nicht für den globalen Geldadel, dessen Macht und Einfluss es vielmehr stärkt und schützt, sondern gefährlich für die Allgemeinheit: für die Lebensverhältnisse der großen Mehrheit der Menschen.

Anmerkungen

25 McKinsey. Mapping Global Financial Markets, 2008
26 Gamber, Hakes. Study Guide to Mishkin's Money, Banking and Financial Markets, 2007
27 Monatsbericht der Deutschen Bundesbank vom Januar 1983, S. 33
28 Zit. nach *FAZ*, 15. August 2007
29 *Handelsblatt*, 30. Juli 2008
30 *Financial Times Deutschland*, 25. August 2008
31 *FAZ*, 18. Oktober 2000
32 *Handelsblatt*, 30. Januar 2003

33 *Handelsblatt,* 1. April 2003
34 *Handelsblatt,* 8. Oktober 2008
35 *Handelsblatt,* 14. Oktober 2008
36 *Handelsblatt,* 8. September 2008
37 Survey of Consumer Finances – Federal Reserve Board, Financial Characteristics of High-Income Families (March 1986)
38 J. M. Keynes, The General Theory of Employment, Interest and Money, 1936, S. 158
39 *FAZ,* 1. April 2000
40 Georg Soros, Die Krise des globalen Kapitalismus, 1998, S. 86
41 *Handelsblatt,* 16. September 2008
42 *Handelsblatt,* 19. September 2008

4. Kapitel
Kreditblase und Profit

Während aber in der Bedarfsdeckungswirtschaft die Konsumtion die Ausdehnung der Produktion bestimmt, die unter diesen Verhältnissen ihre Schranke nur findet an dem erreichten Stand der Technik, wird in der kapitalistischen Produktion umgekehrt die Konsumtion bestimmt durch das Ausmaß der Produktion. Dieses aber ist begrenzt [...] durch die Notwendigkeit, dass das Kapital und sein Zuwachs eine bestimmte Profitrate abwerfen.

Karl Marx

Kapitalismus und Krisen –
das Problem der profitablen Nachfrage

Wir haben in den letzten Kapiteln gezeigt, warum ein dereguliertes und globalisiertes Finanzsystem eine nahezu unbegrenzte Fähigkeit zur Schöpfung von Kreditgeld besitzt und dass die Zentralbanken unter diesen Bedingungen auf die verfügbare Liquidität, ihre erratischen Bewegungen und ihre Verwendung fast keinen Einfluss mehr haben. Wir haben außerdem gesehen, weshalb unkontrollierte Finanzströme dazu neigen, sich selbst zu verstärken, auf kleinste Anlässe mit extremen Ausschlägen zu reagieren und so unaufhaltsam immer neue Spekulationsblasen und Crashs erzeugen.

Seit der Insolvenzvirus immer größere Geldhäuser in die Knie zwingt und kein Ende der Unruhen in Aussicht steht, ist die aktuelle Marktverfassung offenbar niemandem mehr geheuer. Wer eine stärkere Regulierung der Finanzmärkte fordert, ist plötzlich nicht mehr ein einsam belächelter Rufer in der

Wüste des Mainstreams, sondern gehört zu diesem. Diesseits und jenseits des Atlantik werden, wenn auch widerstrebend, Gesetze auf den Weg gebracht, die den Finanzdschungel zumindest an jenen Stellen etwas lichten sollen, an denen seine Schlingpflanzen am tödlichsten gewuchert haben. Leerverkäufe wurden an einigen Börsenplätzen verboten, zumindest zeitweilig und für bestimmte Aktien. Auch soll das Verbriefungsunwesen eingeschränkt, die Eigenkapitalbasis der Banken gestärkt und das Versenken von Risiken in außerbilanziellen Spekulationsvehikeln erschwert werden.

Profitable Nachfrage und Ungleichgewicht

Alles das ist so richtig wie unzureichend. Aber selbst ein konsequenter Versuch zur Re-Regulierung der Weltfinanzmärkte würde sehr wahrscheinlich scheitern, solange die wirklichen Ursachen der sich abzeichnenden Katastrophe ausgeblendet bleiben. Zwar kann man einen Sumpf immer wieder dadurch halbwegs begehbar machen, dass man Baumstämme und Bretter hineinlegt und sich dann auf diesen hinüberhangelt. Eine besonders schöne Lösung ist das allerdings nicht, denn erstens bleibt ein solcher Übertritt immer gefährlich und zweitens ist vorhersehbar, dass nach einer gewissen Zeit alles wieder in Moder und Morast versinkt. Wer das Terrain dauerhaft zugänglich machen will, sollte daher lieber versuchen, den Sumpf trocken zu legen. Aber dafür braucht es mehr als einiger stabilisierender Balken.

Die aktuelle Krise ist eben nicht nur das Werk unkontrollierter Spekulanten und geldgieriger Investmentbanker, die durch eine bessere Regulierung wieder auf den Pfad der Tugend zurückzuführen wären. Der endlose Finanzschaum speist sich aus Reservoirs, die sehr viel tiefer liegen. Er quillt aus den Lebensadern eines Wirtschaftssystems, das nur produziert und investiert, wenn die Rendite für die Kapitalgeber stimmt, und für das daher Löhne, Sozialabgaben oder auch Unternehmenssteuern nichts als lästige Kostenfaktoren sind, deren man sich nach Möglichkeit zu entledigen hat. In dieser Fixierung auf Profit statt Bedarf liegt die letzte Ursache aller Ungleichgewichte, Instabilitäten und Krisen, die selbst ein besser regulierter Kapitalismus immer wieder erzeugen wird, von einem ungezügelten und enthemmten nicht zu reden. Denn je erfolgreicher jedes einzelne Unternehmen solche »Kosten« zu reduzieren versteht und je mehr legale und halblegale Möglichkeiten es dazu hat, desto schwieriger wird es für die Wirtschaft insgesamt, die produzierten Autos, Mobiltelefone oder Fernsehgeräte am Ende noch an den Mann oder die Frau zu bringen. Und hier beißt die Katze sich in den berühmten Schwanz. Egal, wie billig produziert wurde: ohne Absatz kein Gewinn und ohne Gewinn keine Rendite auf das eingesetzte Kapital.

In der Volkswirtschaftslehre findet dieser innerkapitalistische Widerspruch in einer alten Fehde zwischen den sogenannten Angebots- und den Nachfragetheoretikern seinen Niederschlag. Die ersteren sind die abgebrühten Ideologen der neoliberalen Epoche, die rüdes Lohndumping, sinkende Steuern, sozialen Raubbau und wachsende gesellschaftliche Ungleichheit kühl damit begründen, dass dem privaten Kapital nun einmal die Lust am Produzieren und Investieren vergeht, wenn die in Aussicht stehende Rendite zu gering ist. Ihr Ratschlag ist, die Unternehmen mit Profit zu verwöhnen, damit sie nicht in Investitionsstreik treten, weil sonst die Wirtschaft stagniert, die Arbeitslosigkeit steigt und alle ärmer werden. Es versteht sich von selbst, dass diese Schule bei den Beziehern von Kapitaleinkommen außerordentlich gut angesehen ist. Die Nachfragetheoretiker halten dieser Argumentation tapfer entgegen, dass Unternehmen natürlich auch nur dann investieren, wenn sie das Gefühl haben, ihre Erzeugnisse auch absetzen zu können und genau diese Nachfrage mit dem neoliberalen Programm zerstört wird.

Unabhängig davon, dass die Nachfragetheoretiker ungleich sympathischere Leute sind als die aalglatten Zyniker der Angebotsseite, beschreibt jede dieser beiden Schulen exakt eine der zwei Bedingungen, von deren Zusammentreffen die Dynamik einer kapitalistischen Ökonomie abhängt. Fallen sie auseinander, sind Stagnation, Krisen und Zerstörungen kleineren und größten Ausmaßes vorprogrammiert. Für Marx war genau das der »Grundwiderspruch« des Kapitalismus, und es gibt wenig Grund, diese Ansicht für überholt zu halten.

Dem einzelnen Unternehmer ist es egal, wer seine Waren kauft, solange sie überhaupt gekauft werden. Wenn er Damendessous produziert und die Nachfrage nimmt sprunghaft zu, weil ein harter Arbeitskampf im Einzelhandel eine deutliche Lohnsteigerung für die vor allem weiblichen Beschäftigten erzwungen hat, soll es ihm recht sein. Er wird sich über höhere Gewinne freuen und seine Produktion ausweiten. Im Maßstab der gesamten Volkswirtschaft ist das anders. Zwar können auch hier Gewinne und Löhne gleichzeitig wachsen, wenn die Produktivität der Arbeit steigt. Aber die Kaufkraft aus Lohneinkommen selbst kann nie zu den Gewinnen beitragen, sondern bleibt mit Blick auf die Rendite immer ein Kostenfaktor. Das gleiche gilt für die Konsumnachfrage aus beitragsfinanzierten Sozialleistungen oder steuerfinanzierten Staatsausgaben. Damit sind die wichtigsten Komponenten der gesellschaftlichen Nachfrage, deren Höhe immerhin über den Lebensstandard der großen Mehrheit der Menschen entscheidet, für eine kapitalistische Ökonomie immer nur ein Nebenprodukt, das bestenfalls nicht stört, weil die Gewinne aus anderen Quellen kräftig sprudeln, und das gnadenlos abgewürgt wird, wenn letzteres nicht der Fall ist.

Unter privatwirtschaftlichen Renditegesichtspunkten kostenneutral und daher letztlich profitabel ist allein die Nachfrage aus folgenden Quellen: den privaten Investitionen; dem Konsum von Unternehmern, Dividendenbeziehern und Zinsrentiers, also jenem Teil der Konsumnachfrage, der nicht aus Löhnen, Beiträgen oder Steuern bezahlt wird; den kreditfinanzierten Staatsausgaben; dem kreditfinanzierten Konsum; und schließlich dem Exportüberschuss. Es ist die Summe dieser mit Ausnahme der Investitionen eher abwegig und künstlich wirkenden Nachfragekomponenten, die darüber entscheidet, wie viele Gewinne alle Unternehmen einer Volkswirtschaft gemeinsam in einem bestimmten Zeitraum machen können. In einer Ökonomie, deren Lebenselexier die Profiterzielung ist, kommt es also entscheidend darauf an, mindestens eine dieser Gewinnquellen – Investitionen, Upper-Class-Konsum, Neuverschuldung oder Export – auf einem so hohen Niveau zu halten, dass sie den Rest der Wirtschaft mitziehen kann.

Das ist gar nicht so einfach und funktioniert bestenfalls zeitweise. Eine selbsttragende Investitionsdynamik findet meist da ihre Grenze, wo die neuen Kapazitäten selbst produktiv werden, und sich herausstellt, dass die zahlungsfähige Nachfrage überschätzt wurde. Die Oberklasse wiederum mag zwar gern im Luxus schwelgen, aber wenn sie allzu viel verdient, wird selbst der üppigste Konsum immer nur einen Teil des Geldes absorbieren, das ihr zufließt. Das Streben nach Exportüberschüssen setzt voraus, dass andere Volkswirtschaften mehr importieren als exportieren und kann daher nie eine globale Lösung sein. Und ein kreditfinanziertes Aufblasen der Kaufkraft, sei es des Staates oder der Konsumenten, findet irgendwann in aussichtsloser Überschuldung seine Grenze, auch wenn sich diese Grenze durch die uns bereits bekannten Ponzi-Kredite lange hinausschieben lässt.

Jede dieser Lösungen beruht letztlich auf einem ökonomischen Ungleichgewicht, das sich früher oder später ausgleichen muss. Je später das geschieht, desto größer ist in der Regel der Crash, wobei der Kapitalismus im Verlaufe seiner Geschichte eine erstaunliche Fähigkeit entwickelt hat, immer extremere Ungleichgewichte auszuhalten und so den Absturz hinauszuzögern. Stabiler oder gar produktiver ist die Weltökonomie dadurch allerdings nicht geworden.

Frühe Zyklen im Konkurrenzkapitalismus

Auf eine unter humanitären Gesichtspunkten zwar recht barbarische, aber unbestreitbar wachstums- und produktivitätsfördernde Weise funktionierte das Wechselspiel zwischen Aufschwung und Krise etwa in den Anfangszeiten des Kapitalismus. Damals war es fast immer die Investitionsdynamik, die den wirtschaftlichen Aufschwung trug, der dann auch zu höherer Beschäftigung, mehr Profiten und Konsum und kurz vor dem Gipfel des Booms meist auch zu steigenden Löhnen führte. Wenn die mit der aufstrebenden Konjunktur neu geschaffenen Kapazitäten allerdings auch zu produzieren begannen, stellte sich meist heraus, dass es zu viele waren, was die Investitionslust abrupt abbremste und so den Angebotsüberhang noch mehr vergrößerte.

An diesem Punkt begannen damals meist die Preise zu fallen, was zwar zunächst die Löhne und deren Kaufkraft erhöhte, aber die Renditen in den Keller trieb und die Investitionstätigkeit zum Erliegen brachte. Unternehmen mit unterdurchschnittlicher Produktivität und veralteten Anlagen wurden in dieser Phase in großer Zahl in den Konkurs getrieben. Irgendwann waren so die Überkapazitäten wieder abgebaut, die Produktion auf einem höheren Technologieniveau angekommen und neue technische Erfindungen oder Produkte boten wieder interessante Investitionschancen. Dann begann das ganze Spiel von vorn. Bis kurz vor Ende des neunzehnten Jahrhunderts bewegte sich der Kapitalismus in Zyklen nach diesem Muster, die ziemlich genau alle zehn Jahre in eine Krise mündeten. Da die Ungleichgewichte, die sich innerhalb von zehn Jahren aufbauen konnten, begrenzt waren, dauerte meist auch das reinigende Gewitter nicht allzu lange.

Dieses Modell funktionierte, solange die Konkurrenz rege und die Marktmacht der einzelnen Unternehmen gering war, was sich im Übergang zum 20. Jahrhundert zu ändern begann. Damals entstand zum ersten Mal ein globalisierter Kapitalismus mit freiem Kapitalverkehr und international aufgestellten, ihre Heimatmärkte beherrschenden Konzernen, die Preise, Löhne und politische Rahmenbedingungen in ganz anderer Weise diktieren konnten als ihre Vorgänger im 19. Jahrhundert. Hauptgrund dieser wirtschaftlichen Konzentration waren nicht so sehr mangelnde Kartellgesetze, als die neuen Fertigungstechnologien in der Schwerindustrie und aufstrebenden Automobilproduktion, die mit ihren hohen Kapitalanforderungen von kleineren Unternehmen gar nicht zu bewältigen waren.

Die neue Ordnung hatte zur Folge, dass die wirtschaftliche Dynamik spürbar nachließ, weil ökonomische Terraingewinne zunehmend unter Einsatz politischer und militärischer Machtmittel statt durch technologische Überlegenheit angestrebt und auch erreicht wurden, dass die Einkommensverteilung immer ungleicher wurde und eine rege Spekulationstätigkeit auf den Wertpapiermärkten einsetzte. In der verheerenden Depression der dreißiger Jahre entluden sich dann die binnen- und weltwirtschaftlichen Ungleichgewichte, die sich seit der Jahrhun-

dertwende und besonders in der Zeit nach dem Ersten Weltkrieg
aufgebaut hatten.

1929 und heute – erschreckende Parallelen

Geschichte wiederholt sich nicht, aber es gibt immer wieder Perioden, die verblüffende oder auch erschreckende Parallelen zueinander erkennen lassen. Der Ökonom und Wirtschaftshistoriker John Kenneth Galbraith sieht in seinem Buch »Der große
Crash« die wesentlichen Ursachen für jenes explosive Krisen-
gemisch, das die Weltwirtschaft nach 1930 in den Abgrund riss
und schlimmste Formen von Armut und Hunger in die Industrieländer zurückbrachte, in fünf Entwicklungen, deren Beschreibung uns heute Lebenden seltsam bekannt vorkommen
sollte.

Erste und vielleicht wichtigste Krisenursache war nach Galbraith eine »schlechte Einkommensverteilung«, also eine immer extremere Einkommenskonzentration am oberen Ende,
die die Konsumnachfrage abschnürte. Diese Umverteilung der
Einkommen ergab sich im wesentlichen daraus, dass die Pro-
duktivitätsgewinne der zwanziger Jahre – immerhin war die
Produktivität pro Beschäftigten in den USA zwischen 1919 und
1929 um 43 Prozent gestiegen – sich ausschließlich in höheren Gewinnen niederschlugen, während die Löhne stagnierten.
Verstärkt wurde die Ungleichheit noch durch großzügige Steuergeschenke, mit denen die amerikanische Regierung die Oberschicht verwöhnte. Die Konjunktur speiste sich damit in erster
Linie aus deren Luxuskonsum sowie aus den Investitionen in
die Investitionsgüterindustrie, die in den USA der zwanziger
Jahre immerhin noch um 6,5 Prozent jährlich zulegte. Sehr viel
niedriger waren dagegen Investitionen und Wachstum in den
Konsumbereichen. Als 1929 auch die Investitionen in Kapital-
güter aufgrund spürbarer Anzeichen von Überkapazität an Dynamik verloren und der Börsencrash den oberen Zehntausend
die Lust am Luxus verdarb, waren binnenwirtschaftlich alle
Voraussetzungen einer Abwärtsspirale gegeben.

Als zweiten krisenverstärkenden Faktor führt Galbraith einen Umstand an, den er höflich »ungünstige Gesellschaftsstruk-

tur« nennt und an anderer Stelle als »Bluff und Schwindel an der Spitze vieler Unternehmen« beschreibt. Tatsächlich geht es hier um den institutionalisierten Bluff und Schwindel infolge des Aufkommens der Holdings und Investmenttrusts, die auch treibende Kraft einer Welle von Unternehmensübernahmen und Zusammenschlüssen waren. So wurde zwar überschüssiges Kapital vernichtet, was die Renditen erhöhte, zugleich entstanden aber außerordentlich unübersichtliche und hochgradig verschachtelte Unternehmensungetüme, die Produktionskonzern und Finanzgigant in einem waren, über hohe Marktmacht verfügten und außerordentlich geringes Interesse an Innovation und Entwicklung hatten, da spekulative Investments in der Regel höhere Erträge brachten. Natürlich begünstigte die Unübersichtlichkeit dieser Enrons der zwanziger Jahre auch alle Arten der Bilanzmanipulation, mit denen die Gewinne fiktiv nach oben getrieben werden konnten. Dramatischer allerdings war, dass aufgrund dieser engen Verflechtung von Produktion und Wall Street strauchelnde Finanzpyramiden die in ihnen integrierten Unternehmen gleich mit in die Tiefe rissen. Beispielsweise benötigten die Investmenttrusts hohe Dividendenzahlungen »ihrer« Unternehmen, um ihrerseits die Zinsen für ihre Hebelkredite zur Finanzierung der Spekulation zu zahlen. Sie erpressten daher höhere Ausschüttungen auf Kosten realer Investitionen, was die wirtschaftliche Dynamik zusätzlich abwürgte.

Verschlimmert wurde dieser Einbruch schließlich durch den bei Galbraith dritten Faktor, nämlich den »desolaten Zustand der amerikanischen Außenhandelsbilanz«, also weltwirtschaftliche Ungleichgewichte, die sich seit dem Ersten Weltkrieg aufgetürmt hatten und damals allerdings ein anderes Vorzeichen trugen als heute. Bereits während des Krieges hatten sich die Vereinigten Staaten zum größten Gläubiger auf den internationalen Finanzmärkten entwickelt und diese Position in den zwanziger Jahren immer weiter ausgebaut. Denn die amerikanische Wirtschaft exportierte damals weit mehr als sie importierte, wobei die Überschüsse zum einen durch die Einfuhr von Gold und Silber finanziert wurden, zum anderen durch Anleihen, die der amerikanischen Oberschicht eine lukrative Anlagemöglichkeit für ihre überschüssigen Gelder boten.

So dienten amerikanische Anleihen pikanterweise auch zur Finanzierung eines erheblichen Teils der deutschen Reparationszahlungen. Das Geld, das amerikanische Anleger in diese Anleihen investierten, floss also nur virtuell nach Deutschland, faktisch jedoch – eben als Reparation – an die Regierungen der ehemaligen Kriegsgegner, unter anderem also an die US-amerikanische. Letztere wiederum brauchte das Geld nicht zuletzt dafür, um die eigenen Zinsen auf ihre Staatsanleihen zu zahlen, die – und hier schließt sich der kuriose Kreis – letztlich von der gleichen Gruppe reicher Anleger gehalten wurden, die auch die deutschen Anleihen gezeichnet hatte. Dass die amerikanische Oberschicht sich mit dem Kauf der deutschen Anleihen so faktisch ihre eigenen Zinsen auf ihre amerikanischen Staatspapiere zahlte, mag man nicht weiter tragisch finden, das Problem war eben nur, dass dieser absurde Finanzkreislauf das Volumen von anlagesuchendem Finanzvermögen auf der einen und Schulden auf der anderen Seite auch im globalen Maßstab immer mehr aufblähte. Und wie bei jeder Ponzi-Finanzierung gab es natürlich auch keine realistische Aussicht, dass diese Schulden jemals zurückgezahlt werden konnten.

Die fragile Konstruktion, auf der die Weltwirtschaft der zwanziger Jahre beruhte, geriet endgültig aus dem Gleichgewicht, als der Börsenboom an der Wall Street in seine heiße Phase kam und amerikanische Aktien oder hochverzinsliche Effektenkredite die europäischen Anleihen in puncto Renditechancen bei weitem ausstachen. Infolge dessen begann der Strom amerikanischen Geldes über den Atlantik allmählich zu versiegen, und mit ihm die Finanzierungsquelle der amerikanischen Exporte, was die Investitionsdynamik in den USA – und natürlich auch in allen anderen Ländern – zusätzlich dämpfte. Vier europäische Länder, darunter Deutschland, befanden sich daher schon vor dem Herbst 1929 in einem spürbaren Wirtschaftsabschwung, der durch den Börsencrash und nachfolgenden Zusammenbruch des weltweiten Banken- und Finanzsystems allerdings eine völlig neue Dimension erhielt.

Damit ist auch schon Galbraiths vierter Krisenfaktor benannt, nämlich die »Labilität des Bankwesens«, also die Verflechtungen der Banken untereinander, aufgrund derer ab 1930 ein kollabierendes Geldhaus das nächste in den Untergang riss. Als fünften Faktor führt Galbraith schließlich den seinerzeitigen Zustand der Mainstream-Ökonomie an, die mit ihren abwegigen Ratschlägen in Richtung Budgetausgleich und Reduzierung der Staatsausgaben die Lage zusätzlich verschlimmerte. »Es scheint sicher zu sein«, stellt Galbraith mit von heute aus betrachtet allzu großem Optimismus fest, »dass die Ökonomen, die sich Ende der zwanziger Jahre und Anfang der dreißiger Jahre als Wirtschaftsberater anboten, von einer geradezu einmaligen Verderbtheit waren.«

Als entscheidende Ursachen der Großen Depression diagnostiziert Galbraith also genau jene Entwicklungen, die eine kapitalistische Wirtschaft, deren ökonomische Entscheidungsträger zudem Macht über Märkte und Politik besitzen, mit einer gewissen Folgerichtigkeit immer wieder hervorbringt: extreme Ungleichheit der Einkommensverteilung, wachsendes Gewicht der Finanzsphäre bis hin zur Finanzialisierung der Produktionsunternehmen, Instabilität und Kettenreaktionen auf dem aufgeblähten Finanzmarkt und – als i-Tüpfelchen – bornierte Mainstream-Ökonomen à la Rürup, Sinn und Co., deren überflüssige Ratschläge alles noch schlimmer machen.

Nachfragekurve und Investitionsdynamik

In den dreißiger Jahren hatte sich diese Mischung als derart explosiv und gemeingefährlich erwiesen, dass die Apologeten freier Märkte und ungezügelter Kapitalverwertung zumindest für die nächsten vierzig Jahre einen schweren Stand hatten. Der Keynesianismus war die aus der Katastrophe und ihren Folgen gezogene Lehre, dass kapitalistische Märkte, sich selbst überlassen, in den Untergang führen, dass somit der Staat für Rahmen und Regeln und im Zweifelsfall auch für die nötige profitable Nachfrage sorgen muss, was in der unmittelbaren Nachkriegszeit erst einmal gut zu funktionieren schien.

Dabei war es erneut die Investitionsdynamik, welche die fast zwei Jahrzehnte andauernde Nachkriegsprosperität vorantrieb und die von den Erfordernissen des Wiederaufbaus, der Verbreitung der neuen Industriegüter und dem nachholenden Konsum getragen wurde. Kontinuierliche Lohnsteigerungen – die Voraussetzung für schnell wachsende Konsumausgaben – waren unter diesen Bedingungen mit hohen Renditen vereinbar, weil der rasante Anstieg der Produktivität für große Verteilungsspielräume sorgte.

In der ökonomischen Theorie wird die Entwicklung der Nachfrage nach neuen Produkten oft mit einer S-Kurve verglichen. Sie fängt langsam an: Die ersten kaufen sich Waschmaschinen oder Kühlschränke, während die Mehrheit noch auf dem Wäschebrett schrubbt oder sich frische Milch jeden Morgen neu kaufen muss. Dann steigen die Einkommen, immer mehr Haushalte können sich den neuen Luxus leisten, die Kurve kommt in ihren steilen Abschnitt, die Nachfrage wächst stürmisch. Irgendwann gehören Waschmaschinen oder Kühlschränke zum Standard und stehen in jeder Wohnung. Jetzt kaufen nur noch junge Leute, die einen neuen Haushalt gründen, oder die, deren Gerät kaputt gegangen ist. Die Nachfragekurve ist jetzt wieder flach und wächst kaum noch. Oft gibt es dann erst wieder einen Schub, wenn neue Varianten eigentlich schon eingeführter Produkte auf den Markt kommen. Etwa die Waschmaschine mit integrierter Schleuder oder internetfähige Handys.

Immer jedoch haben wir einen S-förmigen Verlauf und das rasante Nachfragewachstum auf dem steilen Ast stimuliert jedes Mal überdurchschnittlich hohe Investitionen, um die nötigen Kapazitäten zu schaffen. Weil von dem gerade aktuellen Nachfragewachstum auf das künftige geschlossen wird, wird dabei in der Regel übers Ziel hinausgeschossen. Erreicht die S-Kurve dann den oberen Wendepunkt, sind mehr Kapazitäten da als nötig, eine Bereinigung setzt ein und nicht wenige Anbieter verschwinden wieder vom Markt. Einen solchen Zyklus haben wir erst vor wenigen Jahren auf dem Handymarkt erlebt oder im Geschäft mit DSL-Anschlüssen.

Das Besondere der Nachkriegszeit war jedoch, dass außerordentlich viele Produkte auf einmal zu Massengütern wurden und dass die notwendigen Investitionen zum Aufbau und zur Ausweitung der Produktionskapazitäten in diesem Fall sehr hoch waren. Ein Unternehmen, das seine Autoproduktion verdoppeln möchte, braucht eben sehr viel mehr und teurere Investitionsgüter, als eins, das doppelt so viele Handys auf den Markt werfen will. Die Erweiterung der Kapazitäten europäischer Unternehmen in der Nachkriegszeit war damit zugleich ein wichtiger Stimulator der US-Konjunktur, immerhin waren die amerikanischen Konzerne zunächst die einzigen, die die dringend benötigten Investitionsgüter liefern konnten.

Irgendwann allerdings wurden aus den europäischen Investitions-Nachfragern Konkurrenten, die den Markt mit den gleichen Produkten zu versorgen begannen wie die amerikanischen Konzerne. In den sechziger Jahren war zudem die Nachfragekurve nach den Standardgütern der Industriegesellschaft am oberen Wendepunkt angekommen. Die weltweit aufgebauten Kapazitäten erwiesen sich jetzt unter Renditeaspekten als viel zu hoch, die Konkurrenz auf dem Weltmarkt wurde schärfer und die Gewinne fielen. Zugleich war viel zu viel Kapital investiert worden, das sich erst noch auszahlen musste, als dass die Konzerne einfach in ein anderes Geschäftsfeld hätten wechseln können. In der Folge brachen die Investitionen ein und kamen als relevante Quelle profitabler Nachfrage vorerst nicht mehr in Betracht. In dieser Konstellation, nicht in Währungsturbulenzen oder der Ölpreisexplosion, lagen die tieferen Ursachen der ersten großen Weltwirtschaftskrise nach dem Zweiten Weltkrieg, die Anfang der siebziger Jahre begann.

Die neoliberale Wende

Die politische Wende zum Neoliberalismus Anfang der achtziger Jahre und auch die Strategien der großen Unternehmen in den nachfolgenden Jahrzehnten lassen sich auf einen großen gemeinsamen Nenner bringen: Es ging um die Wiedererhöhung der Kapitalrenditen oder, um den Marxschen Begriff zu gebrauchen, der Profitrate. Im Rahmen des Shareholder Value-Konzepts wurde dieses Ziel später offen anerkannt und verteidigt. Tatsächlich wird die gesellschaftliche Entwicklung in den westlichen Industrieländern in den zurückliegenden knapp drei Jahrzehnten nur verständlich, wenn wir sie unter dem Blickwinkel dieser übergeordneten Zielstellung sehen.

Der Unterschied zwischen den Vereinigten Staaten und Europa besteht dabei vor allem darin, dass eine Ausrichtung der Politik am Ziel höherer Profite jenseits des Atlantik wegen anderer gesellschaftlicher Kräfteverhältnisse wesentlich früher und bedingungsloser durchsetzbar war. Mit Ausnahme Großbritanniens haben die meisten europäischen Länder diesen Prozess erst in den neunziger Jahren nachgeholt, in Deutschland setzte er in scharfer und rabiater Form sogar erst vor zehn Jahren ein.

Der Zustand, in dem sich die US-Wirtschaft heute befindet und der nicht zu unrecht als Ausgangspunkt der gegenwärtigen Finanzmarktkrise angesehen wird, ist daher keineswegs ein spezifisch amerikanisches Problem. Eine Wirtschaft, deren verarbeitendes Gewerbe einen schleichenden Tod stirbt und als deren wichtigste Exportgüter am Ende nur noch Waffen und Schrottpapiere übrig bleiben, ist nicht das zufällige Ergebnis einer Verkettung unglücklicher Umstände, sondern letzte Konsequenz eines Entwicklungspfads, auf dem sich längst auch die meisten europäischen Länder befinden und den spätestens seit Ende der neunziger Jahre auch Deutschland eingeschlagen hat.

Wir sind also nicht besser als die Amerikaner, wir haben nur später angefangen und sind deshalb noch nicht ganz so weit. Und wir haben, was ein großer Vorteil ist, immerhin noch die Chance zur Umkehr, bevor die produktiven Kapazitäten der europäischen Wirtschaften in ähnlicher Weise am Boden liegen wie heute schon die der amerikanischen.

Schulden für Rendite

Die untenstehende Grafik vermittelt einen Eindruck von der Entwicklung des globalen Anlagevermögens seit 1980. Mit diesem Vermögen wurden entweder Schuldtitel oder Aktienkäufe finanziert. Der Kurvenverlauf zeigt, dass sämtliche Arten des globalen Geldvermögens weit schneller gewachsen sind als das (nominale) Bruttosozialprodukt, wobei das dramatischste Wachstum weder Staatsanleihen noch Aktienwerte zu verzeichnen hatten, sondern Investitionen in Schuldtitel privater Unternehmen und Kreditpapiere, deren Volumen sich zwischen 1980 und 2005 mehr als verzwanzigfacht hat. Auch die Schulden der Staaten allerdings sind, nach einer längeren Stagnation in den neunziger Jahren, seit der Jahrtausendwende noch einmal steil angestiegen.

Wenn wir im Folgenden von einer Kredit- oder Schuldenblase sprechen, meinen wir ausdrücklich nicht nur die jüngsten Exzesse auf dem Kreditmarkt, sondern die dramatische Zunahme der privaten und öffentlichen Verschuldung in den zurückliegenden 25 Jahren, die das realwirtschaftliche Wachstum um ein Vielfaches übertroffen hat.

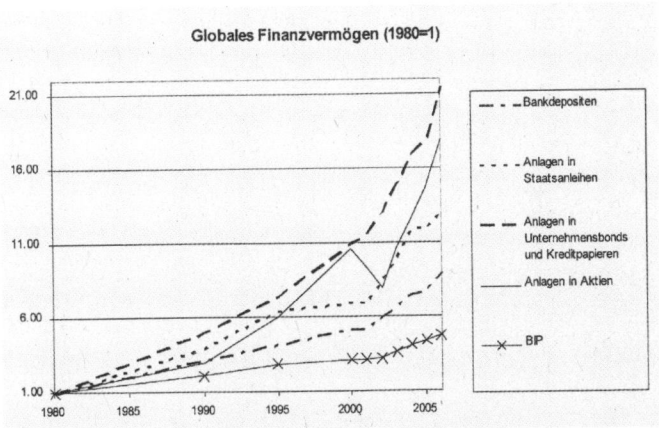

Quelle: McKinsey, Mapping Global Financial Markets, Januar 2008

Diese Kreditblase, die sich in den achtziger Jahren aufzubauen begann, in den neunzigern bereits bedenkliche Dimensionen annahm und seit der Jahrtausendwende ein Volumen gewonnen hat, das menschliches Vorstellungsvermögen übersteigt, war, wie wir im folgenden detailliert zeigen werden, eine direkte Folge des Strebens nach höheren Kapitalrenditen. Denn Lohndumping und Steuererleichterungen allein, die die neoliberale Wende überall mit sich brachte, verbilligen zwar die Produktion und senken die Kosten. Aber sie können das Problem der profitablen Nachfrage nicht lösen, sondern verschlimmern es, indem sie Kaufkraft abwürgen und so eine selbsttragende Investitionsdynamik erst recht unmöglich machen.

Eine Politik, die ernsthaft die Renditen nach oben treiben will, muss also Rahmenbedingungen für eine spürbare Erhöhung der Nachfrage aus mindestens einer der genannten gewinnträchtigen Quellen schaffen: dem Oberklasse-Konsum, den kreditfinanzierten Staatsausgaben, der Konsumentenverschuldung oder dem Export. Die Gewichtung, die diesen verschiedenen Komponenten beigemessen wurde, war von Land zu Land unterschiedlich und änderte sich im Laufe der Zeit. Aber ganz gleich, was im Vordergrund stand oder steht, alle genannten Formen, der Nachfrage künstlich auf die Sprünge zu helfen, produzierten und produzieren eben jenen Finanzschaum, der sich seither immer höher und übermächtiger über dem eigentlichen Produktionsgeschehen auftürmt und dieses zunehmend verdeckt, überlagert und bestimmt. Denn eine über längere Zeit hohe Kreditvergabe an Staat oder Konsumenten führt ebenso zu einer Aufblähung von Schulden auf der einen und Finanzvermögen auf der Gegenseite wie anhaltende Exportüberschüsse, denen zwangsläufig immer die Defizite anderer Länder gegenüber stehen müssen. Auch die Förderung des Luxuskonsums in den USA basierte wesentlich auf spekulativen Kapitalgewinnen, die, wie wir noch sehen werden, die Unternehmen zu einem großen Teil durch steigende Verschuldung finanzierten.

Die verschiedenen Strategien von Politik und Unternehmen zur Wiederherstellung der Kapitalrenditen und die Art, wie sie auf ihre je spezifische Weise die globale Kreditblase nährten und blähten, wollen wir uns jetzt genauer ansehen.

Staaten als Ponzi-Finanzierer

Die unmittelbare Reaktion nahezu aller westlichen Staaten auf die Wirtschaftskrise der siebziger Jahre war eine deutliche Ausweitung der staatlichen Kreditaufnahme. Das war zunächst weitgehend alternativlos. Mit der Krise brachen die öffentlichen Einnahmen weg, während die steigende Arbeitslosigkeit höhere Sozialausgaben verlangte. In dieser Situation den wirtschaftlichen Niedergang nicht noch durch staatliche Ausgabenkürzungen zu verschärfen, sondern ihm durch ausgedehntes deficit spending entgegenzusteuern, entsprach nicht allein der damals noch vorherrschenden keynesianischen Lehre, sondern war das einzig Vernünftige, was die Politik in dieser Situation tun konnte.

Reagans Hochtreiben der amerikanischen Staatsverschuldung durch exzessive Steuersenkungen zugunsten von Konzernen und der Oberschicht sowie eine beispiellose Ausweitung der Rüstungsausgaben war von anderem Kaliber. Jetzt ging es bereits vordergründig und brutal um die Wiederherstellung der Kapitalrenditen, und zwar auf zweifachem Wege. Zum einen durch die künstlich erzeugte profitable Nachfrage des Staates, die sich allerdings nahezu ausschließlich auf Waffen und Kriegsgüter bezog, was die Dominanz des Rüstungssektors in der amerikanischen Wirtschaft deutlich verstärkte. Zum anderen durch die Schaffung rentabler Anlagemöglichkeiten für das im Produktionsprozess nicht mehr benötigte Kapital. Denn dafür sorgte die sprunghaft ansteigende Kreditnachfrage der öffentlichen Hand gleich mit, wobei die damals emittierten Staatspapiere ausgesprochen rentierend waren. Immerhin wurde Reagans Rüstungskeynesianismus in den ersten Jahren von einer aggressiven Hochzinspolitik der amerikanischen Zentralbank flankiert, was reale Investitionen zusätzlich unattraktiv machte. So wurde in der ersten Hälfte der achtziger Jahre das Fundament für jene unglaubliche Aufblähung des Finanzsektors gelegt, die die Entwicklung der US-Wirtschaft in den folgenden Jahrzehnten prägen und bestimmen sollte.

Die Staatsverschuldung in Europa in den achtziger Jahren war deutlich weniger rüstungsfixiert und diente durchaus der Aufrechterhaltung einer gewissen sozialen Balance. Allerdings wurden die Spielräume mit dem Ansteigen der auf den öffentlichen Haushalten lastenden Schulden und entsprechend wachsenden Zinszahlungen immer geringer. Denn tatsächlich wirkt die staatliche Kreditaufnahme nur so lange expansiv – im Sinne der Schaffung profitabler Nachfrage –, solange die Neuverschuldung höher ist als die gezahlten Zinsen. Das aber bedeutet nichts anderes als dass die alten Zinsen mit neuen Krediten bezahlt werden müssen, also eine klassische Ponzi-Finanzierung.

Da solche Finanzierungen sich wegen ihrer explosiven

Schuldenvermehrung allerdings nie auf Dauer fortschreiben lassen und außerdem, in großem Stil betrieben, inflationäre Folgen haben können, formierte sich immer mehr Widerstand gegen eine solche Politik. Erschwerend kam hinzu, dass die in Europa bereits damals dominante deutsche Wirtschaft klar andere Prioritäten setzte: eine harte DM und eine aggressive Stützung und Förderung der Exportwirtschaft. Das Problem der profitablen Nachfrage wurde (und wird) hier also in erster Linie durch die Erzielung von Exportüberschüssen zu lösen versucht. Diese Strategie Deutschlands schränkte auch den Aktionsradius der anderen europäischen Regierungen ein, die bei einer expansiveren Fiskalpolitik und niedrigeren Zinsen immer wieder mit Kapitalabflüssen und Abwertungsspekulationen gegen ihre Währungen konfrontiert waren. Mit den Defizitkriterien des Maastricht-Vertrages, die die staatliche Neuverschuldung auf drei Prozent der Wirtschaftsleistung begrenzten, wurden die Möglichkeiten, den Staat zur Schaffung profitabler Nachfrage einzusetzen, im Vorfeld der Währungsunion schließlich auch vertraglich limitiert. Ob diese Vertragsbestimmungen die aktuelle Krise überleben werden, scheint mehr als zweifelhaft, aber das ist eine andere Frage, der wir an dieser Stelle nicht nachgehen wollen.

Schulden statt Löhne

Je mehr die staatlichen Spielräume zur Stabilisierung von Nachfrage und Profiten ausgeschöpft schienen, desto stärker rückte insbesondere in den USA eine andere Strategie in den Vordergrund: die Konsumentenverschuldung. Passend zum neuzeitlichen Privatisierungs-Trend handelt es sich im Grunde um eine Art Privat-Keynesianismus: Nicht der Staat nimmt rote Zahlen in Kauf, um der Wirtschaft mehr profitable Nachfrage zu verschaffen, sondern die große Mehrheit der Bevölkerung halst sich einen wachsenden Berg Schulden auf, um ein Konsumniveau zu finanzieren, das sie sich mit ihren Löhnen und Gehältern bei weitem nicht leisten könnte.

Normalerweise führt fortgesetztes Lohndumping dazu, den Binnenmarkt zu strangulieren und in die Agonie zu treiben, wie wir das in drastischer Weise seit 1998 in Deutschland erleben. Die Löhne in den USA wurden indessen bereits seit den achtziger Jahren auf ähnlich brutale Weise nach unten gedrückt und immer mehr Menschen in Billig- und Billigstjobs abgedrängt. Für siebzig Prozent aller amerikanischen Beschäftigten lagen die Reallöhne 1989 unter dem Niveau von 1979. Für die unteren vierzig Prozent sanken sie innerhalb dieser zehn Jahre sogar um fast ein Zehntel. Die neunziger Jahre brachten bestenfalls Stagnation, für die unteren Lohngruppen ging es weiter bergab. Im Dezember 2000 lag der reale Stundenlohn in der privaten US-Wirtschaft im Schnitt (ohne höheres Management und leitende Tätigkeiten) um mehr als fünf Prozent unter dem des Jahres 1979.

Zwar reagierten die Amerikaner auf diese Lohnsenkungen durch immer längere Arbeitszeiten und dadurch, Zweit- und Drittjobs anzunehmen, aber ausgeglichen wurden die Verluste auf diese Weise kaum. Trotz angeblichen Wirtschaftsbooms ist das durchschnittliche mittlere Familieneinkommen weder in den neunziger Jahren noch nach der Jahrtausendwende relevant gestiegen. Für die unteren zwanzig Prozent der Familien ging es deutlich zurück und lag am Ende gut zehn Prozent unter dem Niveau der siebziger Jahre.

Dem amerikanischen Konsum aber konnte das alles nichts anhaben. Er wuchs zwischen 1985 und 1995 mit einer passablen Jahresrate von knapp drei Prozent, in den Folgejahren sogar mit rasanten 4,3 Prozent und hielt auf diese Weise nicht nur die US-Wirtschaft, sondern wegen der hohen Importquote die Wirtschaft der ganzen Welt auf Trab. Verantwortlich für dieses auf den ersten Blick erstaunliche Konsumwachstum war zum einen der exzessive Luxuskonsum der amerikanischen Oberschicht, auf den wir noch zu sprechen kommen. Dieser allein hätte einen Einbruch in den Konsumausgaben der großen Mehrheit der Amerikaner jedoch nicht ausgleichen können. Der robuste und scheinbar unerschütterliche private Konsum als tragende Säule der US-Konjunktur war vielmehr nur zu halten, weil auch die sprichwörtliche Familie Jones während all der Jahre, in der ihr das Einkommen wegschmolz, ihren Konsum nie spürbar eingeschränkt hat.

Die wachsende Kluft zwischen Einnahmen und Ausgaben wurde vielmehr zunächst durch Abräumen der vorhandenen Sparguthaben und in steigendem Maße durch Kredite und Schulden überbrückt. Infolge dessen war die Verschuldung amerikanischer Privathaushalte bereits in der zweiten Hälfte der achtziger Jahre auf achtzig Prozent des verfügbaren Einkommens angeschwollen. Dieser Anteil reduzierte sich im Verlaufe der Rezession zu Beginn der neunziger Jahre, nahm allerdings ab Mitte des Jahrzehnts wieder rasant zu und erreichte im Jahr 2000 fast einhundert Prozent. Den ultimativen Kick gab es nach der Jahrtausendwende, als leichte Hypotheken, niedrige Zinsen und scheinbar endlos steigende Immobilienpreise das perfekte Umfeld boten, um dem durchschnittlichen US-Haushalt geradezu aberwitzige Schulden aufzuhalsen. Es waren im wesentlichen die durch diese Verschuldungswelle finanzierten Ausgaben, die der US-Wirtschaft halfen, die durch das Platzen der Internet-Blase ausgelöste Rezession relativ schnell wieder zu überwinden. Und alle Exportwirtschaften, einschließlich der deutschen, profitierten mit.

Auf diese Weise konnte einerseits ein künstlicher Bauboom am Leben erhalten werden, der die Konjunktur stützte. Der übergroße Teil der Hypothekenschulden allerdings wurde nicht

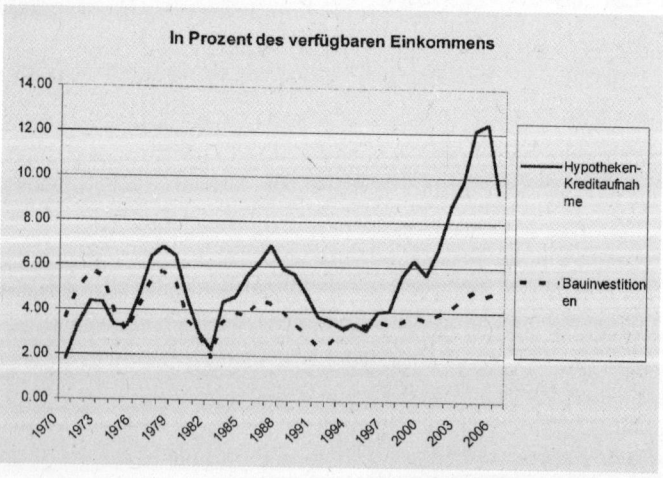

Quelle: Fed, Flow of Funds

zum Erwerb oder Bau neuer Häuser genutzt. Vielmehr animierten die Lockangebote und scheinbar zinsgünstigen Baukredite Millionen Haushalte zur Aufstockung der bereits vorhandenen Hypothek oder auch zum Beleihen vorher völlig schuldenfreier Häuser, um auf diesem Wege billiges Geld für Konsumzwecke flüssig zu machen.

Die Grafik zeigt die Entwicklung der jährlich neu vergebenen Hypothekendarlehen (abzüglich Tilgung) und der Bauinvestitionen privater Haushalte, jeweils im Verhältnis zum verfügbaren Einkommen. Man sieht, dass sich beide Größen lange Zeit parallel entwickelt haben, was einfach nur bedeutet, dass Hypotheken für das verwandt wurden, wofür sie eigentlich da sind: zur Finanzierung von Hauskäufen. Bereits in den achtziger Jahren begannen beide Positionen auseinanderzuklaffen, schon damals wurden also Hauskredite in erheblichem Maße zur Konsumfinanzierung genutzt. Ab Mitte der neunziger Jahre schließlich begann der Wert neuer Hypotheken beispiellos nach oben zu schießen, während für den tatsächlichen Kauf neuer Häuser geringere Teile des Einkommens verausgabt wurden als in den späten siebziger Jahren.

Im Ergebnis dieses Hypothekenwahns lag die Verschuldung amerikanischer Konsumenten Ende 2006 im Schnitt bei 125 Prozent des Jahreseinkommens. Eine Familie, die im Jahr 40 000 Dollar verdiente, hatte damit durchschnittlich 50 000 Dollar Schulden am Hals und allein Zinszahlungen von vielleicht vierhundert Dollar im Monat. Wobei diese Durchschnittsgrößen die Dramatik der realen Lage noch verharmlosen, denn sowohl Einkommen als auch Schulden waren (und sind) sehr ungleich verteilt, und zwar jeweils in entgegengesetzter Richtung: Gerade auf Haushalten mit unterdurchschnittlichem Einkommen lasten weit überdurchschnittliche Schulden, was die Relation zwischen Zinslast und Einkommen – von der Tilgung nicht zu reden – erheblich verschärft.

Verwendet wurden all diese Kredite – entgegen dem üblichen Vorurteil – kaum für Luxusgüter, sondern in der Regel zur Finanzierung banaler Dinge wie Krankenhausrechnungen oder Schulgebühren. Wegen der geschilderten Lohnentwicklung war für viele Familien nur über den Weg steigender Verschuldung überhaupt der gewohnte Lebensstandard aufrechtzuerhalten, zumal die Preise für elementare Dienste schnell anstiegen.

Wie viel die amerikanischen Haushalte verschiedener Einkommensgruppen für welche Arten von Konsum ausgegeben haben, lässt sich an Statistiken wie dem jährlich erhobenen Consumption Expenditure Survey (CEX) ablesen. Da beim CEX, wie bei den meisten derartigen Erhebungen, die oberen Zehntausend ausgeklammert bleiben, vermitteln die Daten ein relativ gutes Bild von den Konsumgewohnheiten der Mittelschicht und der ärmeren Haushalte.

Wenn vom Luxusrausch der amerikanischen Konsumenten gesprochen wird, werden unter dieser Rubrik normalerweise Ausgaben für neue Autos, teure Kleidung, Schmuck, Funparks, Reisen, Unterhaltungselektronik oder Urlaubswohnungen verstanden. Summiert man eben diese Ausgabearten nach den CEX-Daten und berechnet ihren Anteil am verfügbaren Einkommen, ergibt sich kein steigender, sondern seit den 8oer Jahren ein fallender Trend. Die untenstehende Grafik zeigt den Verlauf dieser Ausgabenkurve für das dritte, vierte und obere Fünftel der vom CEX erfassten Haushalte – also die eigentlichen Mittelschichten – und für den Durchschnitt aller Haushalte. Von überzogenem Hang zum Luxus kann hier keine Rede sein. Deutlich gestiegen, auch das zeigt der CEX, sind im Ge-

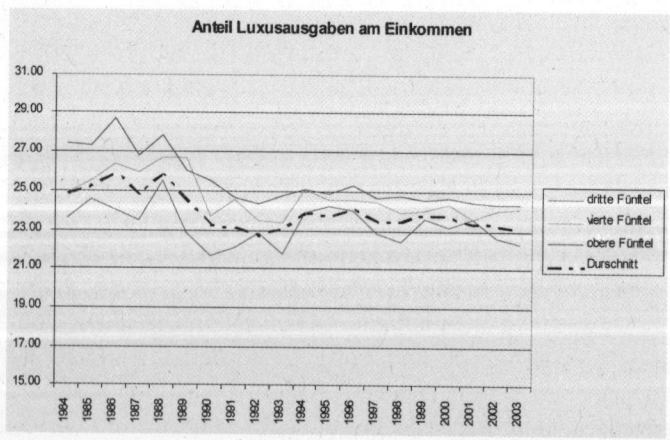

Quelle: Consumption und Expenditure Survey

gensatz zu den Luxuskategorien vielmehr die Ausgaben für Gesundheit und Bildung und die notwendigen Zahlungen rund um den Erhalt des eigenen Heims.

Ohne die exzessive Verschuldung der amerikanischen Mittel- und (im Zuge des Subprime-Booms) auch Unterschichten wäre das Wachstum der US-Wirtschaft zweifellos schon weit früher zum Erliegen gekommen. Sie leistete damit einen wichtigen Beitrag zur Stabilisierung des Konsums und ermöglichte damit weit höhere Profite in- und ausländischer Konsumgüterproduzenten als sie ohne diesen Faktor erreichbar gewesen wären.

Allerdings ist diese Dynamik zwangsläufig ebenso endlich wie jene, die durch ausgeweitete Staatsverschuldung angetrieben wird. Denn auch für die Verbraucher gilt: Expansiv und damit gewinnerhöhend wirkt die kreditfinanzierte Konsumnachfrage nur, so lange die Neuverschuldung die Zinszahlungen übersteigt. Auch die Konsumenten – als Gemeinschaft! – müssen sich also als Ponzi-Finanzierer betätigen und Zins und Tilgung ihrer alten Kredite mit immer neuen, größeren Krediten finanzieren, wie sie es in den USA tatsächlich über viele Jahre getan haben. Aber irgendwann ist auch hier das Limit erreicht. Und in dem Augenblick, in dem neben stagnierenden Löhnen auch noch Zins und Tilgung die für Konsumzwecke verfügbaren Einkommen dezimieren, verkehrt sich die Dynamik mit aller Härte und Brutalität ins Gegenteil.

Wir haben uns in diesem Abschnitt allein auf die Verschuldung der US-Konsumenten konzentriert, weil die hier entstandene Schuldenblase in ihrer Ausdehnung und ihrem wirtschaftlichen Effekt tatsächlich ohne Beispiel ist und die europäischen Unternehmen als Exporteure von dieser Blase vielleicht sogar stärker profitiert haben als von dem kreditfinanzierten Konsum innerhalb Europas. Das soll nicht heißen, dass Konsumentenschulden hier keine Rolle spielten. Insbesondere in Großbritannien und Irland, aber auch in vielen anderen Ländern war die steigende Kreditaufnahme ebenfalls ein wichtiges Mittel, die Konsumausgaben weit über die mit den Masseneinkommen gegebenen Möglichkeiten hinaus auszuweiten. Selbst in Deutschland war schon 2003 fast jeder vierte Haushalt mit Verbraucherschulden belastet, arme Haushalte hatten durchschnittlich 23 Prozent ihres Einkommens für Zins und Tilgung aufzubringen, fast drei Millionen Haushalte galten als überschuldet. Dennoch ist – auch aufgrund derzeit noch besserer gesetzlicher Regulierung – die Dimension der Konsumentenverschuldung mit der US-amerikanischen nicht zu vergleichen.

Der Luxusrausch der oberen Zehntausend

Während die immer höhere Verschuldung von Familie Jones gerade eben ausreichte, um bei sinkenden Einkommen den vorhandenen Lebensstandard zu sichern, geht die Zunahme des US-Konsums in den zurückliegenden anderthalb Jahrzehnten nahezu ausschließlich auf den Luxusrausch der wohlhabendsten zwanzig Prozent der US-Amerikaner zurück. In besonders exzessiver Weise haben die oberen ein bis fünf Prozent ihren Konsum ausgeweitet und Luxusgüterproduzenten aus aller Welt reich und glücklich gemacht.

Dieses überdurchschnittliche Wachstum der Konsumlust der Reichsten scheint zunächst einfach die Folge ihres weit überdurchschnittlichen Einkommenswachstums gewesen zu sein. Tatsächlich haben die oberen zehn Prozent aller amerikanischen Familien ihren Anteil an den gesamten Einkommen in den letzten 25 Jahren um zwölf Prozentpunkte – von 37 auf 46 Prozent – ausgedehnt. Im Gegensatz zu stagnierenden und sinkenden Einkommen der großen Mehrheit ist das Realeinkommen des reichsten Fünftels der US-Amerikaner zwischen Ende der siebziger Jahre und der Jahrtausendwende um 43 Prozent gestiegen, und das Einkommen der Top-ein-Prozent hatte sich in dieser Zeit mehr als verdoppelt.[43]

Dass Leute, die immer reicher werden, auch mehr konsumieren, ist nichts Ungewöhnliches. Normalerweise steigt mit den Einkommen allerdings auch der Teil des Geldes, der auf die Finanzmärkte geschoben wird, gerade bei den Superreichen, die sich bereits ohne weitere Einkommenssprünge ein luxuriöses Leben mit allen Schikanen leisten konnten. Eben deshalb führt eine zunehmend ungleiche Einkommensverteilung in der Regel zu steigenden Sparquoten und sinkender Nachfrage auf den Gütermärkten.

Das Besondere des US-Modells der letzten fünfzehn Jahre besteht darin, dass genau dieser Effekt ausgeblieben ist. Die Einkommensungleichheit hat geradezu perverse Werte erreicht, aber die Sparquote der Haushalte ist nicht nur nicht angestiegen, sondern rapide gesunken und liegt jetzt seit Jahren nahe Null und sogar darunter. Das ist natürlich einerseits die Folge wachsender Verschuldung der amerikanischen Mittelschichten und Geringverdiener, deren Kreditaufnahme bei Berechnung der Sparquote von den Ersparnissen der übrigen Haushalte abgezogen wird. Aber das ist es nicht allein. Obwohl endlos in Geld gebadet, hat auch die amerikanische Oberschicht, wenn man den Statistiken glauben darf, nicht größere, sondern eher kleinere Teile ihres Einkommens gespart. Der Luxuskonsum der oberen Zehntausend hat damit einen eigenständigen Beitrag zur Schaffung von profitabler Nachfrage und zur Erhöhung der Kapitalrenditen geleistet. Das ist ungewöhnlich, und die Gründe liegen nicht auf der Hand.

Eine in der heutigen Mainstream-Ökonomie übliche Erklärung für den robusten amerikanischen Konsum seit Mitte der neunziger Jahre stellt den sogenannten Vermögenseffekt in den Mittelpunkt. Steigende Immobilienpreise oder auch Aktienwerte führen nach dieser Theorie dazu, dass sich die Leute reicher fühlen und deshalb freudiger konsumieren und weniger sparen. Wir haben gesehen, dass steigende Immobilienpreise tatsächlich eine wesentliche Voraussetzung dafür waren, ein Durchschlagen sinkender Einkommen auf den Konsum zu verhindern. Allerdings hat das wenig mit gefühltem Reichtum zu tun und sehr viel mit realen Möglichkeiten, steigende Immobilienwerte über aufgestockte Hypotheken in bare Münze zu verwandeln.

Die Aktien-Hausse berührte die meisten US-Bürger weniger als der Häuserboom, weil selbst in den USA nur etwa zwanzig Prozent der Bevölkerung Aktien besitzen, wobei die wirklich großen Aktiendepots sich in den Händen der oberen fünf Prozent konzentrieren. Deren Reichtum hat tatsächlich in beispielloser Weise zugenommen, seit der amerikanische Aktienmarkt Mitte der achtziger Jahre zum Höhenflug ansetzte und diesen, mit Unterbrechungen, bis Mitte des Jahres 2008 beibehielt.

Da die Top-Verdiener der US-Einkommenspyramide natürlich auch über größere und teurere Immobilien verfügen, haben sie ebenfalls von boomenden Hauspreisen mit deutlich höheren Vermögenszuwächsen profitiert als der amerikanische Durchschnittsverdiener. War es dieses Gefühl endlosen, sich immer weiter vermehrenden Reichtums, das die reichsten US-Amerikaner verführt hat, immer weniger zu sparen, exzessiv zu konsumieren und so dabei zu helfen, das Problem der profitablen Nachfrage zu lösen?

Es gibt einiges, was dagegen spricht. Beispielsweise ist auch in Deutschland der Aktienbesitz in wenigen Händen konzentriert und die oberen Zehntausend konnten sich zu Zeiten boomender Aktienmärkte vor und nach der Jahrtausendwende über ebenso üppige Vermögenszuwächse freuen. Dennoch ist hier – wie in vielen anderen europäischen Ländern – eine der amerikanischen vergleichbare Art von Konsumrausch ausgeblieben. Vielmehr trat ein, was normalerweise eintritt, wenn sich Einkommen ganz oben konzentrieren: Es wird fleißig gespart, die Güternachfrage schrumpft und der Binnenmarkt siecht.

Manch einer mag diese unterschiedliche Reaktion auf Vermögensblasen auf Mentalitätsunterschiede zurückführen. Bei genauem Hinsehen zeigt sich jedoch, dass es tiefere Gründe gibt. Denn die amerikanische Oberschicht fühlte sich eben nicht nur immer reicher, sie konnte den Wertzuwachs ihrer Aktien auch zu einem erheblichen Teil in bare Münze verwandeln. Dafür musste sie die Aktien durchaus nicht beleihen, wie die Mittelschicht ihre Häuser, sondern konnte sie einfach peu à peu verkaufen. Die Kursgewinne standen damit nicht nur auf dem Papier, sondern schlugen sich in wachsenden realen Einnahmen nieder.

Die Flow of Funds-Statistiken der amerikanischen Zentralbank weisen diesen Vorgang sehr deutlich aus. Tatsächlich haben die amerikanischen Haushalte – und das sind in diesem Fall vor allem die Reichen und Superreichen – gerade in den Jahren boomender Börsen per Saldo Aktien nicht etwa gekauft, sondern verkauft, wobei ihr Aktienvermögen wegen der Kursgewinne trotzdem immer größer wurde. Diese Verkäufe konnten der Hausse nichts anhaben, weil anderweitig für ausreichend

Nachfrage gesorgt war. Abgekauft wurden der US-Oberschicht die teuren Aktien vor allem von zwei Gruppen von Interessenten: ausländischen Investoren und amerikanischen Produktionsunternehmen.

Der endlose Strom ausländischen Geldes, der sich seit Mitte der neunziger Jahre über die amerikanischen Wertpapiermärkte ergoss, war die Kehrseite des immer größeren US-Leistungsbilanzdefizits. Jedes Land mit einem Defizit lebt davon, dass das Ausland ihm Kredit gewährt, weil sonst die Importgüter gar nicht gekauft werden könnten. Eine Volkswirtschaft, die täglich für zwei bis drei Milliarden Dollar mehr Güter importiert als exportiert, braucht ebenso viele Milliarden am Tag in Form anlagesuchender ausländischer Gelder, um die Lücke zu schließen.

Die Idee allerdings, Handelsdefizite über ausländische Aktienkäufe im Zuge einer Spekulationsblase zu finanzieren, bringt den enormen Vorteil, dass in diesem Prozess keine Schulden entstehen, sondern mit dem Platzen der Blase auch alle Ansprüche erloschen sind. Insbesondere in der zweiten Hälfte der neunziger lieferte das Ausland der amerikanischen Oberschicht also nicht nur die Luxusgüter, die diese freudig konsumierte, sondern durch den Kauf überteuerter Aktien gratis gleich noch das Geld dazu, mit dem sie diese Güter bezahlen konnte. Die sogenannte Rubin-Doktrin, die auf einen starken Dollar und die bedingungslose Förderung der Aktien-Hausse setzte und von der amerikanischen Zentralbank massiv unterstützt wurde, war zwar eine Killerstrategie für die eigene Industrie. Unter dem Aspekt, die Auslandsnachfrage nach US-Aktien hoch zu halten und so die Einnahmebasis der oberen Zehntausend zu sichern, war sie aber durchaus schlüssig.

Natürlich haben die Vereinigten Staaten es nie vermocht, ihre gesamten Importüberschüsse über den Aktienmarkt zu finanzieren. Unternehmensbonds und Staatsanleihen spielten ebenfalls immer eine wichtige Rolle, und in den letzten Jahren eben in zunehmenden Maße jene verbrieften Schrottpapiere, die den weltweiten Finanzcrash im Sommer 2007 ausgelöst haben. Aber das heißt nicht, dass das Ausland in dieser Zeit keine Aktien mehr gekauft hat. Auch während des letzten großen Börsenbooms, der nach 2003 begann, musste sich die amerikanische Oberschicht durchaus nicht damit begnügen, den steigenden virtuellen Wert ihrer Aktiendepots zu genießen, sondern konnte auch diese Wertzuwächse zu erheblichen Teilen in Cash einstreichen.

Der übergroße Teil dieser realisierten Kursgewinne wurde natürlich nicht konsumiert, sondern in neue spekulative Käufe von Aktien oder anderen Wertpapieren gesteckt. Der Ökonom und Wirtschaftshistoriker Charles Kindleberger geht in einer Untersuchung davon aus, dass zwischen 95 und 97 Prozent der dank ausländischer Nachfrage realisierten Kursgewinne am amerikanischen Aktienmarkt erneut zum Kauf von Finanztiteln verwandt wurden, während zwischen drei und fünf Prozent tatsächlich in den Konsum geflossen sind.[44] Angesichts von Tausenden Milliarden Dollar, von denen hier die Rede ist, stehen auch drei bis fünf Prozent für gewaltige Summen, die Spielgeld für einen immer exzessiveren Konsumrausch lieferten.

Zudem war das Ausland nicht der einzige Nachfrager, der den oberen Zehntausend ihre teuren Aktienpakete abnahm. Schon seit Mitte der achtziger Jahre gehörte es zu den Besonderheiten und Absurditäten der amerikanischen Wirtschaft, dass die Unternehmen in weit größerer Zahl Aktien vom Markt zurückkauften als sie zur Einwerbung von Kapital neu emittierten. Ganz im Gegensatz zu der ursprünglichen Idee, Aktienemissionen als Finanzierungsinstrument für Investitionen zu nutzen, bringen Aktien den US-Unternehmen also per Saldo schon lange kein Geld mehr, sondern kosten sie welches, nämlich jene stetig steigenden Beträge, die für den Rückkauf eigener und den Kauf fremder Aktien (im Rahmen von Unternehmensübernahmen) verausgabt wurden und werden.

Zwischen 1983 und 1990 wurden ganze 72,5 Prozent, also die große Mehrzahl aller in den USA verkauften Aktien, nicht etwa von Haushalten, Banken, Hedgefonds oder dem Ausland nachgefragt, sondern von US-Produktionsunternehmen. Finanziert wurden diese Aktienkäufe teils aus einbehaltenen Gewinnen, zum größeren Teil jedoch über Schulden, und sie waren wesentlich verantwortlich für den hohen Verschuldungsgrad, der die amerikanische Privatwirtschaft bereits zu Beginn der

90er Jahre kennzeichnete. Die nächste Welle von Aktienrückkäufen fand im Rahmen des Börsenbooms in der zweiten Hälfte
der neunziger Jahre statt und hat diesen wesentlich angetrieben.
Allein zwischen 1994 und 1998 gaben amerikanische Unternehmen (ohne den Finanzsektor) mehr als eine halbe Billion
Dollar netto – das heißt, nach Abzug der Emissionen – zur Finanzierung von Aktienkäufen aus. Gut die Hälfte der zu dieser
Zeit aufgenommenen Neuschulden der Unternehmen in Höhe
von 1.035 Milliarden Dollar wurde für diesen Irrsinn aus dem
Fenster geworfen. Diese Aktivitäten setzten sich auch nach dem
Platzen der Internet-Blase ungebrochen fort. Zwischen 2000
und 2004 verpulverten US-Unternehmen noch einmal unglaub-
liche 422 Milliarden Dollar für den Rückkauf eigener Aktien.
Und erneut wurden zur Bezahlung dieser Käufe in großem Stil
Schulden aufgetürmt.

So verhalfen die US-Unternehmen dem Dow Jones zu immer
neuen Höhenflügen und der Oberschicht zu Cash ohne Ende,
den sie selbst mit steigender Verschuldung bezahlten. Begüns-
tigt wurde dieses aberwitzige Modell durch die US-Steuerge-
setzgebung, die realisierte Kursgewinne lange Zeit deutlich
niedriger besteuerte als Dividenden, und die den Unternehmen
umgekehrt gestattete, Zinszahlungen in Gänze von der Steuer
abzusetzen.

Sehen wir uns noch einmal genauer an, was hier wirklich
geschehen ist. Angenommen, General Motors macht in
einem Jahr eine Milliarde Dollar Gewinn und schüttet
diese Milliarde an seine Aktionäre aus. Wenn der Marktwert aller GM-Aktien gerade bei zwanzig Milliarden
liegt, entspricht das einer Dividendenrendite von fünf
Prozent. Die GM-Aktionäre sind also am Jahresende um
eine Milliarde reicher und können damit machen, was
sie wollen: sich mit dem Luxuskreuzer durch die Südsee
schippern lassen, der Freundin Diamanten um den Hals
hängen oder neue Aktien und andere Wertpapiere kaufen.
Hier sind die Verhältnisse übersichtlich. Die Beschäftig-

ten des Unternehmens erwirtschaften einen Gewinn, der in Form von Dividenden an die Aktionäre fließt. Je höher der Gewinn, desto höher die Dividende und desto zufriedener die Aktionäre.

Es geht aber auch anders. General Motors kann die Dividende auch ausfallen lassen und die Milliarde dazu nutzen, jedem GM-Aktionär einen gewissen Teil seiner GM-Aktien abzukaufen. Die Aktionäre erhalten die eine Milliarde Dollar Gewinn jetzt auch, aber nicht als Dividende, sondern als Erlös aus Aktienverkäufen. Wenn Veräußerungsgewinne steuerfrei sind, während Dividenden besteuert werden, haben sie netto in diesem Fall sogar mehr in der Tasche. Zugleich dürfte die Nachfrage von General Motors nach eigenen Aktien in dieser Größenordnung den Marktwert aller GM-Aktien kräftig nach oben treiben. Die GM-Aktionäre haben so zwar einen Teil ihres Portefeuilles an das Unternehmen verkauft, aber sehr wahrscheinlich am Ende wertmäßig ein größeres GM-Aktiendepot als vor der ganzen Transaktion. Da es für sie sachlich keinen Unterschied macht, ob ihre Einnahmen aus Dividenden oder realisierten Kursgewinnen stammen, können sie also rundum zufrieden sein.

Für die Statistik allerdings ist der Unterschied zwischen Dividenden und realisierten Kursgewinnen erheblich. Dividenden sind Einkommen. Werden sie erneut in Wertpapieren angelegt, zählt das als Ersparnis. Realisierte Kursgewinne sind nach der volkswirtschaftlichen Statistik kein Einkommen und ihre Wiederanlage in Finanztiteln deshalb auch keine Ersparnis. Wird indessen auch nur ein Bruchteil dieses Geldes – also beispielsweise die oben erwähnten drei bis fünf Prozent – am Ende konsumiert, schlägt das statistisch als Absenkung der Sparquote zu Buche, obwohl Haushalte, die 95 bis 97 Prozent ihrer Einnahmen wieder auf die Finanzmärkte schieben, natürlich in Wahrheit hyperaktive Sparer sind.

In einer Wirtschaft, in der die Oberschicht wachsende Teile ihrer Einnahmen aus realisierten Spekulationsgewinnen statt aus Dividendenausschüttungen oder Zinsen bezieht, wird deren tatsächliche Einkommenssituation in der Statistik also gravierend unterschätzt. Wenn wir allein die Aktienkäufe der Unternehmen und des Auslands zusammenrechnen, hat die amerikanische upper class also in den zurückliegenden zweieinhalb Jahrzehnten noch ungleich mehr Geld auf ihre Konten geschleust als die offiziellen Statistiken über ihre Einkommensentwicklung, die wir oben zitiert haben, ausweisen. Diese unvorstellbare Geldflut hat einen exzessiven Luxusrausch ermöglicht, während große Teile der Einnahmen zugleich auf die Finanzmärkte zurückflossen und dort die spekulative Blase weiter aufgebläht haben.

In den meisten europäischen Ländern fehlte den oberen Zehntausend lange Zeit diese Möglichkeit zu Billioneneinnahmen jenseits der Einkommensstatistik. In Deutschland etwa waren Aktienrückkäufe von Unternehmen bis 1998 verboten. Auch eine hohe Auslandsnachfrage, die Kursgewinne zu realisieren gestattete, gab es hier erst seit Ende der neunziger Jahre. Natürlich hat auch die europäische Oberschicht zunehmend auf dem internationalen Börsenparkett mitspekuliert und ist dabei alles andere als ärmer geworden. Nur die Dimension des Ganzen blieb immer eine andere als in den Vereinigten Staaten.

Weshalb der Luxuskonsum jenseits des Atlantik in dieser Form zum konjunkturtreibenden Faktor werden konnte, hatte auch damit zu tun, aus welcher Quelle die Unternehmen ihre Aktienrückkäufe finanzierten. Denn, wie erwähnt, dienten diese keineswegs nur der steuersparenden Gewinnausschüttung, sondern wurden primär über Schulden finanziert.

Für unser Beispiel hieße das: General Motors macht eine Milliarde Gewinn und schüttet diesen in Dividenden aus. Zugleich besorgt sich das Unternehmen auf dem Kapitalmarkt einen Kredit in Höhe von ebenfalls eine Milliarde und kauft damit einen Teil seiner Aktien zurück.

Jetzt geht es den GM-Aktionären natürlich noch viel besser als in den oben geschilderten Fällen. Immerhin erhalten sie jetzt insgesamt doppelt so viel Cash von dem Unternehmen, nämlich zwei Milliarden Dollar, und wenn wir davon ausgehen, dass sie einen erheblichen Teil davon wiederum in neuen Aktien – sei es von GM oder anderen Unternehmen – investieren, dürfte auch der Kursauftrieb noch stärker ausfallen als zuvor.

Wichtig ist unter dem Gesichtspunkt von Nachfrage und Konsum dabei Folgendes: Ein Unternehmen, das Gewinne in Form von Dividenden oder auch Aktienrückkäufen an seine Anteilseigner weitergibt, verteilt Einkommen um, das von seinen Beschäftigten tatsächlich erwirtschaftet wurde. Ein Unternehmen hingegen, das seinen Aktionären Geld ausschüttet, das es sich selbst auf dem Kreditmarkt besorgt hat, erhöht die Aktienrendite, ohne die Produktion und die Gewinne dafür steigern zu müssen und damit auch, ohne auf wachsende Nachfrage angewiesen zu sein. Was hier tatsächlich ausgeschüttet wird, sind Ansprüche auf künftige Gewinne, die noch gar nicht erarbeitet wurden. Denn aus diesen künftigen Gewinnen müsste das Unternehmen, so es dazu in der Lage ist und nicht vorher Bankrott geht, irgendwann Zins und Tilgung der Schulden leisten. Fließt auch nur ein Bruchteil dieses ausgeschütteten Geldes tatsächlich in den Konsum, wirkt das ebenso expansiv und nachfragestimulierend wie die Schaffung kreditfinanzierter Konsumenten- oder Staatsnachfrage.

Allerdings gibt es zwei nicht unerhebliche Unterschiede: Zum einen verschulden sich bei diesem eigentümlichen Kreislauf nicht die, die das Geld letztlich ausgeben, also die Aktionäre, die vielmehr im Verlaufe dieses für sie hochkomfortablen Prozesses immer reicher und vermögender werden und zugleich immer mehr konsumieren können. Und zum anderen wird ein übergroßer Teil dieser Kredite direkt in den spekulativen Finanzkreislauf eingespeist, ohne je auch nur einmal für den Kauf irgendeines realen Gutes verausgabt worden zu sein. Die Relation zwischen Schuldensumme und realem Nachfrageeffekt ist hier also besonders ungünstig.

Und selbstverständlich lässt sich auch dieser Verschuldungskreislauf nicht unbegrenzt weitertreiben. Je mehr die Unternehmen ihre Neuverschuldung über Dividendenausschüttungen oder Aktienrückkäufe direkt an die Aktionäre weiterreichen statt sie produktiv zu investieren, desto weniger entstehen in diesem Prozess tatsächlich neue Produktionskapazitäten, aus denen die Zinsen und Tilgungen am Ende auch bezahlt werden können. Desto wahrscheinlicher ist daher Überschuldung und Konkurs des Unternehmens, zumal wenn dann noch ein Wirtschaftsabschwung die Gewinne spürbar dezimiert.

Tatsächlich haben wir genau das bereits einmal erlebt, nämlich in der US-Rezession zu Beginn der neunziger Jahre, als sehr viele Unternehmen untergingen, die sich zuvor über sogenannte Junk Bonds hoch verschuldet hatten, um Übernahmen und Aktienkäufe zu stemmen. Allerdings war die Größenordnung des Schuldenproblems volkswirtschaftlich mit der heutigen in keiner Weise vergleichbar.

Auch das Modell, die Konsumlust der oberen Zehntausend über wachsende Unternehmensschulden anzuheizen, hat daher alle Potenziale, seine Dynamik ins Gegenteil zu verkehren. Dass es am Ende weniger die Aktionäre als die Beschäftigten der betroffenen Unternehmen sein werden, die eine solche Umkehrung mit Jobverlust und einem dramatischen Einschnitt in ihren Lebensstandard auszubaden haben, versteht sich.

Finanzmonopoly statt Investitionen

Die amerikanischen Unternehmen (und später auch sehr viele europäische) haben natürlich nicht deshalb ihre Gewinne und ihre Neuverschuldung für Aktienkäufe und Dividendenausschüttungen verpulvert statt sie produktiv zu investieren, weil sie den makroökonomischen Effekt steigender Konsumausgaben der oberen Zehntausend im Auge hatten. Das zentrale Ziel der Unternehmensstrategien seit Beginn der achtziger Jahre bestand vielmehr darin, die Rendite auf das eingesetzte Kapital zu erhöhen. Die Marktbereinigung durch Übernahmen und

Fusionen war ein wesentliches Mittel zu diesem Zweck, und die Stützung steigender Aktienkurse durch Rückkäufe und hohe Ausschüttungen hatte in diesem Zusammenhang eine doppelte Funktion: Zum einen, die feindliche Übernahme des eigenen Unternehmens zu erschweren, und zum anderen, über hochbewertete Aktien eine effektive Währung zu erhalten, mit der andere Unternehmen aufgekauft werden konnten.

Tatsächlich wurde mit dem Rückkauf eigener Aktien die kurzfristige Aktienrendite, die sich aus Dividenden und Kursgewinnen zusammensetzt, für die Anleger oft mehr gesteigert als eine gleich hohe reale Investition das vermocht hätte. Aus dem selben Grund lenkten Produktionsunternehmen ihre Mittel generell immer stärker in Finanz- anstelle von Sachinvestitionen, da erstere in dem gegebenen Marktumfeld in der Regel höhere, schnellere und risikoärmere Renditen versprachen und so dabei halfen, Gewinn und Kapitalrendite des Gesamtkonzerns wieder nach oben zu treiben.

Sehen wir uns die einzelnen Facetten dieser Unternehmensstrategie zur Wiedererhöhung der Kapitalrenditen und ihre Folgen näher an. Wir haben oben gezeigt, dass das verarbeitende Gewerbe der Industrieländer bereits Mitte der siebziger Jahre mit hohen Kapazitäten und schrumpfenden Gewinnmargen zu kämpfen hatte. An dieser Situation änderte sich auch im Verlaufe der achtziger Jahre wenig, eher im Gegenteil. Die neoliberale Wende hin zu Lohndrückerei und Steuerdumping entlastete die Firmen zwar auf der Kostenseite, ergab aber umso weniger Gründe, die Produktionskapazitäten in den klassischen Massengütersektoren aufzustocken. Der forsche Eintritt japanischer (und später auch südostasiatischer) Unternehmen in den Weltmarkt machte den amerikanischen und europäischen Konzernen zusätzliche Konkurrenz und verschärfte das Problem von Überkapazitäten und schwindender Rentabilität.

In dieser Situation war zur Steigerung der Rendite nicht Kapazitätserweiterung, sondern Kapitalzerstörung angesagt. Dem dienten die zahllosen Unternehmensübernahmen und Fusionen, die immer zur Folge hatten, dass vorhandene Kapazitäten stillgelegt sowie Beschäftigte entlassen wurden und am Ende Unternehmen mit geringeren Fixkosten und weniger Konkurrenzdruck einen größeren Markt abdecken konnten.

Die erste große Übernahmewelle in den USA tobte Ende der achtziger Jahre und wurde über den boomenden Junk-Bond-Markt finanziert. Sein Zusammenbruch an der Schwelle der neunziger Jahre löste ein massenhaftes Sterben überschuldeter Unternehmen aus und bewirkte über diesen Weg eine zusätzliche Marktbereinigung. Die nächste Fusionswelle folgte in der zweiten Hälfte der neunziger Jahre, flaute nach der Jahrtausendwende leicht ab und erlebte ab 2005 noch einmal einen beispiellosen Aufschwung. In Europa waren nationale und multinationale Großfusionen vor allem das – politisch erwünschte und ausdrücklich geförderte – Resultat des mit dem Maastrichtvertrag geschaffenen gemeinsamen EU-Binnenmarktes. Im Ergebnis gibt es diesseits und jenseits des Atlantik immer weniger große Wirtschaftskonzerne, die immer größere Teile des Weltmarktes mit ihren Erzeugnissen beliefern, durch geschickte Steuerarbitrage und Produktionsverlagerungen in Billiglohnstandorte Kosten sparen und inzwischen auch wieder deutlich höhere Renditen erzielen als zu Beginn der achtziger Jahre.

Mit der Fusionswelle der achtziger Jahre kam in den USA erstmals eine Art von Unternehmensaufkäufen in Mode, die sich in Europa in den neunziger Jahren ebenfalls wachsender Beliebtheit erfreute: die feindliche Übernahme. Anders als im Falle einer vom Management beider Unternehmen vereinbarten Fusion schluckt bei einer feindlichen Übernahme ein Unternehmen ein anderes ausdrücklich gegen den Willen der Betriebsleitung. (Was goldene Handschläge und Abfindungen wie die sechzig Millionen, die der einstige Mannesmann-Chef Esser von Vodafone kassierte, nicht ausschließt, aber auch nicht zwingend vorsieht.) Heute sind feindliche Übernahmen nicht nur unter Unternehmen der gleichen Sparte üblich. Sie waren und sind auch eine der Formen, in der Private-Equity-Haie sich ihrer Opfer bemächtigen, und sie haben fast immer die rücksichtslose Ausplünderung und oft auch Zerschlagung des übernommenen Unternehmens zur Folge.

Ein Marktumfeld, in dem solche unfreiwilligen Übernahmen möglich sind, hat zwingende Auswirkungen auf die Prioritäten, unter denen Aktiengesellschaften geführt werden. Denn Übernahmekandidaten sind immer Unternehmen, die wegen niedriger Kurse billig scheinen, nicht solche, deren Marktbewertung über ihrem realem Vermögenswert liegt. Die Aufrechterhaltung und Pflege hoher Aktienkurse bekommt also auch aus diesem Grund einen zentralen Stellenwert. Die an sich absurde Strategie, Unternehmensaktien auf Pump zurückzukaufen, um die Kurse hochzutreiben, hat in diesem Kontext durchaus ihre Logik.

Natürlich ist die Furcht vor feindlichen Übernahmen, die nicht nur für die Beschäftigten, sondern auch für das Management unangenehme Konsequenzen haben können, bei weitem nicht die einzige Ursache für die borniere Fixierung auf steigende Aktienkurse. Weitere Gründe sind der bereits im letzten Kapitel besprochene Druck der Pensions-, Hedge- und Investmentfonds als neuer Großanleger und natürlich auch das Eigeninteresse eines durch Aktienoptionen geköderten Managements, für das steigende Kurse die wichtigste persönliche Einnahmequelle geworden sind. Aber die durchaus reale Bedrohung selbst großer Unternehmen, im Falle sinkender Marktbewertung von einem Übernahmepiraten geschluckt zu werden, spielt bei der Unterwerfung unter das Diktat der Börsenkurse in jedem Fall eine wichtige Rolle.

Aktienrückkäufe kommen bei den Shareholdern auch deshalb gut an, weil sie – zumindest in Zeiten aufstrebender Börsen – den Wert aller Aktien des betreffenden Unternehmens in der Regel um deutlich mehr erhöhen als um den Betrag, der für den Rückkauf aufgewandt wurde. Sie steigern also überproportional die Aktienrendite und damit die zentrale Messgröße, an der sich die Attraktivität eines Aktienengagements bemisst. Eine hohe Aktienrendite hat zudem einen selbstverstärkenden Effekt, weil sie Anteile an dem betreffenden Unternehmen interessant macht und auf diesem Weg für zusätzliche Nachfrage sorgt. So zahlen sich Aktienrückkäufe für den kurzfristig orientierten Anleger in den meisten Fällen tatsächlich mehr aus als die Investition des gleichen Betrags in neue Anlagen und Sachkapital. Nüchtern vorgerechnet hat das schon in den achtziger Jahren der damalige Chef des Unternehmens General DataCom

Industries: »Wenn ich zehn Prozent der Aktien zurückkaufe und damit den Gewinn-Anteil um zehn Prozent erhöhe, kostet das zur Zeit 6,7 Millionen Dollar. Um den gleichen Effekt durch Investitionen zu erzielen, müsste ich zehn bis 15 Millionen Dollar ausgeben.«[45]

Es versteht sich, dass die Anreize, die ein solches System setzt, zutiefst produktions- und innovationsfeindlich sind. Denn in Unternehmen, in denen immer größere Teile der – sei es aus Gewinn oder Kreditaufnahme – verfügbaren Mittel für völlig unproduktive Zwecke wie den Aufkauf fremder oder den Rückkauf eigener Aktien vergeudet werden, bleibt in der Regel nicht nur für die Erweiterung von Kapazitäten, sondern auch für Investitionen in technische Neuerungen oder Forschung und Entwicklung immer weniger übrig. So haben amerikanische Produktionsunternehmen zwischen 1984 und 1989 im Schnitt 184 Milliarden Dollar jährlich für die Übernahme anderer Firmen ausgegeben, aber weniger als die Hälfte dessen, nämlich 84 Milliarden Dollar, für Investitionen in ihr Anlagevermögen. Nur 21 Prozent der Neuverschuldung der Unternehmen wurden für investive Zwecke verwandt.

Die Übernahmen in den neunziger Jahren wurden in erster Linie über Aktientausch und weniger über Kredit finanziert. Dafür trat jetzt aber die Strategie, den Kurs der eigenen Aktien durch schuldenfinanzierte Rückkäufe hochzutreiben und so eine hochbewertete Währung zur Bezahlung von Unternehmensübernahmen zu erhalten, erst recht in den Mittelpunkt. Teure Aktien als Zahlmittel spielten auch im Zuge der Internet-Blase eine wichtige Rolle: Kleine Dotcom-Firmen mit völlig überbewerteten Aktien konnten auf diese Weise weit größere und gewinnträchtigere Unternehmen einkaufen. Solche Übernahmen zahlten sich betriebswirtschaftlich natürlich aus, denn am Ende stiegen durch die Übernahme Umsatz und Gewinn des Unternehmens weit mehr, als es mit einer realen Investition in gleicher Höhe möglich gewesen wäre. Der später wenig ruhmvoll untergegangene Telekomriese WorldCom beispielsweise hat eine solche Strategie über Jahre außerordentlich erfolgreich praktiziert. Als die Kurse einbrachen, blieb dann allerdings nur noch der Betrug, um den Gewinn nach oben zu manipulieren.

In den meisten europäischen Ländern und auch in Deutschland wurden feindliche Übernahmen und Aktienrückkäufe erst in den späten neunziger Jahren legalisiert, nahmen fortan aber auch hier erheblich zu. Mit denselben Folgen wie in den USA: die Börsen brummten, während real immer weniger investiert wurde. Selbst die EZB kommt in einer Studie aus dem Jahr 2007 zu dem Ergebnis, dass die europäischen Unternehmen, die in den letzten Jahren eigene Aktien zurückgekauft haben, im Schnitt deutlich weniger investiert haben als andere Firmen. Kehrseite und Konsequenz dieser Unternehmensstrategie ist somit ein immer höheres Kartenhaus fiktiver Werte, das sich über einer stagnierenden oder sogar schrumpfenden Produktionsbasis auftürmt.

Fiktive Gewinne

Zum Aufbau dieses Kartenhauses haben allerdings nicht nur die Käufe eigener und fremder Aktien beigetragen. Zu den Strategien der großen Konzerne, ihre Gewinne und Kapitalrenditen in dem seit Beginn der achtziger Jahre gegebenen Umfeld wieder anzuheben, gehörte eine generell verstärkte Konzentration auf Finanzinvestitionen aller Art, die höhere, schnellere und scheinbar risikofreiere Renditen zu gewährleisten schienen als mühsame Investitionen in neue Technologien oder innovative Produkte. Auch in dieser Strategie zunehmender Finanzialisierung sind die amerikanischen Produktionskonzerne den europäischen um etwa zehn Jahre vorausgegangen. Die verheerenden Auswirkungen auf die produktive Substanz der Volkswirtschaft lassen sich daher zwar nicht allein, aber am ausgeprägtesten in den Vereinigten Staaten besichtigen.

So haben die amerikanischen Unternehmen des Nicht-Finanzsektors bereits in den achtziger Jahren nicht allein ihre Schulden erhöht, sondern zugleich damit begonnen, sich in immer größerem Umfang Finanzportfolios zusammenzukaufen, deren Zinsen, Dividenden und realisierte Kursgewinne in wachsendem Maße zum Unternehmensgewinn beitrugen. Viele Unternehmen des verarbeitenden Gewerbes legten sich auch reine Finanztöchter zu, und zwar nicht nur solche, die als Autobanken oder Leasinggesellschaften ihr Kerngeschäft unterstützen, sondern auch spekulationsfreudige Finanzvehikel, die mit dem eigentlichen Geschäftsfeld des Konzerns nicht das geringste zu tun haben. Hatte die Relation von Sachkapital zu Finanzvermögen amerikanischer Produktionsunternehmen in den fünfziger Jahren noch bei vier zu eins gelegen, war im Jahr 2000 ein Gleichstand zwischen beiden erreicht.

Viele US-Einzelhandelsketten erwirtschaften mittlerweile größere Teile ihres Jahresgewinns mit den von ihnen vergebenen Plastikkärtchen und Ratenkrediten als mit den Gütern, die bei ihnen tatsächlich über den Ladentisch gehen. Die Autobauer General Motors und Ford erzielten jahrelang höhere Einnahmen mit Konsumenten- und sogar Hypothekenkrediten als mit dem Verkauf ihrer Kraftfahrzeuge. Bei dem Elektronikhersteller General Electric steuert die Finanztochter GE Capital, die in der Vergangenheit von Subprime-Hypotheken bis zu Finanzwetten in internationalen Wertpapieren nahezu kein Geschäftsfeld ausgelassen hat, seit Jahren etwa die Hälfte des Konzerngewinns bei. Von Analysten wurde das Unternehmen daher auch schon als »gigantischer Hedge-Fonds, der auch Kühlschränke herstellt« bezeichnet. Das einstige Vorzeigeunternehmen des New Economy-Booms, Enron, das sich vor seinem schmählichen Abgang von einem langweiligen Gasversorger in eine hochkomplexe Tradingfirma verwandelt hatte, die auf Zukunftsmärkten mit Wasser, Elektrizität, Gas, Öl und DSL-Anschlüssen handelte und ihre Gewinne durch den Einsatz von Derivaten hebelte, lag also ganz im Trend. Enron brach zusammen, weil es sich verzockt hatte und vielleicht auch ein bisschen weit gegangen war, aber nicht, weil sein Geschäftsmodell besonders ungewöhnlich gewesen wäre. Viel irdischer und produktionsnäher dürfte die Gewinnerzielung in den meisten amerikanischen Konzernen heute nicht mehr sein, und die europäischen sind auf dem gleichen fatalen Wege.

Das Streben nach Wiederherstellung der Kapitalrenditen hat also nicht allein – über schuldenfinanzierte Ausschüttungen und Aktienkäufe – zum Anheizen der Kredit- und Spekulationsblase beigetragen. Vielmehr haben Produktionskonzerne und deren Anleger gleichzeitig von der Existenz der Spekulationsblase profitiert, weil auch sie immer größere Teile ihrer Gewinne statt mit der Erzeugung realer Güter mit Luftbuchungen in einer aufgeblähten Finanzsphäre erwirtschaftet haben und ihre Renditen so in einem Grade steigern konnten, wie es allein aus der profitablen Nachfrage auf realen Märkten nicht möglich gewesen wäre.

Die Finanzialisierung der Produktionsunternehmen bedeutet also, dass auch sie an der schönen Scheinwelt fiktiver Finanzeinkommen und Gewinne teilhaben und eine statistisch wachsende Wertschöpfung etwa im verarbeitenden Gewerbe längst nicht mehr heißen muss, dass tatsächlich mehr Güter und damit auch mehr verteilbarer Reichtum produziert werden.

Bluff und Schwindel überall

Mit dem Stellenwert der Finanzakrobatik wuchs und wächst natürlich auch die Fähigkeit, Zahlungsströme zu manipulieren, künftige Gewinne vorwegzunehmen und das Konzernergebnis hoch- oder auch runter zu rechnen, je nachdem ob es sich bei dem Adressaten um den Aktionär oder das Finanzamt handelt.

Wir haben oben gesehen, dass schon das einfache Mittel schuldenfinanzierter Aktienrückkäufe dem Unternehmen gestattet, mehr Geld an die Aktionäre weiter zu geben, als es real verdient hat. Das gleiche gilt für schuldenfinanzierte Dividendenausschüttungen, zu denen viele Firmen von den Private Equity-Haien gezwungen wurden. In beiden Fällen werden künftige Gewinne, die erst noch erwirtschaftet werden müssen, bereits vorab verteilt. Nichts anderes hatte auch Enron einst gemacht, nur mit diffizileren Mitteln. In diesem Fall waren es Finanzderivate, die dazu dienten, die künftigen (und daher vorerst kostenfreien) Umsätze aus dem Verkauf von Strom und Gas in die Gegenwart vorzuverlegen und so die Gewinne nach oben zu treiben.

Alle diese Strategien erhöhen selbstverständlich die aktuelle Rendite im Unternehmen und tragen dazu bei, dass es von den Analysten gelobt und den Aktionären geliebt wird. Für die Stabilität des betreffenden Unternehmens ergibt sich allerdings ein doppeltes Problem: Zum einen gerät diese in akute Gefahr, wenn die vorweggenommenen Gewinne am Ende wegen eines Wirtschaftsabschwungs oder aus welchen Gründen auch immer gar nicht verdient werden. Dann droht der Bankrott der Firma, selbst wenn diese den Abschwung an sich ohne rote Zahlen überstanden hätte. Die jetzt beginnende Rezession beispielsweise wird wohl vielen Unternehmen, die von den Heuschrecken in hohe Schulden getrieben wurden, die Existenz kosten, obwohl diese sie sonst ganz gut hätten überleben können. Die wirtschaftliche Abwärtsdynamik wird also durch solche Konstruktionen zusätzlich verstärkt. Aber selbst wo die Gewinne stabil bleiben, kann in Zukunft natürlich nicht mehr ausgeschüttet werden, was bereits ausgeschüttet ist. Dieses Modell erzeugt also einen steten Druck, Gewinn und Rendite nicht nur konstant zu halten, sondern um jeden Preis immer weiter nach oben zu treiben.

Zum Thema Bluff, Schwindel und Manipulation gehören allerdings nicht nur die Bilanzierungskünste der Unternehmen. Ein Exkurs über die Qualität der offiziellen Daten, anhand derer immerhin über so wichtige Größen wie die Entwicklung der Produktivität oder das Wirtschaftswachstum einer Volkswirtschaft geurteilt wird, lässt sich an dieser Stelle nicht vermeiden. Der Hinweis, dass Statistiken verfälschen und mit Vorsicht zu genießen sind, ist natürlich nicht sonderlich neu und wirkt fast schon peinlich. Hier geht es aber nicht um den Normalfall statistischer Manipulation, den es schon immer und in jedem Land der Welt gab und gibt. Es geht um Datenverzerrungen in einer Größenordnung, die eine Stagnation in einen Boom umlügen können oder in einer Rezession erstaunliches Wachstum ausweisen. Es geht also um Statistiken, die die Realität in einer Weise verändern, dass die wirklichen Entwicklungen kaum noch erkennbar sind.

Das in den Vereinigten Staaten entwickelte und inzwischen auch von den europäischen Statistikern angewandte Wundermittel, das diesen außergewöhnlichen Grad an Verfälschung ermöglicht, heißt hedonische Preismessung. Seit Beginn der modernen Volkswirtschaftsstatistik werden Daten bekanntlich zum einen nominal, also in aktuellen Preisen, und zum anderen inflationsbereinigt ausgewiesen. Das Herausrechnen des Preiseffekts soll dabei eigentlich helfen, ein realistischeres Bild der Lage zu zeichnen. Wenn eine Wirtschaft in einem Jahr nominal um zehn Prozent wächst, kann das nämlich einen respektablen Aufschwung ebenso widerspiegeln wie eine tiefe Depression. Die ganze Frage ist, ob tatsächlich zehn Prozent mehr Computer verkauft und Urlaubsreisen gebucht wurden, oder ob alles einfach nur um zehn Prozent teurer geworden ist. Liegt die Inflationsrate bei zwei Prozent, ist eine Wirtschaft mit nominal zehn Prozent Wachstum offensichtlich in Bestform. Sind die Preise dagegen im Schnitt um fünfzehn Prozent gestiegen, stehen zehn Prozent Nominalwachstum für eine tiefe Rezession. Auch eine Lohnerhöhung um zehn Prozent ist in Zeiten stabiler Preise natürlich eine andere Sache als in einem Umfeld galoppierender Inflation.

Unser Urteil über den Zustand einer Volkswirtschaft hängt also entscheidend von der offiziell ausgewiesenen Inflationsrate ab. Früher wurde Inflation einfach dadurch gemessen, dass ein bestimmter Warenkorb zugrunde gelegt und dessen Preisveränderung beobachtet wurde. Auch dieses Verfahren war nicht frei von Problemen, weil immer wieder neue Waren auftauchen und sich außerdem über die Jahre die Gewichte verändern. Aber im Großen und Ganzen konnte man mit den so berechneten Inflationsraten ganz gut arbeiten.

Seit den neunziger Jahren setzte sich in den USA ein neues Verfahren durch, eben die hedonische Preismessung. Sie erhebt den Anspruch, Qualitätsveränderungen bei der Messung der Inflation zu berücksichtigen. Wohnungen, in die mit der Zeit neue Heizungsanlagen oder bessere Wärmedämmung eingebaut wurden, dürfen damit also auch immer teurer werden, und ihre Mieten gelten trotzdem als preisstabil. Oder Autos, die von ABS bis Airbag immer neue Finessen enthalten, können durchaus auch zu immer höheren Preisen verkauft werden und haben trotzdem eine offizielle Preissteigerung von Null. Da die meisten Produkte ihre Gebrauchseigenschaften im Zeitverlauf verbessern, heißt das schlicht: Steigende Preise werden auf elegante Weise zum Verschwinden gebracht. Da mit den Preisen meist auch die Umsätze in den betreffenden Waren nach oben gehen, erscheint dann das gesamte Umsatzwachstum als Zunahme des realen Konsums.

Es geht sogar noch absurder: Wenn die Statistiker der Meinung sind, dass die Qualitätssteigerungen höher sind als die Preissteigerungen, übersteigt das preisbereinigte Wachstum sogar das nominale. Also angenommen, Autos werden im Jahr um fünf Prozent teurer, enthalten aber immer mehr technischen Schnickschnack, von dem die Statistiker meinen, dass er auch eine zehnprozentige Preissteigerung rechtfertigen würde. Zugleich mögen exakt so viele Autos gekauft werden wie im Vorjahr. Dann weist die hedonische Statistik eine Zunahme der realen Konsumausgaben für Kraftfahrzeuge in Höhe von zehn Prozent aus, obschon kein einziges zusätzliches Auto verkauft wurde.

Natürlich können Qualitätsverbesserungen den Lebensstandard erhöhen. Das Problem ist nur, dass sie sich nicht messen und quantifizieren lassen und die Wundertüte der hedonischen Preismessung daher Tür und Tor für die willkürlichste Manipulation der statistischen Daten öffnet. Denn wenn eine Volkswirtschaft gut dastehen soll, beispielsweise um ihre Aktien, Anleihen und Schrottpapiere attraktiv zu machen, liegt es natürlich nahe, möglichst viele Preissteigerungen in Qualitätsveränderungen umzudeuten und so die Inflationsrate künstlich nach unten und das reale Wachstum nach oben zu rechnen. Genau davon wurde und wird ausgiebig Gebrauch gemacht.

Beispielsweise hält sich bis heute die Legende, in der zweiten Hälfte der neunziger Jahre habe in den USA nicht nur eine Blase an den Aktienmärkten, sondern auch ein Investitionsboom im Bereich der neuen Technologien stattgefunden. Sehen wir uns die statistischen Daten über preisbereinigte High-Tech-Investitionen für diesen Zeitraum an, erfahren wir, dass diese sich innerhalb von gut zehn Jahren verfünffacht haben. Das ist eindrucksvoll und sieht tatsächlich nach Boom aus. Sehen wir uns freilich die Entwicklung der nominalen Investitionsausgaben in diesem Bereich an, schmilzt die Zunahme auf weniger als die Hälfte. Tatsächlich kommt der »Boom« im preisbereinigten Verlauf vor allem daher, dass ausgefeiltere Softwarepakete und leistungsfähigere Computer fiktiv in zusätzliche Ausgaben umgerechnet und diese auf die wirklichen Ausgaben für Computer und Software aufgeschlagen wurden.

Auch die Entwicklung der gesamten Anlageinvestitionen während der 90er Jahre nimmt sich ohne hedonische »Preisbereinigung« deutlich bescheidener aus. Die Grafik auf dieser Seite gibt den indexierten Verlauf (1990 = 1) der amerikanischen Anlageinvestitionen in drei verschiedenen Messungen wieder. Nominal, das heißt zu je aktuellen Preisen, »preisbereinigt« mit dem hedonischen Wunderkasten und schließlich inflationsbereinigt, indem der (freilich auch, aber nicht so stark hedonisch manipulierte) BIP-Deflator zugrunde gelegt wird. Es spricht viel dafür, dass die untere Kurve dem realen Verlauf am nächsten kommt. Die hedonische Preismessung weist die Investitionsdynamik also fast anderthalb Mal so hoch aus, als sie vermutlich gewesen ist.

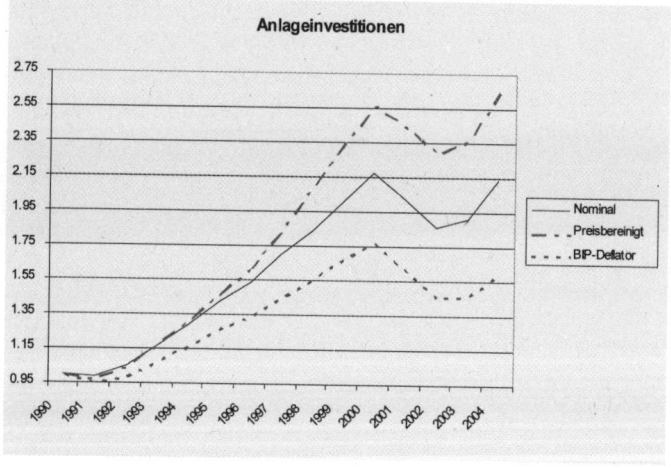

Quelle: NIPA

Der amerikanische »Konsumboom« der letzten fünfzehn Jahre wird mit dem gleichen Trick gnadenlos überzeichnet. Das betrifft vor allem den Konsum langlebiger Gebrauchsgüter wie Elektroartikel, Haushaltsgeräte oder auch Einrichtungsgegenstände, die nach der allgemeinen Annahme in den zurückliegenden Jahren von den amerikanischen Konsumenten exzessiv gekauft wurden. Wir haben oben bereits anhand der Daten des amerikanischen Consumption Expenditure Survey gesehen, dass von einem Konsumrausch der Mittelschichten in Bezug auf diese Güter keine Rede sein kann. Nach der amerikanischen Makro-Statistik allerdings sind die realen Ausgaben für langlebige Gebrauchsgüter zwischen 1990 und 2004 um das zweieinhalbfache gestiegen, was eine jährliche Wachstumsrate von über 17 Prozent ergibt. Dass allein der exzessivste Luxusrausch der oberen zwanzig Prozent eine derartige Steigerung zu Wege gebracht haben könnte, scheint erstaunlich, denn das bedeutet, dass diese ihre Ausgaben für derlei Erzeugnisse in jedem Jahr annähernd verdoppelt haben müssten.

Aber auch hier lohnt es, genauer hinzusehen. Ein erheblicher Teil des »Booms« ist nämlich wiederum allein der hedonischen Trickkiste entsprungen. Die nominalen Ausgaben der US-Amerikaner für langlebige Gebrauchsgüter haben sich im selben Zeitraum nur knapp verdoppelt. Und da davon auszugehen ist, dass auch bei Autos, DVD-Playern, Kühlschränken und Gardinenstangen in den USA keine Preisstabilität herrschte, dürften die realen Käufe noch weit weniger zugenommen haben. Legen wir den offiziellen Konsumentenpreisindex (CPI) zugrunde, bleibt von dem wunderbaren »Boom« gerade noch

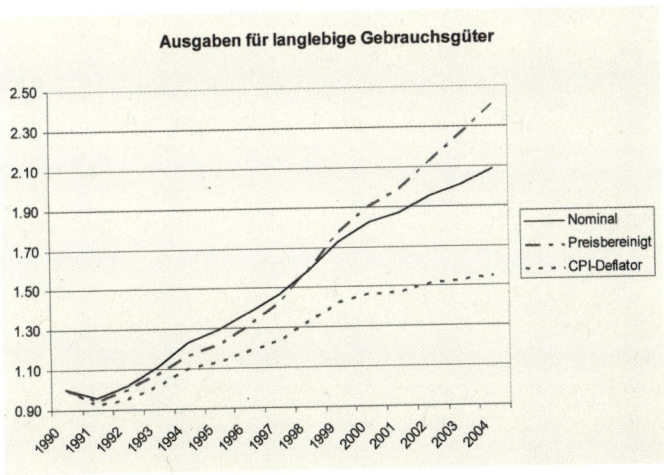

Quelle: NIPA

eine Steigerung der Ausgaben für langlebige Konsumgüter um 3,5 Prozent im Jahr, wie die Grafik auf der vorherigen Seite bezeugt.

Ähnlich »solide« sind übrigens auch die Daten, auf die sich die Legende vom »Produktivitätswunder« USA mit einem jährlichen Produktivitätswachstum von über vier Prozent in der zweiten Hälfte der neunziger Jahre stützte. Ein Wunder dabei war höchstens, wie gut es immer wieder funktionierte, mit solchen Daten internationale Anlagegelder in US-Spekulationsblasen zu locken und damit die immer größeren Leistungsbilanzdefizite zu finanzieren.

Eine jüngste Kapriole haben die hedonischen Preismesser beim Ausweis der Wachstumsdaten für das zweite Quartal 2008 geschlagen. Man erinnert sich: Bass erstaunt erfuhr die Welt, die die US-Wirtschaft längst in einer Rezession wähnte, dass selbige um propere 3,3 Prozent gewachsen war. Der Zweck, den diese Meldung erreichen sollte, erfüllte sich prompt: Die Börsen drehten ins Plus, amerikanische Aktien und auch die internationaler Exporteure waren wieder gefragt. Lange freilich hielt der Spuk nicht an. Aber dass der hedonische Wunderkasten immerhin in der Lage war, aus einer fallenden Beschäftigung, einem Rückgang der Neubauten um elf Prozent und einem Einbruch der Autoverkäufe um 25 Prozent eine volkswirtschaftliche Wachstumsrate von 3,3 Prozent hervorzuzaubern, zeigt, auf was man sich in Zukunft noch gefasst machen kann.

Wer im Übrigen bei der amerikanischen Behörde Bureau of Economic Analysis (BEA), die für die entsprechenden Statistiken verantwortlich zeichnet, höflich nachfragt, ob denn auch Inflationsdaten ohne hedonische Bearbeitung erhältlich wären, bekommt eine ebenso kurze wie barsche Antwort: »BEA does not publish that information.« Sie werden wissen warum.

Wir wollen das Thema an dieser Stelle nicht weiter vertiefen. In jedem Fall spricht viel dafür, dass der Zustand der amerikanischen Realwirtschaft noch sehr viel schlimmer und verrotteter ist als allgemein angenommen wird. Und für Europa, wo der hedonische Irrsinn in den letzten Jahren ebenfalls von vielen Ländern übernommen wurde, gilt in abgeschwächter Form das gleiche.

Wo ist das Geld geblieben? – Die stillen Profiteure

Die verschiedenen Strategien zur Wiederherstellung der Kapitalrenditen haben, wie im letzten Abschnitt gezeigt, eine gewaltige Schuldenblase produziert, die jetzt zu platzen droht. Die vielen Billionen, die sich in dieser Kernschmelze anscheinend aufgelöst und nur einen trüben Fallout toxischer Papiere und vergifteter Bankbilanzen zurückgelassen haben, sind allerdings nicht einfach weg. Vielmehr gilt auch in der hochkomplexen verwinkelten und verschrobenen Finanzwelt unserer Tage: Geld verschwindet nicht; es wechselt immer nur den Besitzer. Was dem einen fehlt, hat sich zuverlässig ein anderer unter den Nagel gerissen. Nur ist es heute im Vergleich zu früher viel schwerer überschaubar wer.

Wer zu spät kommt ...?

Zunächst einmal profitieren von einer Spekulationsblase natürlich immer die, die rechtzeitig ausgestiegen sind. Das galt schon für John Laws Mississippi-Papiere und natürlich auch für die japanische Börse vor 1990 oder die Aktien der Dotcom-Bubble vor dem Frühjahr 2000. Und es galt für das Geschäft mit Subprime-Hypotheken vor 2007. Wer nicht bis zum Knall blieb, konnte mit all dem jeweils sehr reich geworden sein.

Die drei Gründer des mittlerweile Pleite gegangenen Subprime-Finanzierers New Century etwa haben allein durch den Verkauf von Aktien des Unternehmens zwischen 2004 und 2006 ein Vermögen von mehr als vierzig Millionen Dollar aufgehäuft. Darüber hinaus kassierten sie Dividenden, Gehälter und Boni. Während die Steuerzahler in aller Welt heute für Schrottpapiere blechen, denen nicht zuletzt die von New Century vergebenen Subprime-Hypotheken zugrunde liegen, haben die genannten drei damit ein Vermögen gemacht, von dem sie den Rest ihres Lebens zehren können. Oder nehmen wir die Aktionäre von Lehman Brothers, die jahrelang in Dividenden aus jenem Verbriefungs- und Spekulationsirrsinn gebadet wurden, mit dem heute keiner mehr zu tun gehabt haben möchte. Wer die Dividenden kassiert und sein Lehmann-Portefeuille im

Frühjahr 2007 aufgelöst hat, dürfte das Brokerhaus in bester Erinnerung behalten. Selbst der Pleite-Hedgefonds LTCM, dessen Crash 1998 die Fed auf den Plan rief, hat viele seiner Anleger reich und glücklich gemacht. Wer seit der Gründung 1994 dabei war, hatte in nur drei Jahren sein Vermögen verdoppelt und nur ein kleiner Teil der am Jahresende 1997 ausgeschütteten 2,7 Milliarden Dollar wurde dann erneut angelegt und verspielt. Wie gewonnen, so zerronnen hieß es dagegen für viele Gründer kleiner Dotcom-Firmen, die sich auf dem Gipfel des New Economy-Booms als Millionäre fühlen konnten und wenig später wieder Stellenanzeigen studieren mussten.

Ist das globale Finanzkasino also einfach ein Glücksspiel, brutal und gerecht, in dem jeder sehr viel gewinnen, aber auch alles verlieren kann, und bei dem es nur darauf ankommt, mit glücklichem Händchen auf die richtige Karte zu setzen? Dagegen spricht einiges. Glücksspiele sind Nullsummenspiele, bei denen die vorhandenen Einsätze nach dem Prinzip von Zufall oder auch Geschick immer neu verteilt werden. Auf den globalen Finanzmärkten dagegen wird augenscheinlich von Jahr zu Jahr mehr verteilt. Und es sieht auch ganz nach gezinkten Würfeln aus, denn einige gewinnen auffallend häufig.

Vermögensblase und Einkommen

Tatsächlich hat sich parallel zum Aufblähen öffentlicher und privater Schulden in den zurückliegenden drei Jahrzehnten auf den globalen Finanzmärkten eine gewaltige Vermögensblase aufgetürmt. Lag ihr Volumen 1980 bei gerade zwölf Billionen Dollar, hatte es sich bis 2006 auf 167 Billionen Dollar vervielfacht. Obwohl beim Platzen jeder kleineren und größeren Blase immer auch Vermögen vernichtet wird, gab es noch keinen Crash, der dieses stetige Wachstum des gesamten Finanzvermögens gestoppt oder gar seine Umkehr eingeleitet hätte. Derzeit liegen die Vermögensansprüche der Geldbesitzer bei dem annähernd Vierfachen der jährlichen globalen Wirtschaftsleistung. Das heißt, wenn alle plötzlich auf die Idee kämen, ihre Konten zu plündern und dafür Designermode, Couchgarnituren oder Hightech-Fernsehgeräte zu kaufen, wären diese Güter gar nicht vorhanden und eine dramatische Geldentwertung die notwendige Folge. Auf dem weltweiten Vermögensmarkt wird also faktisch mit ungedeckten Schecks gehandelt.

Was große Vermögen so erstrebenswert macht, ist allerdings gar nicht die Aussicht, sie irgendwann aufessen zu können. Ihr Wert liegt vielmehr in den grandiosen Einnahmen, die sie ihren Inhabern völlig leistungsfrei und unbehelligt von den Zumutungen des Arbeitsalltags gewähren. Zählt man Dividenden, Zinseinkommen und realisierte Kapitalgewinne zusammen, ist der Anteil dieser Einnahmen an der volkswirtschaftlichen Wertschöpfung seit Mitte der siebziger Jahre in allen OECD-Ländern steil angestiegen. Dieser Anstieg war sowohl Folge als auch selbst wieder Ursache der explosionsartigen Vermehrung des Geldvermögens: Folge, weil ein größeres Vermögen eben auch mehr Einnahmen bringt, und Ursache, weil ein erheblicher Teil dieser Einnahmen gleichfalls nicht konsumiert, sondern erneut angelegt wurde. Das ist die Kehrseite der Ponzi-Finanzierungen von Schulden, die uns in den letzten Kapiteln auf den verschiedensten Ebenen immer wieder begegnet sind.

Diese Selbstvermehrung großer Geldvermögen gestattet ihren Inhabern, immer größere Ansprüche auf die volkswirtschaftliche Wertschöpfung in ihrer Hand zu konzentrieren. Auch wenn diese Ansprüche zum Teil nur nominal sind, also im Ernst gar nicht eingelöst werden könnten, hat dieser Mechanismus realwirtschaftliche Auswirkungen. Wir haben in den vorangegangenen Kapiteln beispielsweise mehrfach auf die Wechselwirkung zwischen steigenden Börsenkursen und immer höheren Ausschüttungen hingewiesen: Je höher die Kurse, desto mehr Geld müssen die Unternehmen an die Anleger weiterreichen, um die Aktienrendite wenigstens konstant zu halten. Und je mehr verdientes oder auch nur geborgtes Geld sie auf diese Weise aus der Hand geben, desto weniger verbleibt ihnen für reale Investitionen. Die Kluft zwischen den Einkommensansprüchen der Shareholder und dem realen Wachstum der Produktion wird damit immer größer.

Wir haben außerdem gesehen, dass mit den verwalteten Kapitalmassen auch Einfluss und Macht der Finanzindustrie, der Banken, Hedge- und Investmentfonds stetig angewachsen sind.

Und zwar sowohl in Bezug auf die Steuerung der Unternehmensführung als auch der gesellschaftlichen Entwicklung insgesamt. Die Art und Weise, wie die Politik heute mit Steuerbillionen versucht, das morsche Finanzgebäude am Einsturz zu hindern, ist nur ein erneuter Beleg für die Vorherrschaft dieser Interessen.

Als Schluss aus all dem ergibt sich: Profiteure der Finanz- und Schuldenblase der letzten Jahrzehnte sind diejenigen, die Geldvermögen besitzen. Sie profitieren als Aktionäre von der Fixierung der Unternehmen auf steigende Börsenkurse und hohe Ausschüttungen. Sie profitieren von der Schuldenblase, die ihnen immer neue, sich scheinbar nie erschöpfende Anlagemöglichkeiten und Einnahmen verschafft. Und sie profitieren von der gesellschaftlich erzwungenen Umverteilung zulasten von Löhnen, Sozialleistungen und öffentlichen Ausgaben, weil die brutale Kürzung in all diesen Bereichen die Voraussetzung schnell wachsender realer Finanzeinkommen in einer Situation niedrigen oder stagnierenden realwirtschaftlichen Wachstums ist.

Müssen wir also alle einfach ein bisschen mehr sparen, um auch auf der Siegerseite zu stehen? Nun, die wichtigste Voraussetzung für freudiges Sparen sind hohe Einkommen. Otto Normalverbraucher mit 2000 Euro netto im Monat wird sich im Leben kein Millionenvermögen zusammensparen, selbst wenn er seinen Konsum auf das gerade Überlebensnotwendige beschränkt. Sparen ist ein Luxusgut, das man sich leisten können muss. Tatsächlich wuchs und wächst die persönliche Sparquote in allen Ländern und zu allen Zeiten mit dem persönlichen Einkommen. Besonders hohe Einkommen freilich beziehen in der heutigen Welt die, die ihr Geld für sich arbeiten lassen statt selbst zu malochen. Insofern ist es kein Zufall, dass nur ein verschwindender Teil der weltweiten Geldvermögen auf gespartes Arbeitseinkommen zurückgeht und nahezu alle wirklich großen Vermögen entweder aus Erbschaften resultieren oder aus der Wiederanlage von Einnahmen aus bereits vorhandenem Vermögen. Eine Studie über die Geldvermögensbildung in den USA beispielsweise kommt zu dem Schluss, dass etwa achtzig Prozent des gesamten amerikanischen Finanzvermögens letztlich auf vererbtes Geld zurückgehen.[46] Das dürfte in Europa nicht wesentlich anders sein.

Dass große Vermögen die Eigenschaft haben, auch besonders hohe Einkommen zu generieren und sich so selbst verstärken, ist ein wesentlicher Grund dafür, warum die Geldvermögen noch wesentlich ungleicher verteilt sind als die Einkommen.

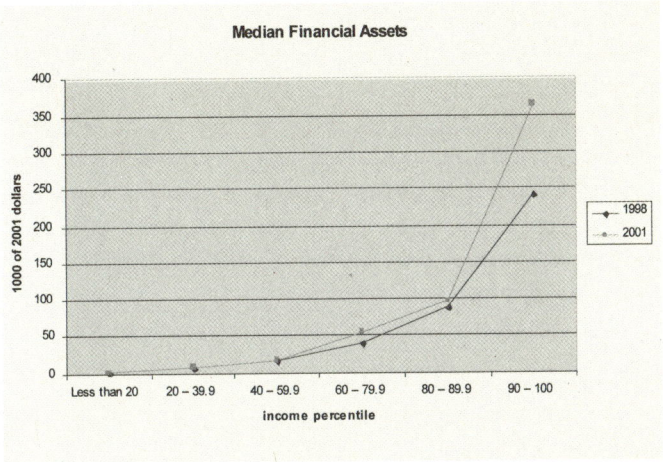

Quelle: SCF 2001; Bruttovermögen aller Familien mit Vermögen

Die obenstehende Grafik gibt einen Überblick über die Verteilung der Finanzvermögen in den einzelnen Einkommensgruppen (Perzentilen) in den USA in den Jahren 1998 und 2001.

Aus dem Verlauf beider Linien geht nicht nur die überproportionale Vermögenskonzentration bei den oberen zehn Prozent der Bevölkerung hervor, sondern auch das weit überproportionale Vermögenswachstum dieser reichsten Gruppe zwischen 1998 und 2001. Interessant ist, dass das Platzen der Internet-Blase, das nicht wenige zu spät hineingelockte Kleinanleger um ihre Ersparnisse brachte, den Vermögen der oberen Zehntausend offensichtlich nicht nur nichts anhaben konnte, sondern diese im geschilderten Zeitraum vielmehr extrem zulegen konnten. Die untere Hälfte der Bevölkerung hingegen hatte 2001 gar nichts und die Mittelschichten nur sehr wenig mehr als 1998.

Das Geldvermögen konzentriert sich also in sehr wenigen

Händen. Typischerweise haben in den OECD-Ländern die unteren fünfzig Prozent aller Familien kein relevantes Vermögen, während die reichsten ein Prozent etwa die Hälfte des vorhandenen Finanzvermögens besitzen. Das sind jene bereits erwähnten Leute, die das Brokerhaus Merrill Lynch in seinem jährlich erscheinenden »World Wealth Report« als High Net Worth Individuals (HNWI) bezeichnet und deren Eigenschaft darin besteht, dass sie über mehr als eine Million Dollar Geldvermögen verfügen. In Deutschland gab es Ende 2007 etwas mehr als achthunderttausend Personen, die in dieser komfortablen Lage waren. 2007 zählte Merrill Lynch weltweit 10,1 Millionen HNWI, die zusammen ein Geldvermögen von 40,7 Billionen Dollar dirigierten, knapp die Hälfte der gesamten Geldvermögen privater Haushalte.

Damit sind die Vermögen heute noch stärker konzentriert als 1929, das lange Zeit als warnendes Beispiel für einen perversen Grad an Vermögenskonzentration gegolten hat. Damals verfügten die reichsten ein Prozent in den USA über knapp vierzig Prozent des gesamten Geldvermögens.

Diese Millionäre und Multimillionäre, vor denen jedes Bankhaus den roten Teppich ausrollt, sind natürlich auch die mit Abstand größten Halter von Aktienpaketen und damit auch Hauptprofiteure der Orientierung auf Börsenkurs, Aktienrendite und wachsende Ausschüttungen. In Deutschland etwa konzentrieren sich siebzig Prozent aller privat gehaltenen Aktien in den Händen dieser oberen ein Prozent. Insgesamt haben in der Bundesrepublik gerade einmal zehn Millionen Menschen, also knapp acht Prozent der Bevölkerung, überhaupt Aktien in ihrem Depot. In den USA ist die Aktionärsquote zwar mit zwanzig Prozent mehr als doppelt so hoch, aber die wirklich großen Aktienpakete liegen ähnlich konzentriert in wenigen Händen.

Innerhalb der Gruppe der HNWI gibt es allerdings noch einen besonders exklusiven Club: Die Ultra High Net Worth Individuals (UHNWI), die mehr als dreißig Millionen Dollar Cash auf die Waage bringen. Diese UHNWIs – derzeit weltweit etwa hunderttausend an der Zahl – sind der globale Geldadel und Hauptprofiteur des heutigen Finanzkapitalismus. Sie konnten ihre Vermögen und Einkommen in den zurückliegenden dreißig

Jahren explosionsartig vermehren und haben weit mehr von den Umverteilungen und dem Renditewahn profitiert hat als irgendeine andere Gruppe der Bevölkerung. Der Chef der globalen Vermögensverwaltung der JP Morgan Private Bank schreibt diesen Superreichen sogar den Zugriff auf dreißig bis vierzig Prozent der globalen Geldvermögen zu.[47]

Generell gilt für die globale Vermögenspyramide die banale Weisheit: Je größer das Vermögen, desto schneller wächst es. Die Vermögen der High Net Worth Individuals wachsen ungleich schneller als das Geldvermögen aller Haushalte. Und die Ultra High Net Worth Individuals sind ebenfalls ultra, was das Tempo ihrer Vermögensexplosion anbetrifft. 2007 beispielsweise ist das globale Finanzvermögen der HNWI um 9,4 Prozent gestiegen, während die UHNWI ihre Reichtümer im selben Jahr um 14,5 Prozent steigern konnten. Über den Zuwachs der Geldvermögen aller Haushalte in jenem Jahr gibt es bisher wenig verlässliche Zahlen. In Deutschland lag er bei fünf Prozent, ein Wachstum, das natürlich wesentlich von den Vermögenssprüngen an der oberen Spitze getragen und getrieben wurde.

Aber auch innerhalb der Gruppe der Ultra High Net Worth Individuals gibt es noch Differenzierungen. Die Crème de la Crème dieses globalen Geldadels stellen weltweit etwa eintausend Milliardäre, über deren Vermögensentwicklung die Forbes-Liste Auskunft gibt. Diese Milliardäre toppen selbst den Vermögenszuwachs der UHNWI noch einmal deutlich, denn ihre Milliardenvermögen haben 2007 um satte 35 Prozent zugelegt. Interessant an diesen Zahlen ist nicht zuletzt, dass sie sich auf 2007 beziehen, also das Jahr, in dem die globale Finanz- und Wirtschaftskrise ihren Anfang nahm. Im Unterschied zu den Finanzen der öffentlichen Haushalte, die die Finanzmarktunruhen bereits damals zu ruinieren begannen, haben sie relevante Spuren im Vermögenszuwachs der Reichsten offenkundig nicht hinterlassen.

Dass die Vermögen umso schneller wachsen, je größer sie sind, geht auch aus den Forbes-Daten für die USA der Jahre 1995 bis 1998 hervor. So ist in diesem Zeitraum das Vermögen der vierhundert reichsten US-Amerikaner preisbereinigt von

379 Milliarden Dollar auf 740 Milliarden Dollar angestiegen, eine Steigerung um immerhin 95 Prozent. Aber selbst das waren noch Peanuts im Vergleich zu der Vermögenssteigerung der reichsten zehn Multimilliardäre, die sich in diesem Zeitraum auf 270 Prozent belief.[48]

Wer von dem heutigen Kapitalismus am Ende profitiert, zeigt sich im Übrigen auch in der Realwirtschaft. Stagnation, dümpelnden Umsatzzahlen und Finanzialisierung der Massengüterhersteller steht seit Jahren eine einzigartige Prosperität der Luxusgüterproduzenten gegenüber. Je höher in der Vermögenshierarchie deren Zielgruppe, desto üppiger dieser Boom. So wurden nach Angaben der Unternehmensberatung Bain 2006 weltweit für 159 Milliarden Euro Luxusgüter verkauft. Das waren neun Prozent mehr als 2005 und fast fünfzig Prozent mehr als zur Jahrtausendwende. Auch 2007 verbuchten die diversen Luxussegmente Rekordumsätze. Richemont, einer der weltgrößten Luxusgüterhersteller, dessen Klientel sich überwiegend aus der Gruppe der Ultra High Net Worth Individuals rekrutiert, hat seine Umsätze selbst im letzten Quartal 2007 noch einmal um 14 Prozent gesteigert. Da war die Finanzmarktkrise bereits in vollem Gange und die britische Bank Northern Rock erlebte einen Run verängstigter Kleinsparer.

Der Renditehunger wachsender Vermögen erzwingt eine immer rüdere Einkommensumverteilung zugunsten ihrer Inhaber. Zugleich gilt: Weil die Finanzvermögen sich in wenigen Händen konzentrieren, bedeuten überproportionale Vermögenseinkommen immer auch wachsende Einkommensungleichheit. Tatsächlich hat sich der Gini-Koeffizient der Einkommensverteilung, einer der wichtigsten Maßstäbe zur Ermittlung von Ungleichheit, seit Beginn der achtziger Jahre weltweit deutlich erhöht, besonders drastisch in den westlichen Industriestaaten. Das geht aus einer Studie der Ökonomen Galbraith und Kum hervor, in der sie die Konzentration der Einkommen anhand verschiedener Indikatoren ermitteln.[49] Die Grafik gibt die von Galbraith und Kum berechnete Entwicklung des Gini-Koeffizienten der Einkommensverteilung für unterschiedliche Ländergruppen wieder. Der Kurvenverlauf ist besonders steil für die OECD-Länder seit Beginn der neunziger Jahre, hier ist also die

Einkommensungleichheit dramatisch angestiegen. Auch diese Grafik lässt deutliche Schlüsse im Hinblick auf die Profiteure der Entwicklungen der letzten zwanzig Jahre zu.

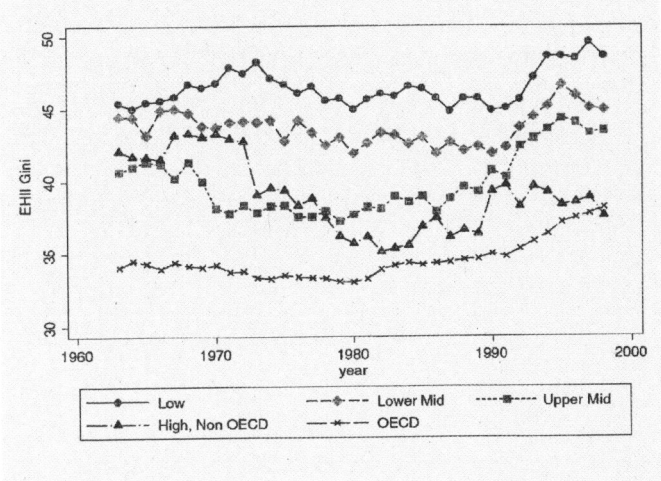

Quelle: Galbraith, Kum (2005)

Neutral betrachtet ist es für den Lebensstandard eines UHNWI natürlich völlig irrelevant, ob sein Vermögen sich jährlich um 2, 5 oder zwanzig Prozent oder aber gar nicht vermehrt. Er kann so oder so bei Richemont einkaufen und er wird immer nur einen verschwindend geringen Teil seines Vermögens für den Kauf realer Güter ausgeben. Dessen ungeachtet wird er sein Geld – selbständig oder mit Hilfe von Banken, Hedgefonds und anderen Kapitalsammlern – immer wieder genau dahin bewegen, wo es maximale Erträge bringt.

Im Zentrum des ganzen globalen Finanzkarussells steht also kein sinnvolleres Ziel als das, die Vermögen aberwitzig reicher Familien immer weiter aufzublähen und damit ausgerechnet die immer wohlhabender zu machen, die bereits heute mehr besitzen als sie, ihre Kinder und Enkel in den nächsten einhundert Jahren je konsumieren können. Die Mittel zum Zweck in diesem bizarren Spiel reichen von Lohndrückerei, Steuerdumping, Entlassungen und Betriebsschließungen über reduzierte Investitionen und minimierte Forschung bis hin zur ökonomischen oder auch militärischen Erpressung ganzer Länder, zu Aggressionskriegen und Besatzerregimen im internationalen Maßstab. Ergebnisse sind schleppende Produktivitätsentwicklung, sinkende Lebensqualität von Milliarden Menschen, brachgelegte oder zerstörte wirtschaftliche Kapazitäten, himmelschreiende soziale Gegensätze und zunehmende Armut.

Dieser Wahnsinn hat Methode, denn er folgt aus der Logik einer Wirtschaftsordnung, deren einziger Motor die Erzielung privater Profite ist. Über gewisse Zeiten und unter bestimmten Voraussetzungen hat dieser Motor dazu beigetragen, die Ökonomie produktiver und so die Gesellschaft insgesamt reicher zu machen, auch wenn dieser Reichtum seit jeher ungleich verteilt wurde. Der heutige Finanzkapitalismus hingegen hat die kreative und produktive Zerstörung im Schumpeterschen[50] Sinn endgültig durch die Zerstörung von Kreativität, Produktivität und Wohlstand ersetzt.

Resümee

Zentrales Ziel der neoliberalen Politik wie der Strategien der großen Konzerne seit Beginn der achtziger Jahre war die Wiedererhöhung der privaten Kapitalrendite, des wichtigsten Motors jeder kapitalistischen Ökonomie. Das setzte neben der Reduzierung der Produktionskosten vor allem die Schaffung profitabler Nachfrage voraus.

Das Streben nach steigenden Renditen hat auf verschiedenen Kanälen dazu beigetragen, über einer stagnierenden Realwirtschaft eine immer gewaltigere Kreditblase aufzupumpen. Ein Kanal war und ist die Verschuldung der Staaten, die in den meisten Ländern schon lange mit der Dynamik einer Ponzi-Finanzierung wächst. Der zweite Kanal waren neoliberales Lohndumping und die gleichzeitige Schaffung von Rahmenbedingungen für eine immer exzessivere Konsumentenverschuldung, um den Nachfrageeinbruch auszugleichen. Der dritte Kanal sind weltwirtschaftliche Ungleichgewichte, die mit der forcierten Exportstrategie einiger Länder und dem riesigen

Schwarzen Loch in der US-amerikanischen Leistungsbilanz entstanden sind. Ein vierter Kanal ist die aberwitzige Verwendung der verfügbaren Mittel in den großen Wirtschaftskonzernen, in denen schuldenfinanzierte Übernahmen und Aktienrückkaufprogramme sowie die Teilnahme am internationalen Finanzmonopoly reale Investitionen in neue Anlagen und Technologien sowie innovative Forschung und Entwicklung zunehmend ersetzt haben.

Insgesamt haben die US-amerikanischen Verbraucher und Unternehmen ihre Verschuldung allein in den letzten zehn Jahren um gigantische 13,6 Billionen Dollar oder von 122 auf 170 Prozent des Bruttoinlandsproduktes gesteigert. Die amerikanischen Staatsschulden sind mittlerweile über die Grenze von zehn Billionen Dollar hinausgewachsen. Auch die Schulden von Firmen und Konsumenten im Euro-Land haben sich deutlich erhöht und entsprechen inzwischen gut 143 Prozent der Wirtschaftsleistung.[51] Die Verschuldung der europäischen Staaten wird nicht zuletzt von der aktuellen Finanzkrise zusätzlich nach oben getrieben. Profiteur dieser Entwicklung war und ist die schmale Schicht der Multimillionäre und Milliardäre.

Heute hat die globale Schuldenblase eine Größenordnung erreicht, von der schwer vorstellbar ist, dass sie sich noch lange weiter ausdehnen lässt. Zumal dem rasanten Wachstum der Verschuldung kein auch nur annähernd adäquates Wirtschaftswachstum gegenübersteht, aus dem wenigstens die Zinsen gezahlt werden könnten. Denn die endlosen Kredite, die die deregulierten Finanzmärkte so bereitwillig ausspien, wurden eben überwiegend nicht produktiv investiert, sondern im besten Fall aufgegessen und verkonsumiert, im schlechteren verspekuliert und im schlimmsten in Raketen, Panzer und Kriege gesteckt. Die Zinsen können daher nur entweder durch immer neue Kredite oder durch Umverteilung vorhandenen Einkommens aufgebracht werden. Ersteres würde das Problem nur in die Zukunft verlagern und weiter vergrößern und letzteres dürfte schnell an die Grenze dessen stoßen, was umverteilbar ist.

Die zusammenbrechenden Finanzpaläste an der Wall Street, in London, München und sicher auch bald Frankfurt sind daher nur ein äußeres Indiz eines viel tieferen und fundamentaleren

Bankrotts: dem des globalen Wirtschaftssystems in seiner heutigen Form.

Ausblick

Vorauszusagen, wie die Welt in wenigen Jahren aussehen wird, war selten so schwierig wie heute. Im Grunde scheint nur eines sicher: dass es eine einfache Fortschreibung der Politik der letzten Jahre nicht geben wird. Wir sehen vier mögliche Entwicklungsszenarien, die uns in den nächsten Jahren bevorstehen könnten und deren Eintrittswahrscheinlichkeit weniger von den ökonomischen Daten als von den gesellschaftlichen Kräfteverhältnissen abhängt.

Das *erste Szenario* ist das unwahrscheinlichste, aber selbst das ist nicht ausgeschlossen. Es besteht darin, dass es der Politik gelingt, mit großen Rettungspaketen, viel Steuergeld und noch mehr öffentlicher Neuverschuldung die Situation auf den Finanzmärkten wieder recht und schlecht zu stabilisieren, ähnlich, wie es nach dem Platzen der Dotcom-Blase schon einmal geschehen ist. Auch damals schon gab es ein ungeheures Krisenpotenzial in Form binnen- und weltwirtschaftlicher Ungleichgewichte. Auch damals schon wurde allseits erwartet, dass der hochverschuldete amerikanische Verbraucher seine Schulden nicht mehr ausweiten kann und daher seinen Konsum einschränken muss, dass die USA in eine tiefe Rezession abgleiten und so auch als Konjunkturtreiber der Exportwirtschaften in Europa und Südostasien ausfallen, dass einbrechende Aktienmärkte und Unternehmenspleiten die Banken weltweit in ernsthafte Probleme bringen werden.

Es kam, wie wir heute wissen, anders. Die Rezession verlief kurz und flach. Bushs aggressiver Aufrüstungs- und Kriegskurs nach dem September 2001 beflügelte den zentralen Wirtschaftszweig der USA, die Rüstungsindustrie, und verschaffte ihr zusätzliche Milliardenaufträge. Der boomende Hypothekenmarkt, die Explosion der Subprime-Kredite und das prosperierende Verbriefungsunwesen sorgten für satte Gewinne an der Wall Street und vor allem für das nicht mehr für möglich Gehaltene: eine weitere Erhöhung der US-Konsumentenschulden. Der Zusammenbruch wurde so noch einmal abgefangen. Der Preis war ein erneutes drastisches Aufblähen der Kreditblase sowohl über den öffentlichen wie über private Wege.

Eine ähnliche Entwicklung wäre theoretisch auch jetzt wieder möglich. Das würde bedeuten, dass die Staaten den Finanzinstituten einen so großen Teil ihrer Verluste abnehmen, dass ihr Überleben gesichert wird und sie den Rest dank aufgeweichter Bilanzierungsregeln über einen sehr langen Zeitraum schrittweise abschreiben können, dass dank universeller Staatsgarantien der Interbankenmarkt wieder zu funktionieren beginnt und dass einige unerlässliche Re-Regulierungen die schlimmsten Spekulationsexzesse auf den Finanzmärkten fortan verhindern. Die Weltwirtschaft würde nach diesem Szenario zwar in eine Rezession fallen, die öffentliche Hand allerdings sowohl in Europa als auch in den USA durch große schuldenfinanzierte Ausgabenprogramme die Abwärtsspirale bremsen. Bald würden dadurch tatsächlich wieder erste Zeichen einer leichten wirtschaftlichen Erholung erkennbar werden, die mit den virtuosen Techniken der heutigen Statistik zu einem drallen Aufschwung hochstilisiert werden könnten. Diese Scheinwelt würde die Börsen erneut stimulieren, die Aktienkurse nach oben treiben und im Finanzbereich wieder für (vor allem fiktive) Einkommen und Gewinne sorgen. Zwar würde die reale Wirtschaft über Jahre kaum noch wachsen und die Lebensverhältnisse der großen Mehrheit der Menschen würden sich weiter verschlechtern. Aber dem Anschein nach wäre alles wieder einmal nicht so schlimm gekommen, wie man befürchtet hatte.

Natürlich würde dieses erste Szenario bedeuten, dass die Ungleichgewichte weiter verschärft, die Kluft zwischen Finanzblase und Realwirtschaft noch mehr vertieft und sämtliche Probleme vergrößert und lediglich in die Zukunft verlagert würden. Ausgeschlossen ist das aber nicht. Denn es gibt eben keine natürliche Grenze von Ponzi-Finanzierungen und daher auch keine für private, öffentliche oder auch internationale Schulden. Um das amerikanische Leistungsbilanzdefizit auch nur eines Jahres in Gold zu bezahlen, wäre gegenwärtig das Fünfzehnfache der globalen Jahresproduktion dieses Edelmetalls vonnöten. Aber weil die USA nicht in Gold zahlen müssen, sondern auf Kredit einkaufen, hängt ihr Konsum nur davon ab, wie lange sie wachsenden Kredit gewährt bekommen. An sich gibt es keinen Grund, warum sie nicht auch im Gegenwert von dreißig oder fünfzig Gold-Jahresproduktionen Güter und Dienste importieren könnten.

Das gleiche gilt für die Staatsschulden. Würden die Vereinigten Staaten oder auch die Bundesrepublik je in die Situation geraten, die den großen Investmentbanken im Herbst 2008 das Genick gebrochen hat: dass nämlich die Kapitalmärkte ihnen die Refinanzierung ihrer Schulden verweigern, wären sie in Kürze ebenso bankrott wie Lehman Brothers. Schon heute wäre kaum ein Industriestaat in der Lage, seine auslaufenden Anleihen mit Steuergeld zu bezahlen, von der Gesamtverschuldung nicht zu reden. Der Unterschied zwischen Lehman und den USA oder auch zwischen dem Kleinstaat Island und der Bundesrepublik Deutschland ist einfach nur, dass die jeweils letzteren als nahezu grenzenlos kreditfähig gelten und daher vorerst immer neues (und immer mehr) Geld erhalten. Sollte sich das jemals ändern, wäre das globale Finanzsystem in seiner jetzigen Form am Ende und Schulden wie Geldvermögen würden entwertet.

Im ersten Szenario würde diese Entwertung aufgeschoben, im zweiten, dem wir uns jetzt zuwenden, würde sie Teile der Vermögensblase treffen.

Das *zweite Szenario* läuft letztlich auf eine japanische oder lateinamerikanische Lösung im globalen Maßstab hinaus. Dem Platzen der japanischen Börsen- und Immobilienblase 1989 folgte eine bis heute anhaltende Periode ökonomischer Stagnation und Destruktion, sinkender Bösenkurse, sozialisierter Bankverluste und deutlich verschlechterter Lebensbedingungen für die meisten Japaner. In noch brutalerer Form war dies in Lateinamerika nach Ausbruch der Schuldenkrise 1982 der Fall. Hier bluteten Millionen Menschen mit zerstörten Lebensperspektiven, Armut und Hunger dafür, dass die Wirtschaft ihrer Länder die Einkommensansprüche der internationalen Kreditgeber und Vermögenseigner weiter bedienen konnte.

Auf die globale Ebene übertragen würde das bedeuten: Der

billionenschwere Fallout der Kreditblase wird auch in diesem Szenario durch Verstaatlichungen und Übernahme der Papiere zu großen Teilen dem Steuerzahler aufgebürdet. Anders als im ersten Szenario geht das allerdings im zweiten nicht einher mit einem grenzenlosen weiteren Aufblähen der Schuldenblase, sondern mit drastischen Kürzungen aller anderen öffentlichen Ausgaben – sei es für Soziales oder Investitionen –, um die Kreditwürdigkeit der öffentlichen Hand zu erhalten. Eine in diesem Fall unvermeidliche tiefe weltweite Rezession würde viele Unternehmen in den Bankrott und die Arbeitslosigkeit nach oben treiben. Die Banken würden damit noch mehr Verluste machen, ihre Kreditvergabe trotz Staatshilfe dramatisch einschränken und so den Abschwung verstärken. Teile der Vermögensblase würden so durch Börsencrashs und Unternehmenspleiten entwertet, andere vielleicht durch einen rapiden Wertverfall des Dollar. Denn unter diesen Bedingungen ist es unwahrscheinlich, dass die großen Zentralbanken der früheren Exportländer weiterhin bereit sein würden, den USA uneingeschränkt Kredit zu gewähren.

Wenn dieses zweite Szenario eintritt, stehen uns Jahre wirtschaftlichen Niedergangs bevor, in denen die Renditen zu gering sind, um zu Investitionen zu ermutigen und die Unternehmen ihre Gewinne benötigen, um Schulden abzuzahlen und den Börsenkurs auf niedrigem Niveau zu stabilisieren. Während immer mehr Steuergeld in die Abzahlung von Zins- und Zinseszins der Staatsschulden fließt, würden öffentliche Infrastruktur, Bildung und Kultur dem Verfall preisgegeben.

Dass der Kapitalismus zu einer solchen nachhaltigen Zerstörung der produktiven Kapazitäten einer Volkswirtschaft fähig ist, hat er in Japan und in Lateinamerika bewiesen. Verlorene Jahrzehnte auf globaler Ebene sind kein unwahrscheinliches Szenario. Zumal die Weltwirtschaft, anders als Japan oder Lateinamerika, keinen Export-Anker hat, an dem sie sich wieder hochziehen könnte.

Möglich ist daher auch, dass der schleichende Niedergang früher oder später in eine sich selbst verstärkende Abwärtsspirale umschlägt, die die Dimension der Weltwirtschaftskrise von 1930 erreicht oder sogar in den Schatten stellt.

Das wäre das *dritte Szenario*. Es würde bedeuten, dass sinkende Löhne und Staatsausgaben den globalen Absatz so weit nach unten drücken, dass sie Unternehmen und Banken massenhaft in die Pleite zwingen, was wiederum Löhne und Steuereinnahmen weiter dezimiert, dass die Börsen in die Tiefe rauschen, und irgendwann auch die Staaten nur noch die Wahl haben, ihren Bankrott zu erklären oder ihre Schulden durch Inflationierung der eigenen Währung zu entwerten, was letztlich auf das gleiche hinausläuft. In diesem dritten Szenario würde die Schulden- und Vermögensblase tatsächlich vernichtet. Dabei würden allerdings vor allem die Kleinsparer und Mittelschichten ruiniert und dieses Szenario eröffnet keineswegs per se die Chance und das Potenzial für einen progressiven Neuanfang.

Letzterer ist vielmehr in jedem größeren Land aus jedem der vorgenannten drei Szenarien heraus möglich, wenn die politischen und gesellschaftlichen Kräfteverhältnisse so weit nach links verschoben werden, dass die Überwindung des Kapitalismus von einem programmatischen Fernziel zur politischen Tagesaufgabe werden kann. Das wäre das *vierte Szenario*. Ein wirklicher Neuanfang, der nicht gleich wieder die Saat neuer Finanzblasen und Krisen in sich trägt, verlangt die demokratisch kontrollierte Entwertung der Vermögens- und Schuldenblase in einer Form, die die oberen Zehntausend, aber nicht die große Mehrheit der Menschen trifft. Wir haben im letzten Kapitel gesehen, dass die reichsten ein Prozent in den Industrieländern in der Regel etwa die Hälfte des gesamten Geldvermögens ihr eigen nennen. Würden diese Finanzvermögen von mehr als einer Million Euro abgeschöpft, wären die Schulden der Staaten auf einen Schlag getilgt und öffentlicher Aktienbesitz und Einflussrechte könnten in wesentlichen Bereichen der Wirtschaft hergestellt werden.

Eine Wirtschaftsordnung, in der nicht die Maximierung der Kapitalrendite, sondern demokratisch gesetzte Maßstäbe über Investitionen, Arbeitsplätze, Forschung und Wachstum entscheiden, ist keine verträumte Utopie, sondern eine reale Alternative zum Finanzkapitalismus unserer Zeit. Sie wäre nicht nur sozial gerechter, sie könnte auch ungleich reicher, produktiver und umweltbewusster sein. Der Umstand, dass es eine solche Ordnung bisher nicht gegeben hat, spricht nicht gegen ihre Möglichkeit. In der Geschichte entsteht immer Neues. Es muss nur genügend Menschen und ausreichend starke politische Kräfte geben, die dieses Neue wollen und für seine Durchsetzung kämpfen.

Die Überwindung des Kapitalismus bedeutet nicht die Abschaffung von privatem Produktiveigentum, sondern dessen Beschränkung auf jene Bereiche der Wirtschaft, in denen es keine ökonomische oder gesellschaftliche Macht gebären kann. Wo kein Unternehmen stark genug ist, Preise und Umfang des Angebots zu diktieren, wo Zulieferer und Abnehmer sich auf gleichem Level begegnen und starke Sozialgesetze Kostensenkung zulasten der Beschäftigten sowie strikte Umweltauflagen Raubbau verhindern, kann der Stachel von Eigeninteresse und Gewinn durchaus Innovation und technologischen Fortschritt fördern.

Banken, Versicherungen, Schlüsselindustrien und viele Dienstleistungen dagegen verlangen ein hohes Kapitalminimum. In solchen Bereichen dominieren nicht innovative Kleinunternehmen, sondern etablierte Großkonzerne mit vielfach globalem Handlungsradius. Konzerne, die zu groß sind, um zu scheitern: Zu groß, als dass der Staat sie im Falle gravierender Fehlentscheidungen einfach untergehen lassen könnte, weil die Konsequenzen für die gesamte Wirtschaft einschneidend wären. Sind solche Unternehmen in privater Hand, führt das immer wieder zu der unerträglichen Situation, dass die Gewinne privatisiert, die Verluste hingegen der Allgemeinheit aufgebürdet werden.

Es geht aber nicht nur um Sozialisierung der Gewinne. Es geht auch um neue Prioritäten des Wirtschaftens. Öffentliches Eigentum an den Finanzinstituten etwa ist eine wichtige Bedingung dafür, dass auch Einkommensärmere ein Konto zu guten Konditionen und kleinere Unternehmen zinsgünstige Kredite erhalten, dass die Ersparnisse der regionalen Entwicklung zugute kommen statt in hochkomplexen Derivaten verzockt zu werden, auch wenn letztere ungleich höhere Renditen zu versprechen scheinen.

Öffentliches Eigentum als solches ist noch keine Garantie anderer Prioritäten. Öffentliche Banken brauchen klare Vorgaben, die sie auf gemeinwohlorientiertes statt renditefixiertes Wirtschaften und eine gemeinnützige Gewinnverwendung festlegen. Werden sie kommerzialisiert und auf Rendite getrimmt, wie es in Deutschland in den letzten Jahren mit den Landesbanken geschehen ist, wird ihr Geschäftsmodell dem der Privatbanken immer ähnlicher. Kleine Möchte-gern-Merrill-Lynchs aus Düsseldorf, München oder Leipzig braucht man tatsächlich nicht in öffentlicher Hand. Aber nur öffentliches Eigentum kann dafür sorgen, dass eine Eigenkapitalrendite von 25 Prozent gar kein erstrebenswertes Ziel mehr ist.

Auch die Grundversorgung der Menschen mit essentiellen Leistungen wie Energie, Wasser und Mobilität, oder Wohnen, Gesundheit und Bildung darf nicht privaten Profitjägern überlassen werden. Denn profitorientierte Unternehmen umwerben und privilegieren den Wohlhabenden und ignorieren den Finanzschwachen. Eben deshalb haben alle Privatisierungen letztlich den Reichen genutzt und waren verheerend für die Ärmeren.

Der Finanzsektor, Kernbereiche der Wirtschaft und die Daseinsvorsorge gehören daher in öffentliches Eigentum und brauchen demokratische Kontrolle. Sie brauchen starke Mitbestimmungsrechte der Belegschaften als Korrektiv zu den Entscheidungen der Betriebsleitung. Sie brauche Leistungsanreize, die ressourcensparendes, innovatives und kundenorientiertes, aber auch soziales Verhalten belohnen. Öffentliche Unternehmen können durch entsprechende Anreize in gleicher Weise zu betriebswirtschaftlicher Effizienz gezwungen werden wie private. Aber im Unterschied zu letzteren sind sie nicht sklavisch an die Erfüllung kurzfristiger Renditeerwartungen gebunden. Ihnen droht kein Wertverfall der Aktien und keine feindliche Übernahme. Sie können investieren statt immer höhere Dividenden auszuschütten. Beschäftigte öffentlicher Unternehmen mit umfassender Mitbestimmung brauchen keine Angst vor Betriebsverlagerungen ins Ausland zu haben und sind nicht erpressbar. Gewinne öffentlicher Unternehmen stärken die öffentlichen Einnahmen und kommen damit der Allgemeinheit und nicht nur einer kleinen Schicht von Shareholdern zugute. Öffentliches Eigentum eröffnet Spielraum für Demokratie: in der Wirtschaft und in der Gesellschaft.

Es gab selten ein System, das so wenige Profiteure und so viele Verlierer hatte wie der heutige Kapitalismus. Es gibt keinen Grund, sich mit ihm und in ihm einzurichten.

Der Spekulationswahn und die wirtschaftlichen Fehlentwicklungen des beginnenden zwanzigsten Jahrhunderts haben, wie wir heute wissen, nicht allein zum Zusammenbruch des Finanzsystems und zu einer verheerenden Weltwirtschaftskrise geführt, in deren Verlauf Millionen Menschen alles verloren, was sie sich an bescheidenem Wohlstand zuvor erarbeitet hatten. Die wirtschaftliche Katastrophe hatte politische Folgen. Sie brachte in Europa brutale faschistische Diktaturen an die Macht, die über ein Jahrzehnt lang – und in einigen Ländern noch wesentlich länger – jeden Widerspruch und Widerstand im Blut erstickten. Und sie führte zu einem mörderischen Weltkrieg um die Neuaufteilung der knapper gewordenen Ressourcen, der die Erde in ein großes Schlachtfeld verwandelte, übersät von Toten, gezeichnet von Grausamkeiten und unvorstellbarem Leid.

Geschichte wiederholt sich nur dann nicht, wenn man aus ihr klug wird und, solange es noch nicht zu spät ist, denen mit aller Kraft widersteht, die auch hundert Jahre später zu der gleichen Unterdrückung und den gleichen Verbrechen fähig wären, wenn nur das noch Profit verspricht. Die Überwindung des Kapitalismus ist nicht nur eine Frage von Produktion und Verteilung. Sie könnte sehr schnell wieder zu dem werden, was sie zu Luxemburgs Zeit und in den Jahren danach schon einmal war: eine Frage von Zivilisation oder Barbarei. Damals siegte die Barbarei.

Wir sollten nicht darauf warten, ob sie es wieder tut.

Anmerkungen

43 *International Herald Tribune,* 6. September 1999
44 Kindleberger, Manias, Panics, and Crashes, A History of Financial Crises (Fifth Ed. 2005)
45 *Handelsblatt,* 17. November 1987

46 Kotlikoff, L. J., Summers, L. H., The Role of Intergenerational Transfers in Aggregate Capital Accumulation, (Journal of Political Economy, 1981, vol. 89, no. 4)

47 *Financial Times,* 7. Juli 2004

48 Cernickel, An Examination of Changes in the Distribution of Wealth. From 1989 to 1998: Evidence from the Survey of Consumer Finances, 2000

49 Galbraith, J. K., Kum, H., Estimating the Inequality of Household Incomes: A Statistical Approach to the Creation of a Dense and Consistent Global Data Set; Review of Income and Wealth, Series 51, Number 1, March 2005

50 Joseph Schumpeter, österreichischer Nationalökonom. Vertrat die Theorie, dass das Profitstreben immer wieder zur »kreativen Zerstörung« vorhandener Produktionsanlagen und etablierter Technologien führt und der Kapitalismus daher Innovation und technologischen Fortschritt befördere.

Glossar

Aktienrendite: Größe zur Bewertung des Anlageerfolges eines Aktienengagements; während die Dividendenrendite das Verhältnis der Dividende zum gegenwärtigen Kurs beschreibt, berücksichtigt die Aktienrendite sowohl die angefallenen Dividenden als auch die eingetretenen Kurssteigerungen oder -verluste

Anleihe: Schuldverschreibung von Unternehmen oder Staaten mit fester Verzinsung

Arbitrage: Risikofreies Ausnutzen unterschiedlicher Preise von Wertpapieren oder Waren durch gleichzeitigen Kauf und Verkauf auf unterschiedlichen Märkten

Assets: Vermögensgüter

Asset Backed Commercial Paper (ABCP): Kurzfristige Finanzierungsinstrumente von Zweckgesellschaften, deren Portfolio mit speziellen Vermögenswerten, z. B. verbrieften Hypothekarkrediten, unterlegt ist

Asset Backed Securities (ABS): Wertpapiere, die durch einen Pool gleichartiger Vermögenswerte (assets; z. B. Hypotheken, Leasingforderungen, Kreditkartenforderungen) gesichert sind

Baisse: Preisrückgang an einem Markt; an der Aktienbörse ab einem Rückgang von 20 Prozent unter den letzten Höchststand

Basispunkt: ein Basispunkt = 0,01 Prozent

BIP: Bruttoinlandsprodukt

BIP-Deflator: Preisindex zur Messung der Inflationsrate des Bruttoinlandsprodukts

Bretton Woods: Währungssystem mit festen Wechselkursen von 1945 bis 1971. Der Wert des Dollar war in Gold fixiert und für Zentralbanken in Gold eintauschbar

Bubble: Finanzmarktblase durch spekulative Übersteigerung des Wertes bestimmter Papiere oder Waren

Carry Trades: Investoren nehmen in einem Land mit niedrigen Zinsen Kredite auf, um damit Finanzprodukte in einer Hochzinswährung zu kaufen

CEX: Consumption Expenditure Survey. US-amerikanisches Panel zur Untersuchung des Konsumverhaltens amerikanischer Haushalte

Collateralised Debt Obligation (CDO): Pools aus Krediten werden in eine Zweckgesellschaft eingebracht; diese zerlegt das Portfolio in mehrere Teile (Tranchen), die das Risiko von Zahlungsausfällen in unterschiedlichem Grad abfangen und an Investoren verkauft werden; meist drei Tranchen: Equity, Mezzanine, Senior

Synthetische CDO: in diesem Fall werden nicht die Kredite, sondern nur das Kreditrisiko über Credit Default Swaps auf die Zweckgesellschaft übertragen

Conduit: siehe Structured Investment Vehicle

Commercial Paper: Geldmarktpapiere zur Beschaffung kurzfristiger Gelder

CPI: Consumer Price Index, Preisindex zur Messung der Inflation bei Konsumgütern

Credit-Default Swap (CDS): Kreditderivat: Versicherung gegen Zahlungsausfall einzelner Kreditnehmer oder eines Indexes. Mit dem Abschluss eines CDS verpflichtet sich der Sicherungsgeber bei Eintritt eines bestimmten Ereignisses eine Ausgleichszahlung an den Sicherungsnehmer zu leisten; im Gegenzug erhält er vom Sicherungsnehmer eine Prämie

Derivate: Finanzielle Verträge, deren Wert von der Kurs- oder Preisveränderung anderer Finanztitel abgeleitet wird

Emission: Platzieren neuer Wertpapiere am Markt

Euribor: Zinssatz auf dem europäischen Interbanken-Geldmarkt

EZB: Europäische Zentralbank

Fannie Mae: Federal National Mortgage Association: US-amerikanischer Hypothekenfinanzierer; inzwischen verstaatlicht

Fed: Federal Reserve, US-Zentralbank

Freddie Mac: Federal Home Loan Mortgage Corporation: US-amerikanischer Hypothekenfinanzierer; inzwischen verstaatlicht

Future: Verbindliches Termingeschäft über die Lieferung oder Abnahme eines bestimmten Wertpapiers zu einem fixen Zeitpunkt in der Zukunft zu einem bei Vertragsabschluss festgelegten Preis

Geierfonds: Investmentfonds (Hedgefonds), der auf den Kauf von faulen Krediten oder Wertpapieren von Unternehmen oder Staaten am Rande der Zahlungsunfähigkeit spezialisiert ist

Geldmarkt: Markt, auf dem mit kurzfristigem (bis zwölf Monate) Geld (Tagesgeld, Termingeld, kurzfristige Papiere) gehandelt wird

Gini-Koeffizient: Mass zur Ermittlung der Verteilung von Einkommen oder Vermögen. Je höher der Gini-Koeffizient, desto ungleicher die Verteilung

Hausse: allgemeiner Preisanstieg an einem Markt, vor allem an der Aktienbörse

Hedgefonds: spezielle Art von Investmentfonds, die durch eine spekulative Anlagestrategie gekennzeichnet sind; bieten dadurch die Chance auf sehr hohe Renditen, sind aber auch mit hohen Risiken behaftet; typisch für Hedgefonds ist der Einsatz von Derivaten und Leerverkäufen

High Net Worth Indidividual (HNWI): Personen, deren Netto-Finanzvermögen eine Million Dollar übersteigt

Investmentbank: Banken, deren Schwerpunkt im Handel mit Wertpapieren, der Unterstützung von Unternehmen bei Kapitalaufnahmen (Börsengänge), Übernahmen und Fusionen sowie der Betreuung anderer Finanzinvestoren (Pensionsfonds, Hedgefonds) liegt. Investmentban-

ken nehmen keine Spareinlagen entgegen und haben im Normalfall
auch keinen Zugang zu Zentralbankgeld

Junk Bond: Risikoreiche Unternehmensanleihen mit einem Rating unterhalb BBB

Kapitalmarkt: Oberbegriff für alle Märkte, auf denen langfristige Kredite und Beteiligungskapital gehandelt werden

Kredit: In diesem Buch wird unter Kredit jede Übertragung von Geldkapital an Unternehmen, Privatpersonen oder öffentliche Körperschaften verstanden, die zu einem Schuldner-Gläubiger-Verhältnis führt. Zur Kreditvergabe zählen daher nicht nur Bank-Kredite im engeren Sinn, sondern auch der Kauf von Anleihen, Pfandbriefen, Geldmarktpapieren oder anderen kurz- oder langfristigen Schuldverschreibungen

Leerverkauf: Verkauf von Wertpapieren oder Waren, die sich nicht im Besitz des Verkäufers befinden, sondern nur geliehen wurden

Leverage (Hebel): Bewegung großer Summen mit relativ geringem Kapitaleinsatz entweder durch Kreditfinanzierung oder durch Derivate

Leveraged Buyout (LBO): Kreditfinanzierte Unternehmensübernahme durch eine Private-Equity-Firma

Libor: Durchschnittssatz für Interbankenkredite am Finanzplatz London

Mortgage Backed Securities (MBS): durch Hypotheken besicherte Wertpapiere

NIPA: National Income and Product Accounts, US-amerikanische Volkswirtschaftsstatistik

Option: Finanzderivat, das seinem Käufer das Recht gibt, ein Wertpapier oder ein Produkt zu einem späteren Zeitpunkt (oder innerhalb eines Zeitraums) zu einem vorher vereinbarten Preis zu kaufen oder zu verkaufen

Over the Counter (OTC): Finanzmarktgeschäfte, die nicht über eine Börse abgewickelt werden, sondern direkt zwischen zwei Vertragspartnern

Ponzi, Charles: italienischer Geschäftsmann, lebte Anfang des 20. Jahrhunderts hauptsächlich in den USA und Canada. Hat durch ein finanzielles Schneeballsystem vermögende Anleger um etwa 150 Millionen Dollar gebracht, eine für damalige Verhältnisse außerordentliche Summe

Ponzi-Finanzierung: Kredite, bei denen nicht nur die Tilgung, sondern auch ein Teil oder die gesamten Zinszahlungen durch jeweils neue Kredite finanziert werden (müssen)

Private Equity: Private Kapitalbeteiligungsgesellschaft; investiert mit hohem Fremdkapitalanteil in bereits bestehende Unternehmen

Rating: Von Ratingagenturen vorgenommene Schuldner-Einstufung nach Bonitätsgraden. Höchste Bonitätsnote: AAA; wichtigste Ratingagenturen: Standard & Poor's (S & P), Moody's, Fitch

Schneeballsystem: Geschäftsmodell, das zum Funktionieren eine ständig wachsende Zahl von Teilnehmern benötigt. Gewinne entstehen ausschließlich dadurch, dass neue Teilnehmer einsteigen und Geld investieren

Sovereign Wealth Fonds: Staatsfonds: meist ausgestattet mit Währungsreserven der Zentralbank oder Einnahmen aus Rohstoffverkäufen

Spread: Renditeaufschlag von Unternehmen oder Staaten mit höherem Kreditrisiko gegenüber liquiden Staatsanleihen bester Bonität mit gleicher Laufzeit

Subprime-Kredit: Darlehen an Schuldner minderer Bonität; vor allem: Subprime-Hypotheken

Structured Investment Vehicle (SIV): Conduit bzw. Zweckgesellschaft einer Bank zur Auslagerung von Krediten und Kreditrisiken. SIV investieren meist in ein Portfolio von Asset Backed Securities, die sie durch die Ausgabe kurzfristiger Geldmarktpapiere (ABCP) finanzieren. In der Regel haftet die arrangierende Bank in Form von Liquiditätslinien im Falle der Zahlungsunfähigkeit ihrer SIVs

Survey of Consumer Finances (SCF): Survey of Consumer Finances: US-amerikanisches Panel zur Untersuchung des Sparverhaltens amerikanischer Haushalte

Ultra High Net Worth Inidividual (UHNWI): Person, deren Netto-Finanzvermögen 30 Millionen Dollar übersteigt

Universalbank: Banken die sowohl im Einlagen- und Kreditgeschäft als auch im Investmentbanking (Wertpapierhandel auf eigene und fremde Rechnung, Betreuung von Unternehmensübernahmen und -fusionen) engagiert sind

Verbriefung: Umwandlung von Forderungen aller Art in handelbare Wertpapiere